WOLF

Das Deutschbuch

für Berufsschulen/Berufsfachschulen Bayern

Herausgegeben von
Carlo Dirschedl

Erarbeitet von
Carlo Dirschedl, Franziska Grünberg, Lena Merl,
Hans Preißl, Stefanie Winklhofer

Unter Beratung von
Elvira Wudy-Engleder

In Zusammenarbeit mit der Verlagsredaktion

Cornelsen

Impressum

Projektleitung: Uta Kural
Redaktion: Uschi Pein-Schmidt, Sickte; Julia Baum
Gesamtgestaltung und technische Unterstützung: vitaledesign, Berlin

www.cornelsen.de

Dieses Werk berücksichtigt die Regeln der reformierten Rechtschreibung und Zeichensetzung.
Bei den mit [R] gekennzeichneten Texten haben die Rechteinhaber einer Anpassung widersprochen.

1. Auflage, 1. Druck 2017

Alle Drucke dieser Auflage sind inhaltlich unverändert
und können im Unterricht nebeneinander verwendet werden.

Druck: Mohn Media Mohndruck, Gütersloh

ISBN 978-3-06-451124-8 (Schülerbuch)
ISBN 978-3-06-451125-5 (E-Book)

PEFC
PEFC/04-31-1033

PEFC zertifiziert
Dieses Produkt stammt aus nachhaltig bewirtschafteten Wäldern und kontrollierten Quellen.

www.pefc.de

Vorwort

Liebe Schülerinnen, liebe Schüler,

Sie möchten sich im Berufs- und Privatleben erfolgreich, kompetent und korrekt ausdrücken können und sich in möglichst allen Situationen kommunikativ richtig verhalten. Dazu muss man die Grundlagen der Kommunikation beherrschen sowie die Fähigkeit haben, richtig zu sprechen, zuzuhören und zu schreiben. Auch der sichere Umgang mit Texten aus verschiedenen Medien und die verantwortungsvolle Nutzung von Angeboten aus dem Internet gehören dazu.

Das Deutschbuch ist in drei Bereiche gegliedert:

- Der Hauptteil deckt den Regellehrplan mit den Jahrgängen 10, 11 und 12 ab.
- Im mittleren Bereich finden sich die sechs Wahlpflichtmodule.
- Den Abschluss bilden Zusatzmaterialien zu Sprache und Sprachgebrauch sowie ein Methodenlexikon.

Die Kapitel des Hauptteils sind nach Fertigkeiten/Kompetenzen geordnet:

Sprechen und Zuhören

Lesen

Schreiben

Der Kompetenzbereich Sprache und Sprachgebrauch ist grundlegend für alle Kompetenzbereiche. Mit den Kapiteln zu Sprache, Rechtschreibung und Grammatik kann man daher immer üben und sie an beliebigen Stellen zur Vertiefung in allen anderen Kapiteln heranziehen.

Mit den sechs Wahlpflichtmodulen lassen sich Themen aus dem Hauptteil vertiefen.

- Sich mit Literatur beschäftigen
- Bewegte Bilder – mit Filmen arbeiten
- Kreativ mit Sprache umgehen
- Dabei sein – kulturelle Teilhabe
- Sich mit Medien auseinandersetzen
- Dabei sein – Migration und interkulturelle Kommunikation

Die folgenden Piktogramme (Symbole) geben Hinweise, wie das Material oder die Aufgabe bearbeitet werden soll:

Partnerarbeit

Gruppenarbeit

Arbeit mit dem Computer

Lesekarte anwenden

Zusatzaufgaben zur Erweiterung des Themas

TIPP Tipps enthalten nützliche Hinweise und Starthilfen zur Aufgabenbearbeitung.

In diesem Buch wird in den Formulierungen auf geschlechtergerechte Sprache geachtet. Wenn nur eine grammatische Form verwendet wurde, dient dies der besseren Lesbarkeit.

Viel Freude und Erfolg im Unterricht sowie auf Ihrem weiteren Ausbildungsweg wünschen Ihnen der Herausgeber, die Autorinnen und Autoren sowie die Verlagsredaktion.

Inhaltsübersicht

Jahrgangsstufe 10

Jahrgangsstufe 11

Sprechen und Zuhören | Lesen | Schreiben | Wahlpflichtmodule | Zusatzmaterial/Methoden

Inhaltsübersicht

Sprechen und Zuhören | Lesen | Schreiben | Wahlpflichtmodule | Zusatzmaterial/Methoden

Inhaltsübersicht

Wahlpflichtmodule 159

Sprechen und Zuhören | Lesen | Schreiben | Wahlpflichtmodule | Zusatzmaterial/Methoden

Inhaltsübersicht

Zusatzmaterial / Methoden

Wie Sie mit dem Deutschbuch arbeiten

Die Kapitel im Hauptteil und in den Zusatzmaterialien sind klar strukturiert. Der Pfeil auf jeder Kapitelauftaktseite zeigt den Aufbau des Kapitels sowie die Unterkapitel. Der Fazitpfeil am Ende eines Kapitels fasst das Gelernte übersichtlich zusammen.

Kompetenzen sowie Methoden und Arbeitstechniken, die im jeweiligen Kapitel geübt und vertieft werden, sind ebenfalls auf den Auftaktseiten zu finden.

Die „Situationen“ erleichtern den Zugang zu den Lerninhalten.

So sehen die Situationen aus:

Situation

Franka, Auszubildende im 1. Lehrjahr, verwechselt zwei ähnlich aussehende Tasten an einer Fräsmaschine. Dieses unsachgemäße Vorgehen verursacht einen nicht mehr verwendbaren Fräskopf sowie ein unbrauchbar gewordenes,

Das „Basiswissen“ erklärt wichtige Lerninhalte und Begriffe.

So sieht das Basiswissen aus:

BASISWISSEN **E-Books**

In Bibliotheken gibt es bereits eine große Auswahl an E-Books, die Sie direkt online aufrufen können, vorausgesetzt, Sie haben einen Bibliotheksausweis. Andere Bibliotheken bieten neben den Suchergebnissen ein eingescanntes

Die „Arbeitstechniken“ geben Hilfestellungen bei der Herangehensweise an bestimmte Aufgaben.

So sehen die Arbeitstechniken aus:

ARBEITSTECHNIK **Ein Bewerbungsschreiben gliedern**

Der **Hauptteil des Bewerbungsschreibens** besteht aus vier Abschnitten.

1. Abschnitt: Hier schreiben Sie einleitend, wofür Sie sich bewerben und woher Sie wissen, dass eine

Die **Wahlpflichtmodule** sind flexibel einsetzbar und enthalten sowohl Aufgaben für alle Jahrgangsstufen als auch zusätzlich für die Jahrgangsstufen 11 und 12. Das Aufgabenniveau ist farblich gekennzeichnet: Orange Aufgaben sind für alle Schülerinnen und Schüler, graue Aufgaben sind zusätzlich für die Jahrgangsstufen 11 und 12.

So sehen die Aufgaben aus:

5 Bereiten Sie eine passende Präsentation vor. Nutzen Sie dazu die passenden Kapitel im Buch.	orange Aufgabe für alle Schülerinnen und Schüler
6 Bereiten Sie für die Präsentation ein kurzes Diskussionsthema zu Wirkung und Absicht für die Klasse vor.	graue Aufgabe zusätzlich für die Jahrgangsstufen 11 und 12

Kapitel 1

Kommunikation ist mehr als Sprechen

1.1 Kommunikation untersuchen

1.2 Gespräche führen und reflektieren

1.3 Angemessen kommunizieren

1.4 Fachsprache im Beruf einsetzen

Kommunikation findet durch Aktion und Reaktion, durch jede Kontaktaufnahme in fast allen Bereichen des täglichen Lebens statt. Nicht nur mit Worten gibt ein Sender eine Botschaft oder eine Information an einen Empfänger weiter, auf die dieser reagiert, sondern auch mit Gestik, Mimik, Körperhaltung. Die Menschen kommunizieren und hoffen, dass der andere einen auch so versteht, wie es gemeint ist.

In diesem Kapitel lernen Sie verschiedene Ebenen der Kommunikation kennen und bewusst gestalten. Sie werden Gespräche führen, sie analysieren und über die Ergebnisse reflektieren, um sicherer im Umgang mit Menschen zu werden und Missverständnisse möglichst schnell zu erkennen.

Kompetenzen

- ✓ Kommunikationssituationen erkennen
- ✓ Kommunikationsarten erkennen und unterscheiden
- ✓ Verständnisprobleme analysieren
- ✓ Sprachebenen untersuchen
- ✓ Telefongespräche führen
- ✓ Regeln der höflichen Kommunikation umsetzen

Methoden und Arbeitstechniken

- ✓ Aktives Zuhören
- ✓ Checkliste
- ✓ Feedback
- ✓ Lernplakat
- ✓ Pantomimische Darstellung
- ✓ Rollenspiel
- ✓ Telefonregeln

Kommunikation untersuchen
Auf verschiedene Arten kommunizieren

In Alltag, Schule und Beruf kommunizieren Sie viel. Sie tun dies auf verschiedene Weise.

Situation

1 Beschreiben Sie die Fotos.

a) Was ist dargestellt?

b) Wer kommuniziert und in welcher Weise?

c) Erklären Sie den Begriff „Kommunikation“ mit eigenen Worten.

TIPP

Um „Kommunikation“ mit eigenen Worten zu erklären, sammeln Sie zu den Fotos Schlagwörter. Formulieren Sie daraus einen Satz.

Kommunikation findet nicht immer im direkten Austausch von Angesicht zu Angesicht statt.

Situation

Sascha beschreibt, was er an einem Vormittag alles erlebt: „Das geht schon am frühen Morgen los: Mein Radiowecker reißt mich mit den Nachrichten aus dem Schlaf, beim Frühstück fragt mich meine kleine Schwester noch schnell nach einem fehlenden Matheergebnis in den Hausaufgaben. Während der Bus auf dem Schulweg durch die Stadt fährt, fällt mir die neue riesige Werbung am Kino ins Auge und beim Aussteigen nickt mir der Busfahrer freundlich zu. Die letzten Meter bis zur Schule: Überall Stimmen, Lärm, ich lese eine SMS, die Schulglocke läutet zur ersten Stunde. Ich gehe schneller. Unser Theorielehrer Herr Maier betritt das Klassenzimmer, grüßt mit einem freundlichen ‚Guten Morgen‘ und erklärt dann die Unterrichtsinhalte. Lea aus der letzten Reihe wirft mir einen Brief zu. Ich drehe mich um und nicke ihr zu. Herr Maier sieht mich streng an und holt mich zum Vorrechnen an die Tafel.“

2 Untersuchen Sie Saschas Ausführungen. Übertragen Sie die Tabelle in Ihr Heft und tragen Sie die Ergebnisse ein.

a) Mit wem/Womit kommuniziert Sascha?

b) Welche Botschaft wird in der Kommunikation vermittelt? Schreiben Sie die Botschaft auf.

c) Wird die Botschaft mit Worten (verbal) oder ohne Worte (nonverbal) übermittelt?

„Partner“ der Kommunikation	Botschaft der Kommunikation	Verbale oder nonverbale Botschaft
Radiowecker	– „Es ist Zeit aufzustehen.“ – Nachrichten ...	hauptsächlich verbal
Schwester	...	...

Mit dem Körper sprechen

Sie drücken sich nicht nur mit Worten aus, sondern auch durch Ihren Körper und Ihre gesamte äußere Erscheinung.

Situation

1 Unterscheiden Sie die Körpersprache in den Abbildungen.

a) Beschreiben Sie die Körpersprache der Personen. Was möchten die Personen dadurch mitteilen?

b) Überlegen Sie, welche Wirkung die jeweilige Körpersprache auf die Kollegen hat.

c) Begründen Sie, in welchen beruflichen Situationen die jeweilige Körpersprache angemessen bzw. nicht angemessen ist.

2 Drücken Sie sich durch Körpersprache aus.

a) Stellen Sie die folgenden Reaktionen und Befindlichkeiten durch eine pantomimische Darstellung dar. Orientieren Sie sich auch an den Fotos.

- Zustimmung
- Begeisterung
- Freude
- Ablehnung
- Erstaunen
- Entsetzen
- Nichtwissen
- Siegesfreude
- Ekel
- Frustration

b) Ergänzen Sie die Reihe durch weitere Beispiele.

c) Stellen Sie Ihr Ergebnis der Klasse vor. Lassen Sie Ihre Mitschüler herausfinden, was Sie ohne Worte äußern.

★ **3** Formulieren Sie einen kurzen Dialog zu einem der oben abgebildeten Fotos. Vergleichen Sie Ihre Ergebnisse mit Ihrem Partner.

Körpersprache verstehen

In unserem alltäglichen Leben beginnen Gespräche oft ohne Worte. Bestimmte Verhaltensweisen rufen entsprechende Reaktionen hervor.

Situation

In der Berufsschule soll Sascha seiner Klasse Arbeitsergebnisse präsentieren.

1 Beschreiben Sie die Situation in der Klasse mit Hilfe der folgenden Arbeitsaufträge (» Kapitel 24).

a) Welches Verhalten können Sie bei den abgebildeten Schülerinnen und Schüler beobachten? Beispiel: gelangweilt auf den Tisch sehen. Schreiben Sie Ihre Ergebnisse auf Karten.

b) Sascha, der seine Ergebnisse präsentiert, sieht das Verhalten und fragt: „Wie bitte soll ich das verstehen?“ Antworten Sie und formulieren Sie zu dem jeweiligen Verhalten einen passenden Satz. Beispiel: gelangweilt auf den Tisch schauen = Wann ist endlich Schluss?

c) Welche Reaktionen Saschas können Sie sich vorstellen? Nennen Sie Reaktionen und überlegen Sie, mit welchen nichtsprachlichen Äußerungen Sascha reagieren könnte. Beispiel: Wut – stützt die Hände in die Hüften

d) Halten Sie die Ergebnisse in Form einer Tabelle in Ihrem Heft nach folgendem Muster fest.

Verhalten der Schülerinnen und Schüler	Aussage (Mitteilung)	Reaktion von Sascha	Nichtsprachliche Äußerung von Sascha
gelangweilt auf den Tisch sehen	Wann ist endlich Schluss?	Wut	stützt die Hände in die Hüften
...	...	...	...

Körpersprache verstehen

BASISWISSEN | Körpersprache und Kommunikation

Der Mensch kommuniziert mit Mund, Ohren und Augen, seine Kommunikation besteht aus sprachlichen (verbalen) und nichtsprachlichen (nonverbalen) Anteilen. Der Anteil der Körpersprache an der Wirkung der kommunikativen Signale beträgt etwa 70 bis 80 Prozent. Die Wirkung der Körpersprache ist also viel bedeutsamer als das gesprochene Wort. Es ist deshalb sehr wichtig, wie etwas mitgeteilt wird.

Zu den nichtsprachlichen (nonverbalen) Signalen der Kommunikation gehören:

- die Mimik (Gesichtsausdruck)
- die Gestik (Sprache der Gebärden mit Armen und Händen)
- die Körperhaltung (z. B. eine bestimmte Art, zu sitzen oder zu stehen)
- die äußere Erscheinung (z. B. Kleidung, Frisur, Körperschmuck) und der Geruch
- Sprechweise, Stimmlage, Tonfall, Sprechtempo

Dass Menschen mehr den Augen vertrauen als den Ohren, hat mit unserer Entwicklungsgeschichte zu tun, mit unserer kommunikativen Vergangenheit. Unsere Vorfahren waren darauf angewiesen, ihre kommunikativen Absichten, z. B. Nähe oder Distanz, Zuneigung oder Ablehnung, Angst oder Sicherheit, durch körperliche Gebärden darzustellen. Gerade wenn es um Gefühle, wie z. B. Liebe oder Angst, geht, beobachtet auch der moderne Mensch seinen Gesprächspartner sehr genau, um zu überprüfen, ob er dem Gesagten auch vertrauen kann.

2 Beobachten Sie, wie andere ohne Worte kommunizieren.

a) Sprechen Sie mit Ihren Nachbarn ab, welche Mitschüler Sie beobachten wollen.
b) Legen Sie eine weitere Tabelle wie in Aufgabe 1 an und notieren Sie Ihre Beobachtungen.
c) Gleichen Sie Ihre Ergebnisse mit denen der anderen ab und ergänzen Sie Ihre Tabelle.
d) Gibt es Unterschiede in der Interpretation? Wenn ja, dann notieren Sie diese. Überlegen Sie, auf welche Ursachen sie zurückzuführen sind.

3 Beschreiben Sie mögliche kommunikative Situationen aus Ihrem beruflichen Alltag.

a) Einigen Sie sich in Ihrer Gruppe auf eine Situation.
b) Planen Sie dazu einen Gesprächsverlauf und verteilen Sie die verschiedenen Rollen (Rollenspiel).
c) Stellen Sie Ihr Gruppenergebnis der Klasse vor.
d) Bewerten Sie die Situationen im Hinblick auf die eingesetzte verbale und nonverbale Kommunikation. Geben Sie Ihren Mitschülern ein Feedback.
e) Worauf werden Sie zukünftig im Hinblick auf Ihre eigene Körpersprache achten? Formulieren Sie für sich persönlich drei Tipps.

TIPP

Beachten Sie in Ihrer Planung auch den Einsatz nonverbaler Signale.

★ **4 Erweitern Sie Ihre Situation um weitere Gesprächspartner. Welche Änderungen ergeben sich im kommunikativen Verhalten?**

★ **5 Erstellen Sie eine Checkliste zur angemessenen Körpersprache in Ihrem Beruf. Gliedern Sie diese in bestimmte Situationen/Anlässe und ordnen Sie zu beachtende Regeln zu.**

Gespräche führen und reflektieren

Sagen, was gemeint ist

In einem Gespräch formuliert der Sprechende das Ziel der Äußerung häufig nur indirekt. Sie müssen deshalb zwischen dem, was der Sprecher sagt, und dem, was der Sprecher meint, unterscheiden.

Situation

Sascha, Lea, Ira und Max sind Auszubildende in derselben Firma. Nachdem sie heute den halben Arbeitstag geschafft haben, treffen sie sich zur Mittagspause im Pausenraum. Sie kommen zur folgenden Situation zwischen zwei Kollegen, Igor und Florian, dazu.

Muss ich schon wieder alles alleine aufräumen?

Igor, du kannst mir glauben, ich habe mit Sicherheit keine sechs Kaffeetassen benutzt!

1 Erschließen Sie den Dialog unter folgenden Gesichtspunkten.

a) Was möchte Igor mit seiner Frage erreichen?
b) Nennen Sie mögliche Gründe, warum Igor nicht direkt sagt, was er möchte.
c) Bewerten Sie die Reaktion von Florian. Formulieren Sie andere Antwortmöglichkeiten.
d) Überlegen Sie, wie Sie sich in dieser Situation verhalten würden.

★ **2** Wie könnte das Gespräch zwischen Igor und Florian ausgehen? Formulieren Sie den Dialog so, dass das Ziel der Sprechenden direkt ausgedrückt wird.

Konflikte sind im Alltag ganz normal. Viele Konflikte lassen sich aber vermeiden, wenn die Gesprächspartner herausfinden, was sie überhaupt voneinander wollen.

Situation

Lea hat einen Freund: Edgar. Das Paar hat ein Problem. Sie kennen sich schon einige Monate und sind verliebt. Edgar möchte möglichst seine ganze Freizeit mit Lea verbringen, doch sie will nicht auf ihren Sport im Leichtathletik-Verein verzichten. Außerdem sind da noch die Wettkämpfe an den Wochenenden. Edgar weiß, wie viel die Leichtathletik seiner Freundin bedeutet, doch er fühlt sich vernachlässigt und obendrein scheint Lea das gar nicht zu bemerken.

3 Notieren Sie verschiedene Äußerungen, mit denen Edgar auf sein Problem aufmerksam machen könnte.

4 Ordnen Sie den Äußerungen von Edgar mögliche Reaktionen von Lea zu. Überlegen Sie, welche Gründe es für diese Reaktionen geben könnte.

Verstehen, wie etwas gemeint ist

Durch ihre Reaktion aufeinander bestimmen Lea und Edgar, wie sich ihr Konflikt entwickelt.

Situation

Du interessierst dich ja nur noch für Sport und nicht mehr für mich.

Über den Sachverhalt reden

Hand auf die Schulter legen und trösten

1 Beschreiben Sie die Situation, in der sich Lea und Edgar befinden.

2 Wie könnte sich der Konflikt weiterentwickeln?

a) Verfassen Sie einen kurzen Dialog, der zu der jeweiligen Reaktion auf den Fotos passen könnte.

b) Diskutieren Sie, zu welchem Ergebnis der jeweilige Gesprächsverlauf führen wird. Kann das Problem gelöst werden oder wird der Konflikt verschärft?

c) Stellen Sie Ihr Gruppenergebnis der Klasse vor und begründen Sie es.

3 Untersuchen Sie Ihren Dialog mit Blick auf den Erfolg der Kommunikation zwischen Lea und Edgar. Gehen Sie dabei mit Hilfe des Basiswissens (» S. 16) auf die Ebenen der Darstellung, des Ausdrucks und des Appells ein.

a) Überlegen Sie, welches kommunikative Ziel Lea und Edgar verfolgen.

b) Auf welcher Ebene nimmt der Empfänger die Äußerung jeweils auf? Welche Ursachen hat das?

c) Was könnte Lea und Edgar helfen, einander zukünftig „richtig" zu verstehen?

4 Erinnern Sie sich an ähnliche Dialoge aus Ihrem Alltag und untersuchen Sie sie wie in Aufgabe 3.

5 Welche Rückschlüsse können Sie ziehen? Formulieren Sie wichtige Hinweise für eine erfolgreiche Kommunikation.

6 „Eine erfolgreiche Kommunikation ist die Grundlage für eine gute Beziehungsgestaltung." Nehmen Sie Stellung zu dieser Aussage. Beziehen Sie sich dabei auch auf Ihren beruflichen Alltag.

Verstehen, wie etwas gemeint ist

BASISWISSEN Kommunikation auf verschiedenen Ebenen

Wenn Edgar gerne mehr Zeit mit seiner Freundin Lea verbringen möchte und sich deshalb über ihr zeitaufwendiges Leichtathletiktraining beschwert, dann ist das von ihm Gesagte nicht das, was er eigentlich meint. Daher ist nicht sicher, ob Lea seinen Wunsch nach mehr gemeinsamer Zeit auch versteht. So ist es in vielen Kommunikationssituationen. Das Nicht-Verstehen ist keine seltene Ausnahme, sondern ein normaler Vorgang.

- **Zwei Seiten, die zusammengehören: Sender und Empfänger**
  Missverständnisse gehören zum Alltag, weil kommunikative Vorgänge darin bestehen, dass ein Sender etwas aussagt, was bei einem Empfänger (z. B. Hörer) ankommt. Der Empfänger muss entschlüsseln, was der Sender meint, er muss deuten, auslegen, also interpretieren.
- **Sender äußern etwas, Empfänger verstehen etwas**
  Die Auslegung des Gesagten durch den Empfänger kann sich von dem unterscheiden, was der Sender aussagen wollte. Dafür gibt es verschiedene Gründe: Menschen reagieren verschieden, sie unterliegen Stimmungen, haben unterschiedliche Lebenserfahrungen.
- **Situationsabhängiges Gesprächsverhalten**
  Menschen reden miteinander verschieden. Ihre Wortwahl ist z. B. davon abhängig, mit wem sie sprechen, also gesteuert von der Rolle, in der sie sich befinden. Das Gesprächsverhalten im Unterricht mit der Lehrerin oder dem Lehrer unterscheidet sich von dem am Mittagstisch mit Eltern und Geschwistern und dem mit Freundinnen oder Freunden in der Freizeit (» S. 18).
- **Kommunikation auf mehreren Ebenen**
  Vor allem reden Menschen oft nicht direkt. Das erschwert das Verstehen für den Empfänger besonders. Der Satz „Du interessierst dich ja nur noch für Sport und nicht mehr für mich!“ enthält genug Informationen, um sachlich über das Thema zu reden. Es kommt bei diesem Satz aber auch auf die Darstellung an, d. h., wie er ausgesprochen wird. Vielleicht will der Sender aber eine Befindlichkeit zum **Ausdruck** bringen, z. B. Traurigkeit über die verlorenen gemeinsamen Stunden. Oder es handelt sich um eine Aufforderung, einen **Appell**: „Mann, ändere endlich etwas!“

Der Empfänger muss also herausfinden, welches kommunikative Ziel verfolgt wird, auf welcher Ebene der Äußerung das Gewicht liegt. Nur so kann er „richtig“ reagieren und die Ausweitung eines Konflikts vermeiden.

Sender
Gesagtes

Kommunikation

Beispiel: Edgar zu Lea:
„Du interessierst dich ja nur noch für Sport und nicht mehr für mich.“

Empfänger
Gemeintes?

Ziel/Absicht der Kommunikation	Ebenen	Was will Edgar erreichen?
– sich sachlich auseinandersetzen	**Darstellung**	– Will er das Problem sachlich diskutieren?
– eine Stimmung, Befindlichkeit ausdrücken	**Ausdruck**	– Soll sie bemerken, dass er traurig ist?
– eine Aufforderung, Anordnung befolgen	**Appell**	– Soll sie den nächsten Wettkampf absagen?

Eine sprachliche Äußerung lässt sich anhand unterschiedlicher Modelle entschlüsseln (» Kapitel 5, S. 54/55).

Über Gespräche reflektieren

Wenn man in eine neue Gruppe kommt, dann bestehen am Anfang oft Unsicherheiten und Ängste. Unklar ist, wie man aufeinander wirken und reagieren wird, ob man sich wohlfühlen und einander vertrauen wird, sodass in kurzer Zeit eine unbeschwerte, offene Atmosphäre entstehen kann.

Situation

Ich möchte im Unterricht alles mitbekommen.
Ich hoffe, dass wir offen miteinander umgehen werden.
Ich wünsche mir, dass niemand lacht, wenn ich etwas sage.
Dass wir uns in der Klasse gut vertragen, finde ich wichtig.

1 Sammeln Sie Ihre Wünsche, wie Sie in der neuen Klasse miteinander umgehen wollen.

a) Finden Sie sich in Kleingruppen zusammen und besprechen Sie Ihre Vorstellungen.

b) Stellen Sie Ihre Ergebnisse der Klasse vor.

c) Einigen Sie sich im Klassenplenum auf die wichtigsten Regeln.

2 Fertigen Sie ein Lernplakat zu den wichtigsten Regeln für Ihr Klassenzimmer an (» Kapitel 23, S. 271).

Situation

Sascha wurde in seiner neuen Klasse an der Berufsschule zum Klassensprecher gewählt. Ihm ist aufgefallen, dass es am Tisch hinten rechts immer wieder Ärger gibt, weil sich die Mitschülerinnen und Mitschüler dort nicht an die gemeinsam vereinbarten Regeln halten. Er fühlt sich als Klassensprecher verantwortlich für das Klima in seiner Klasse und plant eine Aussprache.

3 Diskutieren Sie mit Ihrem Partner, wie Sie Saschas Aussprache/das Klärungsgespräch gestalten wollen, damit sie/es gelingt.

- An welchem Ort und zu welcher Zeit wollen Sie zusammenkommen?
- Wer sollte alles anwesend sein?
- Wie wollen Sie ins Gespräch einleiten?
- Welche Punkte sollten angesprochen werden und in welcher Reihenfolge?

4 Ergänzen Sie Ihr Plakat aus Aufgabe 2 um den Punkt „Regeln für ein Klärungsgespräch".

Sprachvarietäten unterscheiden

Situation

Sascha, Lea, Ira und Max haben heute Berufsschule. Ihr Klassenleiter Arno Früh (57 J.) betritt das Klassenzimmer: „Hey, was geht ab, alles klar bei euch? Am Wochenende voll fett weg gewesen? Was geht heut, Mann? Holt mal euren Scheiß raus, jetzt machen wir voll krass konkreten Matheunterricht. Boah, ey, ihr habt echt voll abgelost, ich schwör's, Mann ... die Arbeit, boah. Ich muss euch noch krass viel Zeugs in die Birne beamen, damit ihr das packt, hey. Ihr sollt die Kiste beiseitelassen und Mathe pauken, ihr Loser peilt das nicht, wa? Wenn's nicht bald abgeht mit euch, dann versagt ihr so was von absolut in der Prüfung, da ist Rechnen nämlich voll krass angesagt."

1 Wie wirkt es auf Sie, wenn eine Lehrkraft die Unterrichtsstunde in dieser Form beginnt?

2 Schreiben Sie den Text so um, dass er Ihnen bezogen auf das Verhältnis Lehrer-Schüler angemessen erscheint. Verbessern Sie Ihre Texte wechselseitig.

3 Diskutieren Sie die folgenden Fragen:
- Warum verwenden Jugendliche eine eigene Sprache?
- Wann verwenden Sie Jugendsprache, wann verzichten Sie darauf und was sind die Gründe dafür?
- Jugendsprache dringt auch in die Umgangssprache ein. Nennen Sie Gründe.

4 Vergleichen Sie unterschiedliche Sprachvarietäten.
- Finden Sie sich in einer Vierer-Gruppe zusammen.
- Schüler 1 erzählt seinem Freund (Schüler 2) seine Erlebnisse vom Vortag.
- Schüler 2 nimmt die Inhalte auf und erzählt sie Schüler 3, der die Rolle des Chefs einnimmt.
- Schüler 3 gibt die Erzählung an Schüler 4 weiter, der die Rolle eines Kunden spielt.

TIPP

Erstellen Sie Rollenkarten und notieren Sie, worauf Sie sprachlich achten wollen.

5 Reflektieren Sie kritisch den Sprachgebrauch in Ihrer Gruppe: Was war passend, was nicht? Notieren Sie die Unterschiede bei wechselnden Adressaten.

BASISWISSEN Sprachvarietäten unterscheiden

Menschen kommunizieren auf verschiedene Weise miteinander. Ein Gespräch verläuft besser, wenn die Gesprächspartner die gleiche Sprache nutzen.

Standardsprache: Darunter fasst man die Hochsprache und die Schriftsprache. Es ist die allgemein verbindliche Form der Sprache, wie sie in der Öffentlichkeit und in den Medien gebräuchlich ist, auch in der Schule wird sie unterrichtet.

Umgangssprache: Bei ihr handelt es sich um den alltäglichen mündlichen Sprachgebrauch. Sie orientiert sich zwar an der Standardsprache, hält aber die Regeln nicht streng ein. Typisch für die Umgangssprache sind kurze, einfache und unvollständige Sätze.

Dialekt (Mundart): Hier handelt es sich um regionale Unterschiede in der Sprache, dazu zählt z. B. bayerisch.

Jugendsprache: Darunter versteht man die besondere Ausdrucksweise junger Leute, die zeitlichen Schwankungen unterworfen ist und die sich auch Kraftausdrücken und Schimpfwörtern bedient.

Fachsprache: Sie ist oft nur Fachleuten aus bestimmten Berufsgruppen verständlich (z. B. Ärzten, Juristen, Mechatronikern) und enthält viele Fach- und Fremdwörter.

Ich-Botschaften senden

Situation

Warum musst du immer alles allein entscheiden?
Nie redest du mit mir über deine Zukunftspläne!
Und zuhören tust du mir ja auch schon lange nicht mehr.
Überhaupt hast du eigentlich nie Zeit für mich! Du machst echt alles kaputt zwischen uns ...

1 Beantworten Sie die folgenden Fragen.

a) Welche Gefühle haben Sie, wenn Ihre Freundin/Ihr Freund so zu Ihnen spricht?
b) Wie reagieren Sie darauf? Überlegen Sie sich eine Antwort.
c) Was möchte Ihre Freundin/Ihr Freund Ihnen eigentlich mitteilen? Welche Gefühle hat sie/er?

2 Formulieren Sie den Text in Ich-Botschaften um. Benutzen Sie zum Beispiel folgende Formulierungen.

Ich fühle mich ... • Ich wünschte mir, du würdest ... • Ich habe Bedenken, weil ... • Ich bin stocksauer auf dich, weil ... • Ich erlebe dich mir gegenüber ... • Ich mache mir Sorgen um dich, wenn ...

3 Vergleichen Sie die Wirkung Ihres Textes mit dem Ausgangstext in der Sprechblase und formulieren Sie erneut eine Reaktion. Vergleichen Sie auch diese. Was fällt Ihnen auf?

Situation 1

Sascha sagt zu Max: „Mit dir kann man wirklich nicht zusammenarbeiten. Du bist immer so langsam und die Qualität deiner Arbeiten ist unterirdisch. Ich muss dich immer kontrollieren und dann nacharbeiten, da fragt man sich ja, wofür du eigentlich bezahlt wirst. Vielleicht sollte ich mal zum Chef gehen."

Situation 2

Der Chef stürzt morgens in Iras Büro: „Es ist kein Briefpapier vorhanden und das Protokoll der letzten Sitzung liegt noch immer nicht vor! Fühlen Sie sich Ihrem Beruf überhaupt gewachsen?"

4 Formulieren Sie für die beiden oben abgebildeten Situationen eine geeignete Form der Kritik. Vermeiden Sie verletzende und destruktive (vernichtende) Äußerungen ebenso wie Du-Botschaften.

BASISWISSEN – Du- und Ich-Botschaften

Ob man in einem Streit „ich" oder „du" sagt, ist ein großer Unterschied, vor allem die Wirkung auf den Adressaten verändert sich dadurch maßgeblich.

Wirkung von Du-Botschaften: Sie sind eine Anklage. Sie setzen den anderen herab. Sie werden als Angriff empfunden. Sie erzeugen Abwehr.

Wirkung von Ich-Botschaften: Ich sage etwas über mich aus. Ich stelle mich nicht über den anderen. Ich achte den anderen als Person. Ich begründe meine Aussage.

Feedback geben

Ihre Muskeln stärken Sie durch regelmäßiges Training. Auch Ihre sprachlichen Fähigkeiten können Sie stetig verbessern, indem Sie jede Gelegenheit zum Üben nutzen. Beim körperlichen Training sagt Ihnen ein Trainer, worauf Sie noch mehr achten sollten und was schon gut klappt.
Bitten Sie in der Schule Ihre Mitschüler, diese Rolle zu übernehmen und Ihnen für das Präsentieren und den Umgang mit Sprache eine Rückmeldung (Feedback) zu Ihrem Referat, Ihrer Plakatvorstellung etc. zu geben.

ARBEITSTECHNIK **Feedback geben**

1. Sprechen Sie den Feedback-Empfänger direkt an und schauen Sie ihn an.
2. Sprechen Sie in Ich-Botschaften.
3. Beginnen Sie mit der Nennung von Positivem (Lob).
4. Beschreiben Sie dann möglichst genau die weniger gelungenen Teile.
5. Machen Sie zu Ihren Kritikpunkten konkrete Verbesserungsvorschläge.
6. Stellen Sie durch Nachfrage sicher, dass Ihr Feedback verstanden wurde.

Muster

Feedback 1:
War ganz okay, was sie gesagt hat. Aber Lea steht voll komisch da!

Feedback 2:
Lea, ich konnte deinem Vortrag gut folgen, weil ich deine Beispiele so treffend fand. Außerdem empfinde ich dein Sprechen als angenehm laut und langsam. Zu deiner sicheren Sprache passt für mich deine Körperhaltung nicht ganz. Ich habe beobachtet, dass du deine Arme ständig hinter deinem Rücken verschränkt hältst. Versuche doch, sie locker neben deinem Körper hängen zu lassen. Dann ist mir aufgefallen, dass du mit dem Fuß immer auf den Boden tippst. Das wirkt auf mich nervös. Vielleicht reicht es dir, wenn du ab und zu dein Gewicht verlagerst. Kannst du mit meinem Feedback etwas anfangen?

1 **Untersuchen Sie die beiden Feedbacks. Was erfährt Lea jeweils? Welche Feedback-Regeln werden in den Beispielen beachtet?**

2 **Trainieren Sie die Technik des Feedbacks in den nächsten Wochen bei jeder sich bietenden Gelegenheit in allen schulischen und betrieblichen Situationen, zum Beispiel im Fachunterricht.**

TIPP
Reflektieren Sie die Wirkung des Feedbacks.

3 **Schreiben Sie einen Feedback-Brief an Ihren Banknachbarn zu seinem heutigen Verhalten im Unterricht (zum Beispiel zur Mitarbeit, Teilnahme bei Gruppenarbeiten). Achten Sie bei den Formulierungen auf die Feedback-Regeln. Reflektieren Sie gemeinsam die Bedeutung des Feedbacks.**

ARBEITSTECHNIK **Feedback nehmen**

1. Hören Sie in aller Ruhe zu und schweigen Sie.
2. Fragen Sie nach, falls Sie etwas nicht richtig verstanden haben.
3. Rechtfertigen Sie sich für nichts und begründen Sie auch nichts.
4. Danken Sie Ihrem Feedback-Geber für die offenen Worte.
5. Sie entscheiden am Ende selbst, ob Sie einen Vorschlag annehmen und umsetzen möchten oder nicht.

Richtig zuhören

Richtig zuzuhören, ist eine Kompetenz, die Sie in Beruf wie Alltag sehr häufig benötigen.

Situation

Ira trifft sich mit Ihrer Kollegin in der gemeinsamen Frühstückspause. Die ruhige Atmosphäre will sie nutzen, um mit ihr persönliche Veränderungen zu besprechen. Ira denkt darüber nach, sich beruflich weiterzuentwickeln.

Ira: Du? ...
Kollegin (liest in der Zeitung): Mhmm?
Ira: Du, hast du mal kurz Zeit? Ich muss etwas mit dir besprechen.
Kollegin (liest weiter in der Zeitung): Was ist denn schon wieder?
Ira: Du, wenn's dir jetzt nicht passt, dann ...
Kollegin (schaut kurz hoch): Ich höre doch zu. (liest weiter in der Zeitung)
Ira: Du, langsam vergeht mir die Lust ...
Kollegin: Also, ich weiß nicht, was du eigentlich von mir willst ...

1 Spielen Sie die obige Situation als Rollenspiel (» Kapitel 23, S. 274). Versetzen Sie sich in Iras Situation.
a) Welche Gefühle haben Sie?
b) Tragen Sie zusammen, was an dieser Kommunikation alles missglückt ist.
c) Sammeln Sie Verbesserungsvorschläge.

2 Spielen Sie nun noch einmal den obigen Dialog. Beachten Sie jedoch dieses Mal die Arbeitstechnik zum aktiven Zuhören und nutzen Sie Ihre Verbesserungsvorschläge aus Aufgabe 1.
a) Welche Gefühle haben Sie jetzt?
b) Beschreiben Sie, wie die Kommunikation insgesamt verlaufen ist.

3 Üben Sie aktives Zuhören im Rollenspiel, indem Sie einem Partner ein besonders erfreuliches oder ärgerliches Erlebnis schildern. Ihr Partner hört Ihnen zu und beachtet dabei die unten stehenden Regeln. Die anderen Gruppenmitglieder sind Beobachter.

4 Deuten Sie den Ausspruch des Schriftstellers William Somerset Maugham (1874–1965), der sagte: „Die Natur ist wirklich weise: Der Mensch hat zwei Ohren und nur eine Zunge. Er sollte eben doppelt so viel hören wie reden."

ARBEITSTECHNIK Aktives Zuhören

Unter „aktivem Zuhören" versteht man eine Gesprächstechnik, die in Konfliktgesprächen ebenso eingesetzt werden sollte wie in anderen Gesprächen. Aktives Zuhören drückt die Wertschätzung gegenüber dem anderen aus. Ihr Gesprächspartner fühlt sich verstanden und akzeptiert, wenn Sie „ganz Ohr" sind.

- Halten Sie Blickkontakt mit Ihrem Gesprächspartner.
- Wenden Sie sich auch in der Körperhaltung Ihrem Gesprächspartner zu. Achten Sie auf offene Gesten.
- Verzichten Sie auf Tätigkeiten nebenbei (Malen, Essen, Aufräumen, Lesen) und vermeiden Sie andere Ablenkungen (Handy, Fernseher).
- Mit Bestätigungen (z. B. Nicken) ermuntern Sie Ihren Gesprächspartner zum Weitersprechen.
- Fassen Sie mit eigenen Worten zusammen, wie der andere sich vermutlich fühlt.
- Fragen Sie nach, ob Sie ihn richtig verstanden haben und ob er sich von Ihnen richtig verstanden fühlt.

Angemessen kommunizieren

Telefongespräche entgegennehmen

Situation

Max nimmt folgenden Anruf in seinem Betrieb entgegen.

Max: Firma Manno, hallo!
Herr Kazekoluwski: Kundendienst Kazekoluwski, guten Tag. Spreche ich mit Frau Jäger?
M.: Nein, hier ist Max Maulfaul.
K.: Kann ich bitte mit Frau Jäger sprechen?
M.: Nein, ich weiß nicht, wo sie ist.
K.: Dann sagen Sie ihr bitte, ich komme nächsten Dienstag um 14:30 Uhr und repariere den Apparat vor Ort. Frau Jäger soll den Anschluss cx37/25sny bereitlegen, damit ich den gleich mit überprüfen kann. Falls Frau Jäger noch Fragen hat, kann sie mich ja anrufen.
M.: Ja, ist gut.
K.: Auf Wiederhören, Herr Maulfaul.
M.: Tschüss, äh ...

1 Spielen Sie das Telefonat nach. Achten Sie dabei auf Betonung und Lautstärke.

Situation

Wer war es denn?
Hat jemand angerufen?
Ja, Chef.
Habe ich nicht verstanden, irgendjemand wegen des Apparats.
Welcher Apparat? Und worum ging es denn nun?
Sie können ihn ja noch mal anrufen!
Herrje, dann geben Sie mal die Nummer her!
Die Nummer????

2 Schreiben Sie das Telefongespräch um.
a) Überlegen Sie, was Max hätte besser machen können.
b) Führen Sie Ihr Ergebnis im Rollenspiel vor (» Kapitel 23, S. 274).

TIPP
Alle Fragen des Chefs sollten beantwortet werden können.

3 Entwickeln Sie – möglichst am Computer – ein Telefonnotizformular, das Ihnen hilft, Gesprächsinhalte während des Telefonats strukturiert festzuhalten. Testen Sie Ihr Formular und halten Sie die wichtigsten Informationen aus dem obigen Gespräch fest.

4 Entwerfen Sie passende/unpassende Ansagetexte für private und berufliche Anrufbeantworter.

5 Sprechen Sie sich mit Ihrem Partner gegenseitig das Anliegen von Herrn Kazekoluwski aus dem Dialog oben möglichst fließend vor. Achten Sie darauf, dass alle wichtigen Informationen genannt werden. Geben Sie sich gegenseitig ein Feedback (» S. 20).

Telefongespräche führen

Situation

Ira möchte eine neue Wohnung mieten und kümmert sich gleichzeitig um ein gebrauchtes Sofa, das sie gerne im Wohnzimmer hätte. Zwei Anzeigen hat sie aus der Zeitung herausgesucht.

Wunderschöne, günstige Wohnung in München
Größe: 28 m², 1 Zimmer, Miete: 500 Euro + Nebenkosten, zentral gelegen, mit eigenem Bad; Tel.: 089-33445533

Nwtg. 3er-Sitzer-Sofa, Stoffbezug, ggf. Selbstabholung, Raum Ulm, Preis: 100,00 EUR; Handy: 0177-334455

1 Bereiten Sie die beiden Telefongespräche vor.

a) Notieren Sie, welche sachlichen Informationen für Sie wichtig sind. Fertigen Sie dazu einen Stichwortzettel mit Fragen an. Achten Sie auf eine sinnvolle Reihenfolge.

b) Was wollen Sie mit Ihrem Gesprächspartner vereinbaren?

c) Planen Sie auch die Begrüßung und Verabschiedung.

2 Führen Sie die Telefongespräche im Rollenspiel durch (» Kapitel 23, S. 274).

a) Machen Sie während des Telefonats eine Gesprächsnotiz.

b) Stellen Sie abschließend die Informationen aus den beiden Gesprächen übersichtlich zusammen.

3 Nicht immer ist Ihr Gesprächspartner persönlich erreichbar. Überlegen Sie sich daher auch vorab, welchen Text Sie auf einen Anrufbeantworter sprechen würden.

4 Stellen Sie Regeln für einen Telefon-Knigge auf.

a) Welche Höflichkeitsregeln sollten bei Telefongesprächen unbedingt beachtet werden? Sammeln Sie einige.

b) Erstellen Sie dazu eine Checkliste.

5 Verfassen Sie selbst ein Telefongespräch, in dem der Kunde extrem unhöflich ist. Spielen Sie das Telefonat vor.

- Bauen Sie folgende Punkte in Ihr Telefongespräch ein: Der Kunde nennt keinen Namen; er will den Chef sprechen, der nicht anwesend ist; er reagiert ungehalten und ablehnend auf Ihre Vorschläge und Angebote.
- Sie bleiben höflich und versuchen, alle wesentlichen Informationen zu ermitteln.

6 Überlegen Sie sich ein Telefongespräch, das in Ihrem Berufsalltag von Bedeutung ist. Notieren Sie dieses Telefongespräch und führen Sie es im Rollenspiel durch. Welche Gesichtspunkte sind zu beachten?

ARBEITSTECHNIK Telefonieren

1. Freundliche Begrüßung, z. B.: „Guten Tag."
2. Vor- und Nachnamen deutlich nennen, z. B.: „Mein Name ist Franziska Mai."
3. Grund des Anrufs nennen, z. B.: „Ich interessiere mich für die Wohnung, die Sie heute im *Münchner Wochenanzeiger* inseriert haben."
4. Fragen stellen, z. B.: „Wann ist es möglich, die Wohnung anzuschauen?"
5. Dank aussprechen (auch bei einer Absage!), z. B.: „Vielen Dank, dass Sie sich Zeit genommen haben."
6. Verabschiedung, z. B.: „Auf Wiederhören, Frau Müller!"

Schlagen Sie auch im Methodenlexikon unter *Telefonregeln* nach.

Souverän telefonieren

1 Buchstabieren Sie sich gegenseitig Ihre Nachnamen mit Hilfe der Buchstabiertafel und schreiben Sie mit.
a) Notieren Sie die Buchstaben Ihres Nachnamens senkrecht untereinander auf einem Blatt.
b) Schreiben Sie dann die passenden Wörter aus der Buchstabiertafel daneben.
c) Buchstabieren Sie Ihren Namen Ihrem Partner oder Ihrer Partnerin und lassen Sie sich einen Namen diktieren. Schreiben Sie mit.

Kazeko ... wie?

Buchstabiertafel

Anton	**G**ustav	**N**ordpol	**T**heodor
Berta	**H**einrich	**O**tto	**U**lrich
Charlotte	**I**da	**P**aula	**V**iktor
Cäsar	**J**akob	**Q**uelle	**W**ilhelm
Dora	**K**onrad	**R**ichard	**X**anthippe
Emil	**L**udwig	**S**iegfried	**Y**psilon
Friedrich	**M**artha	**S**chule	**Z**eppelin

Situation

Ira ist als Auszubildende in der zentralen Verwaltungsabteilung eines Möbelhauses tätig. Sie nimmt drei Telefongespräche entgegen.

Telefonanruf 1	Telefonanruf 2	Telefonanruf 3
Ein Kunde beschwert sich über den Kundendienst, der seine Schrankwand montiert hat. Sie wackelt und zwei Türen schließen nicht richtig. Er besteht darauf, dass morgen noch einmal jemand vorbeikommt.	Ein Außendienstmitarbeiter hatte einen Unfall. Sein Auto ist morgen nicht einsatzfähig. Die Tourenplanung muss die Auslieferung der Küche für die Schulkantine in X-Stadt auf einen Ersatztermin verlegen und den Kunden anrufen.	Eine Frau interessiert sich für den Aushilfsjob als Telefonistin, den das Möbelhaus in der Tageszeitung annonciert hatte. Sie will Genaueres über Arbeitszeiten und Bezahlung wissen und ruft nachmittags noch einmal an.

2 Schreiben Sie zu den Telefonanrufen eine Telefonnotiz. Welche Angaben fehlen noch? Ergänzen Sie diese in einer anderen Farbe.

3 Bilden Sie Dreier-Gruppen und üben Sie im Rollenspiel (» Kapitel 23, S. 274).
- Person 1: Denken Sie sich weitere Anrufe aus. Greifen Sie dabei auf Erfahrungen zurück, die Sie in Ihrem Ausbildungsbetrieb/in Ihrer Praktikumseinrichtung gemacht haben.
- Person 2: Sie empfangen den Anruf und notieren alle wichtigen Informationen. Die Telefonnotiz geben Sie weiter an Person 3.
- Person 3: Sie erhalten die Telefonnotiz. Geben Sie den Inhalt mündlich wieder und fragen Sie bei Person 1 nach, ob alle wichtigen Informationen angekommen sind.

Gespräche beginnen und beenden

1 Üben Sie Begrüßungen. Stellen Sie sich dafür in einem Außen- und Innenkreis auf. Jeder Schüler hat einen Mitschüler gegenüberstehen.

a) Geben Sie Ihrem gegenüberstehenden Mitschüler zur Begrüßung die Hand, stellen Sie sich kurz vor und verabschieden Sie sich. Danach wechseln die Schüler im Innenkreis den Gesprächspartner im Uhrzeigersinn.

b) Achten Sie dabei auf die Art und Weise des Händedrucks und auf die Körperhaltung. Welche Unterschiede stellen Sie fest?

c) Diskutieren Sie in der Klasse über Ihre Beobachtungen.

2 Welche Worte zur Begrüßung kennen Sie? Notieren Sie verschiedene Formulierungen.

3 Welche Worte zur Verabschiedung kennen Sie? Notieren Sie sich auch hierzu mehrere Möglichkeiten.

Situation

Sie kommen an Ihrem ersten Ausbildungstag zur Tür herein und begrüßen Ihre beiden neuen Kollegen. Bei dieser Gelegenheit stellen Sie sich auch mit einigen Sätzen vor. Nach einem kurzen Gespräch über Ihre neue Tätigkeit und die Aufgaben der Kollegen verabschieden Sie sich wieder von jedem persönlich.

4 Üben Sie im Rollenspiel diese Situation(» Kapitel 23, S. 274). Tauschen Sie auch die Rollen.

5 Was fiel Ihnen beim Rollenspiel auf? Geben Sie einander Feedback. Formulieren Sie dieses Feedback auf drei verschiedene Arten.

a) Schauen Sie durch die rosarote Brille und äußern Sie nur Positives.

b) Sehen Sie schwarz und beschreiben Sie nur die Fehler.

c) Geben Sie ein ausgewogenes Urteil ab, indem Sie positive und negative Verhaltensweisen nennen.

6 Beobachten Sie Menschen in Ihrer Umgebung und in den Medien.

a) Was führt Sie zu der Aussage, dass jemand „sympathisch" oder „nett" ist?

b) Schreiben Sie Ihre Beobachtungen auf. Unterteilen Sie in nonverbale und verbale Kennzeichen.

c) Werten Sie die einzelnen Beobachtungen aus. Wie wirken zum Beispiel einzelne Gesten auf Sie?

7 Was werden Sie in Zukunft beim Begrüßen, Vorstellen und Verabschieden beachten? Gestalten Sie dazu ein Lernplakat (» Kapitel 23, S. 271).

8 Überlegen Sie sich eine für Ihren Berufsalltag relevante Situation, in der Sie Personen begrüßen, sich vorstellen und verabschieden.

a) Üben Sie diese Situation im Rollenspiel. Berücksichtigen Sie dabei Ihr Lernplakat von Aufgabe 7.

b) Welche Unterschiede sind im Vergleich zur Übung der Aufgabe 1 erkennbar?

ARBEITSTECHNIK Lernplakate erstellen

Inhalte oder Ergebnisse einzelner Arbeitsphasen werden auf einem Lernplakat strukturiert angeordnet und in knapper Form wiedergegeben. Wichtiges sollte groß und gut lesbar auf dem Plakat erscheinen. Auch kann der Blick durch unterschiedliche Schriften, Farben und Markierungen gelenkt werden. Nicht fehlen sollten eine aussagekräftige Überschrift und einige Zwischenüberschriften zur Orientierung. Zur Auflockerung und als sogenannte Eyecatcher können auch Zeichnungen und Bilder verwendet werden.

Fachsprache im Beruf einsetzen

Situation

Ira trifft sich am Nachmittag mit Franco. Obwohl die beiden nach der Grundschule völlig verschiedene Wege gegangen sind, blieben sie stets Freunde. Nachdem sie allerhand Neuigkeiten besprochen haben, möchte Franco wissen, was sie heute während ihres Arbeitstages getan hat. Ira beschreibt einige ihrer Tätigkeiten. Doch ihr Freund schaut sie nur irritiert an und versteht überhaupt nicht, wovon sie redet.

1 Analysieren Sie die Situation.

a) Was misslingt in diesem Gespräch?

b) Welche Gründe kann es dafür geben?

TIPP

Zwei Menschen, die in unterschiedlichen Berufen/Berufsfeldern arbeiten, kennen meistens nicht die Fachbegriffe/Fachsprache des anderen Berufs.

2 Sammeln Sie Situationen, in denen Sie berufliche Fachsprache verwenden.

a) Welche Vorteile ergeben sich für den Einsatz beruflicher Fachsprache?

b) Welche Probleme können auftreten? Erstellen Sie zu a) und b) eine gemeinsame Übersicht.

c) Erklären Sie den Begriff „berufliche Fachsprache“ mit eigenen Worten.

3 Beschreiben Sie Ihrem Partner einen beliebigen Vorgang aus Ihrem Arbeitsalltag.

a) Ihr Partner hört aufmerksam zu und notiert alle Fachbegriffe, die bei der Beschreibung verwendet werden.

b) Notieren Sie zu den jeweiligen Fachbegriffen die entsprechende Bedeutung. Nutzen Sie dazu ein selbst gewähltes Nachschlagewerk.

c) Stellen Sie Ihr Ergebnis der Klasse im Rollenspiel vor (» Kapitel 23, S. 274). Lassen Sie sich von Ihren Mitschülern ein Feedback geben.

4 Formulieren Sie den Dialog für verschiedene Adressaten um (zum Beispiel Kunde, Vorgesetzter, Praktikant ...). Was verändert sich? Welche Gründe gibt es dafür?

FAZIT

1.1 Kommunikation untersuchen

- Verbale und nonverbale Botschaften verstehen
- Körpersprache verstehen und verwenden

1.2 Gespräche führen und reflektieren

- Kommunikationsprobleme wahrnehmen und analysieren
- Kommunikation auf verschiedenen Ebenen: Darstellung, Ausdruck und Appell
- Sprachebenen unterscheiden
- Kommunikationstechniken

1.3 Angemessen kommunizieren

- Gespräche entgegennehmen und führen
- Regeln der höflichen Kommunikation beachten
- Gespräche beginnen und beenden

1.4 Fachsprache im Beruf einsetzen

- Den Einsatz fachsprachlicher Begriffe bewerten
- Einsatz beruflicher Fachsprache adressatenbezogen verwenden

Kapitel 2

Texte lesen und verstehen – neue Medien erschließen

2.1
Texten Informationen entnehmen

2.2
Sachtexte untersuchen und vergleichen

2.3
Sich im Internet informieren

Die Kommunikation in unserer Gesellschaft basiert auf Texten. Durch das Internet sind wir täglich vom geschriebenen Wort umgeben. Auch in Beruf und Schule sind Texte die Grundlage der Wissensvermittlung und der Meinungsdarstellung. Doch meistens reicht das Lesen-Können allein nicht aus. Um die Informationen des Textes nutzen zu können, muss man diese erkennen, entnehmen und bearbeiten. Daneben gibt es Texte, die nicht nur Informationen transportieren, sondern auch eine Meinung. Aus diesem Grund ist es wichtig, die Texte nicht nur zu lesen, sondern auch zu verstehen, zu reflektieren und zu bewerten.

Dieses Kapitel gibt Ihnen eine Einführung in die Nutzung von Lesestrategien, mit denen man jeden Text erschließen und verstehen kann. Daneben erhalten Sie einen Überblick über die verschiedenen Textsorten. Schließlich werden Sie mit den Regeln der Internetrecherche vertraut gemacht.

Kompetenzen

- ✓ Texte mithilfe einer Lesestrategie erschließen
- ✓ Textinhalt mit eigenen Worten wiedergeben
- ✓ Sachtextsorten unterscheiden
- ✓ Leserbriefe verfassen
- ✓ Eine Präsentation erstellen

Methoden und Arbeitstechniken

- ✓ 5-Schritt-Lesetechnik
- ✓ Gallery Walk
- ✓ Internetrecherche
- ✓ Lesekarte
- ✓ Leserbrief

Texten Informationen entnehmen
Verschiedene Lesemethoden kennenlernen

Situation

Ravi hat vor wenigen Wochen mit den drei anderen Azubis Resa, Martin und Leonie die Ausbildung begonnen. Besonders die rechtlichen Regelungen zu Arbeitszeit, Urlaub, Krankmeldung etc. sind ihnen noch neu. Dadurch ergeben sich immer wieder Fragen und Unsicherheiten. Letzte Woche hat sich ein Kollege beim Sport verletzt und kann mehrere Wochen nicht zur Arbeit erscheinen. Ravi und die anderen Auszubildenden fragen sich nun, welche Konsequenzen das haben kann. Sie finden im Internet den Artikel auf der nächsten Seite.

1 Diskutieren Sie in der Klasse, welche Folgen eine Sportverletzung für den Arbeitsplatz haben kann. Gehen Sie dabei auf die Punkte Kündigung und Krankengeld ein.

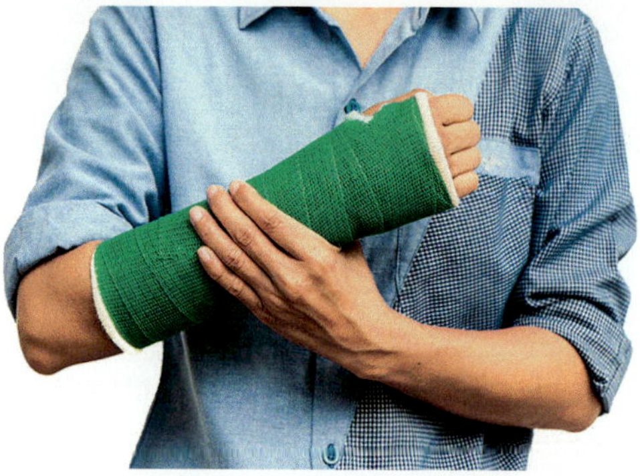

2 Damit Sie zu dem Thema weitere Informationen sammeln können, müssen Sie nicht nur nach passenden Sachtexten suchen. Sie brauchen auch das geeignete Werkzeug, um diese schnell und effizient nach wichtigen Informationen zu durchsuchen und die Texte zu verstehen. Sammeln Sie in der Gruppe Ideen und Erfahrungen, wie man einen Text schnell und sicher bearbeiten kann.

3 Informieren Sie sich im Basiswissen über die 5-Schritt-Lesetechnik. Erstellen Sie für sich einen Leitfaden, in dem jeder Schritt einzeln aufgelistet wird. Notieren Sie sich eventuelle Fragen zu den Schritten.

4 Recherchieren Sie eine weitere Lesetechnik (zum Beispiel Querlesen) und erklären Sie diese einem Mitschüler.

ARBEITSTECHNIK 5-Schritt-Lesetechnik

Um einen schwierigen Text leichter zu verstehen, können Sie die 5-Schritt-Lesetechnik anwenden. Falls Ihnen das Thema des Textes völlig unbekannt ist, sollten Sie sich vor der Lektüre fragen, was Sie aufgrund der Überschrift und eventuell der Bilder von dem Text erwarten. Überlegen Sie auch, was Sie bereits über das Thema wissen.

1. Schritt: Verschaffen Sie sich einen **groben Überblick** über den Text, indem Sie den Text **überfliegen**, Zwischenüberschriften erfassen und eventuell Anfänge von Abschnitten lesen.

2. Schritt: Formulieren Sie das Thema und die Kernaussage des Textes.

3. Schritt: Lesen Sie den Text jetzt gründlich und **markieren Sie alle unverständlichen Wörter und Textpassagen**. Klären Sie diese im Textzusammenhang oder mit Hilfe eines Nachschlagewerks.

4. Schritt: **Gliedern Sie den Text in Abschnitte** und finden Sie für jeden Abschnitt eine **Zwischenüberschrift** oder einen **kurzen, zusammenfassenden Satz**. Markieren Sie auch einzelne Schlüsselwörter.

5. Schritt: Fassen Sie den Text mit eigenen Worten zusammen.

Verschiedene Lesemethoden anwenden

Freizeitunfälle können den Job gefährden

Achtung bei Freizeitunfällen: Wann die Kündigung droht

Wenn Mitarbeiter aufgrund selbst verschuldeter Freizeitunfälle häufig fehlen, kann die Lohnfortzahlung gestoppt oder sogar die Kündigung ausgesprochen werden. Entscheidend ist die Prognose, ob der Mitarbeiter seinen Arbeitspflichten in der Zukunft nachkommen kann.

von Harald Czycholl

Dienst ist Dienst, privat ist privat. Was der Mitarbeiter in seiner Freizeit macht, geht den Chef nichts an – und wer sich am Wochenende beim Fußballspielen mit Freunden verletzt, meldet sich eben am Montag krank. So lautet die weit verbreitete Auffassung unter Arbeitnehmern – die allerdings nicht immer zutreffend ist. Denn zwar ist die Lohnfortzahlung im Krankheitsfall in Deutschland gesetzlich geregelt – doch Mitarbeitern, die ihre Arbeitsunfähigkeit selbst verschuldet herbeigeführt haben, kann die Lohnfortzahlung unter bestimmten Umständen gestrichen werden. Manchmal ist sogar die Kündigung möglich.
„Generell kann der Arbeitgeber nicht in die private Lebensführung des Mitarbeiters eingreifen", sagt Thomas Schulz, Rechtsanwalt mit Schwerpunkt Arbeitsrecht in der Hamburger Kanzlei Heuking Kühn Lüer Wojtek. Auch die Ausübung gefährlicher und somit verletzungsanfälliger Sportarten gehöre grundsätzlich zum Bereich der persönlichen Lebensführung, so der Experte. „Dem Arbeitgeber steht es nicht zu, dem Mitarbeiter in diesem Bereich Vorgaben zu machen." Ausnahme: Der Mitarbeiter verletzt sich bei der Ausübung der Sportart und wird infolgedessen arbeitsunfähig krank. Dann kommen arbeitsrechtliche Konsequenzen in Betracht – nämlich wenn er die Erkrankung durch eigenes Verschulden herbeigeführt hat. In solchen Fällen kann der Arbeitgeber unter Umständen die Fortzahlung von Lohn oder Gehalt verweigern.

Sport über die eigenen Fähigkeiten hinaus ist rechtlich riskant

Allerdings muss der Arbeitgeber dafür beweisen, dass der Unfall und damit die Arbeitsunfähigkeit wirklich selbstverschuldet herbeigeführt wurde – und dieser Beweis ist nicht immer einfach zu führen. Denn schuldhaft handelt ein Freizeitsportler grundsätzlich immer nur dann, wenn er sich deutlich über seine Kräfte und Fähigkeiten hinaus sportlich betätigt. Ein Selbstverschulden liegt zum Beispiel nahe, wenn untrainierte und unerfahrene Menschen an einem Marathon oder einem hochalpinen Bergsteigen teilnehmen. Das Landesarbeitsgericht Baden-Württemberg (Aktenzeichen: 4 Sa 53/86) hat aber auch schon mal entschieden, dass ein Selbstverschulden beim Fingerhakeln vorliegen kann, wenn der Teilnehmer über besonders schwache und verletzungsanfällige Fingerknochen verfügt. „Ein Verschulden wird zudem angenommen, wenn man sich eine Sportverletzung bei der Ausübung einer sogenannten gefährlichen Sportart zugezogen hat", sagt Rechtsanwalt Schulz. Eine gefährliche Sportart wird allerdings laut aktueller Rechtsprechung nur dann ausgeübt, wenn die mit der Sportart verbundenen Risiken unbeherrschbar sind – deshalb werden beispielsweise Fußball, Skifahren oder auch Amateurboxen grundsätzlich nicht als gefährliche Sportarten angesehen. „Lediglich Kickboxen wird von der Instanzrechtsprechung als gefährliche Sportart angesehen, weil aufgrund der erlaubten Techniken für die Sportler unvorhersehbare Verletzungsrisiken bestehen", erklärt Schulz. Auch wer in grober Weise und leichtsinnig gegen anerkannte Regeln der Sportart verstößt – also etwa beim Eishockey ohne Helm spielt – handelt nach anerkannter Rechtsprechung schuldhaft. […]

www.deutsche-handwerks-zeitung.de

Verschiedene Lesemethoden anwenden

1 **Notieren Sie Fragen, die Sie mit dem Text auf der vorherigen Seite beantworten wollen.**

2 **Wenden Sie die 5-Schritt-Lesetechnik auf den Text an. Nehmen Sie dabei Ihre Notizen zu Hilfe.**

a) Überfliegen Sie den Text. Notieren Sie dabei Zwischenüberschriften und beachten Sie Absätze.

b) Formulieren Sie das Thema des Textes und die Kernaussage.

c) Notieren Sie beim Lesen des Textes unbekannte Begriffe und unklare Textstellen. Schlagen Sie die Begriffe im Duden nach.

d) Gliedern Sie den Text in thematische Abschnitte und fassen Sie diese in einem Satz zusammen.

e) Fassen Sie den Text in eigenen Worten zusammen.

TIPP

In einem Artikel sind die Überschriften und Zwischenüberschriften eine besonders gute Hilfe, um das Thema und die einzelnen Abschnitte eines Textes zu erarbeiten.

★ **3** **Testen Sie an dem Text die von Ihnen auf Seite 28 in Aufgabe 4 recherchierte Lesetechnik.**

4 **Vergleichen Sie im Plenum die Hauptaussage des Textes mit Ihren Vermutungen aus Aufgabe 1.**

5 **Besprechen Sie, welche Zielgruppe der Artikel anspricht und ob er sich als Informationsquelle für das Problem des Auszubildenden eignet.**

6 **Diskutieren Sie mit einem Partner, ob Ihnen diese Lesetechnik bei der Arbeit geholfen hat und was Sie ändern würden.**

Jeder Mensch nutzt seine eigene Methode, mit Texten zu arbeiten. Oft ist die Methode von dem Ziel abhängig – also von dem, was man mit dem Text schließlich machen muss. Die 5-Schritt-Lesetechnik eignet sich vor allem dazu, (zum Beispiel zum Lernen) wichtige Informationen aus dem Text herauszuarbeiten und den Text grundsätzlich zu verstehen. Es gibt noch andere Methoden, zum Beispiel die Lesekarte (siehe Buchumschlag), womit man schnell und einfach Texte verstehen kann.

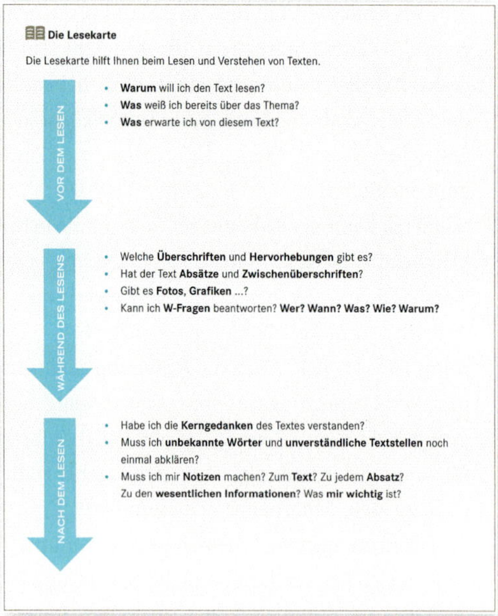

Die Lesekarte

Die Lesekarte hilft Ihnen beim Lesen und Verstehen von Texten.

VOR DEM LESEN
- **Warum** will ich den Text lesen?
- **Was** weiß ich bereits über das Thema?
- **Was** erwarte ich von diesem Text?

WÄHREND DES LESENS
- Welche **Überschriften** und **Hervorhebungen** gibt es?
- Hat der Text **Absätze** und **Zwischenüberschriften**?
- Gibt es **Fotos, Grafiken** ...?
- Kann ich **W-Fragen** beantworten? **Wer? Wann? Was? Wie? Warum?**

NACH DEM LESEN
- Habe ich die **Kerngedanken** des Textes verstanden?
- Muss ich **unbekannte Wörter** und **unverständliche Textstellen** noch einmal abklären?
- Muss ich mir **Notizen** machen? Zum **Text**? Zu jedem **Absatz**? Zu den **wesentlichen Informationen**? Was **mir wichtig** ist?

7 **Testen Sie die Lesekarte (» Buchumschlag), indem Sie den Text auf der folgenden Seite damit bearbeiten.**

8 **Besprechen Sie die einzelnen Schritte der Lesekarte. Klären Sie dabei offene Fragen. Beantworten Sie die folgenden Fragen in der Gruppe.**

a) Die Lesekarte umfasst drei große Schritte: 1. vor dem Lesen, 2. während des Lesens und 3. nach dem Lesen. Warum ist der Schritt 1 (vor dem Lesen) wichtig für eine effiziente Bearbeitung des Textes?

b) Können Sie die Lesekarte auch als Hilfsmittel zur Überarbeitung eigener Texte nutzen?

9 **Testen Sie die Lesekarte an anderen Texten in Ihrem Schulalltag. Verwenden Sie sie vor allem bei Sach- und Fachtexten.**

10 **Reflektieren Sie anschließend den Erfolg. Nutzt Ihnen das strategische Vorgehen der Lesekarte? Was können Sie noch verbessern?**

Den Inhalt eines Textes exzerpieren

Situation

Im Gespräch mit ihren Kollegen und Auszubildenden anderer Betriebe stellt Resa fest, dass die Arbeitspausen oft unterschiedlich gehandhabt werden, vor allem Raucherpausen. Resa erklärt sich dazu bereit, die grundsätzlichen Regelungen für Arbeitspausen zu recherchieren und bei der nächsten Teambesprechung vorzustellen.

1 **Lesen Sie die Situation. Überlegen Sie mit einem Partner, welche Informationen Sie aus dem Text brauchen, um die Regelungen zu den Arbeitspausen zu erklären.**

Arbeitspausen: Wann, wie lange und wie oft?

Die gesetzliche Regelung für Arbeitspausen ist eindeutig: Wer mehr als sechs Stunden arbeitet, hat Anspruch auf eine Ruhe. Auch wie diese organisiert sein muss, ist klar.

Auch in einem stressigen Arbeitsalltag gilt: Wer länger als sechs Stunden am Stück arbeitet, hat Anspruch auf eine mindestens 30-minütige Pause. Der Arbeitgeber ist gesetzlich dazu verpflichtet, seinen Arbeitnehmern diese Pause zu ermöglichen, erläutert Michael Eckert, Fachanwalt für Arbeitsrecht und Mitglied im Vorstand des Deutschen Anwaltvereins. Bei einem Arbeitstag, der länger als neun Stunden dauert, müssen mindestens 45 Minuten Pause eingelegt werden. Das schreibt das Arbeitszeitgesetz vor. Allerdings muss die Pause nicht am Stück genommen werden. Wer kürzere Verschnaufpausen bevorzugt, kann sich die Pausenzeit aufteilen. Da die Pausen aber vor allem der Erholung dienen sollen, dürfen sie jeweils nicht kürzer als 15 Minuten sein. Die Pause an den Anfang oder das Ende der Arbeitszeit zu legen, ist keine Option: Die Pausen sollen sicherstellen, dass die Beschäftigten sich während der Arbeitszeit entspannen und zur Ruhe kommen können. Zur Verkürzung der Arbeitszeit sind die Pausen nicht gedacht. Wann Pausen genommen werden, darf der Arbeitgeber seinen Mitarbeitern vorschreiben. Dabei muss er eventuelle Betriebsvereinbarungen und vertragliche Regelungen beachten. Grundsätzlich hat der Arbeitgeber aber das Recht, den Arbeitnehmern anzuweisen, welcher Mitarbeiter wann die gesetzlich vorgeschriebene Pause nehmen muss.

Einen gesetzlichen Anspruch auf zusätzliche Zigarettenpausen haben Mitarbeiter hingegen nicht. Falls das Thema im Arbeitsvertrag und den zusätzlichen Betriebsvereinbarungen nicht geregelt ist, empfiehlt es sich, das Gespräch mit dem Arbeitgeber zu suchen, um eine Regelung zu vereinbaren.

Minderjährige, zum Beispiel Auszubildende, genießen besonderen Schutz: Sie müssen bereits ab einer Arbeitszeit von viereinhalb Stunden eine halbstündige Pause einlegen. Arbeiten sie länger als sechs Stunden, schreibt der Gesetzgeber ihnen 60 Minuten Pause vor.

www.focus.de

2 **Exzerpieren Sie (» Kapitel 23, S. 267) die Informationen über die Pausenregelungen. Nutzen Sie dazu die Lesekarte und notieren Sie die wichtigen Informationen.**

a) Bearbeiten Sie den Text mithilfe der Lesekarte.

b) Notieren Sie die wichtigen Aussagen zu dem Thema. Orientieren Sie sich dabei an den W-Fragen und den bereits vorhandenen Fragen aus Aufgabe 1.

TIPP

Exzerpieren heißt „schreibend lesen".

3 **Erarbeiten Sie gemeinsam, wie man die Informationen übersichtlich visualisieren kann (» Kapitel 23, S. 277).**

4 **Erklären Sie sich gegenseitig die Pausenregelungen. Geben Sie einander Feedback.**

Sachtexte untersuchen und vergleichen

Sachtextsorten unterscheiden

BASISWISSEN | **Sachtextsorten**

In Sachtexten geben Autoren tatsächlich existierende Sachverhalte wieder und setzen sich mit diesen auseinander. Diese Texte nennt man auch **nichtfiktionale Texte**. Sie sind meist eindeutig geschrieben und lassen keine weiteren Deutungsmöglichkeiten zu.

Merkmale informierender Sachtexte	Merkmale kommentierender Sachtexte
Nachricht: auf Fakten und Vorgänge beschränkte Mitteilung. Tatsachen werden unvoreingenommen (unparteiisch), knapp und ohne Ausschmückungen dargestellt. **Bericht**: umfangreichere Nachricht, wobei der Verfasser noch Erläuterungen beifügt, Hintergründe und deren Bedeutung erläutert sowie die Folgen aufzeigt. Die Meinung des Berichterstatters sollte nicht enthalten sein. **Reportage**: Ereignisbericht mit Hintergrundinformationen sowie persönlichen Eindrücken. Reporter schildern so konkret und anschaulich wie möglich das Geschehen „vor Ort". Die Leser oder Hörer sollen die Atmosphäre eines Ortes oder Ereignisses nacherleben können, um daraus ihre eigenen Schlüsse zu ziehen.	**Kommentar**: kritische Stellungnahme zu aktuellen Tagesereignissen. Besonderes Gewicht liegt auf der persönlichen Meinung des Autors. Er will andere von seiner Meinung überzeugen. Der Kommentar setzt Informationen voraus und fordert eine Stellungnahme heraus. **Leserbrief**: Stellungnahme zu einem Sachverhalt. Er kann als Reaktion, zum Beispiel auf einen Bericht oder Kommentar oder einen anderen Leserbrief, geschrieben werden. Leserbriefe findet man unter anderem in Zeitungen, Zeitschriften und im Internet. **Glosse**: Kurzkommentar, wird oft als „spöttische Randbemerkung" bezeichnet. Sie nimmt zu wichtigen Tagesereignissen, aber auch zu allgemeinen Vorkommnissen auf ironische, spöttische oder polemische Weise kritisch Stellung.

Sachtexte
(nichtfiktional, tatsächlich existierende Sachverhalte/Personen)
↓
Textarten → Textsorten
↓ ↓

informierend:	z. B. Nachricht, Unfallbericht, Kochrezept
kommentierend/ argumentierend:	z. B. Leserbrief, Kommentar, Erörterung

Literarische Texte
(fiktional, erfunden)
↓
Epik
Dramatik
Lyrik

1 **Sortieren Sie folgende Sachtexte nach dem Kriterium „informierend" oder „kommentierend/ argumentierend". Begründen Sie jeweils Ihre Zuordnung.**

Brief • Lexikonartikel • politische Rede • Praktikumsbericht • Sportreportage • Fahrplan • Gebrauchsanweisung • Fachtext • Rezept

2 **Sammeln Sie Sachtexte aus Zeitungen/Zeitschriften/Internet. Bestimmen Sie deren Textsorte.**

Sachtexte untersuchen

1 Ordnen Sie den folgenden Text in das Textsortenmodell ein und begründen Sie Ihre Entscheidung mit Hilfe des Basiswissens.

Wie Arbeit und Privatleben verschmelzen – Unter Frollegen

von Leslie Brook

Man verbringt mit ihnen mehr Zeit als mit seinem Partner. Mindestens acht Stunden am Tag, oft jedoch mehr, und das an durchschnittlich 222 Arbeitstagen pro Jahr. Da passiert es recht schnell, dass Kollegen zu einer Art Freunde werden, dass sich Privates und Berufliches vermischt, dass man sogar Geheimnisse teilt und auch abends mal etwas zusammen trinken geht. Kurz: dass man unter Frollegen – eine Mischung aus Kollegen und Freunden, im Englischen als „frolleagues“ bezeichnet – arbeitet. Wer in derselben Firma angestellt ist, hat von vorneherein einiges gemeinsam: etwa einen ähnlichen Werdegang, ähnliche Interessen, ähnliche Werte – und oft auch ähnliche Probleme. Das schweißt zusammen und birgt viel Gesprächsstoff. Durch den bloßen Kontakt wird man sich meist schon sympathischer, sagt Psychologin Sabine Hommelhoff von der Friedrich-Alexander-Universität Erlangen. Im Laufe der Zeit entdeckt man dann vielleicht noch weitere Gemeinsamkeiten, zum Beispiel einen ähnlichen Humor.

[…] Zudem wird in vielen Unternehmen das Miteinander gefördert. So scheint sich die Zahl der Freundschaften am Arbeitsplatz zu erhöhen: Drei bis vier Freunde haben berufstätige Deutsche durchschnittlich im Job, das hat Hommelhoff in einer (nicht repräsentativen) Studie herausgefunden. „Ich war von der Zahl ein bisschen überrascht, da ich mit weniger gerechnet hätte“, sagt Hommelhoff. Denn sie hatte den rund 200 Teilnehmern eine Definition vorgegeben, die Freundschaft als reine Freundschaft darstellte – ohne jeglichen beruflichen Nutzen.

In einigen Studien gilt es als Hauptmerkmal einer Freundschaft bei der Arbeit, dass man sich auch privat, abseits von der Arbeit, sieht. Im Prinzip könne man sich einfach fragen, ob die Verbindung, die am Arbeitsplatz entstanden ist, auch den „normalen“ Kriterien einer Freundschaft entspricht, sagt die Wissenschaftliche Mitarbeiterin des Lehrstuhls für Psychologie im Arbeitsleben. „Es muss eine freiwillige, vertrauensvolle, positive, langandauernde Beziehung sein; im Prinzip frei von Nützlichkeitserwägungen und auch frei von sexuellem Interesse.“ […]

Wie beständig die Beziehung zu den Frollegen ist, erfährt man spätestens, wenn einer das Unternehmen wechselt. Denn dann fällt das verbindende Gesprächsthema Job weg. Wenn es keine echte Freundschaft war und einen doch nicht so viel verbunden hat, dann werde der Kontakt vermutlich loser. Aber dann findet man bald vielleicht schon wieder neue Frollegen.

www.rp-online.de

2 Freundschaften unter Kollegen sind ein wichtiges Thema im Beruf. Welche Meinung haben Sie dazu? Verfassen Sie einen Leserbrief (» Basiswissen), der auf den Text antwortet. Nutzen Sie zur genaueren Bearbeitung des Textes die Lesekarte.

ARBEITSTECHNIK Einen Leserbrief schreiben

In einem Leserbrief nehmen Sie Stellung zu einem Sachverhalt oder einem Zeitungsartikel. Formulieren Sie klar und verständlich und bedenken Sie, dass Sie für ein größeres Publikum schreiben. Leserbriefe erscheinen immer mit dem vollständigen Namen der Autorin oder des Autors, Sie sollten also Ihre Meinung gut überdenken. In der **Einleitung** wird knapp dargestellt, worauf sich der Leserbrief bezieht, zum Beispiel auf ein Thema oder einen Artikel in der Zeitung. Im **Hauptteil** formulieren Sie Ihre Meinung und begründen diese schlüssig mit Argumenten und Beispielen. Formulieren Sie einen **Schlusssatz**, der das Thema abrundet.

Zwei Sachtexte untersuchen und vergleichen

Situation

In Martins Betrieb ist es üblich, dass sich die Mitarbeiter untereinander duzen, den Vorgesetzten aber siezen. Martin selbst wird von den älteren Kollegen gesiezt. Martin ist sich nicht sicher, wie er sich verhalten soll. Aus diesem Grund informiert er sich im Internet, welche Verhaltensregeln es gibt. Er findet zwei Texte zu diesem Thema, doch sind sie für seine Zwecke nützlich?

Text A

„Du, Chef …?“ Wann ist Duzen im Job okay?

von Marion Kemper-Pychlau

Ob man sich am Arbeitsplatz siezen oder duzen soll, darüber gehen die Meinungen weit auseinander. Sagt man „du“ nur unter Kollegen oder auch zum Chef? Letzten Endes kommt es immer auf den Einzelfall an, aber es gibt ein paar Richtlinien, an denen Sie sich orientieren können. Wenn Sie sich jeden Morgen einen Anzug anziehen und eine Krawatte umbinden, werden Sie sich wahrscheinlich auch mit Ihren Kollegen siezen. Vor allem in konservativen Branchen wie etwa im Finanzwesen wird auf diese Etikette und auf eine gewisse Distanz im Beruf viel Wert gelegt. Anders kann es da schon in Start-ups aussehen, etwa in der Medienbranche: Meist sind hier sehr viele junge Leute versammelt, denen es seltsam vorkommen würde, sich nicht zu duzen. Außerdem hat diese Form der Anrede etwas amerikanisches Flair, an dem sich solche Unternehmen gern orientieren. Die wenigsten Leute gehen direkt nach ihrem Arbeitsbeginn zum Chef und schlagen ihm das „Du“ vor. Das hat auch einen Grund: Das gehört sich nicht. Grundsätzlich ist es so, dass Sie entweder direkt gesagt bekommen, dass sich hier alle duzen, oder Sie hören erst einmal vorsichtig hin. Im Zweifelsfall siezen Sie erst einmal alle. Liegen Sie damit falsch, wird man es Ihnen sagen. […]

www.mopo.de

Text B

„Du“ oder „Sie“

[…] Menschen wollen auch am Arbeitsplatz emotional genährt werden. Sie suchen Nähe und Freundlichkeit, haben das Bedürfnis, sich mitzuteilen und auch einmal mit anderen zusammen zu lachen. Sind die Beziehungen zwischen Kollegen intakt, kommt das unmittelbar der Leistung zugute. Man arbeitet Hand in Hand, der Informationsfluss funktioniert besser und die Arbeitszufriedenheit steigt. Man könnte meinen, je mehr Nähe, desto besser für alle Beteiligten. Diese Überzeugung wäre jedoch naiv. Denn Beziehungen am Arbeitsplatz sind komplex. Wer berufliche und persönliche Anliegen vermischt, erlebt schnell eine Rollenkonfusion. Dann sind die Rollen nicht mehr klar voneinander abgrenzbar und man weiß plötzlich nicht mehr, wie man sich zu verhalten hat. Ein klassisches Beispiel ist die Beförderung eines Teammitglieds. Wer bislang Kollege/Freund war, wird über Nacht zum Vorgesetzten. Die neue Rolle verlangt ein anderes Verhalten, das jedoch mit den freundschaftlichen Beziehungen häufig nicht in Einklang zu bringen ist. Wie erteilt man einem Freund Anweisungen, schreibt ihm womöglich eine kritische Beurteilung? Und wird man überhaupt in der Führungsrolle anerkannt, wenn man zuvor kumpelhafte Beziehungen zu den Kollegen gepflegt hat? […] Was passiert, wenn eine Freundschaft zwischen Kollegen zu Ende geht? Dann sieht man sich trotzdem jeden Tag, muss miteinander sprechen und arbeiten. Das ist manchmal eine große Belastung. Gleichzeitig besitzen beide Seiten reichlich

Zwei Sachtexte untersuchen und vergleichen

persönliche Informationen übereinander. Was geschieht damit? Keiner kann sich darauf verlassen, dass diese Informationen nicht irgendwann gegen ihn verwendet werden. Ganz sicher kann eine persönliche Freundschaft am Arbeitsplatz problematisch werden. Gleichzeitig sind gute Beziehungen Voraussetzung für gute Leistungen und gute Stimmung. Was tun?

In manchen Firmen löst man das Problem, indem man sich von vornherein für gute Beziehungen entscheidet.

Allen Mitarbeitern wird das „Du" verordnet. Unter dem Motto „Wir sind hier ganz entspannt" versucht man, zwanglose Nähe herzustellen. Was aber, wenn das „Du" nicht stimmig ist? Wenn Mitarbeiter „Du" sagen müssen, aber „Sie" fühlen? Das wird im täglichen Umgang zu einer Verkrampfung führen. Man kann nicht locker und natürlich miteinander umgehen und somit ist das Gegenteil von dem eingetreten, was mit dem „Du" erreicht werden sollte.

Anderswo überlässt man es den Mitarbeitern, sich zwischen „Sie" und „Du" zu entscheiden. Das führt dann möglicherweise zu einem authentischeren Umgang, schafft aber neue Probleme. Denn auf diese Weise wird die Cliquenbildung begünstigt. Es wächst schnell ein Wir-Gefühl zwischen denen, die sich duzen. Alle anderen gehören eben nicht dazu. Das wäre wohl kaum die beste Voraussetzung für kooperatives Arbeiten. Kritisch wird die Situation vor allem, wenn der Chef einige Mitarbeiter duzt, andere jedoch siezt. Denn so entsteht der Verdacht, dass diejenigen, die ihm persönlich näher stehen, seine Günstlinge sind. Wer nicht dazugehört, fühlt sich benachteiligt. Der Führungskraft wird ungerechtes Verhalten unterstellt.

Bleibt die Frage: Wie geht man damit um, dass Nähe zugleich vorteilhaft und riskant ist? Ich plädiere für eine professionelle Distanz, eine zurückhaltende Nähe. Gerade so viel Persönliches, wie nötig ist, um sich miteinander wohlfühlen zu können. Aber es gibt eine Grenze, die man im Normalfall nicht überschreiten sollte. Ein freundliches „Sie" ist allemal gesünder als ein erzwungenes „Du". [...]

www.huffingtonpost.de

Auch Internettexte kann man nach inhaltlichen Merkmalen sowie den Wirkungsabsichten in informierende (z. B. Nachricht) oder kommentierende Textarten (z. B. Kommentar) unterscheiden. Allerdings ordnen Suchmaschinen die zu einem Stichwort gefundenen Beiträge/Links nicht nach solchen Kriterien. Um die Eignung eines Textes für eine Verwendung besser einschätzen zu können, sollten Sie mehrere Textangebote vergleichen und bewerten.

1 Vergleichen Sie die beiden Texte hinsichtlich ihrer Gemeinsamkeiten und Unterschiede.

a) Notieren Sie zu jedem Text stichwortartig die wichtigsten Aussagen.

b) Benennen Sie Gemeinsamkeiten der zwei Texte und nennen Sie mindestens drei Unterschiede.

2 Untersuchen Sie die Texte im Hinblick auf Sachlichkeit bzw. auf Meinungsäußerung.

a) Welche Aussagen der Artikel lassen sich überprüfen, welche werden ohne Quellenangabe behauptet?

b) In welchem Text bezieht die Autorin oder der Autor konkret Stellung? Wo wird eine Meinung geäußert?

3 Machen Sie sich Gedanken über die Ziele und Wirkungsabsichten der Autoren.

a) Welches Ziel verfolgt die Autorin oder der Autor mit dem jeweiligen Artikel? Vergleichen Sie auch die Überschriften von Text A und B.

b) Welche Zielgruppe (Leserin/Leser) soll jeweils angesprochen werden? Begründen Sie Ihre Meinung.

4 Beurteilen Sie die beiden Texte hinsichtlich der Verwendbarkeit für Sie.

a) Bestimmen Sie die jeweilige Textsorte.

b) Welcher Text eignet sich für ein Referat zum Thema „Du oder Sie"? Begründen Sie Ihre Entscheidung.

c) Formulieren Sie drei Fragen, die für Sie wichtig sind, von den Texten aber nicht beantwortet werden.

Sich im Internet informieren

Informationen kritisch auswählen

Situation

Leonie soll im Sozialkundeunterricht ein Kurzreferat über die Deutschen und ihren Umgang mit den zur Verfügung stehenden Urlaubstagen halten. Dafür benötigt sie sehr aktuelle Informationen und weiß nicht genau, wie sie damit anfangen soll. Sie recherchiert im Internet und findet die folgenden Texte.

Text A

DGB-Umfrage: Jeder dritte Arbeitnehmer lässt Urlaubstage verfallen

Jeder dritte Arbeitnehmer in Deutschland lässt Urlaubstage verfallen – und wer besonders viel arbeitet, der verzichtet erst recht auf Erholung. Das geht aus einer repräsentativen Umfrage des Deutschen Gewerkschaftsbundes (DGB) hervor. Nach Ansicht des DGB ist das häufig eine Reaktion auf eine Überlastungssituation. Die Arbeitszeit werde über das vereinbarte Maß hinaus verlängert, heißt es in dem Bericht, um Ziele erreichen und Arbeitsvorgaben bewältigen zu können. DGB-Vorstandsmitglied Annelie Buntenbach mahnte deshalb die Arbeitgeber, sie müssten dafür Sorge tragen, dass die Beschäftigten ihren Urlaub auch nehmen könnten. [...] Genau solche Angestellte, die unter besonders großem Druck stehen, sind aber oft diejenigen, die ihren Urlaub verfallen lassen. Ein Hauptgrund ist der Umfrage zufolge die Sorge um den Arbeitsplatz oder die berufliche Zukunft. Beschäftigte, auf die das zutrifft, gaben zu 44 Prozent an, ihren Urlaub nicht vollständig auszuschöpfen. Auch Beamte (41 Prozent) sowie höherqualifizerte und leitende Angestellte (jeweils 38 Prozent) lassen ihren Urlaub besonders oft ausfallen.

Wer viele Überstunden macht, verzichtet auch auf Urlaub

Bemerkenswert ist auch der Zusammenhang mit der Arbeitszeit. Je länger die wöchentliche Arbeitszeit sei, desto häufiger werde auf Urlaub verzichtet. So habe jeder Zweite (50 Prozent), der 48 Stunden oder mehr in der Woche arbeitet, Anspruch auf Ferientage verfallen lassen. Bei einer Wochenarbeitszeit von bis zu 20 Stunden betreffe es nur jeden Vierten (26 Prozent). Gleiches gilt für solche Angestellten, die pro Woche mehr als fünf oder gar mehr als zehn Überstunden leisten: Sie gaben zu 45 beziehungsweise 50 Prozent an, auf Urlaubstage zu verzichten. Deutliche Unterschiede gibt es auch in den verschiedenen Berufsgruppen. Unter den Beschäftigten in Reinigungsberufen verzichtet fast jeder zweite (47 Prozent) auf einen Teil seines Urlaubsanspruchs, auch in Bau- und Ingenieursberufen (jeweils 45 Prozent) arbeiten die Angestellten häufig über die vereinbarte Arbeitszeit hinaus. Die Beschäftigten in Tourismus und Gastronomie (23 Prozent) und in Dienstleistungsbereichen wie Werbung, Marketing oder Öffentlichkeitsarbeit (20 Prozent) finden sich am Ende der Tabelle.

www.sueddeutsche.de

Text B

Darf der Chef meinen Urlaubsantrag einfach ablehnen?

Rechtsanwältin Ina Reinsch erklärt, wann Arbeitnehmer ein Nein hinnehmen müssen und wie sich Ärger bei der Urlaubsplanung vermeiden lässt.

SZ-Leserin Ilona F. fragt:

Ich bin 19 Jahre alt und mache eine Ausbildung. Heute früh habe ich meinen Chef gebeten, mir am Nachmittag einen halben Tag Urlaub zu geben, weil ich mein Auto in die Werkstatt bringen muss. Ich wäre ab 14 Uhr ohnehin allein im Betrieb, da alle Kollegen auf einem Vertriebsseminar sind. Ich habe

Informationen kritisch auswählen

heute keine besonderen Jobs zu erledigen, würde mich also selbst mit Schulaufgaben beschäftigen. Meine normale Arbeitszeit endet um 17 Uhr, doch um 17 Uhr schließt auch die Werkstatt. Auf meine Anfrage per E-Mail antwortet mein Chef: „Sie können im Moment nicht freinehmen, Sie müssen eine andere Lösung finden." Muss ich mir das gefallen lassen?

Ina Reinsch antwortet:
Liebe Frau F., zunächst hätten Sie Ihren Chef nach dem Grund für die Ablehnung fragen können. Sie hätten dann – falls das der Wahrheit entspricht – erklären können, dass Ihr Auto überraschend kaputtgegangen ist und Sie es dringend brauchen, um beispielsweise morgens in die Firma zu kommen oder den Weg zwischen Berufsschule und Arbeitsplatz zu bewältigen. Ihr Chef hätte Ihre Motive besser verstehen können und Ihnen möglicherweise doch noch freigegeben. Oder er hätte die Ablehnung des Urlaubsantrags bekräftigt. Wahrscheinlich hätte er Ihnen erklärt, dass Sie wegen der Abwesenheit aller Kollegen die Stellung halten müssen, um eventuelle Anrufe entgegenzunehmen oder Kunden zu betreuen.
Ich bin sicher, dass sich das Problem mit einer besseren Kommunikation hätte lösen lassen, und zwar so, dass Sie nicht das Gefühl haben, sich etwas gefallen lassen zu müssen. Sie werden auch gleich verstehen, warum ich so sehr für das Miteinanderreden plädiere. Aus arbeitsrechtlicher Sicht haben Sie nämlich eher schlechte Karten.
Zunächst erwerben Sie als Arbeitnehmer – darunter fallen auch Azubis – den vollen Urlaubsanspruch erst nach sechsmonatiger Beschäftigungszeit. Vorher muss der Chef Ihnen nur anteilig Urlaub gewähren. Auch danach dürfen Sie nicht einfach selbst bestimmen, wann Sie freinehmen. Über die zeitliche Festlegung des Urlaubs entscheidet ausschließlich der Arbeitgeber. Allerdings muss er nach § 7 Absatz 1 des Bundesurlaubsgesetzes die Wünsche des Arbeitnehmers berücksichtigen. Das bedeutet: Dessen Wunsch hat grundsätzlich Vorrang vor den Interessen des Arbeitgebers. Das Gesetz lässt davon nur zwei Ausnahmen zu: vorrangige Urlaubswünsche anderer Mitarbeiter oder dringende betriebliche Belange. Leider sagt das Gesetz nicht, wann betriebliche Belange so dringend sind, dass sie die Ablehnung des Urlaubsantrags rechtfertigen. In der Rechtsprechung haben sich allerdings einige Leitlinien herausgebildet. So können dringende betriebliche Belange ausnahmsweise dann vorliegen, wenn in die Zeit des Urlaubs der Jahreshauptauftrag eines Betriebes fällt, wie etwa im Weihnachtsgeschäft. Auch die Unterbesetzung einer Abteilung oder eines Betriebes wegen eines besonders hohen Krankenstands oder wegen der Kündigung anderer Arbeitnehmer ist schon anerkannt worden. Um einen Urlaubsantrag abzulehnen, muss der Arbeitgeber diese Gründe auch nennen.
Auch Ihr Ausbildungsbetrieb wird – vermutlich sogar zu Recht – mit dringenden betrieblichen Belangen argumentieren. Ob diese tatsächlich vorliegen oder der Chef Ihren Antrag aus reiner Willkür und Machtdemonstration abgelehnt hat, könnte allerdings nur ein Gericht klären. Darauf werden Sie es aber nicht ankommen lassen wollen.
Sollten Sie daher das nächste Mal so kurzfristig Urlaub benötigen, würde ich Ihnen empfehlen, Ihren Chef direkt anzusprechen. Sollte er nachvollziehbare betriebliche Gründe anführen, die gegen den Urlaub sprechen, versuchen Sie, mit ihm gemeinsam eine andere Lösung zu finden. Für dieses Mal würde ich sagen: Suchen Sie sich eine Werkstatt mit kundenfreundlicheren Öffnungszeiten und bleiben Sie gelassen!

www.sueddeutsche.de

★ **1** Recherchieren Sie im Internet nach Texten zu diesem Thema. Begründen Sie Ihre Auswahl.

2 Präsentieren Sie Ihr Kurzreferat vor einer kleinen Gruppe. Bewerten Sie im Anschluss daran Ihr Referat auf der Grundlage des Feedbacks Ihrer Gruppe.

3 Reflektieren Sie Ihr eigenes Rechercheverhalten im Internet.

Texten Informationen entnehmen

Mit den Lesetechniken können Sie Texten Informationen entnehmen. Doch dabei ist ein kritischer Blick besonders wichtig. Denn nicht alles, was in einem Text steht, muss auch wahr oder aktuell sein.

1 Wiederholen Sie die vorgestellten Lesetechniken und -methoden dieses Kapitels und verfassen Sie zu einer davon ein übersichtliches Merkplakat für die Klasse.

2 Veranstalten Sie einen Gallery Walk (» Kapitel 23, Seite 268) mit den Merkplakaten. Beurteilen Sie dabei den Inhalt und die Visualisierung (» Kapitel 23, S. 277) in Hinblick auf Übersichtlichkeit.

TIPP

Überlegen Sie sich in der Gruppe, welche Kriterien das Plakat erfüllen muss, um Personen ohne Vorwissen schnell zu informieren.

3 Suchen Sie sich einen Text aus einem Fachlehrbuch oder einer Fachzeitschrift. Exzerpieren Sie den Text mithilfe der erlernten Strategie (» Kapitel 23, S. 267).

4 Verfassen Sie mit Hilfe mehrerer Texte zu einem berufsspezifischen Thema einen Aufsatz dazu. Wählen Sie eine passende Textsorte aus.

5 Informationen kritisch auszuwählen, gilt nicht nur für Texte aus dem Internet. Auch Nachrichten in Fernsehen und Radio sollten kritisch beurteilt werden. Analysieren Sie die Darstellung von Nachrichten in verschiedenen Medien und Kanälen. Nehmen Sie dazu das Kapitel 6 zu Hilfe.

BASISWISSEN – Informationen aus dem Internet kritisch auswählen

Durch die Fülle von Texten und Informationen, die man über das Internet erreichen kann, ist es notwendig, diese Informationen zu überprüfen. Achten Sie bei recherchierten Informationen zuerst auf die folgenden Punkte:

1. Wie alt ist der Text? Oft sind die Texte mehrere Jahre alt. Dadurch sind viele Informationen nicht mehr aktuell.
2. Wer hat den Text verfasst?
3. Um welche Textsorte handelt es sich? Bei Texten, die eine Meinung transportieren, sollte man mit besonderer Vorsicht auswählen, da der Autor die Informationen mit einer bestimmten Absicht benutzt.
4. Ist die Internetseite, die Zeitschrift seriös? Kann ich davon ausgehen, dass gut recherchiert wurde?
5. Gibt es für die angeführten Daten, wie zum Beispiel Umfragen, Quellenangaben, die man nachprüfen kann?
6. Überprüfen Sie, ob Sie Informationen in dieser Weise auch noch in anderen Texten finden können.

FAZIT

2.1 Texten Informationen entnehmen
- Lesemethoden nutzen
- Texte verstehen und Aussagen erkennen
- Inhalte exzerpieren
- Leserbrief schreiben

2.2 Sachtexte untersuchen und vergleichen
- Merkmale von Textsorten kennen
- Texte der Textsorte zuordnen
- Texte vergleichen

2.3 Sich im Internet informieren
- Internetquellen kritisch auswählen
- Mediennutzung reflektieren

Kapitel 3

Schreiben in Beruf und Alltag

Das Schreiben ist trotz Neuer Medien nach wie vor elementar für die Kommunikation, im Beruf genauso wie im Alltag. Wollen Sie Missverständnisse vermeiden oder verfolgen Sie eine bestimmte Absicht beim Empfänger, so verlangt das Schreiben Sorgfalt und Verbindlichkeit.

In diesem Kapitel lernen Sie die Arbeitstechnik des Schreibplans als Grundlage für alle noch folgenden Schreibanlässe in diesem Buch kennen. Daran schließen sich verschiedene Formen des schriftlichen Ausdrucks an, wie sie uns häufig im Arbeits- und Privatleben begegnen.

Kompetenzen

- ✓ Nach strukturiertem Vorgehen Texte verfassen
- ✓ Texte ziel-, adressaten- und situationsbezogen entwerfen
- ✓ Materialgestützt Texte verfassen
- ✓ Orthografische und grammatikalische Normen einhalten
- ✓ Eigene Texte formal überarbeiten
- ✓ Wortwahl und angemessenen Stil im Beruf beachten

Methoden und Arbeitstechniken

- ✓ Mitschrift
- ✓ Protokoll
- ✓ Rechtschreib- und Grammatikhilfen
- ✓ Schreibplan
- ✓ Stichwort(zettel)

Einen Schreibplan entwickeln

Situation

Isa und Murat sind Auszubildende in einem mittelständischen Unternehmen, das von Beginn an sehr viel Wert auf eine selbstständige Arbeitsweise legt. In ihrem ersten Ausbildungsjahr sind beide in einer Filiale der Firma eingesetzt.

Ein Mitarbeiter geht auf die beiden mit der Bitte zu, Werbeartikel der Firma vom Stammhaus anzufordern. Diese sollen spätestens in drei Tagen in der Filiale sein. Er macht Isa und Murat aber gleich darauf aufmerksam, dass ein einfacher Anruf nicht genügt. Vorgänge dieser Art erfordern in dieser Firma stets eine nachvollziehbare Dokumentation. Isa und Murat sind etwas unsicher, was zu tun ist, und unterhalten sich über ihren Auftrag. Im Laufe ihres Gesprächs stellen sie sich eine Reihe von Fragen.

1 Denken Sie den Arbeitsauftrag sorgfältig durch.

- Welche Aufgabe haben Isa und Murat?
- Welche Möglichkeiten der schriftlichen Äußerung haben sie?
- Welche sollten sie wählen und weshalb?
- Warum genügt ein Anruf nicht?

2 Notieren Sie die Informationen und Materialien, die die Auszubildenden benötigen.

3 Erstellen Sie eine (Grob-)Gliederung für Ihr Schreiben.

a) Ordnen Sie die in Aufgabe 2 gesammelten Punkte. Was gehört in das Schreiben und was ist Hintergrundinformation?
b) Erstellen Sie einen Aufbau für den Inhalt des Schreibens.

4 Planen Sie Absätze und deren genaue Inhalte (Feingliederung).

5 Stellen Sie Überlegungen zur Sprache und zum Stil Ihres Schreibens an.

a) Wer ist Adressat? In welcher Beziehung stehen Sie zu ihm?
b) Welche Anredeform wählen Sie? Klären Sie die Schreibweise der Anredepronomen (» Kapitel 20, S. 233).
c) Schreiben werden auch mit „Untertönen“ formuliert. Welchen Ton soll Ihres haben? Wählen und begründen Sie: freundlich – drohend – bestimmt – unverbindlich – fordernd – demütig.
d) Mit welchen Formulierungen erreichen Sie Ihr Ziel am besten? Notieren Sie einige.

★ **6 Übertragen Sie die Situation auf Ihren Betrieb/Ihre Einrichtung. Führen Sie die Arbeitsaufträge 1–5 entsprechend aus.**

ARBEITSTECHNIK – Einen Schreibplan entwickeln

Schreibpläne lassen sich für jede Form des schriftlichen Ausdrucks entwickeln. Sie helfen dabei, alles Wichtige zu bedenken, und bilden damit den „roten Faden“ für die Schreibphase. Dabei kann man stets in fünf Schritten vorgehen:

Schritt 1: Aufgabenstellung gründlich durchdenken
Schritt 2: Informationen und Material sammeln
Schritt 3: Gliederung erstellen
Schritt 4: Absätze planen
Schritt 5: Sprache und Stil bedenken

E-Mails und Briefe schreiben

E-Mails schreiben

Das Versenden von Texten, Grafiken und Bildern mit elektronischer Post – kurz E-Mail genannt – ist längst zur Selbstverständlichkeit geworden. Darum gibt es mittlerweile auch genormte Schreib- und Gestaltungsregeln für eine geschäftliche E-Mail (nach DIN 5008).

Situation

Isa und Murat haben beschlossen, die von ihrem Kollegen angeforderten Werbeartikel beim Stammhaus per E-Mail zu bestellen, da allein aus zeitlichen Gründen ein Brief nicht geeignet wäre.

1 **Ergänzen Sie Ihren Schreibplan von der vorherigen Seite um die noch fehlenden Angaben. Diese können Sie frei, aber plausibel erfinden.**

TIPP

Falls Ihnen kein PC zur Verfügung steht, können Sie die E-Mail auch handschriftlich anfertigen.

2 **Schreiben Sie nun eine E-Mail an das Stammhaus. Orientieren Sie sich dabei an folgendem Muster.**

An:	<...>
Cc:	<...>
Bcc:	<...>
Betreff:	<...>
	<Anrede> → Leerzeile <Text> <Text> <bei Absatz: → Leerzeile> <Text> <Text> → ... <Grußformel> → ... i. A. <Vorname Name> → ... <Firmenname> <Straße Hausnummer> <PLZ Ort> → ... Tel.: <...> Fax: <...> E-Mail: <häufig: vorname.nachname@anbieter.de oder com> Internet: <...>

An-Zeile: In dieses Feld muss die Anschrift, d. h. die E-Mail-Adresse des Empfängers, eingetragen werden.

Cc-Zeile: In diese Zeile (cc = carbon copy: Durchschlag) werden die E-Mail-Adressen der Personen eingetragen, die eine Kopie der E-Mail erhalten sollen.

Bcc-Zeile: Diese Zeile (bcc = blind carbon copy: Blindkopie) ist für die E-Mail-Adressen derjenigen Personen vorgesehen, die ohne Wissen des Empfängers eine Kopie der E-Mail erhalten sollen.

Betreffzeile: Diese Zeile enthält eine stichwortartige Inhaltsangabe.

3 **Überarbeiten Sie Ihren E-Mail-Entwurf.**

a) Kontrollieren Sie die Rechtschreibung und Grammatik. Achten Sie dabei besonders auf Ihre Fehlerschwerpunkte (» Kapitel 20, S. 225). Falls Ihre E-Mail-Software ein Rechtschreibprogramm besitzt, so können Sie auch dieses nutzen. Beachten Sie jedoch, dass ein Programm nicht alle Fehler findet.

b) Senden Sie sich wechselseitig Ihre E-Mails (auch unter Cc) und korrigieren Sie sie auf formale und rechtschreibliche Fehler hin. Überarbeiten Sie dann Ihre eigene Mail mit Hilfe der Anregungen Ihrer Partnerin oder Ihres Partners

TIPP

Bei E-Mail-Verkehr mit dem Ausland: Umlaute ä, ö, ü und ß vermeiden.

Einen Geschäftsbrief ohne Vordruck verfassen

Man unterscheidet zwischen formlosen, persönlichen Briefen und formalen Briefen mit einem gewissen „Rechtscharakter“, sogenannten Geschäftsbriefen. Werden Geschäftsbriefe von einer Privatperson verfasst, handelt es sich um Schreiben ohne Vordruck, also ohne fest vorgegebenen Informationsblock mit Firmenlogo.

Situation

Murat kennt als begeisterter Skateboard-Fahrer vielerlei Werbeartikel rund um das Skaten. Eine Firma hat es ihm mit ihren Produkten besonders angetan und er berichtet dem Vorstand seines Vereins davon. Dieser bittet ihn daraufhin, sich doch Unterlagen und einige Artikel von der Lieferfirma zu besorgen. Murat muss nun selbst recherchieren, da er nur die Firmenbezeichnung und den Ort des Lieferanten kennt.

1 Sammeln Sie die Möglichkeiten, die es gibt, um eine genaue Anschrift und eventuell auch den Ansprechpartner einer Firma zu ermitteln.

2 Entwickeln Sie einen vollständigen Schreibplan in fünf Schritten (» S. 40), um mit einem Geschäftsbrief ohne Vordruck Unterlagen für Werbeartikel anzufordern.

TIPP

Ein Brief ist immer auch eine Art „Visitenkarte“ des Verfassers. Daher ist es wichtig, die wesentlichen Festlegungen nach DIN 5008 zu beachten.

ARBEITSTECHNIK Geschäftliche Briefe ohne Vordruck schreiben

Beim Verfassen eines öffentlichen oder geschäftlichen Briefes ohne Vordruck sollten Sie die folgenden Hinweise als Empfehlungen beachten. Je nach Anlass und Empfänger können sich die Punkte I–VIII jedoch unterscheiden.
Schriftgröße: in der Regel zwischen 10 pt (ca. 3,75 mm) und 12 pt; Zeilenabstand: in der Regel einzeilig

A–D	Blatteinteilung	A von oben 17 mm B von links 25 mm C von rechts 20 mm D von unten 20 mm
I	Postanschrift des Absenders	zum Beispiel rechts angelegt im Block, gegebenenfalls mit Telefonnummer und E-Mail
II	Rücksendeangabe	45 mm von oben in kleinerer Schrift, zum Beispiel 8 Pt
III	Anschriftenfeld	beginnend in der 4. Zeile (④), ohne Leerzeile zwischen „Einschreiben“, „Drucksache“ und Empfänger, ohne Leerzeile zwischen Straße und Ort
IV	Datum	in der 10. Zeile (⑩) zum Beispiel rechtsbündig angelegt, Ort freibleibend
V	Betreff	beginnend in der 12. Zeile (⑫) als stichpunktartige Wiedergabe des Briefinhalts, bei Antwortschreiben ist der Bezug anzugeben („Ihr Zeichen“, „Ihr Schreiben vom“)
VI	Anrede	bei namentlich bekannten Empfängern persönlich, ansonsten mit „Sehr geehrte Damen und Herren“
VII	Briefinhalt	mit Absätzen (1 Leerzeile) bei neuen Gedanken
VIII	Briefgruß	ohne Satzzeichen
IX	Unterschrift	möglichst lesbar, gegebenenfalls nach drei Leerzeilen maschinell wiederholen
X	Anlage(n)	mit Angabe der beigelegten Unterlagen (drei Leerzeilen nach der Grußformel oder mit einer Leerzeile nach maschineller Unterschrift)

Einen Geschäftsbrief ohne Vordruck verfassen

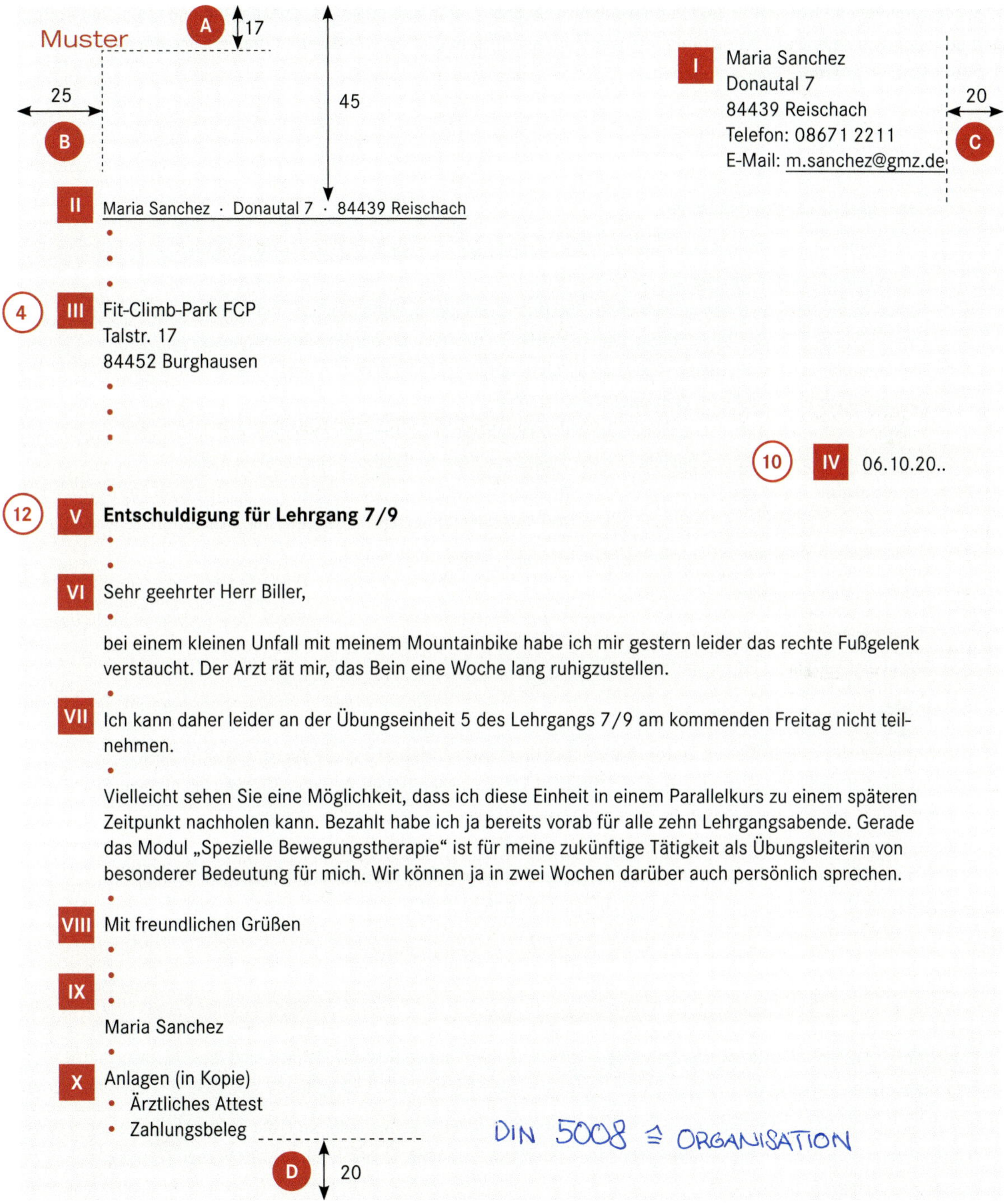

Muster
A 17
25
B
45
20
C
I Maria Sanchez
Donautal 7
84439 Reischach
Telefon: 08671 2211
E-Mail: m.sanchez@gmz.de
II Maria Sanchez · Donautal 7 · 84439 Reischach
4 III Fit-Climb-Park FCP
Talstr. 17
84452 Burghausen
10 IV 06.10.20..
12 V Entschuldigung für Lehrgang 7/9
VI Sehr geehrter Herr Biller,
bei einem kleinen Unfall mit meinem Mountainbike habe ich mir gestern leider das rechte Fußgelenk verstaucht. Der Arzt rät mir, das Bein eine Woche lang ruhigzustellen.
VII Ich kann daher leider an der Übungseinheit 5 des Lehrgangs 7/9 am kommenden Freitag nicht teilnehmen.
Vielleicht sehen Sie eine Möglichkeit, dass ich diese Einheit in einem Parallelkurs zu einem späteren Zeitpunkt nachholen kann. Bezahlt habe ich ja bereits vorab für alle zehn Lehrgangsabende. Gerade das Modul „Spezielle Bewegungstherapie" ist für meine zukünftige Tätigkeit als Übungsleiterin von besonderer Bedeutung für mich. Wir können ja in zwei Wochen darüber auch persönlich sprechen.
VIII Mit freundlichen Grüßen
IX
Maria Sanchez
X Anlagen (in Kopie)
• Ärztliches Attest
• Zahlungsbeleg
DIN 5008 ≙ ORGANISATION
D 20

3 Verfassen Sie mit Hilfe Ihres Schreibplans von Aufgabe 2, der Arbeitstechnik und der obigen Vorlage den vollständigen Geschäftsbrief ohne Vordruck an einem PC.

4 Lassen Sie Ihre Ausarbeitung durch den Nachbarn Korrektur lesen und verbessern Sie. Kontrollieren Sie auch die Großschreibung Ihrer Anredepronomen (» Kapitel 20, S. 233).

Notizen zu Texten verfassen

Wenn Sie sich eigene Notizen zu Texten oder auch zu Sachverhalten anfertigen, dann sollten diese möglichst knapp und übersichtlich sein. Dazu ist es nötig, die wesentlichen Informationen zu erkennen und in Stichworten bzw. Stichwortsätzen geordnet wiederzugeben.

Sehr geehrte Damen und Herren,

wie von Ihrem Haus telefonisch am 14.02.20.. bestellt, senden wir Ihnen eine Reihe von Werbeartikeln auf dem Postweg zu.
Leider waren die von Ihnen gewünschten 250 Kugelschreiber in Kunststoffausführung nicht mehr in ausreichender Zahl vorrätig. Darum haben wir uns erlaubt, nur 200 Stück in bestellter Ausführung zu senden und die restlichen 50 ohne Aufpreis in Metall dazuzulegen. Selbstverständlich sind alle mit Ihrem Werbeaufdruck versehen.
Besonders freuen dürfte Sie unsere neue Mengenstaffelung bei den Revers-Stickern.
Da hier mehr als 500 Stück bestellt wurden, bekommen Sie zu Ihren 625 Stickern noch 25 gratis dazu.
Derzeit nicht lieferbar sind dagegen die 75 Mini-Taschenrechner. Ob wir diesen Artikel ganz aus unserem Programm nehmen müssen, lässt sich derzeit nicht sagen.

Mit freundlichen Grüßen

Josef Maier
Werbeartikel Senft GmbH, Nürnberg

1 Notieren Sie die wesentlichen Daten handschriftlich, zum Beispiel für die Bestellabteilung.

a) Was ist aus der obigen Mail von Interesse? Schreiben Sie die wesentlichen Daten in Stichworten heraus.
b) Verfassen Sie aus den Stichworten sorgfältige handschriftliche Notizen (Stichwortsätze).
c) Finden Sie eine aussagekräftige Überschrift.
d) Ordnen Sie Ihre Notizen in sinnvoller Reihenfolge. Auch eine einfache Tabelle kann hilfreich sein.
e) Versehen Sie Ihr Notizblatt mit Datum und gut lesbarer Unterschrift.

2 Überprüfen Sie Ihre Notizen mit Hilfe der folgenden Arbeitstechnik.

ARBEITSTECHNIK Das eigene Schreibprodukt überarbeiten

Kontrollieren Sie, ob Ihre Aufzeichnungen eine einheitliche Form aufweisen: Bei Notizen sind dies Stichwortsätze, bei Briefen, Berichten etc. vollständige Sätze. Vermeiden Sie Mischformen (» Kapitel 22, S. 262).

Prüfen Sie die Groß- und Kleinschreibung. Konzentrieren Sie sich dabei besonders auf die Großschreibung von Substantiven (Hauptwörter, die am Begleiter zu erkennen sind) und die Kleinschreibung der Verben (Tätigkeitswörter) (» Kapitel 20, S. 232–235).

Überprüfen Sie die Kommasetzung, indem Sie Haupt- und Nebensätze analysieren und durch ein Komma trennen (» Kapitel 20, S. 230/231 und Kapitel 21, S. 253/254).

Gehen Sie abschließend Ihren Text nochmals daraufhin durch, ob er umgangssprachliche Ausdrücke enthält. Finden Sie gegebenenfalls andere Formulierungen.

Hallo

Gesprächsergebnisse festhalten – ein Protokoll erstellen

Wesentliche Inhalte komplexer Gespräche festzuhalten, also zu protokollieren, verlangt hohe Aufmerksamkeit beim Zuhören und rasches stichpunktartiges Mitschreiben. Eine zeitnahe Ausarbeitung der Mitschrift sollte folgen, um nichts Wichtiges zu vergessen.

1 Lesen Sie den Text laut und in verteilten Rollen. Benötigt werden: Sonja Perl, die Chefin, und ihre beiden Mitarbeiter Erkan Gül und Klaus Neu. Die anderen Mitschüler notieren das Wichtigste.

TIPP
Nehmen Sie immer Stift und Papier zu Besprechungen mit.

Situation

Die Leiterin der Abteilung Einkauf bittet ihre Mitarbeiter und die Auszubildende Sabrina Huber zu einer kurzen Besprechung. Es geht um die Beschaffung neuer Werbeartikel für das Stammhaus und die drei Filialen.

Sonja Perl: Unsere Werbeartikel gehen zu Ende. Da uns die Kundenbindung immer wichtiger wird, sollten wir uns gut überlegen, was wir nun ordern wollen.

Erkan Gül: Die Zeit drängt. Heute haben wir schon den 23. Oktober und in drei Wochen ist Hausmesse.

Klaus Neu: Ich denke, das Geld für diese Werbeartikel können wir uns sparen. Das bringt gar nichts.

S. Perl: Wie kommen Sie denn darauf?

K. Neu: Das ist doch alles nur Ramsch, ich bleib dabei.

E. Gül: Wir dürfen nicht übersehen, dass mit Werbeartikeln unsere Firmendaten hundertfach, ja über Jahre gesehen tausendfach zusätzlich im Umlauf sind. Eigentlich sollten wir noch viel mehr dieser Gegenstände verteilen, zumal sie ja immer günstiger werden.

S. Perl: Unser bisheriger Lieferant hatte beim letzten Mal Schwierigkeiten mit Taschenrechnern. Vielleicht sollten wir uns nach einer anderen Firma umsehen.

K. Neu: Ich verstehe nicht, warum niemand auf mich hört. Ich plädiere für eine aggressivere Werbung in der Zeitung.

S. Perl: Und weshalb sollte da ein Widerspruch zu Werbeartikeln bestehen?

K. Neu: Meine komplexe Argumentation scheint mal wieder nicht anzukommen!

E. Gül: Wo bitte ist hier die Argumentation? Und was soll daran komplex sein?

S. Perl: Zum Streiten fehlt uns die Zeit. Meine Herren, Sie beide machen sich bitte bis morgen Mittag Gedanken über drei neue Werbeartikelgruppen und die zugehörige Stückzahl. Unsere bisherigen Warengruppen behalten wir bei, allerdings künftig in doppelter Menge. Und dann eruieren Sie bitte zwei Alternativen zu unserem bisherigen Lieferanten. Und, ach ja, Sabrina, Sie bringen – wie heute Vormittag schon vereinbart – unsere Gesprächsergebnisse fein säuberlich in den Rechner. So wie ich unseren peniblen Senior-Chef kenne, fragt der am Jahresende wieder nach: Wie war denn das …

2 Entwickeln Sie einen vollständigen Schreibplan (» S. 40) mit dem Ziel, ein Ergebnisprotokoll zu verfassen. Beachten Sie dazu auch das Basiswissen auf der nächsten Seite.

3 Schreiben Sie ein Ergebnisprotokoll mit Hilfe Ihrer Notizen aus Aufgabe 2. Formulieren Sie in vollständigen Sätzen. Informieren Sie sich über die Form des Protokolls (» S. 46).

Gesprächsergebnisse festhalten – ein Protokoll erstellen

BASISWISSEN Ergebnisprotokoll

Das Ergebnisprotokoll beinhaltet nur die **Ergebnisse** des Treffens. Der genaue Verlauf und einzelne Wortbeiträge spielen keine Rolle.

Die **Sprache** muss **sachlich** und genau sein. Die **Zeitform** eines Protokolls ist das **Präsens**.

Der Aufbau umfasst den Kopfteil mit den wichtigsten Rahmeninformationen (Ort, Datum, Zeit, Teilnehmer, Protokollant/-in, Thema), den Hauptteil (die Ergebnisse, geordnet nach Tagesordnungspunkten) und die Unterschrift des Protokollanten mit Ort und Datum.

4 Überarbeiten Sie Ihr Protokoll (» Kapitel 22, S. 262).

a) Streichen Sie unnötige Wortwiederholungen und Formulierungen, die inhaltlich keine zusätzlichen Informationen liefern („Floskeln“).

b) Kontrollieren Sie Ihren Satzbau auf Vollständigkeit, indem Sie gezielt jeweils nach Subjekt (Satzgegenstand) und Prädikat (Satzaussage) suchen.

c) Korrigieren Sie das Protokoll auf Ihre Fehlerschwerpunkte in der Rechtschreibung und Kommasetzung (» Kapitel 20, S. 225).

5 Erstellen Sie die Reinschrift Ihres Protokolls am PC.

6 Visualisieren (» Kapitel 23, S. 277) Sie Ihre Reinschrift mittels Klassenzimmer-PC oder Dokumentenkamera und stellen Sie Ihr Ergebnisprotokoll im Plenum vor.

★ 7 Stellen Sie Ihr Ergebnisprotokoll im Plenum vor, indem Sie Bezug nehmen zum Basiswissen Ergebnisprotokoll.

FAZIT

3.1 Einen Schreibplan entwickeln
- Schreibanlass genau kennen
- Informationen sammeln
- Gliederung erstellen
- Absätze planen
- Sprache und Stil bedenken

3.2 E-Mails und Briefe schreiben
- Formale Vorgaben beachten
- Sachliche, höfliche Sprache verwenden
- Eigenen Text überarbeiten
- Geschäftsbrief ohne Vordruck verfassen
- Brief nach DIN 5008 gestalten

3.3 Notizen zu Texten verfassen
- Wesentliches erkennen und notieren
- Logisch anordnen
- Passende Überschrift finden
- Mit Datum und Unterschrift versehen

3.4 Gesprächsergebnisse festhalten – ein Protokoll erstellen
- Ein Ergebnisprotokoll korrekt erstellen
  Kopf: Ort, Datum, Zeit, Teilnehmer, Protokollant/-in, Thema
  Hauptteil: die Ergebnisse, geordnet
  Schluss: Unterschrift des Protokollanten mit Ort und Datum

Kapitel 4

Schriftlich informieren – berichtende Texte

4.1 Formulare ausfüllen

4.2 Schadensberichte schreiben

4.3 Internetforen im Beruf nutzen

In Beruf und Alltag muss man häufig anderen über Vorgänge und Ereignisse berichten sowie dazu auch eine Vielzahl an Daten mitteilen. Dies verlangt in den meisten Fällen eine bestimmte Form, weil es dabei auf die Genauigkeit der Angaben ankommt. In diesem Kapitel lernen Sie, Berichte über Schadensfälle zu schreiben und hierzu gezielt Daten mitzuteilen. Dies geschieht häufig mit Hilfe von Formularen, die offline und online ausfüllbar sind. Viele Schadensberichte müssen aber auch als zusammenhängender Text erstellt werden.

Für alle Schreibformen gilt, dass die Texte sorgfältig zu planen und die Daten präzise zu recherchieren sind, bevor sie geschrieben/verarbeitet, kontrolliert und gegebenenfalls überarbeitet werden.

Kompetenzen

- ✓ Stoffsammlungen erstellen und Informationen ordnen
- ✓ Mitschreibetechniken nutzen und Texte verfassen
- ✓ Berufsübliche Formulare analog/digital ausfüllen
- ✓ Prozesse beschreiben und adressatengerecht informieren
- ✓ Eigene Texte gemäß sprachlich-stilistischer Regeln beurteilen

Methoden und Arbeitstechniken

- ✓ Feedback
- ✓ Internetrecherche
- ✓ Mindmap
- ✓ Partnerarbeit und Gruppenarbeit
- ✓ Rollenspiel

Formulare ausfüllen

Situation

Franka, Auszubildende im 1. Lehrjahr, verwechselt zwei ähnlich aussehende Tasten an einer Fräsmaschine. Dieses unsachgemäße Vorgehen verursacht einen nicht mehr verwendbaren Fräskopf sowie ein unbrauchbar gewordenes, fast fertiggstelltes Präzisionswerkstück. Der Ausbilder, zugleich Abteilungsleiter der Fräserei, drückt Franka ein Formular zur Schadensmeldung an die Haftpflichtversicherung des Betriebs in die Hand. Er bittet Franka, es sorgfältig auszufüllen. Alle dazu erforderlichen Daten findet sie im Maschinenarchiv der Fräserei.

1 Lesen Sie sich das Formular auf der nächsten Seite aufmerksam durch. Welche Angaben müssen aus dem Archiv gesucht werden? Notieren Sie in Stichpunkten.

2 Erstellen Sie auch für das Ausfüllen von Formularen einen Schreibplan (» Kapitel 3, S. 40).

a) Gehen Sie mit einem Partner die Schritte durch: 1. Aufgabe durchdenken, 2. Informationen sammeln, 3. Gliederung erstellen, 4. Absätze planen, 5. Sprache und Stil passend wählen.

b) Machen Sie sich zu Schritt 3 Notizen. Wählen Sie dazu die Form einer Mindmap.

3 Bearbeiten Sie mit Hilfe folgender Informationen das Formular auf einem Zusatzblatt. Fehlende oder ungenaue Angaben können plausibel ergänzt werden.

TIPP

Machen Sie sich die Bedeutung der einzelnen Fragen für die Versicherung klar. Die Genauigkeit ist bei der Beantwortung sehr wichtig.

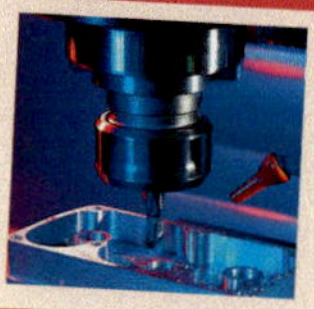

EUR 390,00

Preis inkl. MwSt.

Materialpreis des Werkstücks:
275,76
(Ni-Cu-Legierung)

Modell:	Fräsmaschine u. Gravurmaschine SkyCNC 8070
Marke:	Volzer
Antriebssystem:	Kugelumlaufspindel
Arbeitsgeschwindigkeit:	6000 mm/min
xyz Arbeitsbereich/Verfahrensbereich:	800 mm x 700 mm x 90 mm
Max. Dicke des Werkstücks:	130 mm
xyz Auflösung:	0,01 mm
Kompatibel mit Software:	ARTCAM, Type 3, MASTERCAM

KANTER KG
SCHLEIFEREI – MECHANISCHE BEARBEITUNG
Nehmen Sie Kontakt mit uns auf ...
Sie erreichen uns Mo–Fr von 7:00 bis 16:00 Uhr
Kanter KG, Zweiggasse 8, 90438 Nürnberg
Tel.: 0911/667788

ARBEITSTECHNIK Eine Mindmap erstellen

Mit einer Mindmap kann ein Thema übersichtlich strukturiert werden.

In der Mitte wird das Thema notiert, auf den Hauptästen stehen die wesentlichen Gliederungspunkte. Davon ausgehend werden die Nebenäste mit Unterpunkten gefüllt.

Unterschiedliche Schriftgrößen und Farben tragen zur Übersichtlichkeit bei und unterstützen die schnelle Zuordnung zusammengehöriger Punkte.

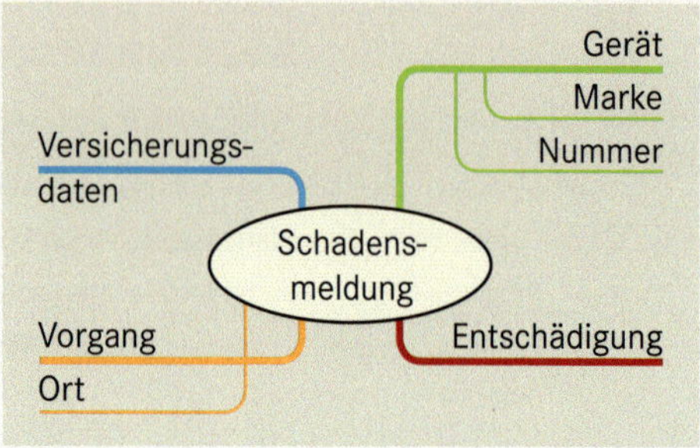

Formulare ausfüllen

SIKU **SIKU Sachversicherung AG**

Maschinen- und Geräteversicherung

Schadenmeldung

☒ **Zutreffendes bitte ankreuzen bzw. beim Ausfüllen mit Acrobat Reader einmal anklicken!**

Schadenmeldung für Zuhause & Glücklich Maschinen- und Geräteversicherung, Elektrogeräte- und Elektroanlagenversicherung

1 Versicherungsnummer/ Schadennummer
a ______ Versicherungsnummer (unbedingt angeben)
b ______ Schadennummer (wenn bekannt)

2 Versicherungsnehmer(in)

______ Familienname, Vorname, Titel bzw. Firmenname
______ Telefonnummer (tagsüber)

______ Postleitzahl
______ Ort, Straße, Platz, Hausnummer

3 Allgemeine Fragen

E-Mail: ______

a Hat sich das Schadenereignis an oben angeführter Anschrift ereignet? ☐ ja ☐ nein → ______ Wo? (Anschrift)

b Wann hat sich der Schaden ereignet bzw. wann ist der Schaden entstanden? → Datum: ______

c Liegt zu diesem Schadenfall ein Fremdverschulden vor? ☐ nein ☐ ja → ______ Name und Anschrift – wenn bekannt auch Haftpflichtversicherer und Versicherungsnummer

d Wurde fremdes Eigentum betroffen? ☐ nein ☐ ja → ______ Bei wem? (Name, Anschrift)

e **Wie soll die Entschädigungsleistung erfolgen?** an ☐ Versicherungsnehmer (wie oben) ☐ Reparatur-Firma (lt. Rechnung) ☐ per Postanweisung
______ IBAN ______ bei ______ BIC

f Wie ist der Schaden entstanden? Kurze Schilderung des Schadenhergangs auf gesondertem Blatt!

g Art, Marke, Typ, Nummer des betroffenen Gerätes: ______ Bitte vollständige Bezeichnung des Gerätes angeben

Seinerzeitiger Anschaffungspreis, Baujahr bzw. Anschaffungsdatum: ______ EUR ______ Baujahr bzw. Datum

h Wird (Ist) eine Reparatur durchgeführt (worden)? ☐ ja ☐ nein → ______ Warum?

Höhe der Reparaturkosten: ______ EUR ☐ lt. beiligender Rechnung/Aufstellung bzw. Kostenvoranschlag ☐ voraussichtl. Reparaturkosten

i Besteht noch eine Haftung oder Garantie durch den Verkäufer? ☐ nein ☐ ja → ______ Auf welche Teile und von wem?

j Besteht ein Wartungs- oder Reparaturvertrag? (Fullservice?) ☐ nein ☐ ja → ______ In welchem Umfang? (Periodische Wartung, Fullservice etc.)

Der/Die Versicherungsnehmer(in) bestätigt durch seine/ihre Unterschrift, dass alle Angaben zu diesem Schadenfall der Wahrheit entsprechen. Ich ermächtige die SIKU Sachversicherung AG, Erhebungen durchzuführen, Auskünfte aller Art bei Personen und Behörden (Polizei, Gerichten etc.) einzuholen, Einsichten in die Akten zu nehmen sowie Abschriften anzufertigen.

______ Ort, Datum ______ Unterschrift: Versicherungsnehmer(in)

4 Suchen Sie mit Hilfe einer Suchmaschine ein Formular für die Meldung eines Schadens, wie er in Ihrem Ausbildungsbetrieb/Ihrer Praktikumseinrichtung vorkommen kann. Speichern Sie es auf Ihrem Rechner.

a) Füllen Sie dieses Formular aus. Frankas Schaden dient Ihnen auch hier als Vorlage.

b) Schicken Sie das Formular ausgefüllt an Ihre Partnerin oder Ihren Partner. Aber Achtung: Schicken Sie es bitte auf keinen Fall an eine Versicherung!

c) Lesen Sie wechselseitig Korrektur. Achten Sie besonders auf die Groß- und Kleinschreibung (» Kapitel 20, S. 232–235).

Schadensberichte schreiben

Situation

Zwei Wochen später bittet der Firmenchef Franka zu sich. Er hat von dem Missgeschick der Auszubildenden erfahren. Da dies schon das dritte Mal in zwei Jahren ist, dass Tasten an der Maschine verwechselt wurden, bittet er Franka um einen vollständigen Schadensbericht in ausführlicher Form. Er möchte diesen Bericht an den Hersteller der Fräsmaschine senden.

1 Bereiten Sie auf der Grundlage des ausgefüllten Schadensformulars von der vorherigen Seite – bzw. Ihres eigenen Schadensformulars – einen Bericht inhaltlich vor.

a) Tragen Sie nur die Informationen zusammen, die in einem Bericht über den Ablauf der Ereignisse enthalten sein müssen. Beantworten Sie dazu die folgenden W-Fragen schriftlich.
Wer ist beteiligt? Wann geschah es? Wo geschah es? Was geschah? Wie geschah es? Warum geschah es? Welche Folgen hat das Geschehene?

b) Bringen Sie den Ablauf in die richtige zeitliche Reihenfolge. Legen Sie dazu einen Zeitstrahl an und verzeichnen Sie darunter die Stichpunkte 1 bis 6.

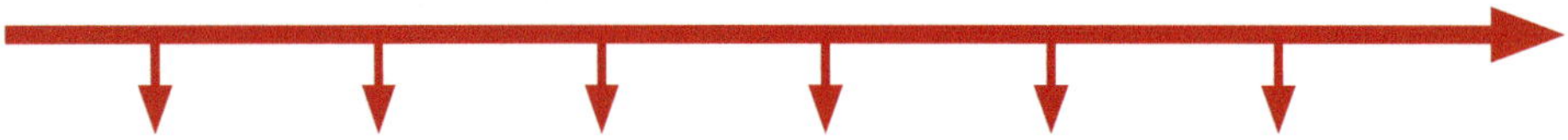

1. „Nothalt" der Maschine gedrückt
2. fortlaufende Überwachung des Fräsvorgangs
3. Anschmelzen des Werkstückes wegen überhöhter Drehgeschwindigkeit
4. Beobachtung, dass Fräse zu schnell dreht
5. ockerfarbene Taste „Erhöhung der Drehgeschwindigkeit" gedrückt
6. Absicht, die gelbe Taste „Verringerung der Drehgeschwindigkeit" zu betätigen

c) Lesen Sie die folgenden Textbeispiele und entscheiden Sie, welche Mitteilungen in einen Schadensbericht über den Ablauf eines Geschehens gehören und welche nicht. Begründen Sie Ihre Auswahl.

1. *Da lief es mir heiß und kalt über den Rücken.*
2. *Das gelblich-weiße Neonlicht der Fräsraumbeleuchtung macht eine Unterscheidung zwischen gelber und ockerfarbener Taste sehr schwer.*
3. *Mir war sofort klar: „Das teure Werkstück ist nun im Eimer!"*

2 Bereiten Sie die sprachliche Form des Berichts vor.

a) Entscheiden Sie, welche Zeitangaben für das Schreiben eines Berichts geeignet sind und welche nicht. Übernehmen Sie die Tabelle und ordnen Sie die darunter stehenden Zeitangaben entsprechend zu.

geeignet	nicht geeignet
zu Beginn der Ausbildung	auf einmal
...	...

danach • zuletzt • bevor • während • nachdem • neulich • damals • jetzt • schließlich • am Nachmittag • nun • mittags • endlich • mehrmals • plötzlich • auf einmal • kurz davor • bald darauf • gestern • heute • vor längerer Zeit

Schadensberichte schreiben

b) Formen Sie die folgenden Sätze in einen knappen und sachlichen Satz um.

Plötzlich begann das Edelmetall-Werkstück an der Frässtelle leicht zu rauchen. Es rauchte immer mehr und ich wusste sofort, dass die Drehzahl der Fräse verringert werden musste. Das hatten wir in der Berufsschule schon gelernt und auch Tobi, meinem Kumpel in der Nachbarfirma, war so etwas Ähnliches schon passiert.

3 **Schreiben Sie nun Frankas Bericht für den Firmenchef. Verwenden Sie die Ich-Form und formulieren Sie im Präteritum. Orientieren Sie sich am Basiswissen zum Bericht.**

4 **Nach dem Schreiben lesen Sie Ihren Bericht mehrmals und überarbeiten ihn (» Kapitel 22, S. 262.**

a) Überprüfen Sie, ob Ihre Informationen inhaltlich vollständig, in der richtigen Reihenfolge angeordnet und sachlich sind.

b) Achten Sie auf knappe Sätze, passende Wortwahl und abwechslungsreiche Satzanfänge.

c) Kontrollieren Sie Rechtschreibung und Zeichensetzung (» Kapitel 20). Nutzen Sie ein Wörterbuch.

Situation

Noch bevor der Firmenchef Frankas Schadensbericht an den Hersteller der Fräsmaschine senden konnte, kündigt sich dessen Außendienstmitarbeiter in der Firma an. Der Chef bittet Franka zu diesem Gespräch zu sich ins Büro. Die Auszubildende soll anhand ihres Berichts den Hergang schildern.

5 **Bilden Sie für ein Rollenspiel Gruppen mit je fünf Personen: Chef, Franka, Außendienstmitarbeiter und zwei Beobachter (» Kapitel 23, S. 274).**

a) Franka liest ihren Schadensbericht langsam und deutlich vor.

b) Der Außendienstmitarbeiter macht sich handschriftliche Notizen.

c) Der Chef vergewissert sich (gegebenenfalls durch Nachfragen), dass es keine Missverständnisse zwischen dem, was Franka vorgelesenen hat, und dem, was der Außendienstmitarbeiter verstanden hat, gibt.

d) Die Beobachter werten Frankas vorgelesenen Bericht anhand ihrer handschriftlichen Notizen in einer Feedback-Runde aus.

TIPP

Achten Sie beim Lesen auf die richtige Betonung der Satzzeichen.

BASISWISSEN Berichte verfassen

Ein **Bericht** soll informieren. Meistens dient er der Darstellung eines Geschehens. Dazu hilft die Beantwortung der W-Fragen: **Wer?, Wann?, Wo?, Was?, Wie?, Warum?, Welche Folgen?** Ereignisse und Verlauf eines Geschehens werden knapp, sachlich und in der richtigen zeitlichen Reihenfolge wiedergegeben, ohne ausschmückende Details, ohne emotionale und persönliche Meinungsäußerungen. In einem schriftlichen Bericht wird die Zeitform Präteritum (1. Vergangenheit) verwendet. Es wird keine Umgangssprache benutzt.

Internetforen im Beruf nutzen

6 Verfassen Sie einen Bericht zu einem Schadensfall aus Ihrem betrieblichen Umfeld/ Ihrer Praktikumseinrichtung.

a) Einigen Sie sich mit Ihrem Partner/Ihrer Partnerin auf eine Situation, die sich tatsächlich so zugetragen hat, oder aber auf eine frei erfundene, die plausibel ist.
b) Tragen Sie gemeinsam die Informationen zusammen, die in einem Bericht über den Ablauf der Ereignisse enthalten sein müssen. Beantworten Sie dazu die W-Fragen.
c) Kontrollieren Sie Ihre Stichworte auf Vollständigkeit und bringen Sie diese in die richtige Reihenfolge.
d) Schreiben Sie jeder für sich den Schadensbericht in der Ich-Form und im Präteritum.
e) Tauschen Sie Ihre Ausarbeitungen und kontrollieren Sie Rechtschreibung, Zeichensetzung sowie die Verwendung abwechslungsreicher Satzanfänge.

Situation

Franka hat in der Berufsschule den Tipp von einem Klassenkameraden bekommen, in ein Internet-Fachforum CNC-Fräsen einzutreten. Dort tauscht man sich zu Fragen rund um das Thema Fräsen mit CNC-Maschinen aus. Häufig wird dort auch über Probleme beim Fräsen berichtet.

7 Recherchieren Sie zu zweit im Internet nach Fachforen, die es zum Ihrem Ausbildungsberuf gibt.

a) Setzen Sie Lesezeichen zu maximal drei interessanten Seiten.
b) Tauschen Sie sich mit Ihrem Nachbarteam über die Rechercheergebnisse aus.
c) Entscheiden Sie sich für ein Forum und informieren Sie sich über die Seriosität, Qualität, mögliche Kosten und Nutzungsbedingungen eines möglichen Beitritts.
d) Stellen Sie Ihre Rechercheergebnisse im Plenum vor.
e) Halten Sie wesentliche Pro- und Kontra-Argumente für einen möglichen Beitritt handschriftlich fest.
f) Falls Sie Interesse haben, registrieren Sie sich im Internet zu einem Fachforum Ihrer Wahl.
g) Bewerten Sie im Plenum einige Wochen später Ihren Beitritt zu diesem Fachforum.

TIPP

Legen Sie dazu vorab mindestens fünf für Sie beide wesentliche Entscheidungskriterien fest.

FAZIT

4.1
Formulare ausfüllen

- Informationen beschaffen
- Mit einer Mindmap gliedern
- Elektronische Formulare ausfüllen
- Texte überarbeiten

4.2
Schadensberichte schreiben

Inhalt:
- W-Fragen
- Chronologie

Sprache:
- Sachlich, knapp und präzise
- Keine eigene Meinung
- Präteritum (1. Vergangenheit)

4.3
Internetforen im Beruf nutzen

- Sorgfältig im Internet recherchieren
- Meinung von Fachleuten einholen
- Sich online registrieren

Kapitel 5

Sprechen, diskutieren, präsentieren in Alltag und Beruf

5.1
Kommunikation untersuchen

5.2
Die eigene Meinung in einer Diskussion vertreten

5.3
Einen Kurzvortrag halten

5.4
Eine Stegreifrede halten

In Alltag und Beruf werden verschiedene Gesprächs- und Diskussionsformen verwendet. Wenn Sie Gespräche führen, sollten Sie sich darüber im Klaren sein, dass die Botschaften vom Empfänger eventuell anders verstanden werden. Eine Nachricht kann immer auf „vier Ohren" treffen. In Diskussionen kommt es darauf an, dass Sie gut vorbereitet sind und bestimmte Regeln einhalten. Wie bei Vorträgen sollten Sie auch bei Diskussionen sowohl auf Ihre Formulierungen als auch auf Ihre Körperhaltung, Stimme, Gestik, Mimik und Blickkontakt achten.

In diesem Kapitel lernen Sie, Gespräche zu analysieren und ein Thema zielgerichtet für eine Diskussion vorzubereiten. Erarbeitungshilfen zur erfolgreichen Präsentation runden das Kapitel ab.

Kompetenzen

- ✓ Kommunikation untersuchen
- ✓ Gesprächsformen unterscheiden
- ✓ Eine Diskussion planen, durchführen und auswerten
- ✓ Einen Kurzvortrag planen und verständlich halten
- ✓ Mit Medienunterstützung präsentieren
- ✓ Eine Stegreifrede halten

Methoden und Arbeitstechniken

- ✓ Beobachtungsbogen
- ✓ Feedback
- ✓ Pecha Kucha
- ✓ Präsentation
- ✓ Protokoll
- ✓ Think-Pair-Share

Kommunikation untersuchen
Was alles in einer Botschaft steckt

Jede Botschaft hat mehrere Ebenen. Nur der kleinere Teil einer Botschaft wird bewusst gesendet und wahrgenommen. Der wesentlich größere Anteil unserer Kommunikation liegt jedoch verborgen unter der Oberfläche und wird unbewusst gesendet und empfangen. Dies wird oft mit dem Bild eines Eisbergs dargestellt, denn auch bei Eisbergen ist nur etwa 1/7 der Masse sichtbar, 6/7 sind unter der Wasseroberfläche verborgen.

Situation

Elif und Alexander sitzen im Park.

Sie hat wohl keine Lust, mit mir zusammen zu sein.
Soll ich ihr meine Jacke holen? Dann denkt sie wieder, dass ich sie bemuttere.
Ich hätte so gerne einen unkomplizierten Abend.
Ich möchte in den Arm genommen werden.
Partner sollten füreinander da sein.
Hoffentlich werde ich nicht wieder krank, ich bin so angeschlagen in letzter Zeit.
Wahrscheinlich habe ich wieder etwas falsch gemacht.
Ich fühle mich einsam.
Ich weiß nicht, was sie von mir will.
Ich friere!
Ich fürchte mich davor, dass du mich nicht mehr magst.
Ich finde dein Verhalten kalt und abweisend.

1 Versetzen Sie sich in die Gedanken von Elif und Alexander.

a) Wie würden Sie auf den Satz: „Ich friere!" bei Ihrer Freundin oder Ihrem Freund reagieren?

b) Schließen Sie von den Gedanken der beiden auf die Beziehung und beschreiben Sie diese.

c) Formulieren Sie eine eindeutige Aussage der jungen Frau.

2 Untersuchen Sie folgende Situation: Elif und Alexander sitzen am Küchentisch beim Essen. Alexander sagt zu Elif: „Was ist das Braune im Gemüse?"

a) Zeichnen Sie skizzenhaft einen Sender und einen Empfänger.

b) Zeichnen Sie um den Kopf des Senders Gedankenblasen und schreiben Sie hinein, wie er seine Aussage meinen könnte. Schreiben Sie ebenfalls die Gedanken des Empfängers auf.

Mit vier Ohren hören

Situation

Erkan, es ist schon wieder kein Papier mehr im Drucker!

BASISWISSEN Das Vier-Ohren-Modell

Ein weiteres Modell zur Erklärung von Kommunikation und Kommunikationsproblemen ist das Vier-Ohren-Modell. Danach wird jede Botschaft auf vier Ebenen gesendet und empfangen. Jede Botschaft enthält:

- eine Sachebene: Wie ist der Sachverhalt?
- einen Appell: Was soll der andere tun?
- eine Beziehungsebene: Was halte ich vom Gesprächspartner?
- eine Selbstoffenbarung: Wie fühle ich mich gerade?

Beispiel Situation:

	Chef	**Auszubildender**
Sachebene:	*Es ist kein Papier im Drucker.*	*Es ist kein Papier im Drucker.*
Appellebene:	*Füllen Sie Papier nach!*	*Ich soll Papier auffüllen.*
Beziehungsebene:	*Sie sind nachlässig, wieso muss ich Ihnen das überhaupt sagen?*	*Wieso soll ich das tun? Der betrachtet mich als das letzte Rad am Wagen.*
Selbstoffenbarung:	*Es ärgert mich, dass Sie nicht mitdenken und mein Büro nicht einwandfrei funktioniert.*	*Der Chef ist sauer auf mich.*

1 **Wie verändern sich die Gedanken des Chefs und seines Auszubildenden Erkan, wenn der Chef bereits mehrfach auf fehlendes Papier im Drucker aufmerksam gemacht hat?**

2 **Untersuchen Sie folgende Situation: Jasmin bereitet in der Küche das Essen vor, ihr Freund Erkan bastelt an seiner Eisenbahn. Sie sagt zu ihm: „Ich habe fürchterliche Rückenschmerzen!“**

a) Wie wird Erkan Ihrer Meinung nach reagieren? Tragen Sie Möglichkeiten zusammen.
b) Was möchte Jasmin erreichen? Formulieren Sie eine eindeutige Aussage dazu.
c) Erkan fühlt sich hilflos und antwortet mit: „Was soll ich denn da machen?“ Wie fühlt sich Jasmin jetzt?

3 **Überlegen Sie, was in den unten stehenden Aussagen mit den vier Ohren zu hören sein könnte. Fertigen Sie jeweils ein DIN-A4-Blatt nach dem Muster im Basiswissen an.**

- Im Fernsehen läuft Fußball. „Das Bier ist alle!“, sagt Erkan zu Jasmin.
- „Die Ampel ist grün!“, sagt Jasmin zu Erkan, der am Steuer sitzt.

4 **Erfinden Sie Situationen mit Sätzen, die Sie nach dem Vier-Ohren-Modell analysieren. Greifen Sie auf Ihre eigenen Erfahrungen zurück. Wann gab es Missverständnisse im Betrieb/in der Praktikumseinrichtung/im privaten Umfeld und was war der Grund dafür?**

5 **Diskutieren Sie in der Klasse, welche Auswirkungen es hat, wenn Sie etwas auf der Sachebene mitteilen, Ihr Gesprächspartner es aber auf der Beziehungsebene versteht.**

Die eigene Meinung in Diskussionen vertreten

Überzeugend argumentieren

Um andere von Ihrer Meinung zu überzeugen, müssen Sie schlüssig argumentieren. Dafür ist es wichtig, ein Argument korrekt zu formulieren und inhaltlich fundiert darzustellen.

Situation

In der Klasse von Alexander wird das Thema „Fahrgemeinschaften" diskutiert.

BASISWISSEN | Behauptung (These), Begründung, Beispiel = Argument

In der **These** stellt man eine Behauptung auf.
Beispiel: *Meiner Meinung nach ...* *Ich bin der Ansicht, dass ...*

Durch die **Begründung** wird die Behauptung (These) gestützt.
Beispiel: *Ich behaupte das, weil/denn/da ...*

Ein konkretes **Beispiel** veranschaulicht die Behauptung und unterstützt die Begründung in seiner Wirkung. Auch Erläuterungen, Zahlen- und Faktenbelege und Analogien (Vergleiche mit anderen Bereichen) sind Möglichkeiten, ein eine Begründung zu verstärken.
Beispiel: *So ist zum Beispiel ...* *Allein im Jahr 2016 gab es 768 ...*
Wie bei Autos gibt es auch bei Motorrädern einige, die sehr viel mehr Sprit verbrauchen als andere, etwa ...

Eine sprachlich und inhaltlich zusammenhängende Formulierung aus den drei Argumentationsteilen Behauptung (These), Begründung und Beispiel nennt man auch **Argumentationskette**, kurz Argumentation.

Muster

Behauptung (These) *Das Bilden von Fahrgemeinschaften ist für Berufsschüler sinnvoller denn je, ...*
Begründung *... weil viele Schüler dadurch Benzinkosten sparen können und zudem die Umwelt weniger belastet wird.*
Beispiel *Die ständig steigenden Benzinkosten halbieren sich, wenn man zum Beispiel zu zweit fährt, und der Schadstoffausstoß halbiert sich ebenfalls.*

1 Formulieren Sie zu folgenden Behauptungen (Thesen) Begründungen und finden Sie Beispiele. Nehmen Sie „Basiswissen" und „Muster" zu Hilfe.

- Berufsschüler sollten häufiger das Fahrrad nutzen.
- Regelmäßiger Sport ist für alle Schüler wichtig.
- Ernährung und Lernerfolg bei Prüfungen hängen zusammen.
- Motorradfahren ist gefährlich.
- Häufiges Wiederholen von Lernstoff erhöht meinen persönlichen Erfolg in der Ausbildung.

2 Suchen Sie sich ein eigenes Thema und formulieren Sie eine schlüssige Argumentation.

a) Verfassen Sie zu Ihrer Behauptung (These) mindestens eine besonders treffende Begründung.
b) Entfalten Sie Ihre Behauptung (These) und Begründung mit Beispielen, Zahlenbelegen oder auch Erläuterungen.
c) Tauschen Sie Ihre Argumentationen in der Klasse aus.
d) Überarbeiten Sie in der Klasse Ihre Argumente mit Hilfe folgender Fragen:
Passen die Begründungen zu den Behauptungen (Thesen)? Passen die Beispiele zu den Begründungen?

Antithesen bilden

In Diskussionen tauschen mehrere Teilnehmer ihre Meinungen aus. Beim Aufstellen von Argumenten, also beim Äußern der eigenen begründeten Meinung, muss man daher mit Gegenargumenten der Diskussionspartner rechnen.

Situation

Nach der Schule sind die Diskussionen noch nicht zu Ende. Alexander trifft sich mit Freunden und diskutiert mit ihnen über verschiedene Themen weiter.

BASISWISSEN Antithese

Die **Antithese** (griechisch „anti" bedeutet „gegen etwas gerichtet") stellt die Gegenposition zu einer These dar. Mit einer Antithese kann man eine Widerlegung (Entkräftung) erreichen.

Beispiel: *These:* *Das Bilden von Fahrgemeinschaften ist für Berufsschüler sinnvoller denn je, weil die Umwelt deutlich entlastet wird.*

Beispiel: *Antithese:* *Insbesondere für Berufsschüler sind Fahrgemeinschaften wenig sinnvoll, da die Berufsschüler aus den unterschiedlichsten Orten zur Schule kommen.*

1 Formulieren Sie zu folgenden Thesen je eine Antithese.

- Markenkleidung muss sein, um von anderen anerkannt zu werden.
- Junge Menschen und Tattoos gehören einfach zusammen.
- Alkohol ist wichtig, um Spaß haben zu können.

2 Bereiten Sie sich auf eine Diskussion zum Thema „Fahrgemeinschaften – pro und kontra" vor.

a) Bilden Sie sich zum Thema eine eigene Meinung.
b) Notieren Sie möglichst viele Argumente zu Ihrer Meinung.
c) Versetzen Sie sich in die Gegenposition und formulieren Sie mindestens eine Antithese.
d) Bestimmen Sie einen Diskussionsleiter, der in die Diskussion einführt und Ergebnisse bündelt.
e) Einigen Sie sich auf ein Ergebnis.

3 Überlegen Sie, in welchen Situationen Ihres beruflichen Alltags Sie Ihre eigene Meinung vertreten.

a) Diskutieren Sie dazu ein für Ihren Berufsalltag relevantes Thema. Gehen Sie vor wie in Aufgabe 2.
b) Welche verschiedenen Diskussionspartner kann es geben? Was müssen Sie beachten?

BASISWISSEN Diskussionsverlauf – Diskussionsergebnis

Diskussionen unterscheiden sich in ihrem Verlauf und Ergebnis:

1. Pro- und Kontra-Argumente werden sachlich besprochen und man einigt sich auf einen **Kompromiss** (das heißt Mittelweg).
2. Die Teilnehmer sind sich einig in der Argumentation, Gegenargumente können gemeinsam entkräftet werden und ein **Konsens** (das heißt Einigkeit) wird hergestellt.
3. Die Diskussion führt zu einem Streit, die gegensätzlichen Positionen werden weiter ausgebaut, ein **Dissens** (das heißt Nichtübereinstimmung) entsteht.

Gesprächsformen unterscheiden

Gespräche finden in vielen unterschiedlichen privaten und beruflichen Situationen statt.

Situation

Man unterscheidet folgende Formen des Sprechens:

1 Überlegen Sie in Partnerarbeit, welche der in der Grafik genannten Gesprächsformen jeweils beschrieben wird.

1. ungezwungener, freundschaftlicher Meinungsaustausch
2. ein Referent informiert die Zuhörer zu einem bestimmten Thema, meist schriftlich vorbereitet
3. geschäftliche Besprechung zu festgelegten Themen
4. ein Partner veranlasst den anderen zu bestimmten Handlungen
5. Befragung einer Person für ein Publikum

2 Drei der in der Grafik genannten Gesprächsformen wurden in Aufgabe 1 nicht beschrieben. Welche sind das? Beschreiben Sie diese in eigenen Worten.

3 Denken Sie sich für jede Gesprächsform einen konkreten Anlass aus Ihrem Berufsfeld aus, zum Beispiel „Rede zur Einweihung der neuen Werkhalle".

4 Welche Gesprächsformen sind auf den oben abgebildeten Fotos dargestellt?

5 Informieren Sie sich über die Merkmale der verschiedenen Gesprächsformen.

a) Bilden Sie acht Gruppen und wählen Sie jeweils eine Gesprächsform aus.
b) Sammeln Sie Informationen über die Merkmale (Ablauf, Regeln) „Ihrer" Gesprächsform.
c) Fassen Sie die Merkmale aller acht Gesprächsformen knapp auf einem Ergebnisplakat zusammen. Präsentieren Sie Ihr Ergebnis.

Diskussionsregeln einhalten

Bei einer Gruppendiskussion ist es wichtig, Regeln einzuhalten. Gibt es keine Regeln, wird der Diskussionsverlauf gestört und es kommt zu keinem sinnvollen Diskussionsergebnis.

Situation

Alexander hat mit seiner Klasse Diskussionsregeln gesammelt und ungeordnet aufgeschrieben.

Nebengespräche oder sonstige

Meinungen/Behauptungen

Nicht zwischendurch

Laut und deutlich

bleiben/Fragen beachten.

oder herabsetzen.

Auf Vorredner

Bezug nehmen.

Beim Reden die

Gut zuhören,

mit dem Nachbarn erzählen.

Niemanden auslachen

argumentieren.

nachplappern.

Störungen vermeiden.

Beim Thema

Nicht einfach

Mitschüler anschauen.

sprechen.

wenn andere reden.

begründen.

Kurz und präzise

1 **Setzen Sie die einzelnen Teile des Regelsalats zu elf sinnvollen Regeln zusammen. Schreiben Sie sie unter der Überschrift „Diskussionsregeln" auf ein Lernplakat (» Kapitel 23, S. 271).**

2 **Überlegen Sie, welche Probleme durch die Nichteinhaltung der Diskussionsregeln entstehen können. Beziehen Sie Ihre eigenen Erfahrungen mit ein.**

a) Diskutieren Sie in der Klasse, welche Regeln am schwierigsten einzuhalten sind. Welche Probleme ergeben sich daraus?

b) Wie kann man diesen Problemen begegnen? Sammeln Sie Vorschläge. Beispiel: *dazwischenreden – Klasse ignoriert den Beitrag*

Eine Diskussion mit mehreren Beteiligten muss oft geleitet werden. Diese Aufgabe übernimmt die Diskussionsleitung.

BASISWISSEN Die Aufgaben der Diskussionsleitung

Die Diskussionsleitung **eröffnet die Diskussion**, sie stellt das Thema vor und nennt Dauer und Ziel der Diskussion.

Die Diskussionsleitung **lenkt den Verlauf** der Diskussion. Dabei beachtet sie die Einhaltung der Diskussionsregeln und der Redezeit. Sie fasst außerdem Teilergebnisse zusammen und stellt klärende bzw. weiterführende Fragen.

Die Diskussionsleitung **beendet die Diskussion**. Sie formuliert ein Schlusswort, in dem sie ein Fazit zieht und auf ausstehende Ergebnisse und Fragen hinweist.

3 **Welche Fähigkeiten sollte eine Diskussionsleitung möglichst haben, um die Aufgaben (» Basiswissen) gut zu lösen? Notieren Sie einige Punkte.**

Sich mit einem Diskussionsthema vertraut machen

Die folgende Situation sowie die verschiedenen Meinungen zum Thema „Angemessene Kleidung im Büro" bilden die Grundlage für eine Diskussion in Ihrer Klasse.

Situation

Alexander, Erkan, Britta, Zoe und Wasili befinden sich im ersten Ausbildungsjahr zur/zum Reiseverkehrskauffrau/-mann. Die Ausbildung macht ihnen viel Spaß. Doch die Wahl der passenden Kleidung stellt nach wie vor eine große Herausforderung für sie dar. Da sie einen guten Eindruck machen wollen, dennoch auch gerne sportlich und bequem gekleidet sind, fällt ihnen die Kleidungswahl oft nicht leicht. Gerade zur Sommerzeit tragen die vier Auszubildenden gerne kurze Hosen/Röcke und offene Schuhe, aber sie sind sich unsicher, ob diese die richtigen Kleidungsstücke für ihren Arbeitsalltag sind.

Zum Thema „Angemessene Kleidung im Büro" wurden verschiedene Meinungen geäußert:

„Es kommt auf die gute Arbeitsleistung an und nicht auf die richtige Kleidung!" (Selima, 19 Jahre)

„Durch die äußere Erscheinung und damit auch mit der Kleidung haben andere Personen ein bestimmtes Bild von einem Menschen. Deshalb sollte sich jeder Mitarbeiter überlegen, welchen Eindruck er durch sein Äußeres hinterlassen möchte." (Stilexpertin Elisabeth Wiebe)

„Die individuelle Persönlichkeit eines Menschen muss respektiert werden. Jeder darf tragen, was er möchte." (Ricardo, 17 Jahre)

„Spaghetti-Träger, bauchfrei und Flip-Flops sind im Büro nicht angemessen. Man sollte sich bewusst sein, dass man gerade mit der Kleidung einen bestimmten Eindruck hinterlässt." (Frau Kramer, Chefin)

„Selbst der Multimillionär Mark Zuckerberg trägt seit vielen Jahren täglich ein graues T-Shirt zur Jeans. Seine Begründung ist, dass die Kleidungswahl Zeit koste, die man effektiver und besser in andere Dinge stecken solle." (Frau Kahl, Lehrerin)

1 Sammeln Sie Informationen/Hintergrundwissen zum Thema „Angemessene Kleidung im Büro".

Oft fehlen den Diskussionspartnern Formulierungen, um in einer Diskussion jemandem zuzustimmen oder zu widersprechen.

2 Übernehmen Sie die Formulierungen in Ihr Heft. Sammeln und ergänzen Sie mit einem Partner weitere Beispiele, mit denen Sie in einer Diskussion zustimmen oder ergänzen können.

Beispiele: *Ich bin ganz Ihrer Meinung, weil ich aus Erfahrung auch weiß ...*
Was (Name) vorhin gesagt hat, finde ich ganz wichtig, denn ...

Wenn Sie in einer Diskussion jemandem widersprechen möchten, sollten Sie auf dessen Redebeitrag eingehen. Das verdeutlicht, dass Sie zugehört haben und den anderen achten. So räumen Sie auch Irrtümer aus.

3 Übernehmen Sie die Formulierungen in Ihr Heft. Ergänzen Sie weitere Beispiele, mit denen Sie in einer Diskussion wiedersprechen oder ergänzen können.

Beispiele: *Sie haben Recht, wenn Sie sagen, dass ..., aber andererseits ...*
Sie heben hervor, dass ..., aber dabei vergessen Sie ...

4 Diskutieren Sie in der Gruppe, welche Kleidung in Ihrem Betrieb/in Ihrer Praktikumseinrichtung angemessen ist.

Eine Diskussion planen, durchführen und auswerten

Zoe, ihre Chefin und andere wollen das Thema „Angemessene Kleidung im Büro" gemeinsam diskutieren. Partei 1: Chefin, 2: Zoe, 3: strenger Kunde, 4: lockere Kundin, 5: Diskussionsleitung, 6: Zuschauer, 7: Protokollanten.

1 Bilden Sie Gruppen mit ein bis vier Personen. Bereiten Sie sich auf Ihre Rolle vor.

a) Notieren Sie sich Argumente, die die Position „Ihrer" Partei fundiert verdeutlichen (» S. 56).

b) Wählen Sie einen Vertreter, der „Ihre" Partei in der Diskussion vertritt.

2 Als Diskussionsleitung bereiten Sie sich auf Ihre Rolle vor (» Basiswissen, S. 59).

a) Überlegen Sie sich einen Ablauf und ein mögliches Ziel der Diskussion.

b) Notieren Sie sich Stichpunkte bzw. Formulierungshilfen zu Eröffnung und Abschluss der Diskussion.

3 Als Zuschauer bereiten Sie sich auf Ihre Rolle vor.

a) Überlegen Sie, welche Erwartungen Sie an eine gelungene Diskussion haben.

b) Formulieren Sie genaue Beobachtungsaufträge, zum Beispiel, wer welche Partei beobachtet.

c) Fertigen Sie einen Beobachtungsbogen (» Kapitel 23, S. 266) an.

TIPP

Beachten Sie auch die nonverbale Kommunikation.

4 Als Protokollant haben Sie folgende Aufgaben.

a) Überlegen Sie sich, welche Art des Protokolls Sie schreiben wollen (» Kapitel 3, S. 45, 46).

b) Notieren Sie während der Diskussion Stichworte für Ihr Protokoll.

5 Führen Sie die Diskussion durch.

6 Werten Sie in der Gruppe die Diskussion aus.

a) Wurden die Thesen und Antithesen sowie die Argumente überzeugend formuliert?

b) Wurden die Diskussionsregeln eingehalten und hat die Diskussionsleitung ihre Aufgaben erfüllt?

c) Sind Sie mit dem Ergebnis der Diskussion zufrieden? Begründen Sie. Was kann man verbessern?

7 Was gelingt Ihnen persönlich beim Diskutieren gut und was fällt Ihnen noch schwer?

a) Formulieren Sie in Form einer Checkliste, auf welche Aspekte Sie zukünftig besonders achten wollen.

b) Überlegen Sie, welche Möglichkeiten es gibt, Ihre Diskussionsfähigkeiten zu üben und zu verbessern.

BASISWISSEN – Diskussionen führen

- In Diskussionen werden Pro- und Kontra-Argumente ausgetauscht.

Pro-Argumentation: Mitarbeiter sollten eine Kleiderordnung einhalten/ein seriöses Outfit tragen, weil Kunden/Geschäftspartner verschreckt werden können. Wenn zum Beispiel kurze Hosen oder Röcke getragen werden, könnte der Eindruck entstehen, dass der Mitarbeiter seine Arbeit nicht ernst nimmt. Um dem Ruf der Firma und der eigenen Kompetenz nicht zu schaden, sollte jeder Mitarbeiter auf einen seriösen Kleidungsstil achten.

Kontra-Argumentation: Jeder Mitarbeiter sollte die Kleidung tragen dürfen, die er möchte, ohne an eine Kleiderordnung gebunden zu sein, denn durch die eigene Wahl kann er sich wohlfühlen und volle Leistung erbringen. Wenn zum Beispiel ein Mitarbeiter an heißen Tagen zwingend einen Blazer oder ein Sakko tragen muss und er sich darin aufgrund der Hitze unwohl fühlt, kann sich das negativ auf ein Kundengespräch auswirken. Es sollte auf eine feste Kleiderordnung verzichtet werden, um eine gute Arbeitsatmosphäre und Arbeitsleistung zu gewährleisten.

- Am Ende steht ein Konsens (Übereinstimmung), Kompromiss oder Dissens (Meinungsverschiedenheit).
- Die Einhaltung von Diskussionsregeln ist wichtig.
- Die Diskussionsleitung achtet auf den geregelten Ablauf.
- Das Thema muss vorbereitet, der Ablauf geplant, die Diskussion durchgeführt und ausgewertet werden.

Einen Kurzvortrag halten

Den Ablauf planen

Manchmal müssen Sie in Ihrem beruflichen Umfeld oder in einem Verein einen Vortrag halten. Informationen gibt es viele. Wie aber verpacken Sie diese zu einem gelungenen Vortrag?

Situation

Wasili soll einen Vortrag über seinen Ausbildungsberuf halten und holt sich Rat bei Britta.

Wasili: Ich soll nächste Woche beim „Tag der offenen Tür" in meiner Firma meinen Ausbildungsberuf „Bürokaufmann" vorstellen.

Britta: Und, hast du schon eine Idee?

Wasili: Ich weiß nur, wie ich es nicht machen will, denn einige der Vorträge, die ich gehört habe, waren ziemlich durcheinander.

Britta: Ja, ohne den „roten Faden", der die vielen Einzel-Infos im Hauptteil verbindet, schaltet man als Zuhörer irgendwann ab und hört nicht mehr zu. Aber erst mal musst du wissen, worauf dein Vortrag hinauslaufen soll: Willst du deinen Ausbildungsberuf vorstellen oder sollst du erklären, warum du ihn gewählt hast? Oder willst du andere dafür anwerben?

Wasili: Na, ich denke, das Ziel ist ja wohl klar: Ich soll informieren und vielleicht interessiert der Beruf ja auch andere. Mein Problem ist: Wie fange ich an, ohne dass gleich alle gähnen?

Britta: Ich habe mal gehört, dass man dazu einen „Ohröffner" braucht. Mein früherer Lehrer hat immer gesagt: „You begin with a bang, you end with a bang!"

Wasili: Aha, also etwas Besonderes zu Beginn und auch am Schluss. Aber was soll denn ein Ohröffner sein, das klingt ja wie Flaschenöffner, und dann sprudelt der Geist aus der Flaschenpost, oder wie?

Britta: Den Vergleich finde ich gar nicht so schlecht, das klingt nach neugierig machen.

Wasili: Was mir auch noch Sorgen macht: Ich habe so viel Material gesammelt, dass es mir schwerfällt, irgendwelche Infos wegzulassen. Geht dir das auch manchmal so?

Britta: Klar, aber du weißt ja: Weniger ist oft mehr.

Wasili: Das klingt schlau. Aber wie mache ich das? Und was sage ich zum Schluss?

Britta: Na, das hängt doch davon ab, was du erreichen willst. Mehr informieren, jemanden überzeugen oder zu irgendetwas auffordern?

1 Entnehmen Sie dem Gespräch wichtige Informationen zur Gestaltung von Vorträgen.

a) Welche Hinweise gibt Britta? Notieren Sie entsprechende Schlüsselwörter.

b) Mit welcher Zielstellung will Wasili seinen Vortrag halten?

2 Diskutieren Sie, was sich hinter dem Begriff „Ohröffner" verbirgt, und finden Sie welche.

a) Finden Sie mögliche Ohröffner für Wasilis Kurzvortrag. Präsentieren Sie diese vor Ihrer Klasse und wählen Sie gemeinsam den besten Ohröffner aus. Beispiele:
- *Du bist gut organisiert, hast keine Angst vor dem PC und möchtest ein Büro perfekt im Griff haben? Dann ist mein Beruf auch der richtige für dich.*
- *Schon seit der 7. Klasse wollte ich Bürokaufmann werden und noch immer finde ich, dass es ein interessanter und abwechslungsreicher Beruf ist ...*

b) Überlegen Sie sich Ohröffner für die Vorstellung Ihres eigenen Ausbildungsberufs.

TIPP

Beachten Sie dabei den „roten Faden".

Den Ablauf planen

3 **Diskutieren Sie die Aussage folgender Redewendung im Hinblick auf einen Vortrag:**
„Der Anfang ist die Hälfte vom Ganzen."

4 **Britta erwähnt den „roten Faden" eines jeden Vortrags.**

a) Sammeln Sie Ideen, wie Sie sicherstellen können, dass Ihr Vortrag einen „roten Faden" hat.

b) Finden Sie Möglichkeiten, um den Zuhörern den „roten Faden" vor Augen zu führen.

5 **Überlegen Sie sich eine Gliederung für Wasilis Vortrag. (» Basiswissen)**

a) Benennen Sie die Vorteile einer strukturierten Gliederung.

b) Warum sollte auch während des Vortrags die Gliederung immer wieder angesprochen werden?

6 **Bestimmen Sie die Zielsetzungen der folgenden Beispiele für Vorträge.**

a) Ordnen Sie die Begriffe *Information*, *Motivation* und *Überzeugung* richtig zu.
- Im Unterricht hält ein Mitschüler einen Vortrag über sein Hobby: „Das Tauchen".
- Im Kollegenkreis wurde beschlossen, für den Aufenthaltsraum eine neue, moderne Kaffeemaschine anzuschaffen. Ein Sprecher bittet mit einem kurzen Vortrag den Chef, die Kosten dafür zu übernehmen.
- Der Abteilungsleiter hat seine Mitarbeiter zusammengerufen. In seinem Vortrag stellt er begeistert die geplante Teilnahme der Firma beim nächsten Gesundheitslauf vor und appelliert zum Mitmachen.

b) Benennen Sie die konkreten Ziele, die mit den Vorträgen erreicht werden sollen.

7 **Überlegen Sie sich mögliche Schlusssätze für Wasilis Vortrag.**

Situation

Eine Schulklasse wird nächste Woche Wasili und Britta in der Schule besuchen, da sich zahlreiche Schüler für ihren Ausbildungsberuf interessieren. Wasili und Britta wollen mit der Vorstellung ihres Ausbildungsberufes überzeugen und planen ihren Vortrag.

8 **Bereiten Sie einen Vortrag zur Vorstellung Ihres Ausbildungsberufs vor.**

a) Sammeln Sie in einem Brainstorming Inhalte, die Sie in Ihrem Vortrag aufnehmen wollen.

b) Erstellen Sie zu den Inhalten eine Gliederung. Beachten Sie den „roten Faden".

c) Formulieren Sie einen „Ohröffner" und einen Schlusssatz. Besprechen Sie die Wirkung mit Ihrem Partner.

d) Präsentieren Sie Ihre Planung in der Klasse.

e) Reflektieren Sie, was bei der Zuhörergruppe „Schüler" beachtet werden sollte.

BASISWISSEN – Gliederung eines Vortrags / Dreischritt-Methode

Jedem guten Vortrag liegt eine dreiteilige Gliederung zugrunde:

Einleitung: Begrüßung, Ohröffner, Inhaltsübersicht

Hauptteil: Informationen und Argumente (roten Faden beachten)

Schluss: Zusammenfassung der wichtigsten Punkte, Appell

Die Dreischritt-Methode ist im Methodenlexikon ausführlich erklärt.

Einen Kurzvortrag frei und verständlich vortragen

Situation

Wasili: Mein Vortrag ist jetzt fünf Seiten lang. Das Vorlesen dauert zwölf Minuten, wenn ich schnell spreche. Gut, oder?

Britta: Vorlesen kommt nicht gut an. Cooler ist freies Sprechen. Vielleicht kannst du dir die wichtigsten Stichpunkte auf Moderationskarten notieren?

1 Diskutieren Sie Brittas Vorschlag. Finden Sie Argumente für die Nutzung von Karteikarten.

2 Stellen Sie Ihre eigenen Moderationskarten her und präsentieren Sie Ihren Ausbildungsberuf. Orientieren Sie sich dabei an den Karten, die Wasili für seinen Vortrag vorbereitet hat.

3 Üben Sie Ihren Vortrag auch mit anderen Gedächtnisstützen und diskutieren Sie in der Klasse die jeweiligen Vor- und Nachteile, erstellen Sie:
- einen Stichwortzettel,
- ein Plakat,
- Folien,
- digitale Präsentationsfolien.

Aufstiegsmöglichkeiten

Mein Tagesablauf

Mein Arbeitsplatz
- Foto
- Folie 1
- Folie 2

Meine Arbeitszeiten
- Betrieb: 7:00–16:30
- Tage ...
- Pausen ...
- Schule: 8:00–15:15

4 Halten Sie nach jedem Ihrer Probevorträge eine Feedback-Runde ab (» Kapitel 1, S. 20) und beurteilen Sie auch die Verständlichkeit des jeweiligen Vortrags. Orientieren Sie sich dazu an den Kriterien im Basiswissen.

BASISWISSEN – Merkmale einer verständlichen Vortragsweise

Folgende Merkmale sollten berücksichtigt werden:

1. Einfache, überschaubare Formulierungen	Satzbau: Kurze Sätze ohne Verschachtelungen Wortwahl: Nur bekannte Fremdwörter und Fachbegriffe, mehr Verben als Nomen oder Partizipien (z. B. sehend, suchend oder gesehen, gesucht)
2. Kurz und bündig	Das Wesentliche sagen, nicht abschweifen, das Ziel nicht aus den Augen verlieren
3. Nachvollziehbarer Aufbau	Die Gliederung deutlich machen, z. B. durch Absätze/Pausen, Wichtiges betonen
4. Lebendige Zusätze	Den Text auflockern, z. B. durch anschauliche Beispiele, persönliche Erfahrungen, Humor; Medien (z. B. Folien, Wandtafel) einsetzen

★ **5** Testen Sie, wie verständlich Sie sich ausdrücken können.

a) Fertigen Sie eine einfache Zeichnung auf einem DIN-A4-Blatt an, zum Beispiel eine Anordnung unterschiedlicher geometrischer Figuren (nicht mehr als sechs Stück).
Achtung: Die anderen Mitschüler dürfen Ihre Zeichnung nicht sehen!

b) Beschreiben Sie Ihre Skizze so, dass die anderen sie nachzeichnen können (» Basiswissen).

c) Vergleichen Sie anschließend die Skizzen der Mitschüler mit Ihrem Original. Schätzen Sie gemeinsam ein, wie verständlich Sie Ihre Skizze beschrieben haben.

Körpersprache gekonnt einsetzen

Für die Wirkung auf Zuhörer spielen bei einem Vortrag vor allem die Körpersprache und die Stimme des Redners und weniger die Inhalte eine Rolle: Etwa 50 Prozent macht die Körpersprache aus, ca. 30 Prozent die Stimme und nur zehn bis 20 Prozent die Inhalte.

1 Betrachten Sie die vier Fotos und beurteilen Sie die Wirkung des Vortragenden auf die Zuhörenden.

Situation

2 Stellen Sie die Körperhaltungen nach und finden Sie weitere Standbilder (» Kapitel 23, S. 275), die Sie in der Klasse beurteilen.

3 Formulieren Sie Tipps zur Körperhaltung bei Vorträgen und Präsentationen. Nehmen Sie die drei Texte zu Hilfe.

Offene Haltung, freundlicher Gesichtsausdruck und Blickkontakt zum Publikum zeigen die positive Einstellung des Redners und seine Sicherheit. Verschränkte Arme hingegen bauen eine Mauer zwischen Publikum und Redner auf.	Ein freier Vortrag mit lebhafter Mimik und Gestik zieht das Publikum in seinen Bann. Verkrampftes Ablesen langweilt die Zuhörer. Das Publikum fühlt sich nicht einbezogen.	Wer ein Plakat vorstellt, sollte trotzdem offen zum Publikum stehen und es von der Seite her zeigen. Redner, die mit dem Rücken zum Publikum ein Plakat vorstellen, verlieren an Wirkung und grenzen das Publikum aus.

4 Fertigen Sie in Gruppen ein Lernplakat (» Kapitel 23, S. 271) für Ihr Klassenzimmer an. Halten Sie darauf übersichtlich strukturiert und in Stichworten fest, wie man:

- einen Kurzvortrag vorbereitet,
- seinen Ablauf plant,
- den Vortrag frei und verständlich hält
- und die Körpersprache optimal einsetzt.

Mit Medienunterstützung präsentieren

Ein Vortrag vermittelt Wissen und informiert. Eine Rede will den Zuhörer vom Standpunkt des Redners überzeugen. Eine Präsentation ist mehr: Sie ist ein Vortrag oder eine Rede mit Medienunterstützung. Ein Bild sagt mehr als tausend Worte, daher ist es sinnvoll, wenn Sie Bilder bzw. bildhafte Darstellungen zur Visualisierung in Ihre Präsentation einbauen. Die in der Praxis am häufigsten verwendeten Hilfsmittel zur Visualisierung (» Kapitel 23, S. 277) sind die Pinnwand, das Flipchart, die Dokumentenkamera, der Beamer und die Tafel bzw. das Whiteboard.

Situation

Britta: Na, wie ist denn deine Präsentation gelaufen, Lampenfieber gehabt?
Wasili: Das war schon okay, aber der Beamer hat mitten im Vortrag nicht mehr funktioniert und ich hatte keine Alternative. Da war zwar eine Wandtafel, aber die ist ja nicht geeignet.
Britta: Wieso nicht?
Wasili: Die Zeit hätte fürs Anschreiben und Anzeichnen nicht gereicht.
Britta: Was sollte denn auf deinen Bildschirmseiten alles draufstehen?
Wasili: Na ja, die Gliederung, also mein roter Faden, einige Grafiken und Fotos.

1 Diskutieren Sie, wie Wasili sich hätte helfen können.

2 Arbeiten Sie in Partnerarbeit. Notieren Sie zu jedem oben genannten Medium eine allgemeine Beschreibung, wofür sich das Medium besonders eignet, welchen Vorteil seine Verwendung bietet und wann Sie vom Einsatz des Mediums eher abraten würden.

3 Stellen Sie jeweils ein Medium vor. Teilen Sie sich dazu in Ihrer Klasse so auf, dass jedes Medium von einer Gruppe präsentiert wird, und ergänzen Sie einander im Klassengespräch.

4 Bereiten Sie eine dreiminütige Präsentation (zum Beispiel zu „Mein Tagesablauf im Betrieb“) vor. Wählen Sie zur Veranschaulichung ein passendes Medium aus (» Kapitel 23, S. 273). Beachten Sie auch die Hinweise in der Arbeitstechnik.

★ **5** Üben Sie einen Vortrag zur Vorstellung Ihres Ausbildungsberufs. Nutzen Sie dazu die Präsentationsmethode „Pecha Kucha“ (» Kapitel 23, S. 273).

a) Präsentieren Sie Ihren Vortrag der Klasse.
b) Reflektieren Sie die Wirkung Ihres Vortrags.

ARBEITSTECHNIK Medieneinsatz vorbereiten

- **Vorbereitungszeit**: Wie viel Zeit habe ich für das Vorbereiten und für den Aufbau der Medien?
Tipp: Bei wenig Zeit ist der Beamereinsatz nicht sinnvoll.
- **Räumliche Voraussetzungen**: Hat der Raum z. B. eine Projektionswand? Stört stärkeres Sonnenlicht?
Tipp: Kann ein Raum nicht verdunkelt werden, sollten keine Folien und kein Beamer eingesetzt werden.
- **Zielgruppe**: Wie viele Personen müssen die Präsentation hören und sehen können?
Tipp: Sollten mehr als 30 Zuhörer anwesend sein, ist ein Flipchart nicht von jedem gut zu sehen.
- **Vortragszeit**: Wie viel Zeit steht mir zur Verfügung? Tipp: Bei fünf Minuten wenig Material einsetzen.
- **Technische Gegebenheiten**: Welche Medien stehen überhaupt zur Verfügung?
Tipp: Nicht erst Folien entwerfen, wenn gar kein Overheadprojektor vorhanden ist.
- **Technisches Know-how**: Mit welchen Medien kann ich gut umgehen? Tipp: Neue Medien vorher testen.

Eine Stegreifrede halten

Situation

Britta, Zoe, Erkan und Wasili sind in ihrer Ausbildung gelegentlich auch an verschiedenen Besprechungen beteiligt. Bei der heutigen Sitzung werden zukünftige Planungen und Ziele besprochen. Ihr Vorgesetzter Herr Nowak übernimmt die Leitung und stellt verschiedene Tagesordnungspunkte vor. Neben einigen ihnen bekannten Mitarbeitern sind auch externe Vertreter und Geschäftspartner anwesend. Als alle Punkte abgearbeitet und besprochen wurden, betont Herr Nowak, dass vor allem die berufliche Ausbildung junger Menschen einem hohen Stellenwert in der Firma zukommt. Er bittet Zoe spontan darum, etwas zu ihrer Ausbildung zu sagen.

1 Versetzen Sie sich in Zoes Situation. Formulieren Sie Ihre Gefühle und Gedanken zur Situation. Welche Gründe gibt es dafür?

2 Beschreiben Sie verschiedene Handlungsmöglichkeiten, wie Sie mit dieser Situation umgehen können. Leiten Sie daraus mögliche Konsequenzen ab.

TIPP

Erinnern Sie sich an ähnliche Situationen. Was hat Ihnen dabei geholfen?

3 Sie haben sich entschieden, die Stegreifrede zu halten. Arbeiten Sie mit der Think-Pair-Share-Methode (» Arbeitstechnik).

a) Formulieren Sie Tipps und Hinweisen, die Ihnen in dieser Situation hilfreich sind.

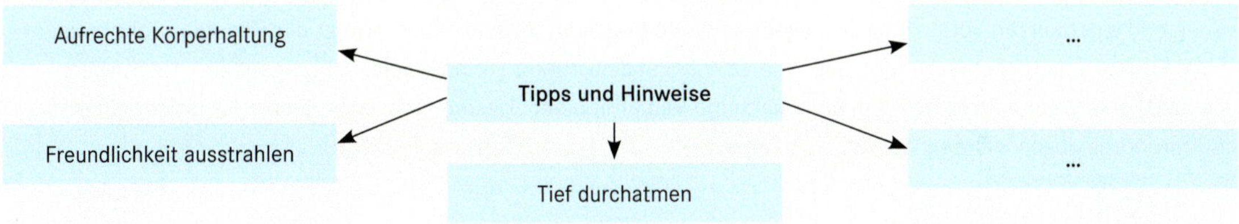

b) Vergleichen und besprechen Sie Ihre Ergebnisse mit einem Partner. Ergänzen Sie Ihre Übersicht.

c) Stellen Sie Ihr Ergebnis der Klasse vor. Besprechen Sie das Ergebnis in der Klasse.

TIPP

Beachten Sie Einleitung, Hauptteil und Schluss.

ARBEITSTECHNIK Think-Pair-Share

Think-Pair-Share ist eine Methode des kooperativen Lernens. Man unterscheidet dabei drei Phasen. In der ersten Phase setzt sich jeder einzelne Schüler mit einer Aufgabe auseinander (Think), dann findet in der darauffolgenden zweiten Phase ein Austausch mit einem Partner (Pair) statt und in der letzten dritten Phase erfolgt in der Gruppe (Share) ein Austausch.

4 Überlegen Sie, wie Sie Ihre Stegreifrede inhaltlich gliedern würden. Besprechen Sie folgende Fragen in Ihrer Gruppe.

a) Welche Inhalte würden Sie in Ihre Rede integrieren?

b) Was finden Sie für den Anfang und das Ende Ihrer Rede wichtig? (» Basiswissen)

c) Worauf müssen Sie bei Ihrer Körpersprache achten? (» Basiswissen)

5 Halten Sie Ihre Rede frei vor Ihren Mitschülern. Besprechen Sie gemeinsam die Wirkung Ihrer Rede.

Eine Stegreifrede halten

★ **6** Worauf müssen Sie achten, wenn ausländische Geschäftspartner anwesend sind?

7 Formulieren Sie eine für Sie relevante berufliche Situation, in der Sie eine Stegreifrede halten könnten. Notieren Sie diese Situation mit anwesenden Personen auf ein Kärtchen. Die Kärtchen aller Klassenkameraden werden gemischt.

a) Jedes Gruppenmitglied zieht nacheinander ein Kärtchen und hält eine Stegreifrede zum Thema.

b) Die Gruppenmitglieder geben dem jeweiligen Redner ein Feedback.

c) Jeder Redner reflektiert selbst, was gut gelaufen ist und welche Schwierigkeiten es gab.

TIPP

Berücksichtigen Sie die Adressaten und das Ziel Ihrer Rede.

BASISWISSEN Stegreifrede

Bei einer Stegreifrede ist der Redner spontan gefordert, ununterbrochen für eine kurze Zeit zu einem Thema zu sprechen. Dabei sollten „äääh“, „mmmh“ oder sonstige Laute vermieden werden. Um Lücken im Redefluss zu vermeiden, können Gedanken oder Fragen ausgesprochen werden. Persönliche Bezüge zum Thema machen die Rede lebendiger. Blickkontakt und eine freundliche Ausstrahlung werden helfen, sich als Redner gut zu fühlen und eine positive Haltung zu vermitteln.

Als Redeeinstieg kann der erste Gedanke zum Thema genutzt werden. Die Rede kann aber auch mit einer Begrüßung und einer kurzen Vorstellung der eigenen Person beginnen. Anschließend erfolgt der Redeteil, wobei wesentliche Punkte angesprochen werden und eine grundlegende Struktur (zum Beispiel Vergangenheit – Gegenwart – Zukunft) erkennbar sein sollten. Am Ende kann die Rede mit einer Zusammenfassung, einem Fazit oder einer Aufforderung abgeschlossen werden.

FAZIT

5.1 Kommunikation untersuchen

- Vier-Ohren-Modell kennen und anwenden

5.2 Die eigene Meinung in einer Diskussion vertreten

Eine Argumentation enthält:
- These,
- Argument,
- Beispiel,
- Schlussfolgerung

Eine Diskussion enthält:
- Pro-Argumente,
- Kontra-Argumente,
- Konsens, Dissens oder Kompromiss

5.3 Einen Kurzvortrag halten

- Mit der Dreischritt-Methode vorbereiten
- Freier Vortrag
- Körpersprache beachten
- Mit Medien präsentieren

5.4 Eine Stegreifrede halten

- Spontane Reden halten können

Kapitel 6

Texte untersuchen und verfassen – neue Medien nutzen

6.1 Texten Informationen entnehmen

6.2 Recherchieren und zitieren

6.3 Sachtexte analysieren

6.4 Literarische Texte untersuchen

Sie haben bereits in Kapitel 2 Erfahrungen mit dem Umgang mit Texten gesammelt. In diesem Kapitel werden diese Kenntnisse vertieft und weiter geübt. Das Kapitel spezialisiert sich dabei vor allem auf die Aussageabsicht des Textes, wie argumentieren, informieren und normieren (z. B. bei Vorschriften, Gesetzen und Regelungen). Solche Texte begegnen Ihnen immer wieder im Alltag und im beruflichen Umfeld.

Neben der Untersuchung von Texten ist auch das eigenständige Schreiben von argumentierenden Texten wichtig. Im Bereich Medien geht das Kapitel auf den Umgang mit der Online-Suche in Bibliotheken ein.

Kompetenzen

- ✓ Texten Informationen entnehmen
- ✓ Eine Recherche durchführen
- ✓ Regelgerecht zitieren
- ✓ Kommentare verfassen
- ✓ Sachtexte analysieren
- ✓ Literarische Texte analysieren

Methoden und Arbeitstechniken

- ✓ 5-Schritt-Lesetechnik
- ✓ Lesekarte
- ✓ Protokoll

Texten Informationen entnehmen

Lesetechniken vertiefen und erweitern

Sie kennen aus Kapitel 2 bereits die 5-Schritt-Lesetechnik und haben das Vorgehen verinnerlicht. In diesem Abschnitt wird diese Technik geübt und modifiziert.

Situation

Im Betrieb von Zahra und Florian will man die Arbeitszeitmodelle von festen Zeiten auf flexiblere Modelle umstellen. Dies regt eine Diskussion innerhalb der Belegschaft an, ob dies sinnvoll ist oder nicht. Zahra und Florian wollen ebenfalls an der Diskussion teilnehmen und sich eine Meinung dazu bilden, kennen sich aber mit dem Thema nicht aus. Die beiden informieren sich darüber im Internet.

Text A

Wir haben die Vollzeitstellen abgeschafft

von Jana Tepe

Ist es nicht eine verrückte Annahme, dass jede Aufgabe, jeder Job am besten in eine 40-Stunden-Vollzeitstelle passt? Bei genauerem Hinsehen ist diese Sicht auf Verteilung von Arbeit unflexibel. Auch für Arbeitgeber. Denn wenn jeder Job idealtypisch einer 40-Stunden-Woche entsprechen soll, werden oftmals Kapazitäten zu starr verteilt. Dann fehlt oft die nötige Flexibilität, um außerplanmäßige Aufgaben und Großprojekte dynamisch bewältigen zu können. Mehr noch: Die meisten Beschäftigten können irgendwann in ihrem Erwerbsleben – je nach Lebensphase – nicht den zeitlichen Anforderungen einer klassischen Vollzeitstelle nachkommen. Damit wird aber die Last der fehlenden Flexibilität des Modells auf den einzelnen Arbeitnehmer verlagert. Auch Unternehmen wünschen sich mehr Flexibilität. Aber bei vielen Entscheidern gibt es Zweifel: Können Organisationen vom Elefanten zur Gazelle werden? Fakt ist, dass sich unsere Arbeitsmodelle seit den Zeiten der Industrialisierung kaum geändert haben. Die Arbeitszeit hat sich zwar ein wenig verringert, klar, aber in ihrer Konstanz, ihrer Starrheit, in ihrer Unverrückbarkeit sind die Modelle weitgehend so geblieben wie vor hundert Jahren. Es gibt die klassischen Vollzeitstellen auf der einen Seite. Das sind meist die spannenden Jobs und in der Regel auch die Führungspositionen. Und auf der anderen Seite gibt es die klassischen 50-Prozent-Teilzeitstellen, die meist die leider nicht so aufregenden Aufgaben umfassen und nur sehr selten für Führungspositionen angeboten werden. Dazwischen gibt es nicht sehr viel.

Flexibilität ist relativ

Vier von fünf Unternehmen bezeichnen sich zwar heute als flexibel, doch scheint Flexibilität ein sehr dehnbarer Begriff zu sein. Denn was die Arbeitszeitmodelle angeht, sehen die Arbeitnehmer erheblichen Verbesserungsbedarf. Umfragen zufolge wünschen sich gerade berufstätige Eltern mehr Flexibilität von ihren Arbeitgebern. Während gerade in Teilzeit arbeitende Mütter etwas mehr als 50 Prozent arbeiten würden, wollen Vollzeit arbeitende Väter lieber etwas weniger arbeiten. Hinzu kommen all die Beschäftigten, die sich in einer bestimmten Lebensphase flexiblere Arbeitszeitmodelle wünschen, zum Beispiel für eigene Projekte, eine Weiterbildung, Ehrenämter oder die Pflege von Angehörigen. Vielen wäre mit flexiblen vollzeitnahen Stellen geholfen. Aber noch gehen Unternehmen das Thema Arbeitszeitflexibilität zu wenig an. Kaum eine Firma denkt heute in Bereichen und Aufgaben statt in fixen Stellen. Genau das ist aber nötig, um einer Flexibilisierung wirklich näher zu kommen und ein Mosaik aus verschiedenen Modellen und Stundenzahlen bauen zu können, Kapazitäten besser zu planen, starre Strukturen aufzulösen […].

Warum ändert sich so wenig?

Woran liegt diese Starrheit – und in wessen Interesse ist sie heute noch? Wofür brauchen wir eigentlich überhaupt „Stellen“, wieso wird nicht generell in

Lesetechniken vertiefen und erweitern

Mitarbeitern gerechnet? Stellen – Vollzeit und Teilzeit – sind gut fürs Controlling, für die Berechen- und Planbarkeit. Aber es kann sich auch lohnen, einfach mit Mitarbeitern zu rechnen, die flexibel zwischen Vollzeit und Teilzeit floaten und eben so arbeiten, wie es erforderlich ist. [...]

Flexibilität versus Sicherheit
[...] Wenn wir tatsächlich atmende Organisation schaffen wollen, agile Strukturen und Mitarbeiter, die angesichts des digitalen Wandels handlungsfähig und reaktionsschnell bleiben sollen, dann gibt es noch einiges zu tun. Veränderungen mögen kleineren Unternehmen wie unserem zwar leichter fallen als den großen. Allerdings dürfen wir das als Ausrede nicht gelten lassen. Denn gerade bei den großen Konzernen ist es nötiger denn je, flexible Strukturen entlang der gesamten Wertschöpfungskette zu schaffen: um der (digitalen) Transformation zu begegnen, sie aktiv mitzugestalten – und um für die Talente von morgen attraktiv zu bleiben.
Viele Unternehmen täten gut daran, statt Einwänden nur noch Fragen zu stellen und schon heute anzufangen, die Arbeitswelt von morgen zu gestalten.

www.zeit.de

Text B

Flexible Arbeitszeiten: Das sind die Nachteile

Mit dem Smartphone und Tablet-PC lassen sich auch unterwegs oder von zu Hause Arbeitsaufträge erledigen. Arbeitnehmer werden damit flexibler. Doch was zunächst praktisch klingt, kann auf Dauer zur Belastung werden.

Das Handy liegt für den letzten Blick auf die Mails auf dem Nachttisch, am Strand im Urlaub werden noch Fragen des Chefs beantwortet und beim 70. Geburtstag wird noch schnell am aktuellen Projekt gearbeitet. Handy und Tablet machen das Arbeiten flexibel. Durch diese flexiblen Arbeitszeiten sind Arbeitnehmer immer und überall im Einsatz und erreichbar.
Eine Umfrage des Meinungsforschungsinstituts YouGov im Auftrag der Deutschen Presse-Agentur ergab, dass fast jeder zweite Erwerbstätige in Deutschland nach Feierabend seine beruflichen E-Mails checkt. Insgesamt gaben 45 Prozent an, in der Regel mindestens einmal oder öfter nach Dienstschluss in ihr geschäftliches Mailpostfach zu gucken. Etwa 20 Prozent der Befragten werden außerdem mindestens einmal pro Woche nach Feierabend angerufen. Bei 28 Prozent kommt das weniger als einmal pro Woche, bei 42 Prozent überhaupt nicht vor. Etwa jeder Dritte hat in seinem letzten Urlaub mindestens einmal in die Dienst-Mails geschaut. Gleichzeitig stört es etwa 40 Prozent aller Deutschen, wenn ihre Begleitung im Urlaub berufliche E-Mails liest. Dabei wird die ständige Erreichbarkeit auch nach Feierabend von etwa jedem Dritten als „eher“ oder „sehr belastend“ empfunden.

Schlafstörungen und Erschöpfung durch flexible Arbeitszeiten
Doch eine flexible Arbeitsweise hat noch mehr Schattenseiten als genervte Partner. Sie bleibt nicht ohne gesundheitliche Folgen. Einer Untersuchung der Initiative Gesundheit und Arbeit (Iga) aus dem Jahr 2013 zufolge sind Beschäftigte im Dienstleistungsbereich stärker betroffen als im Verarbeitendem Gewerbe. Erholzeiten werden verkürzt oder unterbrochen, auch der Abstand zwischen Arbeit und nächtlicher Ruhe falle unter Umständen schmaler aus und könne zu Schlafstörungen führen. Eine ernste Konsequenz könne ein Erschöpfungszustand sein.
Der nun veröffentlichte zweite Teil der Studie bestätigt: Ständig für den Beruf auf Abruf zu stehen, kann auf die Gesundheit schlagen. Etwa ein Fünftel der Befragten in der Studie gaben an, in ihren Schlaf- und Erholungszeiten beeinträchtigt zu sein. Etwa ein Drittel fühlt sich im Familienleben und bei Freizeit-

Lesetechniken vertiefen und erweitern

aktivitäten während der Wochen und am Wochenende gestört. Stressbedingte Gesundheitsbeschwerden wie Bluthochdruck und psychische Beschwerden wie Ängstlichkeit, Schlafstörungen, Burnout oder ernsthafte Krankheiten wie Depression seien schlimmstenfalls die Folge.
Gut 60 Prozent der Befragten, die in der Freizeit erreichbar sind, wünscht sich deshalb gesetzliche oder betriebliche Regelungen für die Erreichbarkeit. Das Bundesarbeitsministerium hat verschiedene Beispiele zusammengetragen. Bei den Partnern der Berufstätigen ist der Leidensdruck der iga-Studie zufolge noch höher. Etwa 83 Prozent sind für klare Regeln, fast 70 Prozent sprachen sich dafür aus, dass die Erreichbarkeit komplett wegfällt.

Flexibilität braucht Grenzen

Einige Konzerne haben inzwischen Schutzmechanismen für ihre Mitarbeiter eingeführt. Der Vorstand der Deutschen Telekom hat zur Maßgabe gemacht, dass leitende Angestellte ihren Mitarbeitern nach Dienstschluss, am Wochenende und im Urlaub keine Mails schicken. […] Die Vorgabe gilt bei flexiblen Arbeitszeiten auch am Nachmittag. […] Das solle die Mitarbeiter in Zeiten von Blackberry und Smartphone auch vor sich selbst schützen. „Erholzeiten sind Erholzeiten."

Mitarbeiter müssen auch Eigenverantwortung übernehmen

[…] In den Gewerkschaften wird inzwischen ein Rechtsanspruch auf Nicht-Erreichbarkeit diskutiert. „Es gibt Regelungsbedarf", sagt Oliver Suchy, Leiter des Projektes „Arbeit der Zukunft" beim Deutschen Gewerkschaftsbund. „Erreichbarkeit ist ein zweischneidiges Schwert", sagt Suchy. Einerseits werde dadurch flexibles Arbeiten ermöglicht, was im Interesse der Beschäftigten sei. Doch es gebe zu wenige Regelungen, häufig arbeiteten die Beschäftigten unentgeltlich in ihrer Freizeit, Überstunden würden am Ende doch nicht abgegolten.
Einer jüngst veröffentlichten Statistik des Instituts für Arbeitsmarkt- und Berufsforschung (IAB) zufolge leisteten die Arbeitnehmer im vergangenen Jahr in Deutschland fast eine Milliarde unbezahlte Überstunden. Diese Belastung sei für die Chefs häufig nicht sichtbar, sagt Suchy. […].

www.deutsche-handwerks-zeitung.de

1 Wenden Sie auf die beiden Texte die 5-Schritt-Lesetechnik oder die Lesekarte an.

2 Vergleichen Sie die Aussagen der beiden Texte miteinander. Stellen Sie dabei die Argumente in einer Tabelle gegenüber. Notieren Sie dabei auch die Begründungen und Beispiele stichpunktartig.

3 Diskutieren Sie Ihre Ergebnisse wahlweise mit einem Partner oder in der Gruppe. Eignen sich die Texte für die Meinungsbildung oder benötigen Sie noch mehr Informationen?

★ **4** Vergleichen Sie die Texte nach ihrer Aussage-Absicht. Bestimmen Sie die Textsorte (» Kapitel 2).

5 Bilden Sie sich eine Meinung zu der Einführung flexibler Arbeitszeitmodelle in Ihrem Betrieb/Ihrer Praktikumseinrichtung. Schreiben Sie diese Meinung in einer Ausarbeitung auf.

a) Überlegen Sie, ob Sie persönlich mit diesem Arbeitszeitmodell zurechtkommen würden oder ob es sich negativ auf Ihre Gesundheit auswirken würde.

b) Gehen Sie auch darauf ein, in welchem Arbeitszeitmodell Sie produktiver für den Betrieb/Ihre Praktikumseinrichtung sind.

6 Tauschen Sie Ihren Text mit einem Partner aus. Überarbeiten Sie die Ausarbeitungen mit Hilfe der Checkliste. (» Kapitel 22, S. 262).

Recherchieren und zitieren

Bibliotheken nutzen

In Kapitel 2 wurde die Recherche im Internet behandelt. Diese ist schnell und einfach von zu Hause aus zu erledigen. Doch meist führen die Informationen nicht weit genug oder sind zu verstreut. Bibliotheken sind eine gute Alternative zur Recherche im Internet, besonders da viele Bibliotheken die Büchersuche mit Suchmaschinen im Internet anbieten.

Situation

Zahra und Florian haben sich in den Artikeln zwar schon gut über das Thema „flexible Arbeitszeiten" informiert, aber nun sollen die beiden für den Sozialkundeunterricht einen genaueren Überblick über die Modelle, Vorteile und Nachteile der flexiblen Arbeitszeitmodelle erstellen, damit auch ihre Mitschüler darüber diskutieren können. Für zitierbare Informationen suchen sie dieses Mal daher in der Bibliothek.

1 Recherchieren Sie im Internet nach einer für Sie erreichbaren Bibliothek und deren Katalog.

2 Sammeln Sie Stichworte, die Sie für die Themensuche verwenden können. Achten Sie dabei auf die Elemente der Themenstellung, wie „flexible Arbeitszeitmodelle" und geben Sie diese in die Suchmaske ein.

TIPP

Die Bibliotheken nutzen oft das OPAC-System.

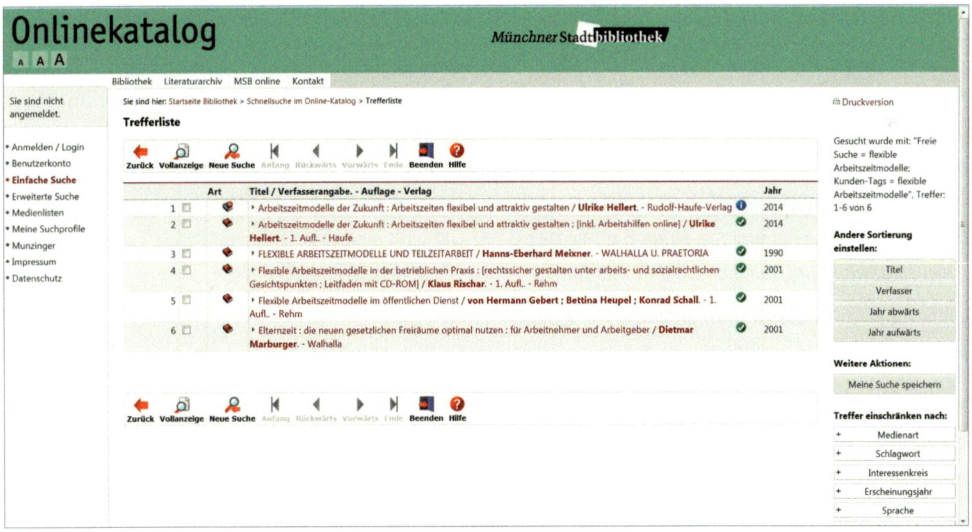

BASISWISSEN E-Books

In Bibliotheken gibt es bereits eine große Auswahl an E-Books, die Sie direkt online aufrufen können, vorausgesetzt, Sie haben einen Bibliotheksausweis. Andere Bibliotheken bieten neben den Suchergebnissen ein eingescanntes Inhaltsverzeichnis des Buches an, sodass Sie bereits hier prüfen können, ob das Buch für Ihr Thema wirklich passt.

3 Die Suche ergab die oben abgebildeten Treffer. Wenn das Ergebnis nicht Ihren Wünschen entspricht, grenzen Sie die Suche über die „Erweiterte Suche" stärker ein.

4 Sammeln Sie die Informationen aus den Büchern für Ihre Ausarbeitung.

Zitate und Quellen richtig verwenden

Bei ihrer Recherche zum Thema „flexible Arbeitszeiten" haben Zahra und Florian folgende Definition gefunden.

Flexible Arbeitszeit

ist die Möglichkeit des Arbeitnehmers, die Arbeitszeit nach eigenen Wünschen und Bedürfnissen gestalten zu können. Dies bedeutet, dass die Arbeitszeit von der normalen Arbeitszeit abweicht. Diese Abweichung kann dabei ganz unterschiedlich stark ausgeprägt sein. Zur flexiblen Arbeitszeit gehört zum Beispiel die Teilzeitarbeit (Verkürzung der täglichen Arbeitszeit, Verkürzung der Arbeitszeit auf den Monat oder das Jahr gesehen).
Bei der flexiblen Arbeitszeit gelten allerdings nicht nur die Interessen der Arbeitnehmer, sondern auch die Bedürfnisse und Anforderungen der Firma/Arbeitgeber.
Eine andere Bezeichnung für flexible Arbeitszeit ist der Begriff Gleitzeit.
Alle Möglichkeiten für die flexible Arbeitszeit sind im Arbeitszeitgesetz geregelt.

Dirschedl, Carlo (Hrsg.): Das Deutschbuch. Berlin: Cornelsen 2017

1 Zitieren Sie die Definition von „flexibler Arbeitszeit" aus dem Text. Nehmen Sie dazu das Basiswissen zu Hilfe. Bauen Sie das Zitat in Ihre Ausarbeitung „Überblick über flexible Arbeitszeitmodelle" ein.

BASISWISSEN Quellenangaben und richtig zitieren

Informationen müssen als geistiges Eigentum anderer (Urheberschaft) durch Quellenangaben kenntlich gemacht werden, wenn sie in einer schriftlichen Arbeit (auch Handout) genutzt werden. Es muss durchgehend überprüfbar sein, woher die Inhalte stammen.
Grundlegende Angaben sind: Autor/Autorin bzw. Herausgeber/Herausgeberin, Titel, Erscheinungsort, Verlag und Erscheinungsjahr bzw. bei Internetquellen die Webseitenangabe und das Erscheinungs- und Recherchedatum. Auch die Seitenangabe gehört zur Quellenangabe eines Buches dazu.
Beispiel: Haag, Oliver: Arbeitsrecht. Fälle und Schemata für Dummies. Weinheim: Wiley-VCH 2016.

Für die Kennzeichnung eines Zitates innerhalb eines Textes gilt:

1. Anfang und Ende eines Zitats werden durch Anführungszeichen deutlich gemacht.
2. Wird eine Textpassage nicht vollständig zitiert, werden die Auslassungen durch [...] gekennzeichnet.
3. Zitierte Überschriften, Titel von Büchern oder Namen von Zeitschriften und auch besondere Einzelwörter werden in Anführungszeichen gesetzt.
4. Sinngemäße Zitate dürfen nicht entstellt und müssen durch die Nennung des Autors kenntlich gemacht werden.

Hinweis: Wenn am Ende des Textes oder Buches ein Quellenverzeichnis besteht, dann zitiert man innerhalb des Textes in einer Kurzform.

2 Üben Sie das Zitieren mit Sätzen aus den anderen Quelltexten zu Ihrer Ausarbeitung. Überprüfen Sie anschließend, ob alle Zitate kenntlich gemacht wurden.

3 Stellen Sie Ihre Ausarbeitung fertig. Erstellen Sie ein korrektes Quellenverzeichnis zu Ihrer Ausarbeitung mit Hilfe des Basiswissens.

Sachtexte analysieren

Informierende, normierende, kommentierende Texte

Situation

Zahra und Florian arbeiten in einem mittelständischen Betrieb. Durch die geringe Angestelltenzahl kennen sich alle untereinander und auch der Vorgesetzte hat viel mit den Angestellten zu tun. Insgesamt ist das Verhältnis harmonisch. Doch seit zwei Wochen stellen Zahra und Florian fest, dass eine Kollegin nicht mehr so fröhlich ist wie am Anfang. Seit sie in eine andere Abteilung versetzt wurde, hat sie kaum noch Arbeit und wirkt unzufrieden. In einem ruhigen Moment berichtet sie von der neuen Arbeitssituation und nennt es Mobbing. Sie sind sich nicht sicher. Ist das wirklich Mobbing? Zahra und Florian wollen das Thema, das bereits in der Schule häufig angesprochen wurde, aus dieser neuen Perspektive diskutieren.

1 Sammeln Sie, was Sie unter Mobbing verstehen.

a) Was heißt Mobbing? Woran erkennt man, dass man gemobbt wird?

b) Merken die Mobber, dass sie mobben?

c) Welche Folgen hat Mobbing für alle Seiten?

Text A

Straining – das perfide Mobbing

Düsseldorf. Manche Chefs halten sich nicht mit fiesen Kommentaren auf: Kurzerhand entbinden sie Kollegen von allen Aufgaben und verdammen sie zur Langeweile. Straining nennt Professor Harald Ege diese Form des Mobbings, die zwar weniger sichtbar ist, aber häufiger vorkommt.

von Susanne Hamann

Herr Ege, Straining wird auch als das „Mobbing 2.0“ bezeichnet, was ist darunter zu verstehen?

Ege „Straining“ bedeutet „Belasten“ und ist ähnlich wie das Mobbing. Allerdings erfährt der Betroffene beim Mobbing täglich oder wöchentlich Feindseligkeiten, die meist aber keine oder nur geringere konkrete berufliche Konsequenzen haben. Beim Straining ist es genau umgedreht, da wird eine einzige Handlung getätigt, die aber mit langfristiger negativer Wirkung für den Arbeitnehmer verbunden ist. Anders gesagt, oft kommt es zum sofortigen Karriere-Stopp.

Können Sie das an einem Beispiel erklären?

Ege Ich kann mich etwa an einen Fall erinnern, bei dem ein Arbeitnehmer von seinem Chef angerufen wurde. In dem Gespräch sagt man ihm, er müsse sein Büro räumen und an einen anderen Platz umziehen, außerdem wurden ihm alle seine Aufgaben weggenommen. Das heißt, er wurde quasi zum Nichtstun verdammt. Das ist eine extreme psychische Belastung.

Aber wie kann man denn als Vorgesetzter jemanden zum Nichtstun verdammen? Das Gehalt wird doch zu rausgeworfenem Geld.

Ege Das ist ja das Absurde, eigentlich macht das keinen Sinn. Deswegen wird diese Methode beispielsweise gerne angewendet, wenn man Führungskräfte loswerden will, die sich nicht mit einer Abfindung abspeisen lassen. Oder wenn Mütter nach der Schwangerschaft wieder in ihren Beruf einsteigen wollen und lange aus dem Job raus waren. Oder auch mit älteren, kranken oder behinderten Mitarbeitern. Man steckt sie einfach in eine isolierte Arbeitssituation und gibt ihre Aufgaben einem anderen Kollegen.

Sie müssten doch nochmal ein anderes konkretes Beispiel nennen.

Ege Stellen Sie sich vor, Sie arbeiten als Vertreter und haben bisher immer in einem wohlhabenden Vorort gearbeitet, in dem Sie lukrative Provisionen einstreichen konnten. Dann kommt der Anruf, und plötzlich steckt man Sie in ein Viertel mit sozial deutlich schlechter gestellten Einwohnern. Ihre Karriere wäre auf einen Schlag beendet. Finanziell ebenso wie Ihre berufliche Reputation.

Informierende, normierende, kommentierende Texte

Und was kommt häufiger vor, Mobbing oder Straining?
Ege Auf jeden Fall Straining. Wir haben hier in Bologna große Studien durchgeführt, die gezeigt haben, dass 60 Prozent des Mobbings eigentlich Fälle von Straining sind. Viele kennen nur den Begriff und den Unterschied nicht.
Welche Auswirkungen hat das Straining auf die Betroffenen?
Ege Die Opfer erfahren dabei einen ähnlichen Schaden wie auch beim Mobbing, denn sie müssen die Situation ja oft jahrelang aushalten. Folgen können psychosomatische Störungen, Ängste, Depressionen, Magen-Darm-Probleme, Schlafstörungen, Aggressivität und eine posttraumatische Verbitterungsstörung sein.
Was ist denn das?
Ege Das ist eine psychische Störung, die auftritt, wenn eine gewöhnliche Situation ständig wiederkehrt und mit enormem Frust verbunden ist. Das äußert sich mit der Zeit ähnlich wie eine posttraumatische Belastungsstörung, nur dass kein Trauma wie ein Unfall oder ein sexueller Missbrauch vorgefallen ist.
Und was raten Sie Betroffenen?
Ege Das Problem ist, dass Mobbing und Straining nicht leicht zu beweisen sind. Denn der „Strainer“ ist ja viel weniger offensichtlich als der „Mobber“. Während der seine Tat ja ständig wiederholt, tritt der „Strainer“ wahrscheinlich nur einmal in Aktion. Auf der anderen Seite ist die veränderte Situation des Strainingopfers schon zu belegen. Wenn plötzlich jeder Arbeitsnachweis des Opfers fehlt, es plötzlich keine Dokumente mehr mit seiner Unterschrift gibt oder er plötzlich nicht mehr in Rundmails oder im internen Telefonnetz eingebunden ist, lässt sich das vor Gericht auch zeigen. Beim Mobbing kann es dagegen schwer sein, verbale Entgleisungen, die nur unter vier Augen stattgefunden haben, zu beweisen. Das geschieht ja vollständig ohne Zeugen und Schriftstücke.
Sollte man den Chef direkt darauf ansprechen?
Ege Nein, auf keinen Fall. Gespräche machen die Situation in der Regel nur noch schlimmer. Denn dass man einen Mitarbeiter mobbt, will ja niemand zugeben. Das heißt, man redet als Täter auch nicht darüber. Im Zweifel führt ein Gespräch deshalb nur dazu, dass das feindselige Verhalten noch schlimmer wird.
Aber was dann?
Ege Man kann sich nur externe Hilfe holen. Die kann am Anfang noch in Kursen in verbaler Selbstverteidigung bestehen, aber wenn das Mobben oder Strainen nicht aufhort, muss eben auch ein Anwalt eingeschaltet werden. Damit der aber aktiv werden kann, sollte man versuchen, zum einen alles in einer Chronologie aufzuschreiben mit Datum, Uhrzeit und genauer Beschreibung der Situation und zum anderen sollte man versuchen, so viel wie möglich schriftlich abzuwickeln.
Wie erfolgreich sind diese Fälle denn vor Gericht?
Ege Wie gesagt, es ist schwierig. In Italien werden Straining-Fälle inzwischen auch mit diesem Begriff anerkannt. In Deutschland ist das noch nicht so. Sicher ist aber, dass für die Opfer eine extrem schlimme psychische Situation eintritt, wenn sie ein Gerichtsverfahren gegen einen „Strainer“ oder „Mobber“ verlieren. Sie kommen dann quasi doppelt zu Schaden […]

www.rp-online.de

2 Fassen Sie den Text A zusammen.

3 Besprechen Sie mit einem Partner die Besonderheiten eines Interviews.

Informierende, normierende, kommentierende Texte

Text B

Unsichere Jugend

von Lisa Becker

Die Jugend ist fleißig: Sie strengt sich in der Schule an wie keine Generation vor ihr. Dass viele junge Menschen beim Staat arbeiten wollen, ist ein Warnsignal.

Ganz so schlimm ist die Lage nicht: Auch wenn fast ein Drittel der deutschen Studenten in einer Umfrage des Beratungsunternehmens EY angibt, später bei Vater Staat arbeiten zu wollen – letztlich wird wohl nur ein gutes Zehntel dort landen. Und doch ist es ein Warnsignal, dass die Staatsgeneigtheit der Jungen sogar noch zugenommen hat. Sie nun als träge zu beschimpfen, wäre aber völlig unangemessen. Die Jugend ist fleißig: Sie strengt sich in der Schule an wie keine Generation vor ihr. Viele studieren schneller als ihre Eltern und sind in einem Maße berufsorientiert, dass es den Erwachsenen unheimlich ist. Diese sollten sich an die eigene Nase fassen und überlegen, welchen Anteil sie daran haben, dass sich der Nachwuchs so unter Druck fühlt und nicht dort arbeiten möchte, wo in einer Marktwirtschaft – glücklicherweise – die allermeisten Arbeitsplätze entstehen: in der Wirtschaft. Dort sollten vor allem einige Branchen darüber nachsinnen, wie viel sie zu dem Desinteresse der Studenten beitragen. Ein größerer Teil von deren Sorgen ist aber unbegründet. Gerade in den Unternehmen werden sie heiß begehrt sein – und viel Einfluss auf ihre Arbeitsbedingungen nehmen können.

www.faz.de

4 Fassen Sie den Text (B) zusammen.

Text C

Allgemeines Gleichbehandlungsgesetz (AGG)

§ 2 Anwendungsbereich

(1) Benachteiligungen aus einem in § 1 genannten Grund sind nach Maßgabe dieses Gesetzes unzulässig in Bezug auf:

1. die Bedingungen, einschließlich Auswahlkriterien und Einstellungsbedingungen, für den Zugang zu unselbstständiger und selbstständiger Erwerbstätigkeit, unabhängig von Tätigkeitsfeld und beruflicher Position, sowie für den beruflichen Aufstieg,
2. die Beschäftigungs- und Arbeitsbedingungen einschließlich Arbeitsentgelt und Entlassungsbedingungen, insbesondere in individual- und kollektivrechtlichen Vereinbarungen und Maßnahmen bei der Durchführung und Beendigung eines Beschäftigungsverhältnisses sowie beim beruflichen Aufstieg,
3. den Zugang zu allen Formen und allen Ebenen der Berufsberatung, der Berufsbildung einschließlich der Berufsausbildung, der beruflichen Weiterbildung und der Umschulung sowie der praktischen Berufserfahrung,
4. die Mitgliedschaft und Mitwirkung in einer Beschäftigten- oder Arbeitgebervereinigung oder einer Vereinigung, deren Mitglieder einer bestimmten Berufsgruppe angehören, einschließlich der Inanspruchnahme der Leistungen solcher Vereinigungen,
5. den Sozialschutz, einschließlich der sozialen Sicherheit und der Gesundheitsdienste,
6. die sozialen Vergünstigungen,
7. die Bildung,
8. den Zugang zu und die Versorgung mit Gütern und Dienstleistungen, die der Öffentlichkeit zur Verfügung stehen, einschließlich von Wohnraum.

(2) Für Leistungen nach dem Sozialgesetzbuch gelten § 33c des Ersten Buches Sozialgesetzbuch und § 19a des Vierten Buches Sozialgesetzbuch. Für die betriebliche Altersvorsorge gilt das Betriebsrentengesetz.

Informierende, normierende, kommentierende Texte

(3) Die Geltung sonstiger Benachteiligungsverbote oder Gebote der Gleichbehandlung wird durch dieses Gesetz nicht berührt. Dies gilt auch für öffentlich-rechtliche Vorschriften, die dem Schutz bestimmter Personengruppen dienen.

(4) Für Kündigungen gelten ausschließlich die Bestimmungen zum allgemeinen und besonderen Kündigungsschutz.

www.gesetze-im-internet.de

BASISWISSEN Sachtexte untersuchen und unterscheiden

Sachtexte unterscheidet man nach ihrer kommunikativen Absicht, das heißt, sie werden danach beurteilt, welche Funktion/Aufgabe sie zwischen einem Sender (Autorin/Autor) und einem Empfänger (Leserin/Leser) übernehmen sollen.

In Kapitel 2 haben Sie bereits die informierenden und die kommentierenden/argumentierenden Texte kennengelernt. Während in den informierenden Texten ein Sachverhalt im Vordergrund steht und die Meinung des Verfassers nicht geäußert wird (Nachricht, Bericht ...), sind kommentierende/argumentierende Texte eher meinungsbetont. In appellativen Texten steht die Aufforderung der Leserin/des Lesers im Vordergrund und in normierenden Texten werden Regeln aufgestellt. Viele Textsorten erfüllen jedoch nicht nur eine Funktion, sondern sind Mischformen (zum Beispiel der persönliche Brief).

Informierende Texte
setzen sich mit einem bestimmten Gegenstand/Sachverhalt auseinander, sind beschreibend, auch kritisch, aber ohne Meinungsäußerung, zum Beispiel Bericht, Gebrauchsanweisung, Sachbuchtext.

Normierende Texte
werden oft von Behörden und Institutionen verfasst und regeln Verhaltensweisen oder schreiben Rechte und Pflichten fest, zum Beispiel Gesetzestext, Schul- und Hausordnung.

Kommentierende/argumentierende Texte
nehmen zu einem bestimmten Sachverhalt Stellung und erläutern ihn. Die Meinung der Autorin/des Autors ist meistens gut auszumachen, zum Beispiel Kommentar, Glosse, Leserbrief.

Appellierende Texte
wenden sich an die Leserin/den Leser und fordern sie zu etwas auf, zum Beispiel Plakat, Flugblatt, Werbung, Prospekt, Aufruf.

5 **Bearbeiten Sie alle drei Texte nach den folgenden Schwerpunkten. Erstellen Sie dazu eine Tabelle.**

Schwerpunkte	Text A	Text B	Text C
Quelle	...	...	...
Kernaussage	...	...	...
Aussageabsicht	...	...	...
Textsorte	...	...	...
Sprachliche Besonderheiten	...	...	...

6 **Untersuchen Sie Text B auf seine Argumentationsstruktur.**

a) Notieren Sie die These(n) der Autorin und suchen Sie mindestens zwei Argumente.

b) Finden Sie Belege, Beispiele oder Erläuterungen für die von Ihnen herausgeschriebenen Argumente.

Einen Kommentar verfassen

Situation

Zahra und Florian haben sich mit den verschiedenen Texten zu dem Thema Mobbing eine Meinung gebildet und diese diskutiert. Diese Meinung soll nun aber auch schriftlich dokumentiert und auf der Online-Plattform ihres Betriebs mit der Meinung der anderen Auszubildenden veröffentlicht werden, um das Image der Firma nach außen zu stärken. Zahra und Florian wollen einen Kommentar zum Thema „Mobbing am Arbeitsplatz“ verfassen.

1 Planen Sie den Kommentar. Sammeln Sie dazu die nötigen Argumente.

a) Formulieren Sie eine aussagekräftige These.
b) Sammeln Sie so viele Argumente wie möglich für Ihre These und belegen Sie diese auch, etwa mit Beispielen oder Erläuterungen.
c) Sortieren Sie Ihre Argumente nach Wichtigkeit. Beginnen Sie mit dem schwächsten Argument und steigern Sie Ihre Argumente zum Ende hin.

2 Verfassen Sie einen Kommentar von maximal einer Seite Länge zum Thema „Mobbing am Arbeitsplatz“.

a) Nehmen Sie Ihre Materialiensammlung aus Aufgabe 1 als Grundlage und orientieren Sie sich an der Arbeitstechnik.
b) Finden Sie einen Einstieg, der das Interesse, die Neugier der Leserin/des Lesers weckt.
c) Formulieren Sie einen Abschlusssatz, der die Leser zu einer eigenen Meinungsbildung auffordert.
★ d) In einem Kommentar darf die Sprache auch stilistische Mittel enthalten. Gestalten Sie den Kommentar sprachlich interessant aus. Bleiben Sie dabei jedoch stets sachlich.

ARBEITSTECHNIK | Einen Kommentar verfassen

Ein Kommentar nimmt Stellung zu einer aktuellen Nachricht oder einem aktuellen Thema. Die persönliche Meinung des Schreibers sollte deutlich werden, das heißt, es handelt sich um einen Meinungsbeitrag. Als solcher ist er auch durch die namentliche Nennung des Autors gekennzeichnet. In der Regel setzt der Kommentar bei seiner Leserschaft Informationen voraus und fordert sie zu einer eigenen Meinungsbildung bzw. Stellungnahme zum Thema auf.

- Erläutern Sie zu Beginn kurz das Thema, auf das Sie sich beziehen.
- Stellen Sie die Standpunkte und unterschiedlichen Auffassungen zum Thema dar.
- Äußern Sie verständlich, gut begründet und überzeugend belegt Ihre eigene Meinung.
- Machen Sie auch deutlich, wie wichtig das Thema für Sie ist. Sie wollen Ihre Leser überzeugen.

3 Tauschen Sie Ihre Kommentare gegenseitig aus und korrigieren Sie sie.

a) Ist das Thema nachvollziehbar eingeleitet und verständlich dargestellt?
b) Wird die eigene Meinung deutlich geäußert und überzeugend belegt?
c) Fordert der Kommentar indirekt zur eigenen Meinungsbildung bzw. zum Nachdenken auf?
d) Werden alle Rechtschreib-, Zeichensetzungs- und Grammatikregeln eingehalten?

4 Wählen Sie den überzeugendsten Kommentar Ihrer Klasse aus.

a) Hängen Sie alle Kommentare im Klassenraum auf und lesen Sie sie.
b) Verteilen Sie Punkte und küren Sie so die drei besten Kommentare.

Argumentierende Texte untersuchen

Situation

Seit Zahra und Florian in der Berufsschule sind, nimmt die Häufigkeit der Evaluation an Lehrern stetig zu. Die Berufsschüler geben nicht nur Fortbildungsreferenten ein Feedback, sondern auch den Lehrern, die sie noch längere Zeit sehen. Zahras und Florians Klasse vertritt zwei Meinungen, die sich in den Artikeln wiederfinden.

Text A

Schülerfeedback stärkt den Lehrer

von Georg Eisenreich

Die Schüler und ihr Lernerfolg stehen im Mittelpunkt des Unterrichts. Es ist sehr wichtig, sie ernst zu nehmen, sie an der Weiterentwicklung des Unterrichts zu beteiligen – und sich Rückmeldungen von ihnen zu holen.

Es geht dabei aber ganz klar nicht um Benotung. Eine Benotung der Lehrer durch die Schüler findet in Bayern nicht statt. Ein Schüler-Feedback ist vielmehr eine geplante und systematische, in der Regel schriftliche Rückmeldung zu bestimmten Fragen wie etwa Verständlichkeit und Strukturierung des Unterrichts. Für viele Lehrkräfte in Bayern ist es schon jetzt selbstverständlich, sich Feedback von Schülern zu holen. An den Berufsschulen ist das fester Bestandteil des Qualitätsmanagements, und generell ist das Thema Feedback schon in der Lehrerausbildung aller Schularten verankert. Der kompetente Umgang mit Schüler-Feedback stärkt den einzelnen Lehrer und hilft, die Unterrichtsqualität weiter zu verbessern. Die Referendare sollen die Rückmeldungen der Schüler mit einem Lehrer ihrer Wahl besprechen, aber sie fließen selbstverständlich nicht in ihre Staatsexamensnote ein. Ziel ist es schließlich, dass die angehenden Lehrkräfte ein Schüler-Feedback zur Weiterentwicklung des eigenen Unterrichts gerne einsetzen.

Wenn Referendare schon in ihrer Ausbildung lernen, gut mit Schüler-Feedback umzugehen und es für sich zu nutzen, dann wird die Feedback-Kultur in den Schulen nach meiner Überzeugung nachhaltig gestärkt. *www.spiegel.de*

Text B

Kein Überwachungsalgorithmus

von Max Schmidt

Ich sehe die Pläne zum Schüler-Feedback sehr kritisch, weil darin die Gefahr liegt, dass Schüler ihre Lehrer, in diesem Fall eben die Referendare, massiv unter Druck setzen können. So nach dem Motto: „Wenn du mir eine schlechte Note gibst oder dich im Unterricht nicht so verhältst, wie ich mir das wünsche, dann gebe ich dir so ein schlechtes Feedback, dass du nie wieder einen Fuß in einen Klassenraum setzt.“

Oder die Referendare bewerten Schüler besonders gut, verzichten auf Hausaufgaben oder Ähnliches, nur um ein gutes Feedback von ihnen zu bekommen. Erfahrungen von Schulen und Universitäten mit einer Feedbackpflicht zeigen, dass solch negative Effekte entstehen können und sie zudem eine Bestnoteninflation provoziert – nach dem Motto: „Ich tue dir nichts, du tust mir nichts.“

Dieses Risiko besteht vor allem, wenn die Bewertung am Ende Seminarleiter oder Schulleiter zur Gesicht bekommen. Es ist nicht auszuschließen, dass sich das Schüler-Feedback dann auf die Noten der Referendare auswirkt. So darf es auf keinen Fall sein.

Ich finde außerdem kritisch, wenn der Modellversuch in Bayern am Ende dazu führt, dass sich eines Tages alle Lehrer bis hin zum Schulleiter regelmäßig von Schülern bewerten lassen müssen. Das darf kein Zwang sein, kein vom Staat verordneter Über-

Argumentierende Texte untersuchen

wachungsalgorithmus! Schüler und auch Eltern können auf Lehrkräfte damit letztlich starken Druck ausüben, wenn dieses Feedback öffentlich gemacht wird. Es besteht die Gefahr, dass sich die Maßstäbe verschieben: Es geht dann nicht mehr darum, was ein Schüler tun muss, um seine Note zu verbessern, sondern was der Lehrer tun muss, damit der Schüler besser wird.
Ich lehne insgesamt überhaupt nicht ab, dass Schüler ihren Lehrern eine Rückmeldung darüber geben, wie ihr Unterricht bei ihnen ankommt. Im Gegenteil. Das kann ein sehr hilfreiches Instrument sein, damit sich Lehrer weiterentwickeln und ihren Unterricht verbessern. Es gibt dazu bereits einige sehr positive Ansätze an Schulen.
Diese Feedback-Kultur sollte man weiterentwickeln, und zwar so, dass die Lehrer das Feedback freiwillig auf einer Basis des gegenseitigen Vertrauens einholen. Außerdem muss das Feedback, das die Schüler ihren Lehrern geben, genauso vertraulich sein wie die Noten, die sie von ihnen bekommen. Ich gebe ja auch niemandem eine Fünf und posaune das dann in der Schule hinaus."

www.spiegel.de

1 Untersuchen Sie die Texte mithilfe der 5-Schritt-Lesetechnik oder der Lesekarte.

2 Sammeln Sie die Ergebnisse in der Klasse. Erstellen Sie dazu eine übersichtliche Grafik der beiden Meinungen und ihrer Argumente.

3 Besprechen Sie mithilfe der Grafiken aus Aufgabe 2, wie die Autoren vorgehen, um ihre Meinung überzeugend vorzubringen. Beachten Sie dabei vor allem die Reihenfolge der Argumente und wie sie miteinander verbunden werden.

4 Bereiten Sie eine Podiumsdiskussion wahlweise zu diesem oder einem anderen Thema vor. Entscheiden Sie selbst, ob Sie diese Aufgabe in der ganzen Klasse oder in einzelnen Gruppen mit eventuell unterschiedlichen Themen durchführen wollen.

a) Teilen Sie sich in zwei Lager: Pro und Kontra.
b) Notieren Sie in Ihrem Lager jedes Argument auf einem Zettel. Nutzen Sie dazu die Texte im Buch, aber auch aus anderen Quellen.
c) Sichten Sie in Ihrem Lager die Argumente, besprechen Sie mögliche Gegenargumente und Antworten.

5 Führen Sie die Podiumsdiskussion durch.

a) Entscheiden Sie, ob alle Gruppenmitglieder an der Diskussion teilnehmen oder Ihre Meinung durch zwei Vertretende repräsentiert werden soll. Beachten Sie bei der Entscheidung die Größe Ihrer Gruppe.
b) Bestimmen Sie eine Diskussionsleiterin oder einen Diskussionsleiter. Sie oder er moderiert die Diskussion.

★ **6** Beobachten Sie die Podiumsdiskussion und erstellen Sie ein Protokoll dazu.

7 Besprechen Sie die Podiumsdiskussion und reflektieren Sie dabei das Verhalten und die Argumente der beiden Lager. Welchen Einfluss hat das Verhalten auf die Glaubwürdigkeit der Argumente?

★ **8** Vergleichen Sie die Podiumsdiskussion mit den Texten. Welche sprachlichen Mittel haben Texte, um überzeugend zu wirken?

9 Reflektieren Sie Ihr eigenes Verhalten bei argumentierenden Texten. Wodurch lassen Sie sich überzeugen? Welche Gefahren bergen in Medien geäußerte Meinungen?

Literarische Texte untersuchen

Mit einer Kurzgeschichte kreativ umgehen

Wer einen literarischen Text genauer betrachtet, kann darin Bezüge zum eigenen Leben entdecken. Dies gelingt umso leichter, wenn man weiß, nach welchen Bausteinen man einen literarischen Text untersuchen kann.

Einer	erzählt	einem	etwas
Der Autor bzw. Erzähler des Textes	einen Erzählvorgang auf eine bestimmte Art und Weise, z. B. aus der Ich-Perspektive,	Zuhörer bzw. Leser im Text oder außerhalb des Textes	den Inhalt: Thema, Zeit, Ort, Personen.

Walter Helmut Fritz: Augenblicke

Kaum stand sie vor dem Spiegel im Badezimmer, um sich herzurichten, als ihre Mutter aus dem Zimmer nebenan zu ihr hereinkam, unter dem Vorwand, sie wolle sich nur die Hände waschen. Also doch! Wie immer, wie fast immer. Elsas Mund krampfte sich zusammen. Ihre Finger spannten sich. Ihre Augen wurden schmal. Ruhig bleiben! Sie hatte darauf gewartet, dass ihre Mutter auch dieses Mal hereinkommen würde, voller Behutsamkeit: mit jener scheinbaren Zurückhaltung, die durch ihre Aufdringlichkeit die Nerven freilegt. Sie hatte – behext, entsetzt, gepeinigt – darauf gewartet, weil sie sich davor fürchtete. – Komm, ich mach dir Platz, sagte sie zu ihrer Mutter und lächelte ihr zu. – Nein, bleib nur hier, ich bin gleich so weit, antwortete die Mutter und lächelte. – Aber es ist doch so eng, sagte Elsa und ging rasch hinaus, über den Flur, in ihr Zimmer. Sie behielt einige Augenblicke länger als nötig die Klinke in der Hand, wie um die Tür mit Gewalt zuzuhalten. Sie ging auf und ab, von der Tür zum Fenster, vom Fenster zur Tür. Vorsichtig öffnete ihre Mutter. Ich bin schon fertig, sagte sie. Elsa tat, als ob ihr inzwischen etwas anderes eingefallen wäre, und machte sich an ihrem Tisch zu schaffen. – Du kannst weitermachen, sagte die Mutter. – Ja, gleich. Die Mutter nahm die Verzweiflung ihrer Tochter nicht einmal als Ungeduld wahr. Wenig später allerdings verließ Elsa das Haus, ohne ihrer Mutter adieu zu sagen. Mit der Tram fuhr sie in die Stadt, in die Gegend der Post. Dort sollte es eine Wohnungsvermittlung geben, hatte sie einmal gehört. Sie hätte zu Hause im Telefonbuch eine Adresse nachsehen können. Sie hatte nicht daran gedacht, als sie die Treppen hinuntergeeilt war. In einem Geschäft für Haushaltungsgegenstände fragte sie, ob es in der Nähe nicht eine Wohnungsvermittlung gebe. Man bedauerte. Sie fragte in der Apotheke, bekam eine ungenaue Auskunft. Vielleicht im nächsten Haus. Dort läutete sie. Schilder einer Abendzeitung, einer Reisegesellschaft, einer Kohlenfirma. Sie läutete umsonst. Es war später Nachmittag, Samstag, zweiundzwanzigster Dezember.

Mit einer Kurzgeschichte kreativ umgehen

Sie sah in eine Bar hinein. Sie sah den Menschen nach, die vorbeigingen. Sie trieb mit. Sie betrachtete Kinoreklamen. Sie ging Stunden umher. Sie würde erst spät zurückkehren. Ihre Mutter würde zu Bett gegangen sein. Sie würde ihr nicht mehr gute Nacht zu sagen brauchen. Sie würde sich, gleich nach Weihnachten, eine Wohnung nehmen. Sie war zwanzig Jahre alt und verdiente. Kein einziges Mal würde sie sich mehr beherrschen können, wenn ihre Mutter zu ihr ins Bad kommen würde, wenn sie sich schminkte. Kein einziges Mal. Ihre Mutter lebte seit dem Tod ihres Mannes allein. Oft empfand sie Langeweile. Sie wollte mit ihrer Tochter sprechen. Weil sich die Gelegenheit selten ergab (Elsa schützte Arbeit vor), suchte sie sie auf dem Flur zu erreichen oder wenn sie im Bad zu tun hatte. Sie liebte Elsa. Sie verwöhnte sie. Aber sie, Elsa, würde kein einziges Mal mehr ruhig bleiben können, wenn sie wieder zu ihr ins Bad käme. Elsa floh. Über der Straße künstliche, blau, rot, gelb erleuchtete Sterne. Sie spürte Zuneigung zu den vielen Leuten, zwischen denen sie ging. Als sie kurz vor Mitternacht zurückkehrte, war es still in der Wohnung. Sie ging in ihr Zimmer, und es blieb still. Sie dachte daran, dass ihre Mutter alt und oft krank war. Sie kauerte sich in ihren Sessel, und sie hätte unartikuliert schreien mögen, in die Nacht mit ihrer entsetzlichen Gelassenheit.

1 Erklären Sie, weshalb der Autor die Überschrift „Augenblicke" gewählt hat. Um welche besonderen Augenblicke handelt es sich?

2 Unterteilen Sie den Text in drei Abschnitte, indem Sie sich die Zeilen notieren, und fassen Sie sie jeweils in Zwischenüberschriften oder Stichwortsätzen zusammen.

3 Weisen Sie mit Hilfe der besonderen Merkmale von Kurzgeschichten (» Kapitel 13, S. 161) nach, dass es sich um eine solche handelt.

4 Versetzen Sie sich in die Figur Elsa und schreiben Sie wahlweise einen Tagebucheintrag oder einen Brief an die beste Freundin. Nehmen Sie die Arbeitstechnik zu Hilfe.

a) In welchem Konflikt befindet sich Elsa? Finden Sie Lösungsmöglichkeiten!

b) Interpretieren Sie den letzten Ihrer Abschnitte. Verwenden Sie hierfür die Begriffe Alter, Mutter, Liebe, Wut, Einsamkeit, Verständnis, Treue, Selbstständigkeit, Freiheit und Freunde.
Beachten Sie die Zerrissenheit Elsas bei Ihrer Textproduktion.

c) Untersuchen Sie die Sprache: Wie ist der Satzbau? Fällt eine Satz- oder Wortart besonders auf?

ARBEITSTECHNIK Einen Tagebucheintrag bzw. Brief verfassen

Notieren Sie sich wichtige Informationen der Textvorlage, die Ihnen etwas über die Figur verraten, aus deren Sicht Sie schreiben. Entscheiden Sie auch, welche Inhalte Sie in Ihr Schreibprodukt aufnehmen wollen.

Versetzen Sie sich in die Figur: Welche Gefühle und Gedanken könnte sie haben? Wie ist ihre Stimmung?

Überlegen Sie, wie die Figur spricht. Orientieren Sie sich wenn möglich an den Vorgaben im Text: Wenn dies nicht möglich ist, dann überlegen Sie, welche Sprache zu der Figur passt (jung oder alt, derb oder zart).

Falls Sie einen **Tagebucheintrag** schreiben, bedenken Sie, dass die Figur nur für sich selbst schreibt. Verfassen Sie jedoch einen **Brief**, so sollten Sie den Adressaten dieses Briefes im Blick haben. Erfahren Sie etwas über ihn im Text? Stellen Sie zu Beginn und am Ende des Briefes einen Adressatenbezug her.

Sprachbilder entschlüsseln – Vergleiche und Metaphern

„Schön wie …“, „dumm wie …“, „sie/er ist eine/ein …“ Sprachbilder sind in unserer Alltagssprache oft zu finden. Sie dienen der Veranschaulichung einer sprachlichen Äußerung. In der Literatur finden wir besonders häufig in Gedichten, aber auch in epischen Texten Vergleiche, Metaphern und Personifikationen (» S. 85). Um das Mitgeteilte genau zu verstehen, müssen wir die Sprachbilder entschlüsseln. Das Entschlüsseln und Deuten von Sprachbildern ist ein zentraler Aspekt der Textinterpretation.

Antonio Skármeta: Mit brennender Geduld (Auszug)

Der Romanausschnitt beginnt damit, dass der chilenische Dichter Pablo Neruda keine Zeit für den Briefträger Mario hat. Mario gelingt es dennoch, den Dichter in ein Gespräch zu verwickeln – über Metaphern.

Neruda machte sich über seine Geldbörse her und entnahm ihr einen Schein der Kategorie „mehr als üblich“. Weniger über den Betrag als über die plötzliche Entlassung betrübt, sagte der Briefträger „danke“, und seine Traurigkeit ließ ihn so stocksteif stehen bleiben, dass es schon besorgniserregend wirkte. Den Dichter, der wieder ins Haus gehen wollte, ließ solch auffällige Beharrlichkeit nicht ungerührt.

„Was ist los mit dir?“ […] „Du stehst da wie ein Laternenpfahl.“ Mario wandte den Kopf und suchte von unten die Augen des Dichters.

„Eingerammt wie eine Lanze?“

„Nein, still wie ein Turm auf dem Schachbrett.“

„Noch unbeweglicher als eine Katze aus Porzellan?“ Neruda nahm die Hand vom Türgriff und strich sich über das Kinn.

„Mario Jiménez, neben den *Elementaren Oden* habe ich noch sehr viele bessere Bücher. Es ist nicht recht von dir, mich mit allen möglichen Vergleichen und Metaphern hinzuhalten.“

„Mit was, Don Pablo?“

„Metaphern, Mann.“

„Was ist das?“ Der Dichter legte dem Jungen eine Hand auf die Schulter.

„Um es dir ungefähr klarzumachen: Es ist eine Art, etwas auszudrücken, indem man es mit etwas anderem vergleicht.“

„Zum Beispiel?“ Neruda sah seufzend auf seine Uhr.

„Also gut, wenn du sagst ‚der Himmel weint‘, was willst du damit sagen?“

„Ist doch klar! Dass es regnet, natürlich.“

„Na also, das ist eine Metapher.“

„Und warum hat eine so einfache Sache einen so komplizierten Namen?“

„Weil die Namen nichts mit der Einfachheit oder Kompliziertheit einer Sache zu tun haben. Nach dieser Theorie dürfte ein kleines Ding, das fliegt, nicht so einen langen Namen wie Schmetterling haben. Denk nur mal, dass Elefant viel weniger Buchstaben hat, aber ein viel größeres Tier ist und nicht fliegt“, sagte Neruda erschöpft. Und mit einer letzten Willensanstrengung wies er Mario höflich, aber bestimmt den Weg zur Bucht. Doch der Briefträger fand noch Zeit zu bemerken: „Verdammt, ich würde furchtbar gern Dichter sein.“

1 Formulieren Sie in eigenen Worten, wie Pablo Neruda erklärt, was eine Metapher ist.

Sprachbilder entschlüsseln – Vergleiche und Metaphern

2 Schreiben Sie aus dem Text die Vergleiche und Metaphern heraus und formulieren Sie eine entsprechende „Übersetzung". Arbeiten Sie mit einer Tabelle.

Vergleich/Metapher	Information/Bild
stocksteif (Z. 3)	sehr gerade und unbeweglich dastehen ...

3 Falsche, unpassende Vergleiche und Metaphern können zu Irrtümern führen.

a) Notieren Sie, welche Wirkung die folgenden Sätze auf Sie haben. Gehen Sie davon aus, dass Sie die Person gerade erst kennenlernen.
- Ich muss dir gestehen, dass ich dich attraktiv wie einen Sahnepudding finde.
- Wenn ich dich sehe, ist mir, als ob in meinem Magen Milch zu Quark gerinnt.
- Wir ergänzen uns wie das Kompott den Pfannkuchen.
- Gern würde ich dich vernaschen, meine Zuckerpuppe.

b) Ersetzen Sie die unpassenden Vergleiche und Metaphern durch angemessene.

4 Aussagen werden durch Sprachbilder anschaulicher.

a) Ergänzen Sie die folgenden Aussagen durch Vergleiche und Metaphern.
Beispiel: *Ich habe Kopfschmerzen. – Ich spüre einen ständigen stechenden Schmerz, der sich in mein Gehirn zu bohren scheint.*
- Im Urlaub regnete es die ganze Zeit sehr stark.
- Der Motor meines Autos macht ein seltsames Geräusch.
- Es ist heiß gewesen.
- Er ist zu schnell gefahren.

b) Vergleichen Sie die Sätze (mit und ohne Sprachbilder) mit Blick auf ihre Wirkung.

5 Schreiben Sie eine kurze Erzählung über eine Situation oder Begebenheit aus Ihrem Leben, die Ihnen besonders wichtig erscheint. Verwenden Sie möglichst viele Metaphern und Vergleiche. Stellen Sie Ihre Erzählung der Klasse vor.

BASISWISSEN Sprachbilder

Der **Vergleich** verknüpft zwei Bedeutungsbereiche und hebt das Gemeinsame hervor.
Beispiel: *Sie singt wie eine Nachtigall.*

Die **Metapher** ist ein verkürzter Vergleich ohne das Wort *wie*. Sie ist eine sprachliche Verknüpfung zweier Bedeutungsbereiche, die gewöhnlich unverbunden sind. Es entsteht ein neues Bild.

Beispiel für eine Metapher: *Max ist ein Fuchs.*

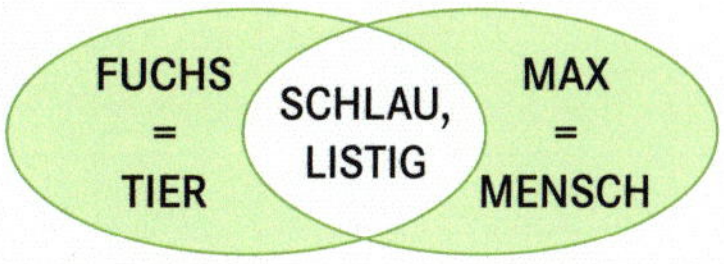

Die **Personifikation** (Vermenschlichung) wird als Sprachbild immer dann verwendet, wenn Gegenstände, Tiere oder Pflanzen in Gestalt von Personen dargestellt werden, die handeln und sprechen können oder menschliche Eigenschaften besitzen.
Beispiel: *Der Vergleich hinkt, Mutter Natur ernährt uns, Vater Staat regelt alles, die Aktie fällt.*

Sachtexte und literarische Texte im Vergleich

Literarische und Sachtexte unterscheiden sich stark, besonders in der verwendeten Sprache. Beiden Textarten sind bestimmte sprachliche Mittel eigen. Um diese herauszuarbeiten, muss man die Sprache selbst untersuchen.

1 Vergleichen Sie die literarischen Texte mit den Sachtexten dieses Kapitels.

2 Erstellen Sie in der Gruppe eine Gegenüberstellung von Gemeinsamkeiten und Unterschieden von literarischen Texten und Sachtexten. Visualisieren Sie Ihre Ergebnisse angemessen (» Kapitel 23, S. 277).

3 Stellen Sie Ihr Ergebnis vor. Untersuchen Sie die Darstellungen der anderen Gruppen.

4 Diskutieren Sie, ob und inwiefern sich die Analyse von literarischen Texten von der Analyse von Sachtexten unterscheidet.

5 Erstellen Sie Checklisten für die Analyse von verschiedenen Textsorten. Nutzen Sie diese für Ihre Arbeit mit Texten.

ARBEITSTECHNIK Sprache untersuchen

Bei der Betrachtung der Sprache muss man folgende Punkte genauer betrachten:
Satzbau: Betrachten Sie die Sätze. Je nachdem, ob man viele kurze Hauptsätze oder Haupt- und Nebensätze oder längere Satzkonstruktionen verwendet, hat dies eine Wirkung auf den Leser und unterstreicht die Aussage.
Wortwahl: Gibt es Wortfelder, Wortgruppen oder Wortarten, die gehäuft auftreten? Sachtexte haben meist weniger Adjektive als literarische Texte.
Sprachstil/Sprachebene: Untersuchen Sie die Sprachebene. Beachten Sie, ob sich der Sprachstil verändert.
Sprachliche Mittel: Verwendet der Autor Stilmittel im Text?
Insgesamt kann die Untersuchung der Sprache nicht allein betrachtet werden, da sie immer mit dem Inhalt verbunden ist. Die Sprache unterstützt die Aussage des Textes. Dadurch kann man sich nur ein vollständiges Bild machen, wenn man Inhalt und Sprache in Verbindung bringt.

FAZIT

6.1 Texten Informationen entnehmen
- Lesetechniken vertiefen und erweitern
- Wiederholung der 5-Schritt-Lesetechnik
- Vergleich von Texten mit Fragestellungen

6.2 Recherchieren und zitieren
- In Bibliotheken recherchieren
- Regelgerecht Zitieren
- Passende Quellen verwenden

6.3 Sachtexte analysieren
- Textsorten erkennen
- Mit Sachtexten arbeiten
- Argumentierende Texte untersuchen und verfassen

6.4 Literarische Texte untersuchen
- Mit literarischen Texten kreativ arbeiten
- Sprache untersuchen
- Sachtexte und literarische Texte vergleichen

Kapitel 7

Andere überzeugen – schriftlich argumentieren

7.1 Eine Meinung begründen

7.2 Geschäftsbriefe mit Vordruck verfassen

7.3 Mit einem strukturierten Brief überzeugen

7.4 Handouts und Fragebogen erstellen

Nachhaltig überzeugen kann derjenige, der die besseren Argumente hat. Das gilt gleichermaßen im Beruf wie im Privatleben. In schriftlicher Form wird der Schreiber seine Argumente noch sorgfältiger abwägen als im Gespräch, das nicht immer vorbereitet werden kann.

In diesem Kapitel lernen Sie weitere Formen schriftlicher Korrespondenz kennen, in denen auch schlüssiges Argumentieren gefragt ist, um andere von Ihrem Standpunkt zu überzeugen. Für alle Schreibformen gilt, dass die Texte sorgfältig zu planen sind, bevor sie verfasst, kontrolliert und gegebenenfalls überarbeitet werden.

Kompetenzen

- ✓ Stoffsammlungen mit Visualisierungstechniken erstellen
- ✓ Texte ziel- und adressatenbezogen formulieren
- ✓ Argumentierende Texte verfassen
- ✓ Handouts konzipieren und fertigen
- ✓ Vortrags- und Arbeitsverhalten verbessern

Methoden und Arbeitstechniken

- ✓ Checklisten Geschäftsbrief
- ✓ Formulare/Fragebogen erstellen
- ✓ Lineare Gliederung zur Textplanung
- ✓ Mindmap zur Textplanung
- ✓ Schreibplan

Eine Meinung begründen

Situation

Julia, 17-jährige Auszubildende, unterhält sich über einen Messenger-Dienst mit ihrer Freundin Alina.

J: Hi, Alina! Wie war's denn in der Dominikanischen Republik?

A: Hallo, Julia! Wollte dich deshalb schon anfunken: Also, der Hit war's nicht.

J: Was? Und ich war so happy, eine Woche mit Flug und Halbpension zu diesem Preis für dich zu bekommen: Immerhin reden wir hier von einer 4-Sterne-Hotelkette.

A: Also, die Zimmer waren ja o.k. Recht geräumig, mit separatem Badezimmer und Balkon, wie beschrieben. Das Frühstücksbuffet allerdings sah jeden Tag ab ca. 9:00 Uhr schon sehr verwaist aus. Ich als Langschläferin war immer der Depp. Von Auswahl konnte man nur morgens um 7:30 Uhr sprechen.

J: Na ja, aber verhungert bist du ja nicht.

A: Du bist gut, da ich das Mittagessen grundsätzlich ausfallen lasse ... Und dann am Strand: Im hoteleigenen Bereich war ständig Baulärm. Dort haben die eine neue Strandbar gebaut. Auf dem Beachvolleyball-Feld stand ein Baucontainer. Das Wasser war allerdings wirklich super – glasklar und angenehm warm.

J: Das gibt's doch nicht: Die bauen mitten in der Saison?

A: O.K., die haben als Entschädigung täglich Getränkegutscheine für die Bar am Abend an die Hotelgäste verteilt. Aber ich wollte tagsüber eigentlich bei Meerrauschen ausschlafen.

J: Dafür konntest du dir doch am Abend dicke Barrechnungen sparen – ist ja auch was, oder?

A: Na super, so schlimm war das auch wieder nicht. Musik im Freien gab's nur bis 23:00 Uhr. Dann wurde nur noch was in der muffigen Kellerbude geboten. Das kann ich zu Hause auch haben.

J: Und dabei stand im Reisekatalog „für Nachtschwärmer ideal". – Versteh ich nicht! Andererseits: Wenn dein Zimmer in der Nähe der Musikanlage ist und da geht's bis 5:00 Uhr rund ...

A: Hey, ich bin 18 und nicht 48! Übrigens, die Animatoren waren alle nicht nur jenseits der 30, die waren zum Teil auch ganz schön nervig. Ziehen dich da einfach auf die Tanzfläche zum Clubtanz. Das kann mein Vater machen ... obwohl, ein 5-Gänge-Gala-Menü hätte der wohl nicht spendiert.

J: Wo kam das denn her? – Biste eingeladen worden????

A: I wo, war der Gewinn bei einem Strandspiel – zwischen den Baufahrzeugen ...

J: Also, so schlecht war doch dann die Woche gar nicht!

A: Tut mir leid, ich seh das ganz anders.

J: Ich red mal mit meinem Chef. Immerhin hast du ja bei uns gebucht.

1 **Welche Urlaubserfahrungen haben Sie bereits gemacht? Tauschen Sie sich aus.**

2 **Julia und Alina bewerten den Urlaub unterschiedlich.**

a) Formulieren Sie die jeweilige Sichtweise der beiden als kurze, aussagekräftige Behauptung (These).

b) Schreiben Sie zu jeder These mindestens drei Argumente aus dem Dialog heraus.

3 **Welchen Standpunkt vertreten Sie? Begründen Sie Ihre Meinung.**

Geschäftsbriefe mit Vordruck verfassen

Situation

Julia erzählt ihrem Chef von Alinas Urlaubseindrücken. Der ist recht ungehalten, denn über diese Hotelkette gingen schon mehrere Klagen bei ihm ein. Seine Ansprechpartnerin Indira Özil beim Reiseveranstalter „Relax GmbH" ist zwar am Telefon betont freundlich, wenn es aber um Reisekostennachlässe geht, erweist sie sich als sehr schwierig.

Julia wird gebeten, ein Schreiben an den Reiseveranstalter zu verfassen. Ihr Chef möchte eine Rückerstattung von zehn Prozent erwirken, um diese dann seiner Kundin, Julias Freundin Alina, weitergeben zu können. Die Auszubildende ist mit dieser Aufgabe auf sich allein gestellt, da ihr Chef für zwei Tage verreist ist. Julia packt der Ehrgeiz. Sie beginnt mit der Erstellung eines Schreibplans (» Kapitel 3, S. 40).

1 Planen Sie einen Geschäftsbrief, den Julia verwenden könnte. Nutzen Sie dazu die Arbeitstechnik zur Planung eines Geschäftsbriefes.

ARBEITSTECHNIK Einen Geschäftsbrief planen

1. Schritt: Durchdenken Sie die Aufgabe gründlich und diskutieren Sie mit einem Partner.

a) Welches Ziel verfolgt das Schreiben?
b) Welche Rolle spielt Julias Freundin Alina in dem Schreiben?
c) Wie ist der Adressat des Schreibens einzuschätzen? Welche Konsequenzen hat das?
d) Wer unterschreibt den Brief?

2. Schritt: Sammeln Sie die notwendigen Informationen.

a) Welche formalen Vorgaben für Geschäftsbriefe nach DIN-Norm müssen beachtet werden? Machen Sie sich damit auf der folgenden Doppelseite vertraut (» S. 90, 91).
b) Welche Anforderungen stellen die Briefformate mit Vordruck? Vergleichen Sie die Normvorgaben und den Geschäftsbrief mit Vordruck aus Julias Firma (» S. 91) und notieren Sie die zusätzlich benötigten Informationen.
c) Vergleichen Sie auch mit den Briefvorlagen Ihrer Firma.
d) Notieren Sie sich alle Punkte in Stichworten, die für den Inhalt des Schreibens wichtig sind.

3. Schritt: Erstellen Sie eine Grobgliederung.

a) Ordnen Sie Ihre Stichworte von Schritt 2 d, indem Sie sie nummerieren.
b) Erstellen Sie eine Grobgliederung für Ihren Geschäftsbrief mit Hilfe der Arbeitstechnik auf der folgenden Seite. Notieren Sie die Grobgliederungspunkte auf einem Blatt und ordnen Sie zu, was in die Einleitung, den Hauptteil und in den Schlussteil gehört.

4. Schritt: Planen Sie die Absätze (Feingliederung).

a) Die Grobgliederung gibt schon Absätze vor. Sind weitere Absätze im Sinne der Übersichtlichkeit und besseren Lesbarkeit sinnvoll?
b) Notieren Sie nun genauer, was inhaltlich in den einzelnen Absätzen thematisiert werden soll. Nehmen Sie auch hierfür die Arbeitstechnik auf der folgenden Seite zu Hilfe.

5. Schritt: Finden Sie eine angemessene Sprache und den passenden Stil für Ihr Schreiben.

a) Welchen Sprachstil sollen Geschäftsbriefe haben? Begründen Sie.
b) Finden Sie passende Formulierungen für Ihr Ziel, zehn Prozent Rückerstattung zu erreichen.

Geschäftsbriefe mit Vordruck verfassen

ARBEITSTECHNIK | Gliederung für einen Geschäftsbrief mit Vordruck erstellen

Die inhaltliche Gliederung eines Briefes ergibt sich maßgeblich aus dessen formalem Aufbau.

- Formulieren Sie eine aussagekräftige Betreffzeile, die entweder den Inhalt des Briefes kurz zusammenfasst oder sich auf Vorangegangenes, wie etwa ein Telefonat oder Schreiben, bezieht.
- Nach der Anrede erfolgt in einem Absatz die Einleitung. Hier formulieren Sie in vollständigen Sätzen den Anlass Ihres Briefes.
- Im eigentlichen Hauptteil, der aus mehreren Absätzen bestehen kann, stellen Sie Ihre Reaktion, Antwort bzw. Schlussfolgerung und die eventuell zu ergreifenden Maßnahmen dar. Handelt es sich um einen Beschwerdebrief, so können Sie sich am Aufbau einer Argumentation orientieren. Notieren Sie die Behauptung (These), begründen Sie sie mit einem Argument und belegen Sie dieses mit einem Beispiel (» Kapitel 5, S. 56). Abschließend können Sie die Folge schildern und einen Lösungsvorschlag unterbreiten.
- Der Schluss sollte verbindlich sein. Er kann einen Ausblick auf die Zukunft enthalten, eine Zusammenfassung des Inhalts mit der Bitte um Verständnis, einen Wunsch oder Dank, je nach Adressat.

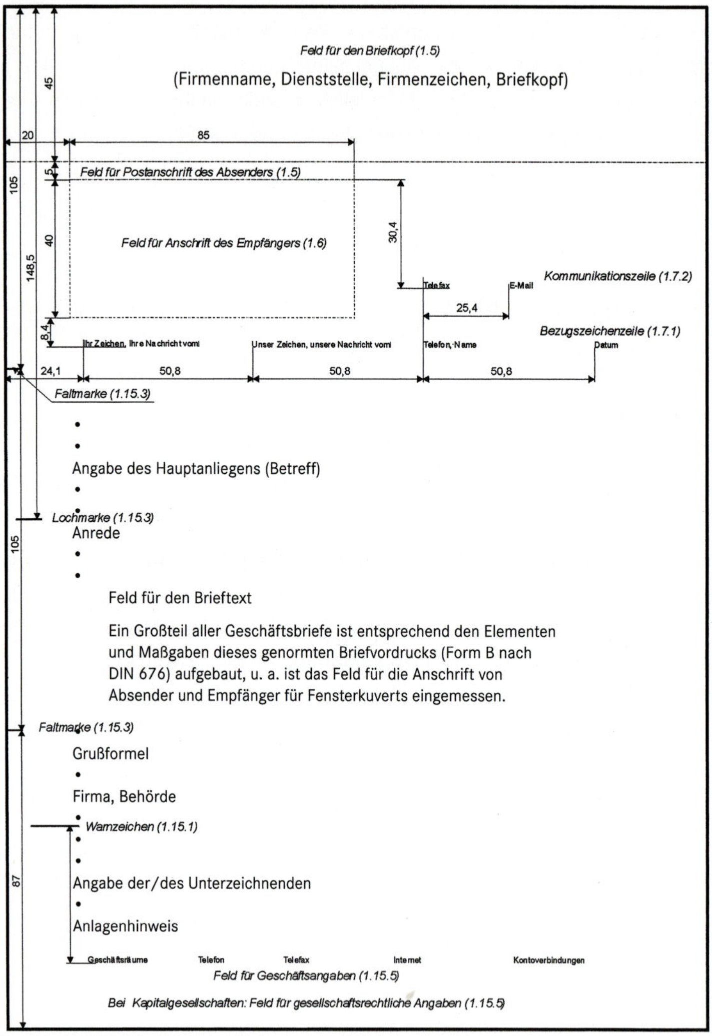

Briefvordruck Form B nach DIN 676, alle Maße in mm

2 Verfassen Sie mit Hilfe Ihres Schreibplans einen vollständigen Geschäftsbrief mit Vordruck.

a) Nutzen Sie dazu die Vorlage (vor allem den Kopf) auf der gegenüberliegenden Seite.

b) Falls Sie keinen PC zur Verfügung haben, verwenden Sie kariertes Papier. Den Firmen-Briefkopf ersetzen Sie in diesem Fall durch ein angemessen großes Rechteck, Leerzeilen durch Punkte.

Geschäftsbriefe mit Vordruck verfassen

FISCHER
REISEN

Fischer Reisen
Inh. Georg Fischer
Frankenstr. 17, 94351 Nürnberg
Tel.: 0911 2973-500
Fax: 0911 2973-99
E-Mail: Georg.fischer@xyz.de
Web: www.fischer-reisen.com

Bankverbindung:
Frankenbank Nürnberg
BLZ: 70008965
Kontonummer: 123456
IBAN: DE12500609170648489890
BIC: BAYEDEFING

Fischer Reisen Frankenstr. 17 94351 Nürnberg

Werbegrafik
Stefan Sulzer GmbH
Trixstr. 244
97523 Nürnberg

Ihr Zeichen, Ihre Nachricht vom	*Unser Zeichen, unsere Nachricht vom*	*Telefon, Name*	*Datum*
Va/34e, 17.04.20..	*fi-675-ae, 23.01.20..*	*- 555, Fischer*	*24.04.20..*

Lieferung der Reisekataloge „Spanien-Sommer“

Sehr geehrter Herr Sulzer,
wir bitten um fristgerechte Lieferung der 500 Reisekataloge „Spanien-Sommer“ ...

Mit freundlichen Grüßen

Fischer Reisen

Georg Fischer
Georg Fischer

Anlagen
Bestellschein vom 17.04.20..

3 Überarbeiten Sie Ihren Brief kritisch anhand der folgenden Checkliste.

TIPP

Arbeiten Sie bei wichtigen Schreiben auch zu Hause mit Checklisten.

Checkliste

Aufbau

- ☑ Sind in meinem Schreiben alle Elemente (z. B. Anschriftenfeld, Datum, Betreffzeile, Anrede, Grußformel, Unterschrift, Anlagen) vorhanden und formgerecht angeordnet?
- ☑ Habe ich den Brief an die richtige Person adressiert und die Anredeform richtig gewählt?
- ☑ Ist der Betreff aussagekräftig?
- ☑ Ist die Argumentation nachvollziehbar?

Sprache, Rechtschreibung, Zeichensetzung

- ☑ Ist der Ausdruck klar, verständlich und angemessen?
- ☑ Habe ich auf Umgangssprache und Abkürzungen verzichtet?
- ☑ Habe ich meine Sätze sinnvoll und grammatikalisch richtig verknüpft?
- ☑ Habe ich die Regeln der Zeichensetzung beachtet?
- ☑ Habe ich meine Arbeit nochmals auf meine Fehlerschwerpunkte hin überprüft und Flüchtigkeitsfehler korrigiert?
- ☑ Habe ich Wörter nachgeschlagen, bei deren Schreibung ich unsicher war?

Mit einem strukturierten Brief überzeugen

Eine Mindmap zur Vorbereitung nutzen

Situation

Alina wird von dem Reisebüro, das ihre Reise gebucht hat, gebeten, eine knappe Einschätzung ihrer Eindrücke vom letzten Urlaub zu geben. Ihre Freundin Julia meint, dass ein formloser Brief vollkommen ausreichend sei. Man benötige Alinas Bewertung für den Antrag auf eine Reisekostenrückerstattung. Alina wählt zur Vorbereitung des Briefes die Mindmap als Strukturierungshilfe.

1 Lesen Sie sich Alinas Urlaubserfahrungen auf Seite 88 nochmals aufmerksam durch. Was meint das Reisebüro damit, sie solle eine „Einschätzung ihrer Eindrücke" des Urlaubs geben? Welche Informationen sind wesentlich?

2 Legen Sie eine Gliederung zu Alinas Urlaubserfahrungen an.

a) Nutzen Sie die folgende Arbeitstechnik und legen Sie eine Mindmap an. Wahlweise können Sie auch eine lineare Gliederung mit Hilfe der Arbeitstechnik anfertigen.

b) Vergleichen Sie Ihre Mindmap oder lineare Gliederung mit der Ihres Nachbarn und ergänzen Sie, wenn nötig.

c) Welches Argument im Positiven wie Negativen halten Sie für das wichtigste? Rahmen Sie ein.

ARBEITSTECHNIK | Informationen strukturieren: Mindmap und lineare Gliederung

1. Das zentrale Thema (oder Vorhaben) wird in die Mitte des Blattes geschrieben und eingekreist.
2. Hauptäste anlegen. Hierbei handelt es sich um die Formulierung von Gliederungspunkten. Das Thema erhält eine Struktur, indem die Hauptgedanken (Schlüsselwörter) stichwortartig auf den Ästen notiert werden. Jeder neue Aspekt erhält einen weiteren Ast.
3. Nebenäste anlegen. Zur Differenzierung der Hauptthemen lässt man weitere Teilaspekte von den Hauptästen abzweigen (Feingliederung).

Mindmap

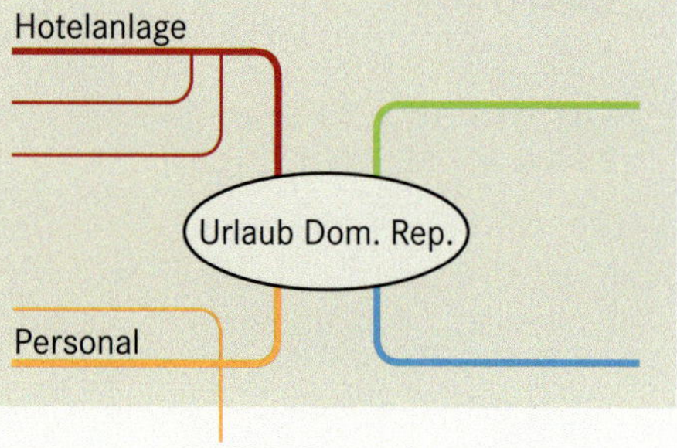

Zur besseren Übersichtlichkeit kann mit unterschiedlichen Farben und mit Zeichnungen gearbeitet werden. Auch sollten die Haupt- und Nebenäste von unterschiedlicher Dicke sein.

Lineare Gliederung

1.	1.
1.1	a)
1.2	b)
2.	2.
2.1	a)

Die Informationen zu einem Thema werden Punkten und Unterpunkten zugeordnet. Zur Bezeichnung der Punkte eignen sich Zahlen besonders gut, aber auch Buchstaben können benutzt werden.

Der große Unterschied zur Mindmap besteht darin, dass die Reihenfolge der einzelnen Unterthemen bereits festgelegt werden muss. Entweder steht das Wichtigste zu Beginn und die nachfolgenden Aufzählungspunkte werden unwichtiger oder es verhält sich genau andersherum, sodass das Wichtigste ganz am Ende steht (Steigerung).

Einen kurzen, sachlichen Brief verfassen

1 Berichten Sie nun von Alinas Urlaubserfahrungen in Form eines kurzen, sachlichen Briefes.

a) Bestimmen Sie, mit welchem Argument Sie beginnen wollen. In der Regel fängt man mit dem weniger wichtigen an und endet mit dem wichtigsten Argument.

b) Finden Sie Formulierungen für die drei Abschnitte Ihres Schreibens. Nutzen Sie dazu die folgenden Hilfen und ergänzen Sie sie durch eigene.

Muster: Formulierungshilfen für geschäftliche Briefe

Einleitung: *Leider muss ich Ihnen mitteilen, dass mein Urlaub nicht zu meiner Zufriedenheit ... / Nach meiner Reise in die Dominikanische Republik möchte ich Ihnen kurz meine Eindrücke ... / Aufgrund einiger Kundenrückmeldungen möchte ich heute mit Ihnen bezüglich des Hotels „Sun" Kontakt aufnehmen ... / Wie schon am Telefon besprochen ... / Aus Anlass der bevorstehenden Messe möchte ich Ihnen heute ...*

Hauptteil: *Die Animateure waren leider nicht auf die angegebene Altersgruppe zugeschnitten ... / Im Zeitraum meines Urlaubs kam der Zimmerservice nur jeden dritten Tag, um das Bad zu reinigen, sodass ... /... Nachdem unsere Mitarbeiter von vielen zufriedenen Kunden um neue Angebote gebeten wurden ... / Zur Beilegung des entstandenen Schadens erhoffen wir ... / Aufgrund der Verzögerung bitten wir erneut um die Zusendung ...*

Schluss: *Ich hoffe, dass Sie meine Anregungen in Erwägung ziehen und wir auch weiterhin ... / Abschließend möchte ich nochmals auf ... hinweisen, da ... / Für Ihr Entgegenkommen möchten wir uns recht herzlich bedanken ... / Um auch zukünftig unsere langjährige, gute Zusammenarbeit fortsetzen zu können, erhoffen wir uns ...*

c) Verfassen Sie nun Argumentationen (Argumentationsketten): Formulieren Sie eine Behauptung (These), finden Sie eine passende Begründung und schließlich ein treffendes Beispiel dazu.

BASISWISSEN Argumente formulieren

In einer überzeugenden Stellungnahme muss die Meinung immer durch mindestens eine schlüssige Argumentation gestützt werden. Je mehr Argumente man zu seiner Meinung findet, desto erfolgversprechender kann man sie vertreten.

1. Behauptung (These):	Ich bin der Meinung, dass der Service insgesamt nicht ausreichend war,
Begründung:	weil das Personal überarbeitet und nicht ausgebildet ist.
Beispiel:	Die Zimmer wurden nur jeden dritten Tag gereinigt und häufig wurde der Mülleimer vergessen.
2. Behauptung (These):	Die Lärmbelästigung war kaum auszuhalten,
Begündung:	weil ...

2 Überarbeiten Sie Ihren Brief.

a) Korrigieren Sie die Rechtschreibung und Grammatik (sind die Sätze vollständig?).

b) Gehen Sie alle Behauptungen daraufhin durch, ob sie begründet sind, und ergänzen Sie, wenn nötig.

c) Kontrollieren Sie den Sprachstil Ihres Briefes: Bleiben Sie stets sachlich und werden Sie an keiner Stelle verletzend?

TIPP

Versetzen Sie sich in die Situation des Empfängers. Welche Wirkung haben die Worte nun auf Sie?

Handouts und Fragebogen erstellen

Situation

Georg Fischer, Inhaber des Reisebüros „Fischer Reisen", bittet seine Auszubildende Julia, ihm bei der Zusammenstellung eines Handouts für das nächste Regionaltreffen des Berufsverbandes der Reiseverkehrskaufleute zu helfen.

Sein Ziel ist es, dass zum 1. Januar des kommenden Jahres alle Kunden einen einseitigen Fragebogen in ihrem Reisebüro zum Ausfüllen bekommen. Darin soll die Zufriedenheit mit dem Reisebüro, aber auch mit dem verbrachten Urlaub erfragt werden. Damit möchte er sowohl die Kundenzufriedenheit erhöhen als auch rascher auf problematische Hotelanlagen reagieren können.

BASISWISSEN Ein Handout erstellen

Ein **Handout** (auch: **Tischvorlage**) ist in der Verwaltungssprache ein Papier, das vor dem Beginn eines Vortrags allen Zuhörern zur Verfügung gestellt wird, um die Informationsaufnahme und die möglicherweise daraus folgenden Entscheidungen zu erleichtern. Es kann sich um ein Thesenpapier handeln, jedoch können auch zusätzliche Informationen (zum Beispiel Zahlenmaterial) angeboten werden. Je nach den Bestimmungen der Geschäftsordnung können auch Anträge als Tischvorlage eingebracht werden.

Der Umfang eine Handouts sollte eine, allenfalls zwei Seiten nicht überschreiten. Auf ein übersichtliches Schriftbild und eine deutliche Gliederung ist unbedingt zu achten. Der Zweck der Vorlage (Thesenpapier, Gliederung des Referats, Zusatzmaterial, Änderungsantrag ...) sollte sofort ersichtlich sein.

Als Handout im engeren Sinne gilt eine Tischvorlage, die etwas detaillierter gehalten ist als ein Thesenpapier, die die Gliederung (Kapitel) des Vortrags, die wichtigsten Details und Thesen, einige Grafiken, das Literatur- und Webverzeichnis und möglichst auch einen Ausblick enthält.

Julia bekommt von ihrem Chef zwei Notizblätter.

1. Seite
Gliederung Handout
Veranstaltung: ...
Ort: ...
Datum: ...
Verantwortlicher: ...
Thematik/Tagesordnungspunkt
Zielsetzung: Einführung eines Fragebogens
Gründe:
– ...
Gegenargumente:
– ...
Geplanter Termin der Einführung: ...
Vorschlag für ein Formular: Vgl. S. 2!

2. Seite
Fragebogenentwurf
ca. 30 Prozent der Seite
– Anschrift des Reisebüros und Firmenlogo
– Absender des Kunden
ca. 50 Prozent der Seite
– Zufriedenheit mit dem Reisebüro (3 Fragen)
– Zufriedenheit mit dem verbrachten Urlaub (5 Fragen)
– Ausblick (künftiger Urlaub, Wünsche ...) (2 Fragen)
ca. 20 Prozent der Seite
Anreiz für Kunden zum Abgeben des Fragebogens
→ noch keine Idee

Handouts und Fragebogen erstellen

1 Bilden Sie Arbeitsgruppen von vier bis sechs Personen. Darin beschäftigt sich die eine Hälfte mit der Konzeption der ersten Seite des Handouts, die andere mit dem Entwurf eines Fragebogens (» S. 96).

Arbeitsauftrag A: Erste Seite der Tischvorlage

1 Machen Sie sich mit den Gliederungspunkten auf Herrn Fischers Notizblatt vertraut. Fehlen wichtige Aspekte? Klären Sie gegebenenfalls Deutungsunterschiede.

2 Sammeln Sie Gründe, die für einen Fragebogen sprechen, aber auch Argumente dagegen.

3 Entscheiden Sie sich für drei Pro- und drei Kontra-Argumente. Haben Sie dabei aber die Zielsetzung von Julias Chef im Auge.

4 Entwerfen Sie die erste Seite der Tischvorlage auf kariertem Papier oder – wenn möglich – gleich am PC mit Standard-Software.

Arbeitsauftrag B: Fragebogen als Anlage zur Tischvorlage (zweite Seite)

1 Erörtern Sie Herrn Fischers Vorstellungen zu seinem Fragebogen. Denken Sie auch an Aspekte wie
- Auswertbarkeit von gestellten Fragen,
- Zeitaufwand beim Kunden,
- Bereitschaft, Fragebogen auszufüllen (» Anreizsystem),
- Datenschutz.

2 Sammeln Sie Fragen zu den drei Bereichen.

3 Treffen Sie eine Auswahl entsprechend Herrn Fischers Vorgaben.

4 Entwerfen Sie den Fragebogen als zweite Seite der Tischvorlage auf kariertem Papier oder – wenn möglich – gleich am PC mit Standard-Software.

2 Führen Sie in Ihrer jeweiligen Gruppe die Arbeitsergebnisse zusammen.

a) Tauschen Sie Ihre beiden Teile aus und lesen Sie jeweils Korrektur (Rechtschreibung, Zeichensetzung, Sprache, Stil, Inhalte ...).

b) Arbeiten Sie gegebenenfalls Verbesserungen, Berichtigungen oder Ergänzungen in Ihre Vorlagen ein.

3 Präsentieren Sie der Klasse das Handout.

a) Teilen Sie sich die Aufgaben vor der eigentlichen Präsentation auf: Einer spricht, während der andere den Zuhörern den Gliederungspunkt auf dem Handout anzeigt. Wechseln Sie sich beim Sprechen ab, das steigert in den meisten Fällen die Bereitschaft zum Zuhören.

b) Sprechen Sie langsam, laut und deutlich. Stellen Sie sicher, dass Sie sich Ihrem Publikum zuwenden und von allen zu verstehen sind.

c) Die Klasse macht sich Notizen zur Präsentation auf der Grundlage des Basiswissens „Ein Handout erstellen“ (» S. 94) bzw. der Arbeitstechnik „Einen Fragebogen entwerfen“ (» S. 96).

Handouts und Fragebogen erstellen

4 Stellen Sie sich den Rückmeldungen der Klasse.

a) Setzen Sie sich konstruktiv kritisch mit den Notizen Ihrer Beobachter auseinander.

b) Welche Konsequenzen ziehen Sie daraus für Ihr künftiges Vortrags- und Arbeitsverhalten?

ARBEITSTECHNIK Einen Fragebogen entwerfen

Der Aufwand zur Erstellung eines Fragebogens ist ungleich höher als die Zeit, diesen auszufüllen bzw. zu beantworten. Bei der Konzeption von Fragebogen sind umfangreiche Vorarbeiten nötig. Man muss zu folgenden Fragen Antworten finden:

- Was möchte ich genau erfragen/wissen? → Inhalt
- Welche Details möchte ich erfragen/wissen? →Tiefe des Inhalts
- Wen spreche ich an? → Zielgruppe
- Welches Vorwissen bringt die Zielgruppe mit? → Schwierigkeitsgrad
- Wie viele Fragen darf ich stellen? → Umfang, Zeit
- Welche Arten von Fragen möchte ich stellen? → Fragearten
- Wie umfangreich soll/darf die Auswertung werden? → Zeitaufwand für Auswertung

Man unterscheidet im Wesentlichen drei Arten von Fragen: offene Fragen, bei denen die Antwort mit eigenen Worten verfasst wird, geschlossene Fragen, bei denen es vorgegebene Antwortmöglichkeiten zum Ankreuzen gibt, und halb offene Fragen, eine Mischform aus offener und geschlossener Frage.

Drei Tipps zum guten Gelingen:

1. Weniger ist manchmal mehr.
2. Fragen beantwortbar formulieren.
3. Zwei Probeläufe mit anschließender Verbesserung sichern einen guten Fragebogen.

FAZIT

7.1 Eine Meinung begründen
- Thesen (Behauptungen) und Argumente (Begründungen) in einem Gespräch erkennen

7.2 Geschäftsbriefe mit Vordruck verfassen
- Briefe mit dem Schreibplan planen
- Informationen gliedern
- Briefe nach DIN verfassen
- Briefe mit Checkliste überarbeiten

7.3 Mit einem strukturierten Brief überzeugen
- Informationen ordnen
- Informationen in einer Mindmap oder linear gliedern
- Argumentationsstrategien planen
- Sachliche Sprache verwenden

7.4 Handouts und Fragebogen erstellen
- Tischvorlagen planen
- Fragebogen entwerfen
- Arbeitsergebnisse präsentieren und reflektieren

Kapitel 8

Beschreiben im beruflichen Umfeld

8.1 Arbeitsprozesse beschreiben

8.2 Informationen sammeln und verarbeiten

8.3 Qualitätsmanagement durchführen

In nahezu allen Bereichen der modernen Arbeitswelt ist die ständige Verbesserung von Arbeitsabläufen unverzichtbar, möchte man vor der heimischen und internationalen Konkurrenz bestehen. Ständig steigende Anforderungen an den Umweltschutz und die Gesundheit am Arbeitsplatz tun ein Übriges. Dazu ist es aber erforderlich, wiederkehrende Vorgänge, häufig auch Arbeitsprozesse genannt, genau zu beschreiben. Erst dann können weitere Verbesserungen gezielt ansetzen.

In diesem Kapitel erfahren Sie, wie Sie verschiedene Formen der Beschreibung von Abläufen und Vorgängen in Betrieben und Praktikumseinrichtungen verfassen. Auch sind Sie aufgefordert, Informationen aus unterschiedlichen Texten auszuwerten und auf sinnvolle Weise zusammenzuführen, zum Beispiel auch mit Hilfe von Text- oder Datenverarbeitungsprogrammen.

Kompetenzen

- ✓ Bedeutung unbekannter Fachbegriffe formulieren
- ✓ Texte ziel- und adressatenbezogen verfassen
- ✓ Zu beruflichen Themen Stellung nehmen
- ✓ Texte gemäß sprachlich-stilistischer Regeln beurteilen
- ✓ Aufgaben- und situationsbezogen analysieren

Methoden und Arbeitstechniken

- ✓ Feedback
- ✓ Mindmap
- ✓ Zerlegetechnik

Arbeitsprozesse beschreiben

Gefährdungen beurteilen und Abläufe analysieren

Gefährdungen beurteilen

Situation

Laura arbeitet in einem kleineren mittelständischen Unternehmen, das Teile von Fertigungsstraßen zur Verpackung von Lebensmitteln herstellt. Zweimal im Jahr informiert die Geschäftsleitung die Belegschaft über wesentliche Entscheidungen zur Geschäftsausrichtung, unter anderem über eine Firmenzeitung. In der jüngsten Ausgabe ist die Gefährdungsbeurteilung das Hauptthema.

Auszug aus der Firmenzeitung

[…] Die Gefährdungsbeurteilung ist gesetzlich vorgeschrieben (Grundlage: Arbeitsschutzgesetz) für Arbeitsstätten, Arbeitsplätze, Arbeits- und Fertigungsverfahren sowie Arbeitsabläufe in allen Unternehmen und öffentlichen Behörden. Unser Unternehmen hat sich zwar vor mehr als 15 Jahren diesem Thema gestellt, doch zwischenzeitlich haben sich Arbeitsschutzgesetz und viele Arbeitsabläufe deutlich verändert.
Zur Bedeutung von Arbeitsablaufbeschreibungen zitiere ich J. Leschinsky: „Das Kernstück unserer speziellen arbeitsplatzbezogenen Gefährdungsbeurteilung ist die Arbeitsablaufbeschreibung. Durch die lückenlose und detaillierte Erfassung des Arbeitsablaufs werden für alle Beteiligten die auftretenden Gefährdungen deutlich erkennbar. Der Arbeitsablauf beinhaltet auch Wartungs- und Überwachungstätigkeiten sowie mögliche betriebliche Störungen. Die Erarbeitung des Arbeitsablaufs im Team unterstreicht die Unternehmensphilosophie, die auf eine kontinuierliche Gefahrenerkennung ausgerichtet ist. Die Mitarbeiter werden für die Gefahren an ihrem Arbeitsplatz sensibilisiert und so zur Mitarbeit an der Verbesserung des Gesundheitsschutzes beim Umgang mit Gefahrenstoffen motiviert.“
Im Einvernehmen mit dem Betriebsrat erklärt die Geschäftsleitung daher die grundlegende Überarbeitung unserer gesamten Gefährdungsbeurteilung zu einem der beiden Jahresziele für das kommende Jahr. Damit unsere Produktion möglichst wenig eingeschränkt wird, bitten wir insbesondere unsere Auszubildenden darum, sich dieser Aufgabe ganz besonders zu stellen. Selbstverständlich werden sie dabei von unseren langjährig erfahrenen Mitarbeitern kräftig unterstützt.“

Die Ausbildungsleiterin bittet Laura, sich in das Thema reinzudenken. Dazu nimmt Laura sich die Firmenzeitung noch mal zur Hand.

1 **Klären Sie für sich den Begriff „Gefährdungsbeurteilung“, zum Beispiel mit Hilfe einer Mindmap (» Kapitel 23, S. 269).**

2 **Die Fachbegriffe „Arbeitsstätten“, „Arbeitsplätze“, „Arbeits- und Fertigungsverfahren“, „Arbeitsabläufe“‘ klingen sehr ähnlich und dennoch unterscheiden sie sich.**

a) Notieren Sie die Begriffe und schreiben zu jedem Begriff daneben die Bedeutung. Zerlegen Sie dazu die Wortzusammensetzungen in ihre zwei Einzelbegriffe (Nomen) (» Kapitel 23, S. 277).

TIPP
Legen Sie sich dazu eine Tabelle an.

b) Kontrollieren Sie Ihre notierten Begriffserklärungen durch Hinzuziehen von geeigneten Hilfen.

3 **Welche Gründe gibt der Verfasser für die Anfertigung einer Arbeitsablaufbeschreibung an?**

4 **Weshalb bezieht ein Unternehmen seine Mitarbeiter in ein solches Projekt mit ein? Nennen Sie wenigstens drei Gründe.**

Gefährdungen beurteilen und Abläufe analysieren

5 **Lesen Sie sich die Darstellung aufmerksam durch und übertragen Sie sie auf Ihren Arbeitsbereich.**

a) Suchen Sie sich drei Gefährdungsfaktoren aus und beschreiben Sie diese mündlich.

b) Beschreiben Sie zwei Abläufe, die in Ihrem Betrieb/Ihrer Praktikumseinrichtung eine mögliche Gefährdung darstellen.

c) Überlegen Sie sich Wege zur Behebung dieser Gefahren an Ihrem Arbeitsplatz.

d) Machen Sie sich Notizen zu Ihren Überlegungen.

1. Mechanische Gefährdung	1.1 ungeschützt bewegte Maschinenteile	1.2 Teile mit gefährlichen Oberflächen	1.3 bewegte Transportmittel, bewegte Arbeitsmittel	1.4 unkontrolliert bewegte Teile
2. Elektrische Gefährdung	2.1 gefährliche Körperströme	2.2 Lichtbögen		
3. Gefahrstoffe	3.1 Gase	3.2 Dämpfe	3.3 Aerosole	3.4 Flüssigkeiten
4. Thermische Gefährdung	4.1 Kontakt mit heißen Medien	4.2 Kontakt mit kalten Medien		
5. Gefährdung durch spezielle physikalische Einwirkungen	5.1 Lärm	5.2 Ultraschall, Infraschall	5.3 Ganzkörperschwingungen	5.4 Hand-Arm-Schwingungen
6. Gefährdung durch Arbeitsumgebungsbedingungen	6.1 Klima	6.2 Beleuchtung	6.3 Raumbedarf/Verkehrswege	
7. Physische Belastung/Arbeitsschwere	7.1 schwere dynamische Arbeit	7.2 einseitige dynamische Arbeit	7.3 Haltungsarbeit/Haltearbeit	7.4 Kombination aus statischer und dynamischer Arbeit

Abläufe analysieren

Situation

Wareneinkauf und Wareneingang wurden vor zwei Jahren umorganisiert. Laura macht sich an die Arbeit.

6 **Ordnen Sie im folgenden Ablaufplan den Ziffern 1 bis 5 die Abteilungen „Warenlager“, „Poststelle“, „Verkauf“, „Lieferanten“ und „Einkauf“ zu.**

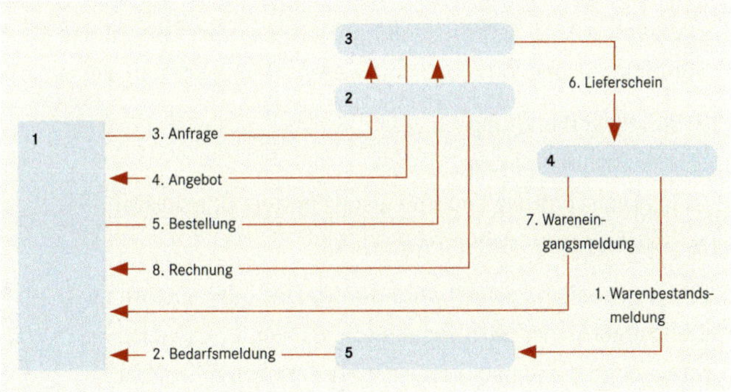

7 **Bringen Sie die folgenden Tätigkeiten in die Reihenfolge, in der sie im Betrieb anfallen. Legen Sie dazu eine eigene Liste im Heft an und orientieren Sie sich an der Abbildung.**

a) Verpackung überprüfen
b) Lieferanten auswählen
c) Angebote einholen und vergleichen
d) Eingang der gelieferten Ware melden (Wareneingangsmeldung erstellen)
e) Auspacken der Ware aus der Umverpackung
f) Rechnung prüfen und abzeichnen (Wareneingangsmeldung, Bestellung)
g) Bestellmenge und Liefermenge vergleichen (Bestellung und Lieferschein), dann Ware überprüfen (Qualität)
h) Anzahl der gelieferten Teile kontrollieren (Lieferschein)
i) Ware ordnungsgemäß lagern und in Lagerdatei erfassen
j) Bestellung schreiben
k) Rechnung buchen und ausgleichen (bezahlen)

Ablaufbeschreibung verfassen

1 Verfassen Sie mit Hilfe der Informationen von der vorherigen Seite und des Basiswissens unten eine Arbeitsablaufbeschreibung.

a) Schreiben Sie in vollständigen Sätzen und binden Sie dabei die beteiligten Abteilungen und Schriftstücke mit ihrer jeweiligen Funktion ein.

b) Achten Sie auf einen sprachlich abwechslungsreichen Satzbau. Verwenden Sie dazu auch die folgenden Konjunktionen (Bindewörter).

danach • zusätzlich • bevor • anschließend • zuerst • darüber hinaus • zunächst • vorher • nachdem • während • gleichzeitig • nachher • zuletzt • im Anschluss daran • jetzt • daraufhin • abschließend • schließlich

2 Kontrollieren und überarbeiten Sie Ihre Ablaufbeschreibung.

a) Vermeiden Sie die Wiederholung von Wörtern oder Wortgruppen.

b) Verwenden Sie grammatikalisch korrekte Passivkonstruktionen (wird, werden ...) (» Kapitel 21, S. 251).

c) Vermeiden Sie wertende Aussagen und persönliche Meinungen.

★ **3 Durchdenken Sie den Ablauf für Wareneinkauf und Wareneingang nochmals gründlich und stellen Sie Überlegungen zu folgenden Punkten an.**

a) An welchen Stellen im Arbeitsablauf sollte auf eine Ergebnis- oder Qualitätskontrolle geachtet werden?

b) Enthalten die Abläufe Schwachstellen im Sinne der Effektivität? Wenn ja, schlagen Sie Verbesserungen vor.

c) Gibt es Gefahrenbereiche, die durch entsprechende Schutzvorkehrungen gesichert werden sollten?

BASISWISSEN | Einen Arbeitsablauf gliedern und beschreiben

Arbeitsablaufbeschreibungen stellen **sachliche Zusammenhänge** folgerichtig, präzise und verständlich dar. Dazu werden die Schritte in der entsprechenden Reihenfolge beschrieben und es wird auf den Zusammenhang von Ursache und Wirkung hingewiesen. Häufig können sie gegliedert werden nach:

1. Arbeitsvorbereitung
2. Arbeitsdurchführung
3. Ergebniskontrolle (→ zum Beispiel mittels Checkliste)
4. Verbesserung/Weiterentwicklung

Die Ausarbeitung erfolgt **stichpunktartig** oder ausformuliert als **Fließtext** in der Zeitstufe **Präsens** (Gegenwart). Der Sprachstil ist **betont sachlich**: Es kommt keine Ich-Form und keine Anrede vor. Häufig werden Fachbegriffe verwendet, die je nach Adressat erklärt werden sollten.

4 Üben Sie das Beschreiben von Arbeitsabläufen zusammen mit Ihrem Nachbarn.

a) Einigen Sie sich auf einen Arbeitsablauf, der für Ihren Ausbildungsberuf typisch ist. Er sollte aber nicht zu umfangreich sein.

b) Schreiben Sie zunächst alle wesentlichen Arbeitsschritte in Stichworten untereinander.

c) Bringen Sie Ihre Arbeitsschritte durch Nummerierung in die richtige Reihenfolge. Falls möglich, arbeiten Sie mit den drei Grobgliederungspunkten *Arbeitsvorbereitung*, *Arbeitsdurchführung* und *Ergebniskontrolle*.

d) Verfassen Sie eine Arbeitsablaufbeschreibung in abwechslungsreichen Sätzen am Computer.

Von der Zeichnung zum Text

Situation

Die Bebilderungen zur stabilen Seitenlage sind zwar im gesamten Unternehmen gut sichtbar angebracht. Aus der Belegschaft kam allerdings die Anregung, dazu noch einen knappen, aber gut verständlichen Text zu formulieren. Auch diese Arbeit traut sich Laura zu.

D

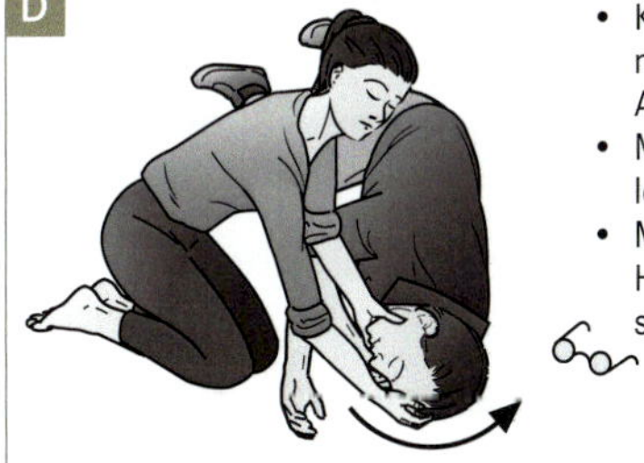

- Kopf nach hinten neigen, damit die Atemwege frei werden
- Mund des Betroffenen leicht öffnen
- Mit der wangennahen Hand die Lagerung stabilisieren

B

- Fernen Arm des Betroffenen am Handgelenk greifen und vor der Brust kreuzen
- Handrücken an die nahe Wange legen und festhalten
- Das ferne Bein durch Zug am Oberschenkel beugen

A

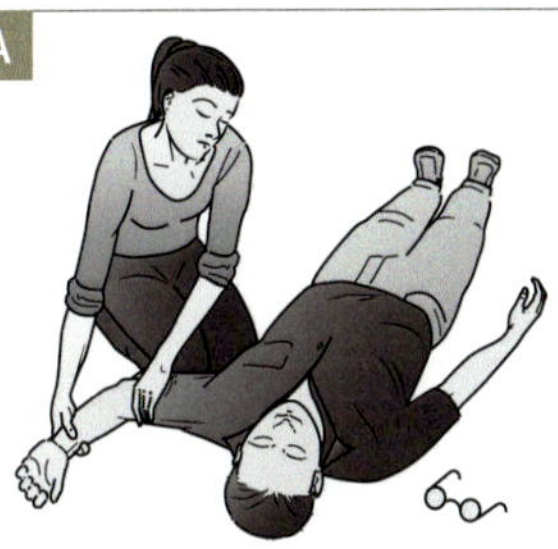

- Seitlich neben dem Betroffenen knien
- Den nahen Arm rechtwinkelig nach oben legen, die Handinnenfläche zeigt dabei nach oben

C

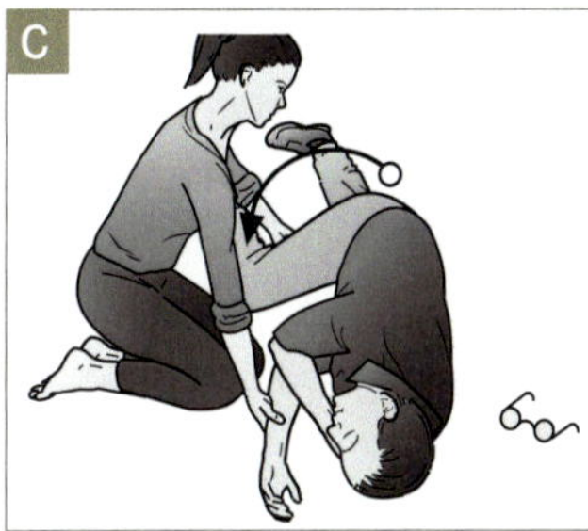

- Betroffenen zu sich herüberdrehen.
- Oben liegendes Bein so ausrichten, dass der Oberschenkel im rechten Winkel zur Hüfte liegt

1 Verfassen Sie eine Ablaufbeschreibung für die „stabile Seitenlage".

a) Bringen Sie die Handlungsschritte in die richtige Reihenfolge, indem Sie die Buchstaben sortiert notieren.

b) Ergänzen Sie die Erläuterungen der Zeichnungen mit den folgenden Hinweisen. Achten Sie auf eine plausible Zuordnung.
- Diese „Überstreckung" hält die Atemwege frei.
- Notruf 112 absetzen.
- Eine Hand hält den Handrücken, die andere das Bein oberhalb des Knies.
- Beine des betroffenen strecken.

c) Verfassen Sie mit allen Angaben eine ausführliche Ablaufbeschreibung.

d) Kontrollieren Sie die Richtigkeit Ihrer Beschreibung, indem Sie Ihren Text langsam vorlesen, während eine Mitschülerin oder ein Mitschüler jemanden nach Ihren Anweisungen in die stabile Seitenlage bringt.

e) Vergleichen Sie Ihre Ausarbeitung mit einer Videoanleitung aus dem Internet.

TIPP

Beschreiben Sie das Bild A und der Anfang ist gemacht.

2 Machen Sie sich mit Ihrem Notfallplan/Fluchtplan/Rettungswegeplan im Klassenzimmer vertraut.

a) Notieren Sie in Stichworten die einzelnen Schritte.

b) Kontrollieren Sie Ihre Notizen auf Vollständigkeit und Plausibilität.

c) Fertigen Sie eine aussagekräftige Ablaufbeschreibung an.

d) Tragen Sie Ihre Ausarbeitung langsam vor. Eine Mitschülerin oder ein Mitschüler vergleicht mit den Skizzen auf dem Plan. Korrigieren Sie, sofern nötig.

Informationen sammeln und verarbeiten

Situation

Auch das noch: Lauras Ausbildungsleiterin bittet darum, zwei Grafiken bzw. Texte dazu auszuwerten. Den Vergleich mit den firmeninternen Zahlen wird die Geschäftsleitung später selbst vornehmen.

1 Werten Sie die Grafik aus.

a) Formulieren Sie, worum es in der Grafik geht.

b) Welche Kernaussage können Sie ihr entnehmen?

c) Beschreiben Sie den Inhalt so genau wie möglich.

d) Fassen Sie die beiden Balkendiagramme in jeweils zwei bis drei Sätzen schriftlich zusammen.

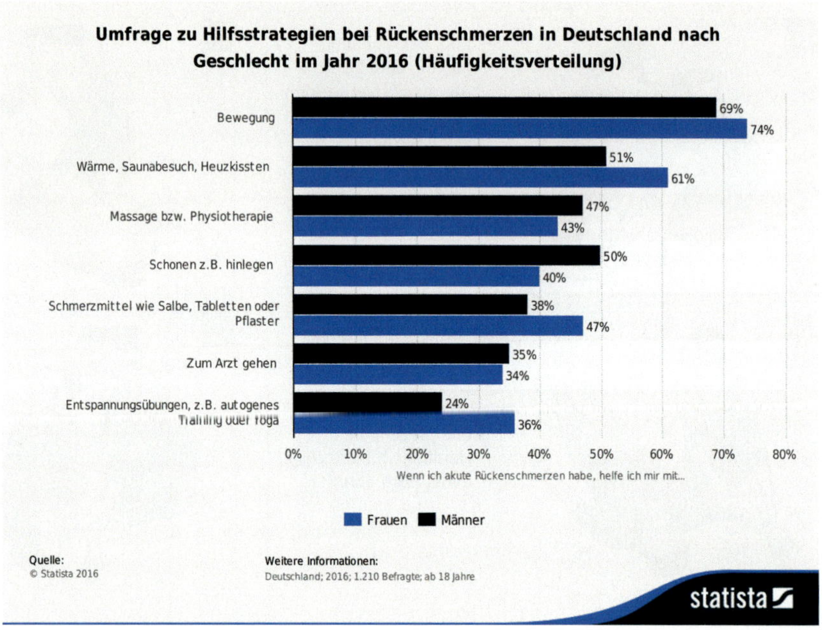

2 Exzerpieren Sie den Text (» Kapitel 23, S. 267).

a) Suchen Sie im Text nach wichtigen Aussagen und notieren Sie diese in verkürzter Form.

b) Geben Sie den Inhalt des Textes in eigenen Worten wieder.

Die häufigsten Gründe für Rückenschmerzen

Laut Robert Koch-Institut leiden mehr als 60 Prozent aller Bundesbürger unter Rückenschmerzen. Doch aus welchen Gründen? [...] Die Ursachen für Rückenprobleme liegen meistens in zu schwachen Muskeln oder verkürzten, unelastischen Bändern. Das ist das Ergebnis von zu wenig, zu einseitiger oder „falscher" Bewegung und untrainierter Rückenmuskulatur. In weniger als 20 Prozent aller Fälle entstehen Rückenschmerzen dadurch, dass sich Bandscheiben oder Wirbel krankhaft verändert haben. Noch viel seltener sind rheumatische Erkrankungen, Infektionskrankheiten oder poröse Knochen schuld. [...] Die Ursache für Rückenschmerzen kann auch in der Psyche liegen. Stress am Arbeitsplatz, Streit mit dem Partner oder andere seelische Belastungen können bewirken, dass sich im Körper Spannung aufbaut. Muskeln verkrampfen dann und üben Druck auf Nervenbahnen aus. [...] Wir sitzen heute durchschnittlich fast zwölf Stunden pro Tag, zum Beispiel vor dem Bildschirm im Büro. [...]

www.niedersachsen.aok.de

3 Stellen Sie Zusammenhänge zwischen der Grafik und dem Text her. Notieren Sie in Stichpunkten Zusammenhänge bzw. Gemeinsamkeiten und Unterschiede.

Informationen sammeln und verarbeiten

4 Formulieren Sie aus Ihren Stichpunkten aus Aufgabe 3 einen ausführlichen und zusammenhängenden Text in vollständigen Sätzen. Achten Sie auf flüssige Satzübergänge.

5 Beschreiben Sie berufliche Situationen aus Ihrem Umfeld, in denen Sie Informationen aus Texten mit grafischen Darstellungen vergleichen müssen.

6 Lesen Sie die nebenstehende Grafik und entnehmen Sie ihr die enthaltenen Informationen.

a) Klären Sie, worum es in der Darstellung geht.

b) Beurteilen Sie die Überschrift. Trifft sie die Aussage der Grafik? Begründen Sie Ihre Meinung.

c) Weshalb ist die Angabe zum Jahr 2014 aussagekräftiger als die zu 2013?

d) Wie beurteilen Sie die Aussagekraft dieser Grafik?

7 Formulieren Sie die wesentlichen Informationen der Grafik in einem verständlichen Text.

8 Vergleichen Sie Ihren Text mit der grafischen Darstellung. Nennen Sie Vor- und Nachteile beider Darstellungsarten.

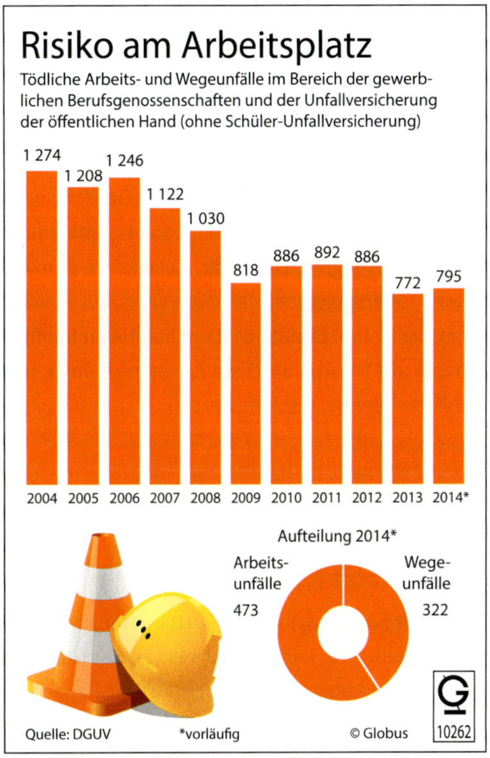

Unfälle auf der Baustelle

Ausgewertet wurden 321 Gefährdungsbeurteilungen der regionalen Bauunternehmen. Im Bereich Unfallgefährdung auf der Baustelle kommt die Absturzgefahr auf 37 Prozent. Eine Gefährdung durch Hinfallen oder Stolpern geben 68 Prozent an. Die Einklemmungsgefahr dagegen liegt nur bei 15 Prozent. Spitzenreiter ist die Verletzungsgefährdung durch scharfe Kanten oder spitze Gegenstände mit 73 Prozent. Auf jeweils 23 Prozent kommen die Gefahren durch elektrische Schläge und Schnittverletzungen.

9 Stellen Sie die wesentlichen Inhalte des Textes unten zunächst in Tabellenform (zwei Spalten, sechs Zeilen) dar.

a) Finden Sie eine einfache, aber aussagekräftige Überschrift.

b) Geben Sie den zwei Spalten Ihrer Tabelle knappe Bezeichnungen und füllen Sie die sechs Zeilen mit den Angaben aus dem Text.

10 Gestalten Sie zusammen mit Ihrem Nachbarn aus der Tabelle eine Grafik (» Kapitel 23, S. 269).

a) Skizzieren Sie zunächst auf einem Blatt zwei Varianten der Darstellung.

b) Entscheiden Sie sich für die bessere Darstellung und entwickeln Sie aus Ihrer Skizze eine übersichtliche Grafik.

c) Kontrollieren Sie Ihre Grafik nicht nur auf ihre inhaltliche Richtigkeit, sondern auch auf die Rechtschreibung.

d) Erstellen Sie Ihre Grafik mit Hilfe des Computers.

Qualitätsmanagement durchführen

Ablaufpläne und Evaluation

Arbeitsprozesse werden nicht nur beschrieben, um eine Gefährdungsbeurteilung vornehmen zu können, sondern auch, um sie im Rahmen des Qualitätsmanagements (QM) zu evaluieren (das heißt zu bewerten). Evaluationsberichte (also Bewertungsberichte) bauen häufig auf sorgfältig protokollierten Ablaufplänen auf.

Situation

Laura hat sich gut in die Thematik „Gefährdungsbeurteilung“ eingearbeitet. So gut, dass sie für zwei Wochen in die Abteilung versetzt wird, die für das Qualitätsmanagement (QM) der Firma zuständig ist. Dort soll sie dem leitenden QM-Beauftragten, Dr. Cardir, assistieren. Er erklärt ihr, dass Arbeitsprozesse nicht nur beschrieben werden, um eine Gefährdungsbeurteilung vornehmen zu können, sondern auch, um sie im Rahmen des Qualitätsmanagements zu evaluieren. Evaluationsberichte bauen häufig auf sorgfältig protokollierten Ablaufplänen auf. Leider verstehen nicht alle Mitarbeiter diese Zusammenhänge, meint Dr. Cardir, daher müsse er immer wieder um Aufgeschlossenheit bei der Belegschaft werben.

1 Klären Sie die Begriffe „Qualitätsmanagement“ und „Evaluation“. Machen Sie sich dazu Notizen.

Schritte zur Gefährdungsbeurteilung

A Vor Beginn der eigentlichen Gefährdungsbeurteilung sollten Sie folgendes klären: 1) Wer führt die Gefährdungsbeurteilung durch? 2)Wie kann ich meine Betriebsorganisation erfassen? 3) Wie kann die Arbeitsstätte in sinnvolle Betrachtungseinheiten unterteilt werden? […]

B Grundsätzlich müssen nur die tatsächlich vorhandenen Gefährdungen, die typisch […] für den betreffenden Arbeitsplatz sind und die Beschäftigten am Arbeitsplatz betreffen können, erfasst werden. Zu berücksichtigen sind sowohl Gefährdungen, die zu Unfällen führen können, als auch arbeitsbedingte Gesundheitsgefahren. […]

C Gefährdungen beurteilen heißt, festzustellen, ob eine Gefahr für die Beschäftigten vorliegt und somit Handlungsbedarf für Arbeitsschutzmaßnahmen besteht. Dabei ist jede einzelne Gefährdung, die Sie ermittelt haben, zu bewerten und zu dokumentieren. […]

D Um das erkannte Risiko zu reduzieren, müssen Sie Schutzziele bestimmen und geeignete Maßnahmen zur Beseitigung oder hinreichenden Begrenzung der festgestellten Gefährdungen festlegen. Das sind technische, organisatorische und personenbezogene Arbeitsschutzmaßnahmen […].

E Bestimmen Sie für die festgelegten Maßnahmen die Prioritäten, Termine und Verantwortlichkeiten. Um die erforderlichen Arbeitsschutzmaßnahmen wirksam durchführen zu können, sollten Sie unmissverständlich festlegen: WER macht WAS bis WANN? […]

F Durch regelmäßige Prüfungen gewährleisten Sie die erfolgreiche Umsetzung der Gefährdungsbeurteilung. […] Überprüfen Sie die Durchführung und die Wirksamkeit der Maßnahmen unmittelbar nach den vereinbarten Terminen und dann in festgelegten Abständen fortlaufend. […]

G Das Arbeitsschutzgesetz enthält keine Fristen, innerhalb derer die Gefährdungsbeurteilung wiederholt werden muss. Als Arbeitgeber sind Sie jedoch gefordert, Ihre Arbeitsschutzmaßnahmen bei sich ändernden Gegebenheiten anzupassen. […] Begegnen Sie neu auftretenden Gefährdungen, indem Sie den Prozess der Gefährdungsbeurteilung erneut durchlaufen. […]

Ablaufpläne und Evaluation

H Nach dem Arbeitsschutzgesetz muss jeder Arbeitgeber, der Arbeitnehmer beschäftigt, über eine aussagefähige Dokumentation der im Unternehmen durchgeführten Gefährdungsbeurteilung verfügen. [...] Die Dokumentation sollte nachvollziehbar und transparent sein. [...] In der Regel ist die Dokumentation eine schriftliche Unterlage. Sie kann aber auch in elektronischer Form vorgehalten werden. [...]

www.baua.de

2 Lesen Sie die acht Textblöcke aufmerksam durch und bringen Sie sie in die richtige Reihenfolge.

a) Notieren Sie die folgenden Oberbegriffe in richtiger Reihenfolge: Durchführen, Dokumentieren, Vorbereiten, Beurteilen, Fortschreiben, Ermitteln, Überprüfen, Festlegen.

b) Sortieren Sie die Textabschnitte dem passenden Oberbegriff zu, indem Sie hinter den Oberbegriff den entsprechenden Buchstaben notieren.

3 Verfassen Sie mit Hilfe Ihrer Ergebnisse aus Aufgabe 1 und des Textes eine kurze Prozessablaufbeschreibung zur systematischen Gefährdungsbeurteilung.

a) Erstellen Sie zu jedem Abschnitt eine Kurzform, indem Sie Stichwortsätze bilden und Aufzählungspunkte nutzen.

b) Lesen Sie Ihre Ausarbeitung gegenseitig Korrektur und verbessern Sie. Achten Sie auf eine einheitliche Form im Satzbau.

★ **4 Gestalten Sie in Gruppenarbeit ein Plakat zum Thema „Gefährdungsbeurteilung am Arbeitsplatz".**

a) Nutzen Sie die gegebenen Überschriften und Ihre kurzen, übersichtlichen Texte.

b) Achten Sie auf eine sinnvolle Anordnung der Textabschnitte.

c) Arbeiten Sie mit verschiedenen Farben und unterschiedlich großen Schriften.

d) Kleben Sie passende Bilder ein und illustrieren Sie einige Sachverhalte.

e) Stellen Sie sich Ihre Plakate gegenseitig vor.

f) Beurteilen Sie Text und Gestaltung der Plakate.

TIPP

Weniger ist manchmal mehr – gerade bei Plakaten.

TIPP

Bewerten Sie die Plakate nach vorher vereinbarten Kriterien.

Situation

Dr. Cardir zeigt Laura einige Unterlagen, die eine Fremdfirma im Zusammenhang mit der Gefährdungsbeurteilung erstellt hat. Die Geschäftsleitung wollte die Einschätzung dazu „von außen".

<table>
<tr><th>Evaluationsbericht zur Durchführung
der Gefährdungsbeurteilung</th><th>HelDir GmbH, Bermandstr. 17, 84500 Trauben</th></tr>
<tr><td colspan="2">...
Zusammenfassung: Arbeitssicherheit und Gesundheitsschutz haben in Ihrem Unternehmen einen hohen Stellenwert, auch wenn keine eigene Arbeitssicherheitsabteilung mit Arbeitsschutzexperten existiert. Ihrer Gefährdungsbeurteilung fehlt aber eine systematische Vorgehensweise. So kann ohne eine Fortschreibung der Gefährdungsbeurteilung keine nachhaltige Verbesserung von Sicherheit und Gesundheitsschutz der Beschäftigten bei der Arbeit erreicht werden. Genau das fordert aber das Arbeitsschutzgesetz und es würde dem Betrieb auch mittelfristig hohe Kosten sparen (z. B. durch Reduzierung von Krankheitstagen und längere Maschinenlaufzeiten mit weniger Wartungsarbeiten) ...</td></tr>
</table>

Ablaufpläne und Evaluation

5 **Analysieren Sie den Auszug aus einem Evaluationsbericht der vorherigen Seite. Notieren Sie die Kritikpunkte an der Firma, die konstruktiven (das heißt brauchbaren) Vorschläge, die der Verfasser macht, und die Argumente, die für die Vorschläge sprechen.**

Auszug aus dem Protokoll einer durchgeführten Gefährdungsbeurteilung

Schritt 1: Vorbereitungsarbeiten

Beschreibungen der Betriebsstruktur (dokumentiert in Textform und als Organigramm)
- *Festlegen der Arbeitsbereiche (sehr klar definierte Beschreibungen)*
- *Keine eindeutige Zuordnung der Arbeitsplätze (z. B. bei Löten und Schweißen → unterschiedliche Absaugsysteme)*
- *Missverständliche Erfassung von zwei Berufsgruppen, alle übrigen in Ordnung*

Zusammenstellung vorhandener Unterlagen
- *Unfallmeldungen (vollständig sortiert nach Datum und Kalenderjahren)*
- *Berufskrankheitsanzeigen (vollständig sortiert nach Mitarbeitern in alphabetischer Reihenfolge)*
- *Verbandbuch (nach offensichtlicher Durchnässung nicht mehr lesbar, Seiten verklebt)*
- *Nachweise von Sicherheitsunterweisungen (entsprechend den einschlägigen Vorschriften lückenlos vorhanden)*
- *Prüfprotokolle (vollständig, bis auf die der drei CNC-Fräsmaschinen → offensichtlich verlegt, Nachweis über Durchführung in Form von Rechnungen aber vorhanden)*

6 **Werten Sie den obigen Protokollauszug aus.**

a) Schreiben Sie die darin festgehaltenen Stärken und Schwächen heraus.
b) Verfassen Sie daraus einen Abschnitt für einen Evaluationsbericht.
c) Tauschen Sie Ihren Text mit dem Ihres Partners und korrigieren Sie ihn mit Hilfe des Basiswissens „Arbeitsabläufe gliedern und beschreiben“ (» S. 100) und nach Rechtschreibung und Zeichensetzung.
d) Tauschen Sie zurück und setzen Sie sich mit den Korrekturen an Ihrem Text auseinander.
e) Geben Sie Ihrem Partner ein Feedback zu den gemachten Korrekturen (» Kapitel 23, S. 267).

FAZIT

8.1
Arbeitsprozesse beschreiben
- Einen Sachverhalt oder Prozess beurteilen
- Arbeitsabläufe analysieren
- Eine Ablaufbeschreibung planen und verfassen
- Eine Ablaufbeschreibung zu einer Skizze formulieren

8.2
Informationen sammeln und verarbeiten
- Informationen aus Text und Grafik zusammenfassen
- Grafiken auswerten
- Grafiken erstellen

8.3
Qualitätsmanagement durchführen
- Einen Ablaufplan erstellen
- Ein Präsentationsplakat gestalten
- Einen Evaluationsbericht auswerten
- Einen Evaluationsbericht schreiben

Kapitel 9

Situationsbezogen sprechen und präsentieren

9.1 Kommunikation in schwierigen Situationen

9.2 Erfolgreich bewerben

9.3 Sprechängste überwinden

9.4 Präsentationen planen und durchführen

Immer öfter wird von Ihnen verlangt, vor einem Publikum zu sprechen. Das fällt nicht allen leicht. Sie reagieren auf solche Situationen mit roten Wangen und feuchten Händen? Lesen Sie in diesem Kapitel nach, wie Sie Ihre Sprechangst besser in den Griff bekommen. Außerdem erarbeiten Sie sich in diesem Kapitel die Feinstruktur eines längeren Vortrags und vertiefen Ihre Präsentationstechnik.

Mit einem Bewertungsbogen können Sie systematisch über Präsentationen reflektieren, was nicht nur bei der Nachbereitung, sondern auch bei der nächsten Vorbereitung hilfreich ist. Zusätzlich üben Sie Ihr Verhalten in schwierigen Gesprächssituationen, wie zum Beispiel in einem Bewerbungsgespräch oder einem Kritikgespräch.

Kompetenzen

- ✓ In schwierigen Situationen kommunizieren
- ✓ Kritik äußern und annehmen
- ✓ Konfliktgespräche führen
- ✓ Bewerbungsgespräche vorbereiten und führen
- ✓ Sprechängste überwinden
- ✓ Präsentationen planen und durchführen

Methoden und Arbeitstechniken

- ✓ Bewertungsbogen
- ✓ Exzerpieren
- ✓ Rollenspiel

Kommunikation in schwierigen Situationen

Kritik verstehen

Die Kommunikation zwischen Menschen ist äußerst komplex und deshalb von unterschiedlichsten Störungen bedroht. Wenn Kommunikation misslingt, entstehen Konflikte, die eskalieren können. Wer die Schwachstellen der Kommunikation kennt, kann Störungen leichter vermeiden.

Situation

Nele lernt Verkäuferin im Lebensmittelhandwerk. Sie ist happy, weil ihre Chefin sie mit einer anspruchsvollen Aufgabe betraut hat. Für eine neue Produktgruppe soll Nele im Laden eine Präsentationsfläche schaffen, welche die Blicke der Kunden auf sich zieht. Mit Freude und Begeisterung ist die angehende Verkäuferin bei der Arbeit, als die Chefin vorbeikommt. Sie sagt aber nur zwei Sätze und verschwindet gleich wieder: „Die Deko-Elemente passen doch überhaupt nicht zu den neuen Waren. An dieser Verkaufsfläche werden die Kunden vorbeilaufen.“

1 Nele kann die Aussage ihrer Chefin sehr unterschiedlich auffassen. Wie könnte Nele die Aussage ihrer Vorgesetzten verstehen? Stellen Sie Vermutungen an.

2 Stellen Sie die Reaktionen als kurze Dialoge dar. Achten Sie dabei auf die Körpersprache.

Reaktion A „Da gebe ich Ihnen recht“, sagt sie zur Chefin. Sie verändert aber nichts an der Warenpräsentation.

Reaktion B Nele antwortet ihrer Chefin nicht. Zu ihrer Kollegin sagt sie: „Die ist aber heute wieder gereizt. Wahrscheinlich verträgt sie die neue Diät nicht.“

Reaktion C „Ständig nörgeln Sie an mir herum. Sie halten mich wohl für eine vollkommen unfähige Auszubildende.“

3 Was wollte die Chefin mit ihrer Aussage gegenüber Nele erreichen? Stellen Sie Vermutungen an.

4 Wie hätte die Chefin formulieren können, damit Nele genau weiß, wie sie zu reagieren hat, und sich nicht als Versagerin fühlen muss (Reaktion C)?

TIPP

Empathie: Fähigkeit und die Bereitschaft, sich in die Gefühle und Gedanken anderer Menschen hineinzuversetzen. Oft wird der Begriff auch mit Einfühlungsvermögen oder Empfindsamkeit umschrieben.

Situation

Dario, ein Mitschüler in der Berufsschule, hat Nele vor vier Wochen seine Digitalkamera für zwei Tage geborgt. Nele hat die Kamera noch immer nicht zurückgegeben. Dario sagt:

Variante 1: Also, es gibt Leute, denen sollte man wirklich nichts borgen. Wenn man da nicht nachhakt, sind die Sachen weg. Fällt dir da was ein?

Variante 2: Ich habe dir vor vier Wochen meine Digitalkamera geborgt. Du wolltest mir diese zwei Tage später zurückgeben. Bitte bringe sie noch heute bei mir vorbei!

Variante 3: Das hätte ich wirklich nicht von dir gedacht, dass du so unzuverlässig bist und nichts zurückgibst, wenn man dir was borgt.

5 Setzen Sie sich mit der Situation und den drei Aussagen dazu auseinander (» Kapitel 24, S. 280).

a) Sprechen Sie sich gegenseitig die drei Aussagen vor. Variieren Sie dabei auch Mimik, Gestik, Tonfall. Überlegen Sie, wie die geäußerte Kritik jeweils auf Sie wirkt.

b) Formulieren Sie Antworten. Besprechen Sie, ob die Antwort einen Konflikt ver- oder entschärfen kann.

Kritik äußern, Kritik annehmen

Kritik am Verhalten anderer äußern und Kritik anderer aufnehmen und verarbeiten – das sind zwei Seiten einer kommunikativen Situation. Ob sie erfolgreich gemeistert wird, das hängt zunächst entscheidend vom Verhalten des Senders, also des Kritisierenden, ab.

Situation

Die Chefin sagt zu Jannis: „Du wirst nie fertig. Du sitzt da und träumst vor dich hin. Glaubst du, du wirst hier fürs Träumen bezahlt? Von Pünktlichkeit hast du scheinbar auch noch nichts gehört. Aber das ist typisch für dich. Keiner sonst ist hier so. Du bist der jüngste Azubi und erlaubst dir mehr Faulheit als alle anderen zusammen. Wenn man dir etwas zeigt, passt du nicht auf. Kein Wunder, dass du nichts Ordentliches zustande bringst. Nichts kannst du, du bist wirklich das Letzte. Das sehen übrigens auch alle Kollegen so. Schau dir nur mal deinen Arbeitsplatz an. Immer lässt du all deine Sachen herumliegen, eine Riesenschlamperei ist das. Was Hänschen nicht lernt, lernt Hans auch nicht mehr."

1 Stellen Sie die Situation in einem Rollenspiel (» Kapitel 23, S. 274) dar.

a) Arbeiten Sie in kleinen Gruppen. Ergänzen Sie im Spiel den Dialog: Wie könnte sich der Auszubildende verhalten? Führen Sie der Klasse das Rollenspiel vor.

b) Die gerade nicht vorspielenden Gruppen beobachten das Rollenspiel nach folgenden Gesichtspunkten:
- Welche Gestik, Mimik und welchen Tonfall benutzen die am Dialog beteiligten Personen?
- Halten Sie außerdem fest, mit welchen Worten der Auszubildende angesprochen wird.

2 Werten Sie nach jedem Rollenspiel Ihre Beobachtungen aus.

a) Welche Gefühle und Regungen wird das Gespräch in den jeweiligen Personen auslösen? Notieren Sie Beispiele.

b) Diskutieren Sie: Tragen die entstandenen Gefühle und Regungen zu einer Problemlösung bei?

c) Übertragen Sie die Tabelle in Ihr Heft und tragen Sie Ihre Ergebnisse jeweils ein.

Person	Körpersprache	Gefühle/Regungen	Lösung
Chefin	steht drohend ...	Ich muss mir endlich Luft verschaffen ...	
Auszubildender Jannis	sitzt, Blick nach unten ...	Am besten nichts sagen. Die kann mich mal.	

3 Formulieren Sie den Dialog zwischen der Chefin und Jannis so um, dass daraus ein konstruktives Kritikgespräch wird.

4 Stellen Sie auch dieses Gespräch in einem Rollenspiel dar und werten Sie es im Anschluss aus.

5 Überlegen Sie, wie ein Kritikgespräch in Ihrem Betrieb/Ihrer Praktikumseinrichtung aussehen könnte. Stellen Sie es in einem Rollenspiel dar.

Kritik äußern, Kritik annehmen

BASISWISSEN Kritikgespräche konstruktiv führen

Berechtigte Kritik strebt eine Verhaltensänderung an. Dazu muss der Gesprächspartner überzeugt und nicht nur beschimpft werden. Das heißt aber keinesfalls, dass kein Streit stattfinden darf, denn Auseinandersetzungen können auch konstruktiv geführt werden. Regeln für konstruktives Sprechen sind:

Vermeiden Sie:	Stattdessen:
„Du-Botschaften" Beispiel: „Du wirst nie fertig."	„Ich-Botschaften" Beispiel: „Ich habe in dieser Woche dreimal auf Arbeiten von dir gewartet."
Verallgemeinerungen Beispiel: „Immer lässt du deine Sachen herumliegen."	Konkrete Hinweise Beispiel: „Mir fällt auf, dass deine Werkzeuge noch auf dem Tisch liegen."
Kritik aus „zweiter Hand" Beispiel: „Das sehen auch alle Kollegen so."	Eigene Kritik äußern Beispiel: „Mir missfällt deine Einstellung zur Arbeit."
Kritik gegen die „ganze Person" Beispiel: „Nichts kannst du, du bist wirklich das Letzte."	Sachlich beim Problem bleiben Beispiel: „Mir missfallen deine Arbeitseinstellung und deine Unpünktlichkeit."
Machtdemonstrationen Beispiel: „Du bist hier der jüngste Azubi und erlaubst dir ..."	Auf der gleichen Ebene kommunizieren Beispiel: „Gemeinsam kriegen wir das schon hin."

Der Verlauf von Kritikgesprächen hängt einerseits von der Person ab, die eine Kritik vorträgt. Andererseits kann aber auch der Kritisierte den Gesprächsverlauf mit seiner Reaktion positiv oder negativ beeinflussen.

Situation 1

„Dir kann man wirklich nichts borgen. Ausgerechnet meine Lieblings-CD hast du verschlampt."

Situation 2

„Du bist fauler als alle anderen Azubis und bringst rein gar nichts auf die Reihe."

Situation 3

„Dich kann man nicht einmal eine Verkaufsfläche dekorieren lassen. Du leidest wohl an Geschmacksverirrung."

5 Klären Sie in Gruppenarbeit, wie Sie auf die dargestellten Situationen reagieren würden.

a) Folgen Sie dem Grundsatz: „Ich lasse mich nicht beleidigen und beschimpfen. Dann wehre ich mich lautstark."
b) Versuchen Sie, einen Streit zu vermeiden, ohne sich jedoch beleidigen zu lassen.
c) Führen Sie die in der Gruppe besprochenen Reaktionen vor und setzen Sie auch körpersprachliche Mittel dabei ein.
d) Werten Sie die Rollenspiele in der Klasse aus. Halten Sie Ratschläge für eine positive Gesprächsgestaltung in einem Merkblatt „Kritik äußern und annehmen" fest.

Konfliktgespräche konstruktiv führen

Gerade in Konfliktsituationen in Beruf und Alltag vergessen Gesprächsteilnehmer oft ihr konstruktives Gesprächsverhalten und fallen in gewohnte Verhaltensmuster zurück. So wird aus einem Konflikt ein Kampf, der ausgefochten werden muss, statt etwas aus ihm zu lernen. Der Text zeigt verschiedene Wege auf, wie mit Konflikten umgegangen wird.

Konfliktlösungsstrategien

Im Umgang mit Konflikten gibt es vier Grundmuster:

Rückzug: Man versucht, dem Konflikt aus dem Weg zu gehen, und hofft, dass „sich schon alles irgendwie regeln wird". Gewiss, nicht jeder Konflikt muss um jeden Preis ausgetragen werden. Es nützt aber auch nichts, einfach „den Kopf in den Sand zu stecken". Als Verhaltensmuster im Umgang mit Konflikten ist die Strategie des Rückzugs nicht zielführend, denn der Konflikt wird so nicht behoben. Er schwelt untergründig weiter.

Nachgeben und Durchsetzen: Diesen oft angewendeten Formen des Umgangs mit Konflikten liegt die Vorstellung zugrunde, dass es immer einen „Gewinner" und einen „Verlierer" geben muss. Doch nur selten kann mit dieser Methode ein tragfähiger Ausgleich erreicht werden, da die unterlegene Seite eine „Revanche" anstreben wird.

Kompromiss: Die Suche nach einem Kompromiss berücksichtigt im Gegensatz dazu auch die Wünsche des anderen. Auf dem Verhandlungswege gilt es, innerhalb eines abgesteckten Rahmens einen Ausgleich zu erzielen. Wie beim Rückzug bleibt aber die Ursache des Konflikts grundsätzlich weiter bestehen.

Kooperation: Konfliktbewältigung in kooperativer Form ist konstruktiv. „Schuld", „Recht haben" oder „gewinnen" spielen keine Rolle. Aus Kontrahenten werden im Idealfall Partner, die gemeinsam den Ursachen des Konflikts auf den Grund gehen, Optionen einer dauerhaften Auflösung entwickeln und zu Vereinbarungen kommen, mit denen beide Seiten gut leben können.

www.ausbildernetz.de

1 Aus welchen Gründen sind die folgenden Konfliktlösungsstrategien nicht zu empfehlen?

Rückzug • Nachgeben und Durchsetzen • Kompromiss

2 Welches Ziel verfolgt die kooperative Konfliktbewältigung?

3 Planen Sie Rahmenbedingungen für ein Konfliktgespräch, damit Sie es ungestört führen können. Welche Vorbereitungen müssen getroffen werden?

4 Tragen Sie in kleinen Gruppen zusammen, wie ein Konflikt zu vermeiden wäre. Denn wenn Konflikte frühzeitig erkannt werden, können sie leichter gelöst werden.

a) An welchen Zeichen können Sie erkennen, dass sich ein Konflikt anbahnt?
b) Was könnte man zur Vorbeugung von Konflikten als Mitarbeiter unternehmen?
c) Was könnte zur Vorbeugung von Konflikten vom Chef getan werden?

5 Informieren Sie sich über Mediatoren bzw. Streitschlichter.

a) Was versteht man unter einem Mediator bzw. Streitschlichter?
b) Welche Aufgaben sollte der Mediator übernehmen?
c) Was sollte er auf keinen Fall tun?

Erfolgreich bewerben
Ein Bewerbungsgespräch vorbereiten

Situation

Darios älterer Bruder Lukas hatte Erfolg mit seiner schriftlichen Bewerbung und ist zu einem Vorstellungsgespräch eingeladen. Damit hat er bereits den „Fuß in der Tür“. Jetzt hat er die Chance, im persönlichen Vorstellungsgespräch zu punkten. Je besser er sich selbst darstellen kann, umso eher erreicht er sein Ziel! Sein Termin ist morgen Vormittag um 10:30 Uhr in einer circa 30 km entfernten Kleinstadt.

1 Versetzen Sie sich in Lukas' Lage. Was gibt es für Sie alles zu bedenken? Bilden Sie Vierer-Gruppen und bearbeiten Sie folgende Punkte.

1. Schritt: Organisatorische **Vorbereitung**

Weg
- Wie lange benötige ich?
- Wie komme ich hin?
- ...

Kleidung
- Welche Kleidung ist angemessen?
- Ist alles gebügelt und passt es zueinander?
- Welches Outfit ist für die folgenden Berufe passend: Fachkraft für Lagerlogistik, Schreiner, Bankkaufmann, Fachverkäuferin im Nahrungsmittelhandwerk, Kfz-Mechatroniker, medizinische Fachangestellte?

Erscheinungsbild
- Haare
- Schmuck
- Hände und Fingernägel
- Piercing
- Schuhe und Socken
- ...

Körpersprache
- Wie verhalte ich mich zu Beginn?
- Was will ich tun und sagen?
- Wie will ich während des Gesprächs sitzen?
- Beachten Sie: Handhaltung, Beinhaltung, Blickrichtung/-kontakt, Mimik
- ...

2 Erproben Sie in Partnerarbeit die Begrüßungsphase des Vorstellungsgesprächs und geben Sie sich gegenseitig ein Feedback (» Kapitel 23, S. 267).

3 Erstellen Sie in Ihrer Gruppe eine Checkliste „Vorbereitung auf ein Vorstellungsgespräch“. Verarbeiten Sie hier Ihre Ergebnisse der vorhergehenden Aufgaben.

TIPP
Sich anpassen, ohne sich zu verbiegen.

2. Schritt: Darstellung Ihrer **fachlichen Kompetenz**

4 Notieren Sie Ihre Erfahrungen und Stärken im fachlichen Bereich.

a) Durchdenken Sie einen typischen Arbeitstag und listen Sie Ihre Tätigkeiten mit den entsprechenden Fachbegriffen auf.

b) Notieren Sie ebenso, mit welchen Maschinen/Geräten/Arbeitsmitteln Sie gearbeitet haben.

c) Was liegt Ihnen besonders? Worüber besitzen Sie ein Spezialwissen?

d) Formulieren Sie nun in einigen Sätzen das Ergebnis Ihrer Überlegungen (zum Beispiel: *Im Umgang mit folgenden Arbeitsmitteln habe ich Erfahrung ... / Diese Tätigkeiten beherrsche ich ... / Besonders gut kann ich ...*).

Ein Bewerbungsgespräch vorbereiten

3. Schritt: Vorbereitung auf die **Fragen zur Person**

Ein weiterer Fragenkomplex im Vorstellungsgespräch bezieht sich auf die Person des Bewerbers. Dazu gehören auch die Fragen nach den persönlichen Stärken und Schwächen, die unvorbereitet schwer zu beantworten sind. Deshalb gilt: Bereiten Sie sich darauf vor, indem Sie eine persönliche Stärken-Schwächen-Analyse durchführen. Hierbei hat es sich bewährt, Meinungen von anderen einzuholen, denn das Selbstbild trügt manchmal etwas.

5 Finden Sie Ihre besonderen persönlichen Stärken und Schwächen. Nutzen Sie dazu die nebenstehende Liste. Erweitern Sie diese bei Bedarf.

a) Schätzen Sie selbst ein, wie stark diese Persönlichkeitsmerkmale bei Ihnen ausgeprägt sind, und belegen Sie Ihre Einschätzung mit Beispielen.

b) Bitten Sie nun Ihre Partnerin oder Ihren Partner um eine Einschätzung zu Ihren Persönlichkeitsmerkmalen.

c) Vergleichen Sie die Selbst- und die Fremdeinschätzung. Diskutieren Sie über die Diskrepanzen und gelangen Sie so zu einem klareren Selbstbild.

d) Bedenken Sie genau, was für Schwächen Sie nennen wollen. Welche Bedeutung haben diese Schwächen ggf. in Ihrem Beruf?

e) Formulieren Sie das Ergebnis Ihrer Stärken-Schwächen-Analyse für sich selbst in einigen Sätzen.

Persönliche Stärken

- Belastbarkeit
- Ausdauer
- Anpassungsfähigkeit
- Durchsetzungsvermögen
- Flexibilität
- Kommunikationsfähigkeit
- Lernbereitschaft
- Organisationsgeschick
- Sorgfalt
- Teamfähigkeit
- Entscheidungsfreudigkeit
- ...

4. Schritt: Informationen über den **Betrieb/die Einrichtung** und die Arbeitsstelle sammeln

Einerseits sollte man den Eindruck erwecken, dass man über Betrieb/Einrichtung und Stelle informiert ist, andererseits wird aber auch erwartet, dass man zu diesen Themen Fragen stellt. Auch dieser Teil des Gesprächs muss also gut vorbereitet sein.

6 Tragen Sie Informationen über Ihren Wunschbetrieb/Ihre Wunscheinrichtung und die Stelle zusammen.

a) Welche Informationen können für Sie nützlich sein? Formulieren Sie allgemein und notieren Sie.

b) Woher könnten Sie Informationen erhalten?

7 Welche Fragen wollen Sie in dem Bewerbungsgespräch stellen?

a) Notieren Sie Ihre Fragen.

b) Legen Sie eine sinnvolle Reihenfolge fest.

8 Auch Ihr künftiger Arbeitgeber hat sich vorab auf das Gespräch mit Ihnen vorbereitet und sich Fragen für Sie überlegt.

a) Beantworten Sie die nebenstehenden Fragen schriftlich.

b) Führen Sie das Gespräch zur Übung im Rollenspiel durch.

Fragen, mit denen Sie rechnen müssen:

- Warum möchten Sie in dem Betrieb/der Einrichtung arbeiten?
- Sind Sie bereit, Überstunden zu machen?
- Was machen Sie in Ihrer Freizeit?
- Treiben Sie Sport?
- Welches Gehalt stellen Sie sich vor?
- Welche besonderen Stärken haben Sie?
- Was sind ihre Schwächen?
- Wie beurteilen Sie Ihre Teamfähigkeit?
- Welche Aufgaben übernehmen Sie besonders gern?
- Wieso glauben Sie, die richtige Person für die Stelle zu sein?

Hinweis: Fragen zu Parteizugehörigkeit, Religion, Krankheiten, Kinderwunsch, Heiratswunsch, Schwangerschaft müssen nicht beantwortet werden!

Ein Bewerbungsgespräch führen

Der Büroausstatter Heiter-Büro sucht einen neuen Mitarbeiter. Herr Sälzle (Personalchef, 38 Jahre) hat heute zwei Bewerber zum Gespräch eingeladen. Darios älterer Bruder Lukas Noura stellt sich vor.

Sälzle: Guten Tag, Herr Noura. Schön, dass Sie jetzt da sind. Bitte nehmen Sie Platz. Möchten Sie Kaffee oder Wasser? Was darf ich Ihnen anbieten?

Noura: Kaffee, bitte! *(Er bedient sich selbst.)*

S.: Herr Noura, Sie wissen ja, wir sind ein aufstrebendes Unternehmen. Wie sind Sie denn darauf gekommen, sich gerade in unserem Betrieb zu bewerben? Was ist denn das Besondere bei uns?

N.: Ja, also – Herr Salzmann *(Er nimmt seine Kaffeetasse und trinkt erst einmal.)* – na ja, ich habe gehofft, dass Sie mir das heute sagen werden ...

S.: Herr Noura, diese Stelle als Kundenbetreuer beinhaltet ja auch den Verkauf unserer Produkte. Was unterscheidet Sie von anderen Bewerbern? Warum sollten wir gerade Sie einstellen?

N.: Also, ich bin gut im Verkaufen, ich habe schon viel verkauft, auch privat und so – also verkaufen kann ich!

S.: Haben Sie Erfahrungen mit dem Anlegen von Datenbanken und der Verwaltung von Kundenkartelen? Mit welchen Programmen haben Sie da gearbeitet?

N.: *(Sein Handy klingelt.)* Oh, Verzeihung! *(Er stellt das Handy ab und zieht bei dieser Gelegenheit gleich sein Jackett aus.)*
Wie war doch noch mal Ihre Frage? Ach so, ja! Also, ich habe schon viele Kunden betreut – auch Kunden in USA und Japan. Also, ich bin sehr international ausgerichtet und sicher auch eine Bereicherung für Sie! Wie sieht es übrigens mit Urlaub bei Ihnen aus?

S.: Ja, danke schön, Herr Noura, ich denke, wir sind jetzt schon zu einem Ergebnis gekommen. Haben Sie ...

N.: *(unterbricht)* Ach, schon zu Ende? Wann soll ich denn jetzt eigentlich anfangen? Na, ich schlaf dann auch noch mal drüber, dann hab ich sicher noch ein paar Fragen. *(Er steht auf und zieht sein Jackett an.)*
Ähh, eine Frage noch: Wie sieht es aus mit der Erstattung der Benzinkosten? Ich musste ja herfahren ... wo reiche ich das ein?

S.: Herr Noura, Sie hören von uns. Auf Wiedersehen!

1 Tragen Sie das Gespräch vor.

a) Lesen Sie betont und mit verteilten Rollen vor.
b) Stellen Sie das Gespräch nach. Achten Sie dabei besonders auf Gestik und Mimik.

2 Sammeln Sie alle Fehler, die Herr Noura macht.

3 Erstellen Sie ein Merkblatt „Fehler im Vorstellungsgespräch".

a) Listen Sie mindestens zehn Fehler schriftlich auf.
b) Notieren Sie daneben, wie sich diese Fehler vermeiden lassen bzw. was Sie stattdessen tun sollten.

TIPP

Versetzen Sie sich in die Lage des Personalchefs. Was fällt Ihnen an den Antworten des Bewerbers und an seinen Fragen auf?

Ein Bewerbungsgespräch führen

Die zweite Kandidatin ist Frau Hamza. Sie erscheint fünf Minuten vor dem vereinbarten Termin und meldet sich bei der Sekretärin des Personalchefs an. Der Personalchef Herr Sälzle bittet sie herein.

Sälzle: Guten Tag, Frau Hamza. Bitte nehmen Sie Platz. Möchten Sie Kaffee oder Wasser? Was darf ich Ihnen anbieten?

Hamza: Ich nehme gerne ein Glas Wasser, danke sehr, Herr Sälzle.

S.: Frau Hamza, Sie wissen ja, wir sind ein aufstrebendes Unternehmen. Wie sind Sie denn darauf gekommen, sich gerade in unserem Betrieb zu bewerben? Was ist denn das Besondere bei uns?

H.: Ja, also – zunächst mal gefallen mir Ihre hochwertigen Produkte, sodass ich mir gut vorstellen kann, diese mit Überzeugung vertreiben zu können. Und dann hat mich angesprochen, dass Sie so großen Wert auf Teamarbeit legen.

4 Vergleichen Sie die beiden Bewerbungsgespräche miteinander.

a) Lesen Sie mit verteilten Rollen das Gespräch mit Frau Hamza.
b) Was macht Frau Hamza besser als Herr Noura?
c) Überprüfen Sie anhand Ihres Merkblatts „Fehler im Vorstellungsgespräch" das Gespräch von Frau Hamza.

5 Entwickeln Sie das Bewerbungsgespräch weiter.

a) Formulieren Sie in Gruppenarbeit schriftlich den weiteren Verlauf des Bewerbungsgesprächs von Frau Hamza.
b) Tragen Sie sich gegenseitig Ihre Ergebnisse als Rollenspiel vor (» Kapitel 23, S. 274).
c) Beobachten Sie dabei auch die Körpersprache der Darsteller und geben Sie dazu Feedback.
d) Vollziehen Sie die „vier Phasen eines Bewerbungsgesprächs" an den Beispielen nach.

BASISWISSEN Ablauf eines Bewerbungsgesprächs

Vorstellungsgespräche laufen meistens nach folgendem Muster ab:

Phase 1 Begrüßung, Small Talk

Phase 2 Fragen an den Bewerber, z. B.:

- Fragen zum Lebenslauf
- Fragen zur fachlichen Kompetenz, beruflichen Erfahrung
- Fragen zur Person (Charakter, Konfliktfähigkeit, Freizeit)
- Fragen zur Motivation

Phase 3 Fragen des Bewerbers, z. B.:

- Fragen zum Betrieb/zur Einrichtung
- Fragen zu den Arbeitsbedingungen
- Fragen zu Ansprechpartnern, Vorgesetzten
- Fragen zur Einarbeitungsphase und möglichen Fortbildungen
- Frage zum weiteren Verlauf des Verfahrens

Phase 4 Dank, Verabschiedung

Sprechängste überwinden

So äußert sich Lampenfieber

Situation

Nele singt in ihrer Freizeit in einer Band. Vor ihren Auftritten hat sie häufig Lampenfieber.

1 Ist Ihnen das schon passiert: Sie waren sehr gut vorbereitet und dann hatten Sie das Gefühl, keinen Ton herauszubekommen? Berichten Sie über Ihre Erfahrungen.

a) In welchen Situationen haben Sie schon einmal Lampenfieber erlebt?

b) Wie sind Sie damit umgegangen?

c) Welche Reaktionen haben Sie beim Publikum erlebt?

BASISWISSEN Lampenfieber

Lampenfieber und Anspannung vor einer Präsentation oder einem Auftritt wirken leistungssteigernd und sind bis zu einem gewissen Grad völlig normal. Wenn man sich das bewusst macht, kann man evtl. eine neue Einstellung zur eigenen Aufregung gewinnen – man sollte einfach akzeptieren, dass man hin und wieder Lampenfieber spürt. Die Hauptursache von Lampenfieber ist die Angst zu versagen. Das Überlebensrezept der Urmenschen bei Angst war Flucht oder Kampf. Auch heute noch mobilisiert unser Organismus alle Energiereserven, schüttet viel Adrenalin (Stresshormon) aus und versetzt den Körper damit in Hochleistungsbereitschaft. Diese starke Adrenalinausschüttung führt als Nebenwirkung zu den Symptomen, die man Lampenfieber nennt.

Diese Symptome spüren Sie bei sich selbst	Diese Symptome nimmt Ihr Publikum an Ihnen wahr
Herzrasen	rote Wangen
trockener Mund, Kloßgefühl	Räuspern
belegte Stimme	Zittern in der Stimme
verstärktes Schwitzen	Sprechtempo zu schnell
feuchte, zitternde Hände	sichtbares Schwitzen
Verdauungsstörung	kein Blickkontakt
wackelige Knie	hektische Bewegungen oder fehlende Gestik
Vergesslichkeit	

Erste Hilfe bei Lampenfieber

„Ein Auftritt ohne Lampenfieber ist wie Liebe ohne Gefühl.“ (Sammy Davis jr.)

Auch Schauspieler oder Sänger berichten davon, dass sie vor jedem Auftritt von Lampenfieber geplagt werden. Lampenfieber kann man nicht entgehen, aber man kann lernen, damit umzugehen und die Symptome gelassener hinzunehmen. Die Auswirkungen unserer Sprechangst empfinden wir selbst übrigens wesentlich stärker als unser Publikum.

1 Informieren Sie sich über die körperlichen Reaktionen bei Lampenfieber.

a) Lesen Sie das Basiswissen (» S. 116) und erkundigen Sie sich im Internet, in Biologie- oder Medizin-Büchern.

b) Klären Sie die folgenden Fragen: Warum kommt es zu einer starken Adrenalinausschüttung? Welche positiven Wirkungen hat der Adrenalinschub? Welche störenden Symptome entstehen als Nebenwirkung des Adrenalinausstoßes?

c) Tragen Sie Ihre Ergebnisse im Klassenplenum zusammen.

2 Finden Sie Strategien gegen Lampenfieber.

a) Tragen Sie erste Ideen zusammen.

b) Strukturieren Sie Ihre Ideen in einer Mindmap.

3 Bilden Sie Gruppen und holen Sie pro Gruppe Erkundigungen über eine Entspannungstechnik ein.

a) Informieren Sie sich über „Progressive Muskelentspannung“, „Atemtechniken“, „Autogenes Training“, „Yoga“, „Meditation“, „Qigong“.

b) Stellen Sie einander die unterschiedlichen Methoden möglichst mit einer Übung vor.
Hinweis: Entspannungstechniken muss man üben. Bei starkem Lampenfieber sollten Sie über einen Kurs nachdenken.

Atemübung

Setzen Sie sich entspannt auf Ihren Stuhl und schließen Sie die Augen.

Legen Sie die Hände auf Ihren Bauch und atmen Sie ruhig weiter.

Konzentrieren Sie sich ganz auf das Atmen und beobachten Sie, welche Körperteile bewegt werden und wo Ihr Atem hinfließt.

4 Tragen Sie zusammen, welche Möglichkeiten Sie organisatorisch – durch gute Vorbereitung – haben, das Lampenfieber zu minimieren.

5 Das Adrenalin, das Ihr Körper ausstößt, muss wieder abgebaut werden. Bei einer Flucht geht das recht schnell, aber was, wenn Sie nicht fliehen können?

a) Sie haben vor der Präsentation noch 15 Minuten Zeit. Was könnten Sie zum Abbau des Adrenalins tun?

b) Denken Sie darüber nach, welche Energieventile Sie während der Präsentation einbauen können.

6 Denken Sie sich in für Sie besonders angstauslösende Redesituationen hinein.

a) Notieren Sie Sprechsituationen, die Ihnen Angst machen.

b) Bringen Sie diese in eine Reihenfolge mit zunehmender Belastung.

c) Stellen Sie diese Angsthierarchie grafisch dar, zum Beispiel als Berg, und notieren Sie Hilfen, um ihn zu besteigen.

7 Ergänzen Sie das Merkblatt rechts um Ihre Tipps und strukturieren Sie es sinnvoll.

Erste Hilfe bei Lampenfieber

- bewusst und ruhig atmen
- die Zuhörerzahl allmählich steigern
- zweifache Ausführungen der Präsentationsunterlagen mitnehmen
- ...
- ...
- ...

Präsentationen planen und durchführen

Feedback-Bogen entwickeln

Einerseits ist es wichtig, für eine gehaltene Präsentation ein strukturiertes und produktives Feedback vom Publikum zu erhalten. Andererseits kann man eine Präsentation aber auch viel besser vorbereiten, wenn man weiß, nach welchen Kriterien sie beurteilt wird. Für beide Aspekte ist ein Feedback-Bogen hilfreich, der die Kriterien zur Bewertung von Präsentationen enthält.

1 Erstellen Sie einen Bewertungsbogen zur Beobachtung von Präsentationen.

a) Nutzen Sie dabei die nachfolgenden Formulierungen.

Formulierungshilfen für einen Bewertungsbogen

Ein roter Faden ist erkennbar.
Der Inhalt ist gut strukturiert.
Die Medien sind sinnvoll ausgewählt.
Die Sprache ist verständlich.
Der Zuhörer hat von der Präsentation einen Nutzen.
Der Zuhörer fühlt sich angesprochen.
Die Inhalte werden verständlich visualisiert.
Die Argumente sind überzeugend.
Die Abstimmung zwischen den Präsentierenden stimmt.

Es wird Blickkontakt zum Publikum gehalten.
Es wird frei gesprochen.
Die Körperhaltung zeigt Sicherheit.
Die verwendeten Grafiken sind ansprechend.
Die Stoffauswahl überzeugt.
Sprechtempo und Lautstärke sind angenehm.
Die Beispiele sind ansprechend.
Die Ausdrucksweise ist klar und verständlich.
Der Inhalt ist fachlich richtig.

b) Ergänzen Sie die Kriterien nach eigenen Vorstellungen.

c) Gruppieren Sie die Formulierungen unter folgende Oberbegriffe: Inhalt, Aufbau, Sprache, Körpersprache, Präsentation/Medieneinsatz.

d) Entwickeln Sie dazu eine Bewertungsskala, in der Sie auch festlegen, wie viel Prozent etwa der Inhalt bei der Präsentation ausmacht etc.

e) Gestalten Sie am PC einen gut strukturierten und übersichtlichen Bewertungsbogen.

f) Setzen Sie Ihren Feedback-Bogen ab jetzt auch bei Präsentationen im Fachunterricht ein.

Die Bewertungskriterien können Sie auch für die Vorbereitung Ihrer Präsentation nutzen. So können Sie überprüfen, ob Sie bei der Planung an alles gedacht haben.

2 Erstellen Sie eine Checkliste zur Vorbereitung von Präsentationen.

a) Orientieren Sie sich an den Beobachtungskriterien und formulieren Sie diese in die Ich-Form für Ihre Checkliste um, zum Beispiel: *Ich spreche bei der Präsentation frei.*

b) Ergänzen Sie diese Liste nach eigenen Vorstellungen.

c) Illustrieren Sie Ihre Checkliste mit passenden Symbolen.

d) Setzen Sie Ihre Checkliste zur Vorbereitung Ihrer künftigen Präsentationen ein.

3 Erfolgreich ist eine Präsentation, wenn man ihr eine Problemfrage zugrunde legt, die im Laufe der Präsentation erläutert und gelöst wird. Beurteilen Sie die folgenden Themenstellungen bezüglich ihrer Eignung für eine Präsentation.

Die Entwicklung der Gentechnik • Fluch und Segen der Gentechnik • Gentechnik – da liegt die Zukunft • Zeigt die Gentechnik den Weg aus Krankheit und Leid?

Eine Präsentation gliedern

Situation

Nele, Dario und Jannis müssen in der Klasse eine größere Präsentation halten. Sie müssen den Ablauf genau planen, um ihre Zuhörer dauerhaft zu fesseln. Ebenso wichtig ist aber auch die Berücksichtigung ihrer speziellen Zielgruppe, also ihres Publikums, vor dem sie ihre Präsentation halten werden.

1 Planen Sie die Feinstruktur einer größeren Präsentation.

a) Bilden Sie Arbeitsgruppen und wählen Sie ein Thema, etwa:
- Traditionen in Bayern
- Unfallvermeidung am Arbeitsplatz
- Fürsprache für das Ehrenamt
- Der neue Gabelstapler

b) Finden Sie einen Titel für Ihr Thema im Sinne einer Problematisierung (» S. 118, Aufgabe 3).

c) Legen Sie fest, vor welcher Zielgruppe Sie präsentieren wollen.

d) Formulieren Sie zu den Punkten 1–12 des Basiswissens Ideen und Beispielsätze.

e) Finden Sie Möglichkeiten der Visualisierung und planen Sie den Medieneinsatz (» Kapitel 23, S. 273).

f) Üben Sie Einleitung und Schluss Ihrer Präsentation vor einer Gruppe. Holen Sie sich Feedback dazu ein (» Kapitel 23, S. 267).

BASISWISSEN Feinstruktur einer Präsentation

Einleitung (ungefähr 15 Prozent Zeitanteil)

1. Freundliche Begrüßung der Zuhörer
2. Persönliche Vorstellung
3. Hinführung zum Thema der Präsentation (Ohröffner: aktuelles Ereignis, Statistik, Zitat, interessantes Beispiel, eigenes Erlebnis ...)
4. Thema als griffige Schlagzeile formulieren
5. Bedeutung des Themas für die Zuhörer herausstellen
6. Vorstellung des Ablaufs zur Orientierung

Hauptteil (ungefähr 75 Prozent Zeitanteil)

7. Informationen und Argumente gesteigert vortragen (zu Beginn das zweitstärkste Argument, in der Mitte die schwächeren Argumente, am Ende das stärkste Argument)
8. Den Blickwinkel des Publikums berücksichtigen (zielgruppenspezifisch vortragen)

Schluss (ungefähr 10 Prozent Zeitanteil)

9. Schluss ankündigen
10. Kernpunkte zusammenfassen
11. Aufforderung zum Handeln aussprechen
12. Den Zuhörern danken

2 Wählen Sie eine andere Zielgruppe, zum Beispiel Freundeskreis, Vereinsversammlung, Vorgesetzte, und diskutieren Sie, ob Ihre Planung aus Aufgabe 1 angepasst werden müsste. Begründen Sie.

a) Bedenken Sie Alter, Geschlecht, Vorkenntnisse, Interessen und den Nutzen für die Zuhörer.

b) Passen Sie evtl. den Ohröffner, das Schwierigkeitsniveau, die Beispiele und Argumente, die Sprachebene, den Medieneinsatz und die Bedeutung des Themas für die Zuhörer an.

Im Team präsentieren

Situation

1 Die Wirkung einer Präsentation wird zu 80 % von Körpersprache bestimmt.

a) Betrachten Sie die Bilder oben. Wo sind Mimik/Gestik/Haltung angemessen? Wo nicht?

b) Formulieren Sie allgemeine Tipps für die Präsentation zu zweit.

c) Erstellen Sie mit Ihren Tipps ein Merkblatt „So gelingt eine Präsentation im Team".

2 Diskutieren Sie: Ist eine Präsentation mit digitalen Präsentationsformen auf jeden Fall das Mittel zum Erfolg?

a) Welche Erfahrungen haben Sie mit digitalen Präsentationen gemacht?

b) Bei welchen Themen/Präsentationen ist eine digitale Präsentationsform sinnvoll, bei welchen nicht?

c) Was sollte man bei der Erstellung der digitalen Präsentationsform besonders beachten? Ergänzen Sie die Tipps unten rechts.

3 Gestalten Sie eine Präsentation zu einem Thema Ihrer Wahl mit digitalen Präsentationsformen.

a) Beachten Sie dabei die abgebildeten Tipps.

b) Testen Sie den Umgang mit der Technik (PC/Laptop, Beamer etc.).

c) Halten Sie Ihren Vortrag zu zweit.

d) Erweitern Sie Ihren Feedback-Bogen (» S. 118) um Kriterien zur Bewertung von digitalen Präsentationen.

e) Formulieren Sie ein Feedback zur digitalen Präsentation.

Gestaltungsregeln

- Stichworte
- Weniger ist mehr
- Bilder einsetzen

Präsentieren mit digitalen Präsentationsformen

- Einheitliches Folienlayout
- Durchgehende Farbgestaltung

Lesbarkeit

- Große Schrift
- Nur eine Schriftart
- Übersichtliche Anordnung
- Gut lesbare Schriftfarbe wählen

Funktionen der Präsentation

Für den Vortragenden:

- Gedankenstütze
- Hilfe für freies Sprechen

Für den Zuhörer:

- Roter Faden
- Visualisierung

Vorträge spannend präsentieren

Vorträge und Präsentationen sind ein wichtiges Element in der modernen Berufswelt. Oft werden sie als langweilig und einschläfernd empfunden. Natürlich ist es nicht leicht, spannende Vorträge zu halten, aber man kann es lernen.

„Ich verwandle meine Botschaften in Geschichten"

von Ann-Kathrin Terfurth

Die Kommunikationsberaterin Beth Penland empfiehlt, Mitarbeiter mit Erzählungen zu motivieren, statt mit Power-Point-Präsentationen zu traktieren. Wie soll das gehen?

ZEIT ONLINE: Frau Penland, wenn Sie einen Vortrag halten, reden Sie nicht nur einfach über Ihr Thema, sondern erzählen Geschichten. Wieso?
Beth Penland: Ich bin im Süden der USA aufgewachsen, dort erzählt man sich immer Geschichten. [...] Diese Storys sind spannend, jeder hört dir zu. Und das will ich auch erreichen, wenn ich einen Vortrag halte. Durch Storytelling verwandle ich meine Botschaften in eine Geschichte.
Z: Wie reagieren Ihre Zuhörer, wenn Sie so einen Vortrag halten?
P: Erst sind sie etwas überrascht, aber dann hören sie mir genau zu. Wer eine gute Geschichte erzählt bekommt, bei dem schüttet der Körper Hormone aus – zum Beispiel das Glückshormon Dopamin. Davon will jeder mehr und passt also auf. [...]
Z: Hat Storytelling noch weitere Vorteile?
P: Auf jeden Fall. Durch Geschichten werden die Zusammenhänge im Gehirn besser verknüpft und der Zuhörer merkt sich das Erzählte besser. Außerdem kann ich meine Zuhörer von etwas überzeugen, das sie im ersten Moment vielleicht ablehnen. Ein Beispiel: Ich muss meinen Mitarbeitern sagen, dass wir einen wichtigen Kunden verloren haben. Da ist die Stimmung selbstverständlich nicht gut. Aber anstatt sie einfach nur zu informieren, erzähle ich eine Geschichte, die von Durststrecken handelt, harten Prüfungen, aber gut endet. So kann ich meine Mitarbeiter motivieren, die schwere Zeit durchzustehen. Das würde mir nicht so leicht gelingen, wenn ich [...] 50 Folien runterbete.
Z: Sie raten also davon ab, Power-Point bei Vorträgen zu nutzen?
P: Nein, [...] wenn ich weiß, wie ich es richtig einsetzen muss. Folien, die überfrachtet sind mit Text, sind nicht sinnvoll. Da weiß mein Publikum nicht, ob es die Folie lesen oder mir zuhören soll. Stattdessen kann ich mit Videos, Bildern oder Symbolen arbeiten, die jeder sofort versteht. [...]
Z: Sie haben mehrere Jahre mit Deutschen zusammengearbeitet. Wo sehen Sie noch Potenzial in der Art der Kommunikation?
P: Deutsche tendieren dazu, sehr genau und detailliert zu sein in allem, was sie tun. Wenn es um die Ziele eines Projektes geht, haben sie einen genau ausgearbeiteten Katalog mit Unterzielen, mittelfristigen Zielen und dem großen Ziel. Das schüchtert ein, es sind zu viele Informationen für die Zuhörer. Ich rate dann dazu, sich auf die wirklich wichtigsten Aspekte zu fokussieren.

www.zeit.de

1 Geben Sie die wichtigsten Interview-Aussagen wieder.

2 Welche Tipps gibt Beth Penland für den Einsatz von digitalen Präsentationsformen?

3 Wie reagiert das Publikum, wenn Beth Penland Botschaften in Geschichten verwandelt?

4 Was empfiehlt Beth Penland den Deutschen, damit sie ihre Kommunikation verbessern?

Vorträge spannend präsentieren

5 Welche Vorteile hat das „Storytelling“ aus Sicht von Beth Penland?

★ **6** Welche Geschichte können Sie in Ihre Präsentation einbauen? Überprüfen Sie die Wirkung.

Situation

Auf der Ausbildungsmesse „Einstieg Beruf“ ist auch die Schule von Nele, Dario und Jannis mit einem Messestand vertreten. Es ist Platz für Informationswände mit Plakaten und Moderationskarten. Ebenso stehen Beamer, Projektionsfläche und Flipcharts zur Verfügung.

Ausbildungsmesse „Einstieg Beruf“

Bis zu 200 Unternehmen und schulische Ausbildungsstätten aus der gesamten Region haben Gelegenheit, sich auf der „Einstieg Beruf“, der größten Ausbildungsmesse, zu präsentieren und über ihre Ausbildungsmöglichkeiten zu informieren. Die Messe wird von der IHK, der Agentur für Arbeit und der Handwerkskammer veranstaltet. Zielgruppe sind Schülerinnen und Schüler der allgemeinbildenden Schulen aus der Region sowie alle Ausbildungsplatzsuchenden. Sie können im Hinblick auf Praktikums- bzw. Ausbildungsplätze Kontakte knüpfen und sich über die schulische Aus- und Weiterbildung nach dem Schulabschluss informieren.

7 Bereiten Sie eine Präsentation Ihrer Schule für die angesprochene Zielgruppe vor.

a) Wählen Sie geeignete Medien aus. Die Präsentation halten Sie auf der Bildungsmesse.

b) Überprüfen Sie, ob Ihre Präsentation passgenau auf das Publikum ausgerichtet ist.

FAZIT

9.1 Kommunikation in schwierigen Situationen

In konstruktiven Konfliktgesprächen sollte man ...
- Ich-Botschaften verwenden
- Konkrete Hinweise geben
- Sachlich bleiben

9.2 Erfolgreich bewerben

Bewerbungsgespräche müssen gut vorbereitet werden:
- Organisatorische Fragen (Termin, Ort)
- Fachliche Kompetenz
- Persönlichkeitsprofil
- Informationen über den Betrieb/die Einrichtung

9.3 Sprechängste überwinden

- Gute Vorbereitung
- Ursachen von Lampenfieber
- Umgang mit Lampenfieber

9.4 Präsentationen planen und durchführen

- Feinstruktur erarbeiten
- Im Team präsentieren
- Geeignete Präsentationsprogramme nutzen

Kapitel 10

Texte sowie Grafiken auswerten und verarbeiten

10.1 Einen Sachtext analysieren

10.2 Diagramme verstehen und nutzen

10.3 Text und Grafik in Beziehung setzen

10.4 Literarische Werke in ihrer Zeit

Bedienungsanleitung, Tabellenbuch, Checkliste, Fehlerprotokoll, Kurzgeschichte, Roman, Bericht, Reportage, Diagramm, Grafik: Was haben diese Texte gemeinsam? Allen Texten können Sie Informationen entnehmen und sie auswerten. Jede dieser Textsorten hat ihre Besonderheiten, denen man sich auf unterschiedliche Weise nähern muss. In diesem Kapitel geht es zunächst darum, lineare Texte (Texte, die Sachinformationen in fortlaufenden Sätzen vermitteln) zu verstehen und für das Schreiben eigener Texte zu nutzen. Auch den Umgang mit Grafiken (nicht linearen Texten) werden Sie üben. Die Shell Jugendstudie bietet dazu eine gute Grundlage und soll Sie gleichzeitig anregen, Ihre eigene Werthaltung zu überdenken. Literarische Texte setzen sich mit fiktionalen Lebenswelten auseinander und lassen Ihnen Raum für Vorstellungsvermögen und eigene Kreativität.

Kompetenzen

- ✓ Sachtexte differenziert erfassen
- ✓ Texten Informationen entnehmen
- ✓ Grafiken auswerten und in lineare Texte umwandeln
- ✓ Texten entnommene Informationen in Zusammenhänge einordnen
- ✓ Literarische Figuren charakterisieren

Methoden und Arbeitstechniken

- ✓ Diagrammerstellung
- ✓ Exzerpieren
- ✓ Lesekarte
- ✓ Standbild

Einen Sachtext analysieren

Eine Umfrage unter Ausbildungsbetrieben hat ergeben, dass 56 Prozent der Betriebe bei den Schulabgängern Defizite im mündlichen und schriftlichen Ausdrucksvermögen bemängeln.

Situation

Beate, Andrej und Christian sind Auszubildende und arbeiten zusammen in der Wimmer Holztechnik GmbH. Dort enthalten manche Betriebsvereinbarungen viele komplizierte Sätze und schwierige Fachausdrücke. Der Betriebsrat überlegt, ob er bei der Geschäftsführung die Bearbeitung dieser Texte nach den Regeln der „Leichten Sprache" beantragen soll.

Maria in der Hängematte

von Martin Doerry

Die komplexe Welt überfordert auch die Sprachkompetenz vieler Menschen. Pädagogen verbreiten deswegen die Idee einer „Leichten Sprache". Doch nicht allen sozial Abgehängten und Außenseitern wird damit wirklich geholfen.

Diese Geschichte geht um eine neue Sprache. Die Sprache heißt Leichte Sprache. Sie ist für jeden leicht zu verstehen. Sie hat ganz leichte Regeln. Man schreibt nur in Hauptsätzen. Man wiederholt Wörter immer wieder. Man drückt sich nur in deutschen Wörtern aus. Wörter aus mehreren Wörtern werden mit Binde-Strichen getrennt. Es heißt zum Beispiel Sommer-Urlaub und Fabrik-Schornstein. Man verwendet auch möglichst den Wem-Fall. Der Wes-Fall ist zu schwierig.

„Die Leichte Sprache war ursprünglich nur für Menschen mit Lernschwierigkeiten gedacht", sagt Gisela Holtz aus Münster, die Geschäftsführerin des Netzwerks, „aber sie hilft auch vielen anderen." Über 40 Prozent der Erwachsenen, berufstätige wie arbeitslose, gelten den Verfechtern der Leichten Sprache inzwischen als mögliche Adressaten; neben geistig Behinderten sind das Analphabeten und vor allem schriftentwöhnte Menschen, Deutsche mit Migrationshintergrund und – spätestens seit dem vergangenen Jahr – auch Flüchtlinge.

Die Zahl ist schon deswegen so hoch, weil die Zahl der Analphabeten, also der Menschen, die nicht einmal kleine Texte verstehen können, allein auf 7,5 Millionen geschätzt wird. Für sie, aber auch für alle übrigen Menschen, die sich mit dem Schreiben und Lesen schwertun, sei Leichte Sprache ein „ideales Angebot", meint Gisela Holtz. […]

Die Leichte Sprache ist eine reine Schriftsprache. Regelwidrig sind nach den aktuell gültigen Vorschriften nicht nur Genitiv und Konjunktiv, sondern auch Synonyme und Sonderzeichen, Verneinungen und Passivkonstruktionen. Nach jedem einzelnen Satz muss ein Absatz folgen, und der ganze Text soll mit kleinen Piktogrammen garniert werden. Präzise Angaben werden hingegen als störend empfunden. So darf es nicht „14 795 Menschen" heißen, sondern nur „viele Menschen". Und Jahreszahlen sind ganz verpönt: Bismarck wurde nicht 1871 zum Reichskanzler ernannt, sondern „vor langer Zeit". […]

Auch öffentlich-rechtliche Medien folgen dem Trend. NDR und Deutschlandfunk bieten Nachrichten in Leichter Sprache auf ihren Internetseiten, meist allerdings nur bunte Themen. […]

Das alles mag noch den Bedürfnissen der ursprünglich avisierten Zielgruppe entsprechen, denen der geistig Behinderten.

[…] Die Idee der Sprachreformer, die Standards so weit zu senken, dass auch jene nicht behinderten Menschen für die Teilnahme an politischen Prozessen gewonnen werden können, die nur noch sehr selten lesen oder schreiben, führt inzwischen zu heftigen Abwehrreaktionen. „Wir leben in einer Welt, die immer komplizierter wird", heißt es etwa im Internet-Blog Content.de. „Leichte Sprache hilft dabei gewiss nicht, sondern mehr und besserer Deutschunterricht."

Einen Sachtext analysieren

[…] Die Bielefelder Soziologin Bettina Zurstrassen fürchtet sogar, dass die gewünschte Inklusion sozial Abgehängter und Behinderter mit dieser künstlichen „Sprachwelt“ eher blockiert als befördert wird. Wer nur noch den „normierten Schreib- und Sprachstil der Leichten Sprache“ erlerne, verliere womöglich den Anschluss an die allgemein üblichen Formen der Kommunikation. Es drohe eine Gettoisierung.

(Spiegel, 29/2016)

1 Lesen Sie den Text mit der Lesekarte.

2 Vor welchen Problemen stehen Menschen mit sprachlichen Schwierigkeiten im beruflichen Alltag?

3 Geben Sie den Inhalt des Textes mit eigenen Worten wieder.

4 Untersuchen Sie den Textaufbau. Wo arbeitet er mit Thesen, Pro- und Kontra-Argumenten, Beispielen? Sind die Argumente nach dem Steigerungsprinzip angeordnet? Begründen Sie.

5 Notieren Sie Pro- und Kontra-Argumente für die Verwendung von „Leichter Sprache“ in Betrieben. Übertragen Sie die Tabelle in Ihr Heft und ergänzen Sie die Argumente.

Pro-Argumente	Kontra-Argumente
– baut sprachliche Hürden ab – …	– Fachbegriffe sind meistens nicht ersetzbar – …

6 Planen und formulieren Sie einen Antrag des Betriebsrats an die Geschäftsführung, der die Einführung von leichter Sprache zum Ziel hat.

TIPP

Bedenken Sie auch mögliche Einwände der Arbeitgeberseite.

Situation

Im Betrieb, in dem Beate, Andrej und Christian arbeiten, dürfen die Mitarbeiter ein dienstliches Mobiltelefon benutzen. Eine Betriebsvereinbarung regelt die Handynutzung.

Vereinbarung zur ausschließlich dienstlichen Nutzung vom Unternehmen überlassener Mobiltelefone/Smartphones

[…]

1. Der Arbeitgeber überlässt der/dem Arbeitnehmer/in das Mobiltelefon […] zur ausschließlich dienstlichen Nutzung. Eine private Nutzung durch den/die Arbeitnehmer/in wird ausdrücklich untersagt.

4. In jedem Fall der Nichtbeachtung dieses privaten Nutzungsverbots sieht der Arbeitgeber eine arbeitsvertragliche Pflichtverletzung […] und behält sich den Ausspruch einer fristlosen Kündigung des Arbeitsverhältnisses vor.

[…]

www.agv-minden.de

★ **7** Formulieren Sie diese Betriebsvereinbarung nach den Regeln der „Leichten Sprache“ um.

Diagramme verstehen und nutzen

Im Berufsleben, in den Medien und in vielen Alltagssituationen werden Sachinformationen nicht in einem fortlaufenden Text vermittelt, sondern über Grafiken. Sie dienen dazu, Sachverhalte zu veranschaulichen und komplexe Zusammenhänge verständlich zu machen.

Situation

Beate soll in der Berufsschule Diagramme erläutern. Sie ist etwas unsicher, wie sie da am besten vorgehen soll.

1 Beschreiben Sie das Diagramm im Einzelnen: Formulieren Sie für jede Säule des Diagramms die Ergebnisse der Umfrage: „Von 100 deutschen Unternehmen mit 5 bis 50 Beschäftigten haben 5 einen ...“

2 Beschreiben Sie die Grafik mit einem Satz.

TIPP

Die Grafik „Wo Arbeitnehmer mitbestimmen“ beschreibt/zeigt ...
In dem Diagramm geht es um/wird deutlich ...

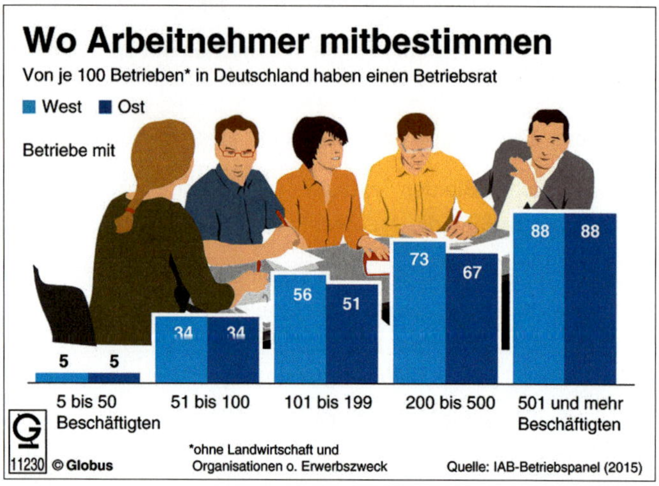

BASISWISSEN – Merkmale unterschiedlicher Diagramme

Diagramme lassen sich in drei Gruppen unterteilen.

Balken- oder Säulendiagramme können mehrere Größen bzw. Mengen miteinander vergleichen. Beim Balkendiagramm verlaufen die Balken waagerecht, beim Säulendiagramm senkrecht. Die Länge der einzelnen Balken gibt an, wie bedeutsam eine bestimmte Größe ist.

Kreis- oder Tortendiagramme veranschaulichen die Aufteilung eines Ganzen in Teilmengen. Die Teile werden in Prozent angegeben. In einem Kreisdiagramm wird z. B. die Sitzverteilung der Parteien im Bundestag dargestellt.

Kurvendiagramme stellen Entwicklungen über einen bestimmten Zeitraum dar. Auf der horizontalen Achse werden meistens Zeitabschnitte, auf der vertikalen Achse Mengenangaben eingetragen.

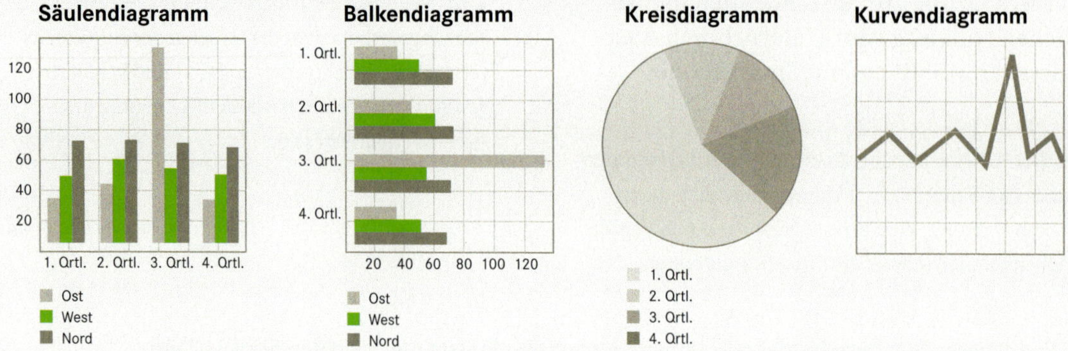

Diagramme verstehen und nutzen

3 Die Wimmer Holztechnik GmbH mit 180 Mitarbeitern hat einen Betriebsrat. Bei wie vielen Unternehmen der gleichen Betriebsgröße ist das nicht der Fall? Ermitteln Sie die Prozentzahl aus den Angaben der Abbildung auf Seite 126.

4 Beschreiben Sie die vier Diagrammarten im Basiswissen in eigenen Worten.

a) Finden Sie für jedes Diagramm mindestens ein Beispiel.

b) Diskutieren Sie, ob sich Ihre Beispiele besonders gut für die genannte Diagrammart eignen oder ob sich die Sachverhalte besser in anderer Form darstellen lassen.

c) In welchem Diagramm würden Sie folgende Informationen darstellen: die Altersentwicklung in der BRD, die Ausbildungszahlen der letzten zehn Jahre, den Konsum verschiedener Softdrinks im Vergleich der letzten fünf Jahre, das Stimmungsbarometer für Spitzenpolitiker im Vergleich der letzten Monate?

5 Werten Sie das Balkendiagramm „Wo Schulabgänger Defizite haben" aus.

a) Betrachten Sie jeden Balken einzeln und formulieren Sie einen Satz.

b) Vervollständigen Sie schriftlich den unten stehenden Informationstext anhand der Informationen aus dem Balkendiagramm.

Der Anteil der Betriebe, die Ausbildungshemmnisse beklagen, sinkt seit Jahren beständig. Ausbildungshemmnisse treten zudem in ihrer Bedeutung zurück, weil Betriebe durch die demografischen Veränderungen verstärkt um Nachwuchs werben müssen. Eigene Aktivitäten, den Ausbildungshemmnissen zu begegnen, nehmen zu. Mehr als ein Drittel der Betriebe ...

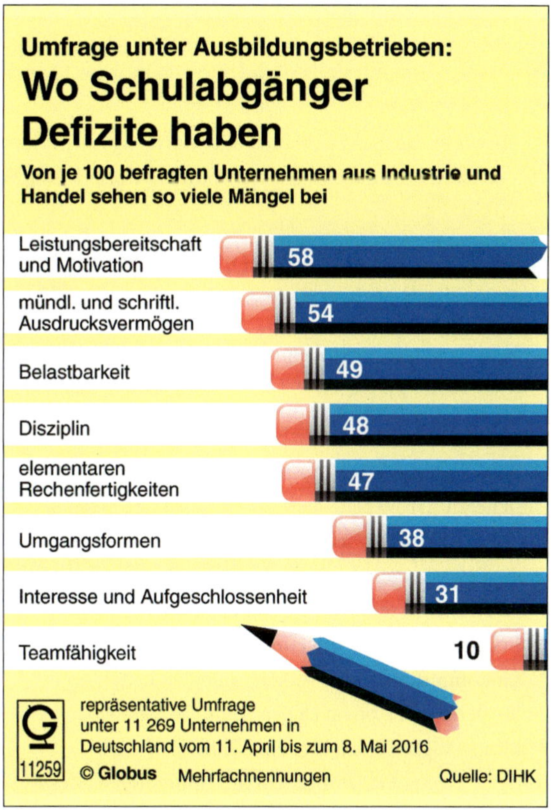

ARBEITSTECHNIK Diagramme auswerten

Zur Auswertung eines Diagramms sollten Sie die folgenden Fragen klären:

1. Welche Gesamtaussage wird in der Grafik vermittelt?
2. Von welcher Datenbasis wird ausgegangen (Quelle, Zeitraum, Anzahl der Befragten ...)?
3. Welche Einzelinformationen enthält die Grafik?
4. Wie stehen die Einzelinformationen miteinander in Beziehung?
5. Wie sind die Ergebnisse zu interpretieren? Welche Schlussfolgerung kann gezogen werden?

Text und Grafik in Beziehung setzen

Werthaltungen ermitteln und überdenken

Shell beauftragt regelmäßig unabhängige Wissenschaftler mit der Erstellung von Studien, um Sichtweisen, Stimmungen und Erwartungen von Jugendlichen in Deutschland zu dokumentieren. Die Shell Jugendstudie von 2015 stützt sich auf eine repräsentativ zusammengesetzte Stichprobe von über 2500 Jugendlichen im Alter von 12 bis 25 Jahren aus den alten und neuen Bundesländern. Sie wurden von Infratest-Interviewern zu ihrer Lebenssituation, ihren Einstellungen und Orientierungen persönlich befragt.

Situation

Andrej hat die Shell Jugendstudie gelesen und dazu eine Umfrage in seiner Berufsschulklasse durchgeführt.

1 Führen Sie ebenfalls eine Umfrage in Ihrer Klasse zu der Frage durch: „Was ist mir wichtig im Leben?“

a) Notieren Sie in drei Minuten stichwortartig Antworten auf einem Zettel.

b) Vergleichen Sie die Antworten in der Klasse. Welche Gemeinsamkeiten stellen Sie fest?

Erwartungen an den Beruf: Sicherheit an erster Stelle – Karriere zweitrangig

Die Einstellungen rund um das Berufsleben bildeten einen Schwerpunkt in der 17. Shell Jugendstudie.

[...] Bei den Erwartungen an die Berufstätigkeit dominiert das Bedürfnis nach Sicherheit. Einen sicheren Arbeitsplatz halten 95 Prozent der Jugendlichen für (sehr) wichtig. Darüber hinaus lassen sich die Erwartungen der Jugendlichen in zwei Felder zusammenfassen: Nutzen und Erfüllung.

Bei der **Nutzenorientierung** stehen ein hohes Einkommen und gute Aufstiegsmöglichkeiten im Vordergrund. Aber auch genügend Freizeit neben der Berufstätigkeit spielt hier eine Rolle. [...]

Beim Thema **Erfüllung** steht die Sinnhaftigkeit des eigenen Handelns im Vordergrund. Zentrale Aspekte sind hier das Gefühl, etwas zu leisten, die Möglichkeit, sich um andere zu kümmern, und die Möglichkeiten, etwas zu tun, was man für sinnvoll hält. Dabei fällt auf, dass vor allem junge Frauen im Vergleich zu den gleichaltrigen Männern diese Inhalte des Erwerbslebens wichtiger finden.

Bei der Gestaltung der Berufstätigkeit finden sich gleich drei Aspekte: die Vereinbarkeit von Arbeit und Leben, die Planbarkeit der Berufstätigkeit und die Karriereorientierung. Hierbei fällt auf, dass die Karriereorientierung für die Jugendlichen zweitrangig ist. Weniger als die Hälfte der Jugendlichen (47 Prozent) erachtet Überstunden als etwas, das dazugehört, wenn man etwas werden will. Dagegen dürfen für eine breite Mehrheit der Jugendlichen (91 Prozent) Familie und Kinder neben dem Beruf nicht zu kurz kommen. Die **Vereinbarkeit von Arbeit und Leben** umfasst die Möglichkeit einer kurzfristigen Anpassung der Arbeitszeit an die eigenen Bedürfnisse sowie den Wechsel auf Teilzeit, sobald Kinder da sind. Fast erwartungsgemäß lässt sich festhalten, dass junge Frauen diesen Aspekten deutlich mehr Bedeutung beimessen als die gleichaltrigen Männer.

Für die **Planbarkeit der Berufstätigkeit** steht eine geregelte Arbeitszeit mit klar festgelegtem Beginn und Ende im Vordergrund. Zugleich sollen Familie und Kinder neben dem Beruf nicht zu kurz kommen. Erneut sind es junge Frauen, die sich im Alltag häufiger verlässliche Strukturen der Arbeit wünschen als gleichaltrige junge Männer.

Die **Karriereorientierung** umfasst die beiden Aussagen mit den geringsten Zustimmungswerten. Am ehesten können sich noch junge Männer mit der Idee anfreunden, dass Überstunden zur beruflichen Karriere dazugehören. Sie wären zugleich auch häufiger bereit, am Wochenende zu arbeiten, wenn es zu einem entsprechenden Ausgleich unter der Woche kommt. Aus diesen fünf Aspekten des Berufslebens haben wir vier Typen jugendlicher Berufsorientierung abgeleitet.

Werthaltungen ermitteln und überdenken

Die Durchstarter (37 Prozent): Sie betonen Nutzen und Erfüllung im Erwerbsleben gleich stark. Nach ihrer Ansicht hat sich die Arbeit aber an das Leben anzupassen. Sowohl Planbarkeit als auch die Karriereorientierung sind hier hoch ausgeprägt.
Die Idealisten (18 Prozent): Diese stellen den Aspekt der Erfüllung eindeutig in den Vordergrund. Nach ihrer Vorstellung soll ihr Beruf vor allem Sinn stiften. Bedeutsam ist auch die soziale Komponente, für andere oder zusammen mit anderen Menschen. Nutzen und Planbarkeit haben demgegenüber eine geringere Bedeutung, auch die Karriereorientierung ist eher unterdurchschnittlich ausgeprägt.
Die Bodenständigen (27 Prozent): Bei ihnen steht der Nutzen im Vordergrund des Berufslebens. Ihnen ist Karriere durchaus wichtig, und sie sollte möglichst gut planbar sein. Weiterhin soll sich der Beruf bis zu einem gewissen Grad an das Leben anpassen. Der Wunsch nach Erfüllung ist ihnen demgegenüber weniger wichtig.
Die Distanzierten (18 Prozent): Sie fühlen sich von allen genannten Aspekten des Berufslebens nicht wirklich angesprochen. Sie haben vergleichsweise moderate Erwartungen an Nutzen und Erfüllung, Planbarkeit und Anpassung des Berufs an das Leben und eine weniger ausgeprägte Karriereorientierung. [...]

(Shell Jugendstudie, 2015)

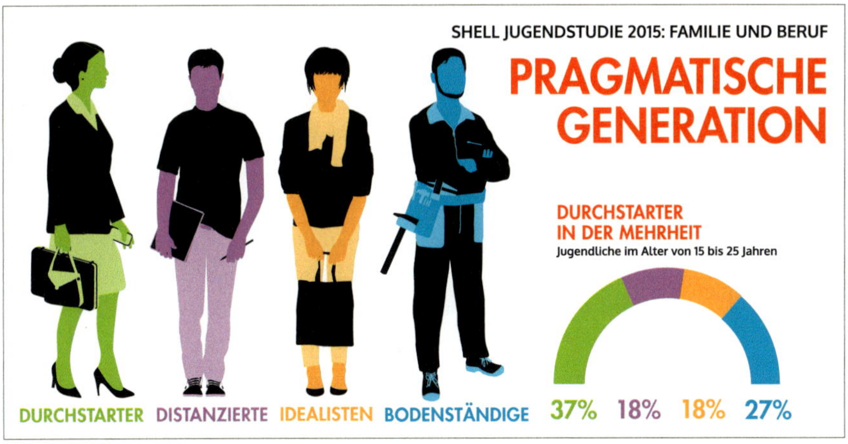

2 Lesen Sie den Text mit der Lesekarte und geben Sie die fünf wichtigsten Aussagen aus der Shell Jugendstudie mit eigenen Worten wieder.

3 Lesen und interpretieren Sie die Grafik zur Shell Jugendstudie. Welche Aussagen des Textes werden durch die Grafik unterstützt?

4 Worin unterscheiden sich in der Shell Jugendstudie die Einstellungen von weiblichen und männlichen Jugendlichen?

5 Diskutieren Sie die Ergebnisse der Shell Jugendstudie.
a) Womit stimmen Sie überein/nicht überein? Begründen Sie.
b) Vergleichen Sie die Ergebnisse der Shell Jugendstudie mit den Ergebnissen der Klassenumfrage (Aufgabe 1). Was stellen Sie fest?

6 Entwerfen Sie in Gruppen einen Fragenkatalog für ein Interview, in dem Sie zu den folgenden Themen die Werthaltung junger Menschen erfragen: Bildung, Religion, Politik, Familie, Freizeit.

Informationen entnehmen und für die eigene Textproduktion nutzen

Verschiedene Entwicklungen in der Bevölkerung und die Anforderungen der Arbeitswelt haben in den letzten Jahren unser Zusammenleben vor neue Herausforderungen gestellt. Nur noch selten leben mehrere Generationen einer Familie unter einem Dach.

Situation

Beate ist alleinerziehend und noch in der Ausbildung. Sie möchte später beruflich auf eigenen Beinen stehen. Allerdings fällt es ihr nicht leicht, ihren Alltag zu organisieren. Ausbildung, Berufsschule und Kindererziehung muss Beate unter einen Hut bringen. In der Zeitung stößt sie auf einen Bericht über Mehrgenerationenhäuser.

Deutsche wünschen sich Großfamilie

[...] Vater, Mutter, Kinder, Oma, Opa – und alle leben zusammen unter einem Dach: Diese Wohnform ist in Deutschland ungewöhnlich, für viele Deutsche aber ein großer Wunsch. Dies zeigen Zahlen des Meinungsforschungsinstituts YouGov, die 2.000 Bundesbürger dazu befragt haben. Demnach würden 44 Prozent gern mit mehreren Generationen zusammenleben und stehen befragten 46 Prozent gegenüber, die sich ein solches Leben nicht vorstellen können.

Statistisch gesehen ist die Großfamilie ein Leben gegen den Trend. Vor allem in großen Städten dominieren Single- und Zwei-Personen-Haushalte sowie die Kleinfamilie. „Mehrgenerationenhaushalte werden insgesamt immer seltener", sagte Dieter Sarreither, Präsident des Statistischen Bundesamts. Statistiken seiner Forscher zufolge ist die Zahl der Haushalte mit drei oder mehr Generationen zwischen 1996 und 2015 um 40,5 Prozent zurückgegangen. Und laut YouGov leben nur elf Prozent bereits mit Nachwuchs und eigenen Eltern zusammen, nur zwei Prozent planen dies. Trendforscher Peter Wippermann wundert das nicht. „Bisher ging die Singularisierung der Gesellschaft immer weiter", sagte er. [...]

„Dann ist man weniger allein"

Soziologen wie die Stuttgarter Forscherin Christine Hannemann sehen für die Zukunft jedoch mehr Gemeinschaftlichkeit und eine größere Vielfalt beim Wohnen. Eher als die klassische Großfamilie entstünden dabei aber Wahlverwandtschaften, wenn sich zum Beispiel Jung und Alt freiwillig in Mehrgenerationenhäusern oder -siedlungen zusammenschlössen – mit einem festen Konzept zu gegenseitiger Hilfe. [...]

Für drei Viertel der von YouGov Befragten liegen die Vorteile des Zusammenlebens denn auch auf der Hand. So lasse sich durch einen Mehrgenerationenhaushalt Geld sparen, zum Beispiel bei der Miete. Die Kinderbetreuung sehen sogar 80 Prozent leichter geregelt. Auch die Großelterngeneration sieht eine deutliche Mehrheit besser versorgt (74 Prozent). Positiv wird die Wohnform auch eingeschätzt, weil sich die Familie gegenseitig besser unterstützen kann und „man weniger allein ist".

Ähnlicher Geschmack, ähnliche Toleranz

Auf der anderen Seite fürchtet eine Mehrheit, zu wenig Privatsphäre zu haben oder keinen geeigneten Wohnraum zu finden – für die meisten scheitert der Wunsch also bereits an den bestehenden Realitäten des deutschen Immobilienmarkts. Zudem sind viele davon überzeugt, dass es zu mehr Konflikten kommen wird und man sich schneller auf die Nerven geht, wenn man im Großfamilienverbund zusammenlebt. [...]

www.zeit.de

Informationen entnehmen und für die eigene Textproduktion nutzen

1 Halten Sie es für sinnvoll, dass junge und alte Menschen in Mehrgenerationenhäusern zusammenwohnen? Begründen Sie Ihre Meinung.

2 Belegen Sie die Aussage: „Die Großfamilie ist ein Leben gegen den Trend“ mit Fakten.

3 Welche Vorteile des Zusammenlebens unter einem Dach werden im Text genannt? Welche zusätzlichen Informationen liefert die Grafik „Alle unter einem Dach“? Finden Sie eigene Argumente und präsentieren Sie diese.

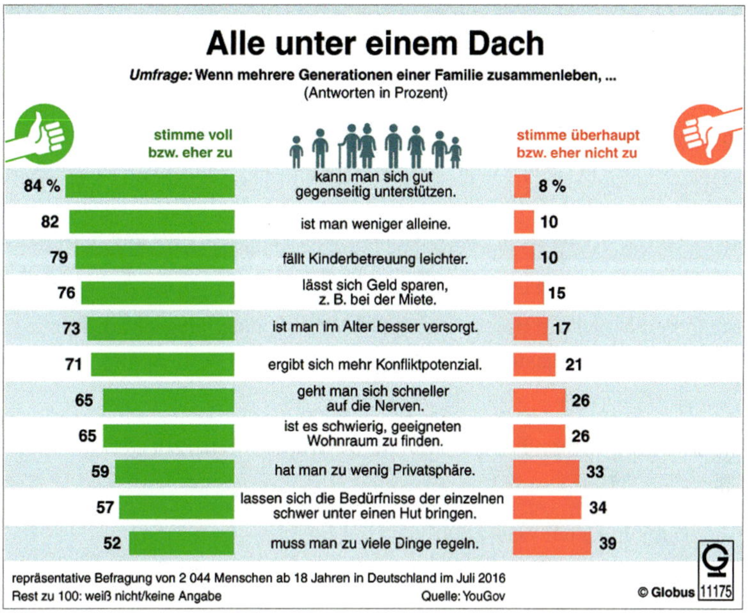

4 Worin sehen die Befragten überwiegend Nachteile, wenn mehrere Generationen zusammenleben?

5 Finden Sie Gründe für die starke Zunahme der Single-Haushalte.

a) Berücksichtigen Sie alle Informationen und Argumente, die Sie den Seiten 130–131 entnommen haben. Diese sollen Ihnen helfen, die Fragestellung umfassend erörtern zu können und einen eigenen Standpunkt zu finden.

b) Notieren Sie die Informationen, die Ihnen zur Beantwortung der Frage dienen.

TIPP

Mit Bindewörtern lassen sich Ursachen ausdrücken: weil, denn, da ...

6 Formulieren Sie einen kurzen Erörterungsaufsatz mit Einleitung, Hauptteil und Schluss, in dem Ihr eigener Standpunkt deutlich wird. Nutzen Sie dazu das Basiswissen.

BASISWISSEN – Ein Thema erörtern

Erörtern heißt, sich einem Thema von allen Seiten zu nähern. Es dient der Meinungsbildung, Entscheidungsfindung und Problemlösung. Je nach Thema und Aufgabenstellung erläutern Sie Ursachen, Folgen oder Lösungsmöglichkeiten einer aufgeworfenen Sachfrage – das nennt man eine lineare (steigende) Erörterung – oder Sie setzen sich mit einem strittigen Problem auseinander, für das es berechtigte Pro- und Kontra-Argumente gibt – dann spricht man von einer dialektischen (gegenüberstellenden) Erörterung. Ziel ist es, einen eigenen, begründeten Standpunkt zu entwickeln (» Kapitel 24, S. 280).

Die **Einleitung** führt zum Thema hin und soll Interesse wecken. Am Ende der Einleitung können Sie die zu erörternde These nennen.

Der **Hauptteil** enthält die eigentliche Auseinandersetzung mit dem Thema. Hier sollten überzeugende Argumente mit entsprechenden Entfaltungen formuliert werden. Wichtig ist hier die persönliche Stellungnahme.

Im **Schlussteil** können eine kurze Zusammenfassung, ein Ausblick in die Zukunft oder ein Appell an den Leser formuliert werden.

Literarische Werke in ihrer Zeit

Gesellschaft und Literatur im Vormärz (1815–1848)

Warum lesen Sie? In diesem Kapitel haben Sie bisher Texte gelesen, um ihnen Informationen zu entnehmen und diese Informationen in Zusammenhänge einzuordnen. Wer sich zu einem bestimmten Zweck mit Texten beschäftigt, hat eher rationale Gründe zu lesen. Viele lesen aber Bücher, weil sie mitreißen, faszinieren oder erheitern, also auch aus emotionalen Gründen. Schriftsteller erschließen durch ihre Vorstellungskraft und ihre Sprache Welten, die sonst verschlossen blieben. Sie verstehen viel von der Komplexität der Gesellschaft, der Macht der Gefühle und geben Einblick in fremde oder vergangene Kulturen. Natürlich wird dabei jeder Schriftsteller von den Verhältnissen seiner Zeit geprägt. Kulturelle, politische und wirtschaftliche Ereignisse beeinflussen ihn. Dies zeigt sich auch in den folgenden Texten von Georg Büchner, Wolfgang Borchert und Bernhard Schlink.

Georg Büchner (1813–1837) gründete im Alter von 21 Jahren die „Gesellschaft für Menschenrechte", um die politischen Verhältnisse in Hessen zu ändern. Wegen seiner Flugschrift „Der hessische Landbote" wurde er steckbrieflich gesucht und musste aus Deutschland fliehen. Er starb im Alter von 23 Jahren an einer Viruserkrankung.

Georg Büchner: Der Hessische Landbote (Auszug)

Erste Botschaft
Darmstadt, im Juli 1834
Vorbericht

Dieses Blatt soll dem hessischen Lande die Wahrheit melden, aber wer die Wahrheit sagt, wird gehenkt; ja sogar der, welcher die Wahrheit liest, wird durch meineidige Richter vielleicht gestraft. Darum haben die, welchen dies Blatt zukommt, Folgendes zu beobachten:

1. Sie müssen das Blatt sorgfältig außerhalb ihres Hauses vor der Polizei verwahren;
2. sie dürfen es nur an treue Freunde mitteilen;
3. denen, welchen sie nicht trauen wie sich selbst, dürfen sie es nur heimlich hinterlegen;
4. würde das Blatt dennoch bei einem gefunden, der es gelesen hat, so muss er gestehen, dass er es eben dem Kreisrat habe bringen wollen;
5. wer das Blatt nicht gelesen hat, wenn man es bei ihm findet, der ist natürlich ohne Schuld.

Georg Büchner: Friede den Hütten! Krieg den Palästen!

Im Jahr 1834 sieht es aus, als würde die Bibel Lügen gestraft. Es sieht aus, als hätte Gott die Bauern und Handwerker am fünften Tage und die Fürsten und Vornehmen am sechsten gemacht, und als hätte der Herr zu diesen gesagt: „Herrschet über alles Getier, das auf Erden kriecht", und hätte die Bauern und Bürger zum Gewürm gezählt. Das Leben der Vornehmen ist ein langer Sonntag: Sie wohnen in schönen Häusern, sie tragen zierliche Kleider, sie haben feiste Gesichter und reden eine eigne Sprache; das Volk aber liegt vor ihnen wie Dünger auf dem Acker. Der Bauer geht hinter dem Pflug und treibt ihn mit den Ochsen am Pflug, er nimmt das Korn und lässt ihm die Stoppeln. Das Leben des Bauern ist ein langer Werktag; Fremde verzehren seine Äcker vor seinen Augen, sein Leib ist eine Schwiele, sein Schweiß ist das Salz auf dem Tische des Vornehmen. Im Großherzogtum Hessen sind 718 373 Einwohner, die geben an den Staat jährlich an 6 363 436 Gulden, als

1) Direkte Steuern	2 128 131 Fl.[1]	5) Geldstrafen	98 511 Fl.
2) Indirekte Steuern	2 478 264 Fl.	6) Verschiedene Quellen	64 198 Fl.
3) Domänen[2]	1 547 394 Fl.		
4) Regalien[3]	46 938 Fl.		6 363 436 Fl.

Gesellschaft und Literatur im Vormärz (1815–1848)

Dies Geld ist der Blutzehnte[4], der vom Leib des Volkes genommen wird. An 700 000 Menschen schwitzen, stöhnen und hungern dafür. Im Namen des Staates wird es erpresst, die Presser berufen sich auf die Regierung, und die Regierung sagt, das sei nötig, die Ordnung im Staat zu erhalten. Was ist denn nun das für gewaltiges Ding: der Staat? Wohnt eine Anzahl Menschen in einem Land und es sind Verordnungen oder Gesetze vorhanden, nach denen jeder sich richten muss, so sagt man, sie bilden einen Staat. Der Staat also sind alle; die Ordner im Staate sind die Gesetze, durch welche das Wohl aller gesichert wird und die aus dem Wohl aller hervorgehen sollen. – Seht nun, was man in dem Großherzogtum aus dem Staat gemacht hat; seht, was es heißt: die Ordnung im Staate erhalten! 700 000 Menschen bezahlen dafür 6 Millionen, d. h., sie werden zu Ackergäulen und Pflugstieren gemacht, damit sie in Ordnung leben. In Ordnung leben heißt hungern und geschunden werden.

1 Abkürzung für Gulden, franz.: Florin

2 Staatsbesitz, Staatsgut

3 wirtschaftlich nutzbares Hoheitsrecht (z. B. Zoll-, Münz-, Postrecht)

4 der Zehnt(e): regelmäßige Abgabe der Bauern an die Feudalherren

1 **Was stellt Büchner seiner Schrift voran? Warum hält er das für sinnvoll?**

2 **Was prangert Büchner in seiner Schrift an? Belegen Sie Ihre Aussagen mit Hilfe von Textstellen.**

3 **Untersuchen Sie den Begriff „Ordnung“.**

a) Was verstehen Sie unter „Ordnung“? Sammeln Sie Ihre Ideen in einer Mindmap.

b) Welche Bedeutung hat der Begriff „Ordnung“ in Büchners Ausführungen?

4 **Was fordert Büchner? Erläutern Sie die Überschrift „Friede den Hütten! Krieg den Palästen!“.**

5 **Der Text Büchners enthält viele Metaphern (» Kapitel 6, S. 84, 85). Schreiben Sie diese heraus und deuten Sie sie.**

6 **Informieren Sie sich über Leben und Persönlichkeit des jungen Georg Büchner und stellen Sie ihn in einem Autorenporträt Ihrer Klasse vor.**

7 **Ordnen Sie den Text in seinen Entstehungszusammenhang ein.**

a) Stellen Sie Erkundigungen über die Zeit an, in der Georg Büchner lebte. Welche gesellschaftlichen Verhältnisse herrschten?

b) Beurteilen Sie, welche Bedeutung der Text in dieser Zeit hatte.

★ **8** **Suchen Sie im Werk Büchners nach weiteren Indizien für sein gesellschaftskritisches Denken.**

BASISWISSEN – Literarische Epoche „Junges Deutschland – Vormärz“

1820 entstand eine Bewegung von radikalen Schriftstellern, die sich gegen die auf dem Wiener Kongress 1815 beschlossenen Maßnahmen wendeten. Diese sahen eine Verschärfung der Pressezensur, die Entlassung liberal eingestellter Lehrkräfte und das Verbot von freiheitlich gesinnten Studentenvereinigungen vor. Die Schriftsteller hingegen setzten sich für eine gerechte Verteilung des Wohlstandes, das Respektieren menschlicher Grundrechte und für ein geeintes Deutschland ein. Es entstand eine revolutionäre Bewegung, die im März 1848 einen Umsturz der Verhältnisse versuchte, der jedoch scheiterte.

Literatur aus der Nachkriegszeit interpretieren

Wolfgang Borchert (1921–1947) starb im Alter von nur 26 Jahren. Sein großes Thema war der Krieg, an dem er von 1941 bis 1945 teilnahm und in dem er schwer erkrankte.

Wolfgang Borchert: Dann gibt es nur eins! (1947)

Du. Mann an der Maschine und Mann in der Werkstatt. Wenn sie dir morgen befehlen, du sollst keine Wasserrohre und keine Kochtöpfe mehr machen – sondern Stahlhelm und Maschinengewehre, dann gibt es nur eins:
Sag NEIN!
Du. Mädchen hinterm Ladentisch und Mädchen im Büro. Wenn sie dir morgen befehlen, du sollst Granaten füllen und Zielfernrohre für Scharfschützengewehre montieren, dann gibt es nur eins:
Sag NEIN!
Du. Besitzer der Fabrik. Wenn sie dir morgen befehlen, du sollst statt Puder und Kakao Schießpulver verkaufen, dann gibt es nur eins:
Sag NEIN!
Du. Dichter in deiner Stube. Wenn sie dir morgen befehlen, du sollst keine Liebeslieder, du sollst Hasslieder singen, dann gibt es nur eins:
Sag NEIN!
Du. Arzt am Krankenbett. Wenn sie dir morgen befehlen, du sollst die Männer kriegstauglich schreiben, dann gibt es nur eins:
Sag NEIN!
Du. Pfarrer auf der Kanzel. Wenn sie dir morgen befehlen, du sollst den Mord segnen und den Krieg heiligsprechen, dann gibt es nur eins:
Sag NEIN!
Du. Pilot auf dem Flugfeld. Wenn sie dir morgen befehlen, du sollst Bomben und Phosphor über die Städte tragen, dann gibt es nur eins:
Sag NEIN!
Du. Richter im Talar. Wenn sie dir morgen befehlen, du sollst zum Kriegsgericht gehen, dann gibt es nur eins:
Sag NEIN!
Du. Mann auf dem Bahnhof. Wenn sie dir morgen befehlen, du sollst das Signal zur Abfahrt geben für den Munitionszug und für den Truppentransporter, dann gibt es nur eins:
Sag NEIN!
Du. Mutter in der Normandie und Mutter in der Ukraine, du, Mutter in Frisko und London, du am Hoangho und am Mississippi, du, Mutter in Neapel und Hamburg und Kairo und Oslo – Mütter in allen Erdteilen, Mütter in der Welt, wenn sie morgen befehlen, ihr sollt Kinder gebären, Krankenschwestern für Kriegslazarette und neue Soldaten für neue Schlachten, Mütter in der Welt, dann gibt es nur eins:
Sagt NEIN! Mütter, sagt NEIN!
Denn wenn ihr nicht NEIN sagt, wenn IHR nicht nein sagt, Mütter, dann: dann:
eine schlammgraue dickbreiige bleierne Stille wird sich heranwälzen, gefräßig, wachsend, wird anwachsen in den Schulen und Universitäten und Schauspielhäusern, auf Sport- und Kinderspielplätzen, grausig und gierig unaufhaltsam –

Literatur aus der Nachkriegszeit interpretieren

in den Küchen, Kammern und Kellern, in den Kühlhäusern und Speichern werden die letzten Säcke Mehl, die letzten Gläser Erdbeeren, Kürbis und Kirschsaft verkommen – das Brot unter den umgestürzten Tischen und auf zersplitterten Tellern wird grün werden und die ausgelaufene Butter wird stinken wie Schmierseife, das Korn auf den Feldern wird neben verrosteten Pflügen hingesunken sein wie ein erschlagenes Heer und die qualmenden Ziegelschornsteine, die Essen und die Schlote der stampfenden Fabriken werden, vom ewigen Gras zugedeckt, zerbröckeln – zerbröckeln – zerbröckeln –

dann wird der letzte Mensch, mit zerfetzten Gedärmen und verpesteter Lunge, antwortlos und einsam unter der giftig glühenden Sonne und unter wankenden Gestirnen umherirren, einsam zwischen den unübersehbaren Massengräbern und den kalten Götzen der gigantischen betonklotzigen verödeten Städte, der letzte Mensch, dürr, wahnsinnig, lästernd, klagend – und seine furchtbare Klage: WARUM? wird ungehört in der Steppe verrinnen, durch die geborstenen Ruinen wehen, versickern im Schutt der Kirchen, gegen Hochbunker klatschen, in Blutlachen fallen, ungehört, antwortlos, letzter Tierschrei des letzten Tieres Mensch – all dieses wird eintreffen, morgen, morgen vielleicht, vielleicht heute Nacht schon, vielleicht heute Nacht, wenn – – wenn – – wenn ihr nicht NEIN sagt.

1 Untersuchen Sie den Text von Wolfgang Borchert nach folgenden Kriterien.

a) Welche Personen spricht der Erzähler direkt an? Was bezweckt er damit?
b) Was ist die Kernaussage des Textes?
c) Der Text gliedert sich in zwei Teile. Um welche handelt es sich? Nennen Sie Unterschiede.

2 Analysieren Sie die Sprache beider Teile.

a) Stellen Sie Beobachtungen an zu: Satzbau, Satzarten, Wortarten, Wiederholungen, Aufzählungen und sprachlichen Bildern (Metaphern, Vergleiche). Nennen Sie Textbeispiele.
b) Beschreiben Sie die Wirkung, die diese Stilmittel (jeweils) auf die Leser haben.

3 Interpretieren Sie den Text.

a) Was will der Text erreichen? Ist er noch zeitgemäß? Diskutieren Sie.
b) Warum werden besonders die Mütter angesprochen?
c) Was versteht man unter „Zivilcourage“? Stellen Sie eine Verbindung zum Text her.

★ **4 Erarbeiten Sie in Gruppen verschiedene Themen, die zum Verständnis des Textes beitragen können, und stellen Sie selbstständig einen Bezug zum Werk her.**

- Kriegsgefangene im Zweiten Weltkrieg und Kriegsheimkehrer
- das Leben Wolfgang Borcherts
- „Mütter gegen den Krieg“, eine Initiative von Müttern gegen den Jugoslawien-Krieg 1999

ARBEITSTECHNIK Untersuchung eines literarischen Textes

Zum besseren Verständnis eines literarischen Textes sind immer folgende Fragen zu beantworten:

1. Worum geht es in dem Text? Von wem handelt er? Wann und wo spielt die Handlung?
2. Welche besonderen sprachlichen Mittel werden verwendet?
3. In welcher Zeit lebt(e) der Dichter? Welche kulturellen, politischen und wirtschaftlichen Ereignisse haben in seiner Zeit stattgefunden?

Zeitgenössische Literatur interpretieren

Bernhard Schlink (geboren 1944) ist ein deutscher Jurist und Schriftsteller. Er hat Erzählungen, Kriminalromane und Romane geschrieben. Sein Roman „Der Vorleser“ wurde zu einem internationalen Bestseller und wurde 2007/2008 verfilmt. In seinen Werken setzt sich Schlink häufig mit den Themen Recht und Gerechtigkeit auseinander.

Mitgefühl mit literarischen Figuren

Bernhard Schlink: Der Vorleser (Auszug)

Der junge Schüler Michael Berg trifft in dem Roman von Bernhard Schlink „Der Vorleser“ durch einen Zufall auf die Straßenbahnschaffnerin Hanna Schmitz. Schon nach kurzer Zeit entwickelt sich ihr Verhältnis zu einer geheimen Liebesbeziehung. Der 15-jährige Michael weiß noch nicht, dass die wesentlich reifere Hanna Analphabetin ist. Über Ostern machen die beiden eine Fahrradtour.

Hanna überließ mir nicht nur die Wahl der Richtungen und Straßen. Ich suchte die Gasthöfe aus, in denen wir über Nacht blieben, trug uns als Mutter und Sohn in die Meldezettel ein, die sie nur noch unterschrieb, und wählte auf der Speisekarte nicht nur für mich, sondern auch für sie das Essen aus. „Ich mag’s, mich mal um nichts zu kümmern.“

Den einzigen Streit hatten wir in Amorbach. Ich war früh aufgewacht, hatte mich leise angezogen und aus dem Zimmer gestohlen. Ich wollte das Frühstück hochbringen und wollte auch schauen, ob ich schon ein offenes Blumengeschäft finde und eine Rose für Hanna kriege. Ich hatte ihr einen Zettel auf den Nachttisch gelegt. „Guten Morgen! Hole Frühstück, bin gleich wieder zurück“ – oder so ähnlich. Als ich wiederkam, stand sie im Zimmer, halb angezogen, zitternd vor Wut, weiß im Gesicht.

„Wie kannst du einfach so gehen!“

Ich setzte das Tablett mit Frühstück und Rose ab und wollte sie in die Arme nehmen. „Hanna …“

„Fass mich nicht an.“ Sie hatte den schmalen ledernen Gürtel in der Hand, den sie um ihr Kleid tat, machte einen Schritt zurück und zog ihn mir durchs Gesicht. Meine Lippe platzte, und ich schmeckte Blut. Es tat nicht weh. Ich war furchtbar erschrocken. Sie holte noch mal aus.

Aber sie schlug nicht noch mal. Sie ließ den Arm sinken und den Gürtel fallen und weinte. Ich hatte sie noch nie weinen sehen. Ihr Gesicht verlor alle Form. Aufgerissene Augen, aufgerissener Mund, die Lider nach den ersten Tränen verquollen, rote Flecken auf Wange und Hals. Aus ihrem Mund kamen krächzende, kehlige Laute, ähnlich dem tonlosen Schrei, wenn wir uns liebten. Sie stand da und sah mich durch ihre Tränen an.

Ich hätte sie in meine Arme nehmen sollen. Aber ich konnte nicht. Ich wusste nicht, was tun. Bei uns zu Hause weinte man nicht so. Man schlug nicht, nicht mit der Hand und erst recht nicht mit einem Lederriemen. Man redete. Aber was sollte ich sagen?

Sie machte zwei Schritte zu mir, warf sich an meine Brust, schlug mit den Fäusten auf mich ein, klammerte sich an mich. Jetzt konnte ich sie halten. Ihre Schultern zuckten, sie schlug mit der Stirn an meine Brust. Dann seufzte sie tief und kuschelte sich in meine Arme.

„Frühstücken wir?“ Sie löste sich von mir. „Mein Gott, Jungchen, wie siehst du aus!“ Sie holte ein nasses Handtuch und säuberte meinen Mund und mein Kinn. „Und das Hemd ist voller Blut.“

Zeitgenössische Literatur interpretieren

Sie zog mir das Hemd aus, dann die Hose und dann zog sie sich aus, und wir liebten uns.
„Was war eigentlich los? Warum warst du so wütend?“ Wir lagen beieinander, so befriedigt und zufrieden, dass ich dachte, jetzt werde sich alles klären.
„Was war los, was war los – wie dumm du immer fragst. Du kannst nicht einfach so gehen.“
„Aber ich habe dir doch einen Zettel...“
„Zettel?“
Ich setzte mich. Da, wo ich den Zettel auf den Nachttisch gelegt hatte, lag er nicht mehr. Ich stand auf, suchte neben und unter dem Nachttisch, unter dem Bett, im Bett. Ich fand ihn nicht. „Ich versteh das nicht. Ich hatte dir einen Zettel geschrieben, dass ich Frühstück hole und gleich zurück bin.“
„Hast du? Ich seh keinen Zettel.“
„Du glaubst mir nicht?“
„Ich will dir gerne glauben. Aber ich seh keinen Zettel.“
Wir stritten nicht mehr. War ein Windstoß gekommen, hatte den Zettel genommen und irgend- und nirgendwo hingetragen? War alles ein Missverständnis gewesen, ihre Wut, meine geplatzte Lippe, ihr wundes Gesicht, meine Hilflosigkeit?
Hätte ich weitersuchen sollen, nach dem Zettel, nach der Ursache von Hannas Wut, nach der Ursache meiner Hilflosigkeit? „Lies noch was vor, Jungchen!“ Sie schmiegte sich an mich, und ich nahm Eichendorffs „Taugenichts“ und fuhr fort, wo ich beim letzten Mal geendet hatte. Der „Taugenichts“ las sich leicht vor, leichter als „Emilia Galotti“ und „Kabale und Liebe“. Hanna folgte wieder mit gespannter Anteilnahme. Sie mochte die eingestreuten Gedichte. Sie mochte die Verkleidungen, Verwechslungen, Verwicklungen und Nachstellungen, in die sich der Held in Italien verstrickt. Zugleich nahm sie ihm übel, dass er ein Taugenichts ist, nichts leistet, nichts kann und auch nichts können will. Sie war hin- und hergerissen und konnte noch Stunden, nachdem ich mit dem Vorlesen aufgehört hatte, mit Fragen kommen. „Zolleinnehmer – war das kein guter Beruf?“
Wieder ist der Bericht über unseren Streit so ausführlich geraten, dass ich auch von unserem Glück berichten will. Der Streit hat unser Verhältnis zueinander inniger gemacht. Ich hatte sie weinen sehen, Hanna, die auch weinte, war mir näher als Hanna, die nur stark war. Sie begann, eine sanfte Seite zu zeigen, die ich noch nicht gekannt hatte. Sie hat meine geplatzte Lippe, bis sie heilte, immer wieder betrachtet und zart berührt.

1 **Wie verändert der Streit die Beziehung zwischen Hanna und Michael?**

2 **Zeigen Sie an Signalwörtern, dass die Geschichte aus der Perspektive eines Ich-Erzählers geschildert wird (» Basiswissen).**

3 **Suchen Sie in arbeitsteiligen Gruppen Textstellen, die Hanna (Gruppe 1 und 2) und Michael (Gruppe 3 und 4) charakterisieren.**

4 **Bauen Sie ein Standbild (» Kapitel 23, S. 275), welches das Verhältnis von Hanna und Michael abzubilden versucht.**

a) Besprechen Sie sich kurz, welche Mittel der Gestik, Mimik, Körperhaltung, Stellung der Figuren zueinander ... Ihnen dazu sinnvoll erscheinen.

b) Wählen Sie zwei Personen als Darsteller aus. Diese verhalten sich völlig passiv wie bewegliche Puppen.

Zeitgenössische Literatur interpretieren

c) Die anderen Gruppenmitglieder modellieren als „Regisseure" das Standbild, indem sie die Darsteller anweisen, mit der Hand formen, Haltungen vormachen etc., bis das Standbild Ihren Vorstellungen entspricht. Jetzt sieht das Standbild aus wie ein angehaltener Film.

d) Fotografieren Sie das Standbild und besprechen Sie das Ergebnis.

5 An welchen Stellen gibt der Text Hinweise, dass Hanna Analphabetin ist?

6 Wie geht Hanna damit um, dass sie nicht lesen kann?

7 Mit welchen Problemen und Nachteilen müssen Analphabeten leben?

8 Stellen in einem Rollenspiel (» Kapitel 23, S. 274) den Streit so dar, dass Hanna keine Analphabetin ist.

TIPP

In welchen Alltagssituationen kommt man (nicht) ohne die Fähigkeit, lesen zu können, aus?

BASISWISSEN – Erzählperspektive und Erzählform

In literarischen Texten begegnet Ihnen immer ein **Erzähler**, dieser kann verschiedene Blickwinkel einnehmen.

Die drei Erzählperspektiven: Der **auktoriale** Erzähler blickt von außen auf die Geschichte. Er begleitet seine Leser durch das Geschehen und kommentiert es gelegentlich. Der **neutrale** Erzähler berichtet vom Standpunkt eines unsichtbaren Beobachters. Er funktioniert also wie eine versteckte Kamera. Dabei verzichtet er auf Urteile, Wertungen und Kommentare. Der **personale** Erzähler beobachtet aus der Perspektive einer oder mehrerer Figuren. Er tritt hinter die Figuren zurück und berichtet aus deren Blickwinkel.

Die zwei Erzählformen: Der **Ich-Erzähler** schildert die Geschichte aus subjektiver Sicht. Es wird also aus der Perspektive einer einzigen Figur erzählt. Der Leser kann nur wahrnehmen, was diese weiß, denkt und fühlt. Pronomen der 1. Person Singular (z. B. ich, mich, mein) sind Hinweise auf die Ich-Perspektive. Der **Er/Sie-Erzähler** schildert das Geschehen mit größerer Distanz, er hält sich als Erzähler im Hintergrund und berichtet von anderen.

FAZIT

10.1 Einen Sachtext analysieren
- Sachtexte differenziert erfassen
- Texten Informationen entnehmen
- Informationen in Zusammenhänge einordnen

10.2 Diagramme verstehen und nutzen
- Grafiken analysieren
- Diagrammarten unterscheiden

10.3 Text und Grafik in Beziehung setzen
- Zusammenspiel von Text und Grafik erkennen
- Informationen für die eigene Textproduktion nutzen
- Eigene Argumente formulieren

10.4 Literarische Werke in ihrer Zeit
- Biografie des Autors
- Gesellschaftlicher Kontext
- Handlung literarischer Texte erschließen
- Figuren charakterisieren
- Erzählperspektive erkennen

Kapitel 11

Bewerbungen schreiben

11.1 Bewerbungsschreiben untersuchen

11.2 Den tabellarischen Lebenslauf schreiben

11.3 Das Bewerbungsschreiben planen und verfassen

11.4 Die persönliche Note in einer Bewerbung

Mit der anstehenden Abschlussprüfung endet die Berufsausbildung. Dann heißt es in der Regel wieder: Bewerbungen schreiben. Doch dieses Mal sind die Vorzeichen andere, denn Sie müssen viele Entscheidungen treffen: An welchem Ort möchten Sie arbeiten, bei welchem Arbeitgeber und mit welchen Aussichten auf spezielle berufliche Tätigkeiten möchten Sie starten, auf welche besonderen Verdienstmöglichkeiten legen Sie Wert? Um jedoch überhaupt eine Wahl zu haben, muss Ihre schriftliche Bewerbung zuallererst mehr überzeugen als diejenigen vieler anderer Mitbewerber.

In diesem Kapitel frischen Sie Ihre Kenntnisse über das Bewerben auf und lernen, wie Sie für sich werben und auf welche Besonderheiten Sie dabei achten sollten.

Kompetenzen

- ✓ Zusammenfassungen und Gliederungen erstellen
- ✓ Texte zum Bewerbungsprozess erstellen
- ✓ Orthografische/grammatikalische Normen kontrollieren
- ✓ Individuelle Fehlerschwerpunkte erkennen/abbauen
- ✓ Auf Wortwahl, Stil und Form achten
- ✓ Wortschatz in Fach- und Bildungssprache erweitern

Methoden und Arbeitstechniken

- ✓ Feedback
- ✓ Internetrecherche
- ✓ Kugellager

Bewerbungsschreiben untersuchen

Situation

Max, Stefanie und Arzu sind verschiedene Schul- und Ausbildungswege gegangen, stehen nun jedoch alle drei vor der gleichen Herausforderung: Sie wollen nach bestandener Facharbeiterprüfung eine neue Stelle finden. Arzu möchte gerne am Ort bleiben, Stefanie strebt als begeisterte Sportlerin ins Voralpenland und Max sucht eine innovative Firma im deutschsprachigen Raum. Stefanie stößt nach mehreren Wochen der Suche in einer überregionalen Tageszeitung auf ein Inserat, das ihr auf Anhieb zusagt.

SPORTARTIKELVERKÄUFER(IN)

Schuh-, Lauf- und Langlaufabteilung

Wenn Sport Ihre Leidenschaft ist, dann sind Sie bei uns genau richtig!
Wir stellen uns eine(n) engagierte(n) Sportler(in) vor, der/die persönliche Erfahrungen gerne an unsere Kunden weitergibt. Sie sind bereit, eigenverantwortlich zu arbeiten.

Wir bieten Ihnen
eine interessante, abwechslungsreiche Aufgabe mit Aufstiegschancen in einem expandierenden Unternehmen und leistungsgerechter Bezahlung.
dispo ist der größte Sportartikelanbieter im Süden Deutschlands.
Ihre vollständigen Bewerbungsunterlagen richten Sie bitte an:

dispo – Sports world
Personalabteilung, z. H. Frau Richter
Badener Str. 666
83064 Raubling
Tel.: +49 (0) 8035/8888-111
www.dispo-sport.de

1 Sammeln Sie weitere Möglichkeiten, wie die drei Freunde geeignete Stellenangebote finden können.

2 Untersuchen Sie die Anzeige: Worauf sollte ein Bewerber eingehen? Was wird von ihm erwartet?

Achtung, Fehler!

Muster A

Thomas Schmude
Erlenstr. 63
84577 Tüßling

Tüßling, den 28.03.20..

Firma Consult
Eichenallee. 6

45678 Köln

Betrifft: Stellenangebot vom 24.03.20.. aus Mühldorfer Anzeiger

Sehr geehrte Herren und Frauen!
Ich bewerbe mich für die Anzeige vom 24.03.20.. aus der Zeitung um die Verkäuferstelle.
Zurzeit arbeite ich bei der Firma Huber-Sport und bin als Auszubildender tätig.
Ich habe im Rahmen meiner Ausbildung schon überall gearbeitet. Auch im Umgang mit Kunden bin ich schon über vieles informiert worden.

Warum ich diese Stellung wechsle, liegt daran, dass mein jetziger Chef zurzeit keinen neuen Fachverkäufer brauchen kann.

Ich möchte mich noch für ein Vorstellungsgespräch bei Ihnen anmelden.

Mit freundlichen Grüßen

Schmude

Anlagen
tabellarischer Lebenslauf
Abschlusszeugnis der Hauptschule
Jahreszeugnis der Berufsschule (11. Klasse)

Bewerbungsschreiben untersuchen

Stefanie Skiba
Donautal 7
84439 Niedertaufkirchen
Telefon: 08671 2211
E-Mail: s.skiba@gmz.de

Muster B

Stefanie Skiba · Donautal 7 · 84439 Niedertaufkirchen

dispo – Sports world
Personalabteilung Frau Richter
Badener Str. 666
83064 Raubling

27.03.20..

Stellenangebot vom 24.03.20.. in der Süddeutschen Zeitung

Sehr geehrte Frau Richter,

ich bewerbe mich um die Stelle als Sportartikelverkäuferin, die Sie am 24.03.20.. in der Süddeutschen Zeitung ausgeschrieben haben.

Derzeit werde ich bei der Firma Sport-Stüberl GmbH, Dürrstr. 5, 84571 Reischach, zur Fachverkäuferin ... ausgebildet. Mitte Juli dieses Jahres werde ich meine Gehilfenprüfung ablegen. Nach bestandener Prüfung suche ich ein neues Betätigungsfeld, da der Bedarf an Verkäufern in meinem Ausbildungsbetrieb langfristig gedeckt ist.

Bereits nach sechs Monaten des ersten Ausbildungsjahres erstreckte sich mein Einsatz vorwiegend auf den Bereich Sport- und Bergschuhe. Als begeisterte Langläuferin mit Trainerschein C1 konnte ich zudem in allen Fragen des Langlaufsports Erfahrungen sammeln. Die Arbeit in Ihrem Sporthaus unmittelbar vor den Bergen würde mir daher besonders zusagen. Selbstverständlich wäre ich bereit, in die Kufsteiner Gegend zu ziehen.

Über die Gelegenheit, Sie in einem persönlichen Vorstellungsgespräch von meinen Stärken überzeugen zu können, würde ich mich sehr freuen.

Freundliche Grüße

Stefanie Skiba

Stefanie Skiba

Anlagen
tabellarischer Lebenslauf
Abschlusszeugnis der Mittelschule
Jahreszeugnis der Berufsschule (11. Klasse)
Trainerschein C1

Bewerbungsschreiben untersuchen

Situation

Beim nächsten Treffen hat Max das Bewerbungsschreiben eines Freundes mitgebracht. Stefanie hat sich schon vorher an die Arbeit gemacht. Nun können sie die Bewerbungen vergleichen.

3 Untersuchen Sie die beiden Bewerbungsschreiben auf den vorherigen Seiten.

a) Welches Bewerbungsschreiben macht auf Anhieb den besseren Eindruck? Begründen Sie Ihre Entscheidung.
b) Wodurch unterscheiden sich die beiden Schreiben inhaltlich?
c) Welches Schreiben genügt den formalen Anforderungen nicht? Stellen Sie mindestens drei Verstöße fest.

TIPP

Das Bewerbungsschreiben wird wie jeder Geschäftsbrief nach DIN 5008 verfasst.

4 Erarbeiten Sie den inhaltlichen und formalen Aufbau der Bewerbung B. Notieren Sie in Stichpunkten.

5 Untersuchen Sie das Bewerbungsschreiben A.

a) Welche grammatikalischen Fehler beging der Verfasser? Verbessern Sie diese.
b) Schreiben Sie alle stilistischen Mängel aus dem Text heraus. Machen Sie schriftlich je zwei Verbesserungsvorschläge.
c) Tauschen Sie mit Ihrem Nachbarn Ihr Blatt. Beurteilen Sie dessen Vorschläge und entscheiden Sie sich für den jeweils besseren Vorschlag.

6 Stellen Sie Überlegungen zu folgenden Punkten an.

a) Welche Unterlagen sind einem Bewerbungsschreiben unbedingt beizulegen?
b) Warum sollen sämtliche Zeugnisse nur in Kopie beigelegt werden?

7 Bewerten Sie die folgenden Formulierungen aus einem Bewerbungsschreiben. Verbessern Sie Fehler oder formulieren Sie neu.

- *Ich möchte gern als Bürokaufmann arbeiten. Dazu wäre die Anstellung in einem solchen Bereich Grundlage.*
- *Der Berufsberater des Arbeitsamtes hat mir empfohlen, mich bei Ihnen zu bewerben.*
- *Ich habe großes kaufmännisches Verständnis.*
- *Aus meinen Bewerbungsunterlagen können Sie entnehmen, dass ich mich für die Stelle als Bürokaufmann besonders eigne.*

8 Überlegen Sie, wie Sie folgende Sachverhalte in einem Bewerbungsschreiben formulieren könnten. Schreiben Sie in vollständigen Sätzen.

- Sie haben mit Frau Groß aus der Personalabteilung telefoniert. Sie hat Ihnen mitgeteilt, dass in ihrer Firma/Einrichtung eine Stelle zu besetzen ist.
- Sie haben sich bereits mit der Stelle und der Firma/Einrichtung beschäftigt und wissen, was auf Sie zukommt.

9 Erstellen Sie am Computer mit Hilfe eines Textverarbeitungsprogramms Bewerbungsschreiben.

a) Verbessern Sie das Bewerbungsschreiben von Thomas Schmude von Seite 140.
b) Verfassen Sie ein Bewerbungsschreiben für eine Stelle, die Sie sich über eine Stellenausschreibung aussuchen.

Den tabellarischen Lebenslauf schreiben

Situation

Stefanie hat schon mal einen Lebenslauf geschrieben, als sie sich um eine Ausbildungsstelle bewarb. Nun ist er ergänzt worden und sie legt ihn dem Bewerbungsschreiben bei.

Muster

Lebenslauf

Persönliche Daten

Familienname:	Skiba
Vorname:	Stefanie
Anschrift:	Donaustr. 7, 844 Niedertaufkirchen (Deutschland)
Telefon:	0867122211
E-Mail:	s.kiba@gmz.de
Geschlecht:	weiblich
Geburtsdatum:	14.03.20..
Staatsangehörigkeit:	deutsch

Angestrebte Tätigkeit

Sportartikelverkäuferin

Berufs- und Schulbildung

08/20.. - 07/20..	Ausbildung zur Kauffrau im Einzelhandel in der Fa. Sport-Stüberl, Reischach Besuch der Beruflichen Schulen Altötting
09/20.. - 07/20..	Mittelschule Mühldorf a. Inn Abschluss: Mittlerer Schulabschluss
09/20.. - 07/20..	Grundschule in Obertaufkirchen

Persönliche Fähigkeiten

Muttersprache	Deutsch
Weitere Sprache(n)	Englisch (B2)
Computerkenntnisse	Souveräner Umgang mit MS Office (Word, Excel, Powerpoint)
Sonstige Fähigkeiten	Trainerschein C1 (Langlauf)
Führerschein	Klasse B

Zusätzliche Informationen

Mitgliedschaften	Aktives Mitglied der LG Niedertaufkirchen
Referenzen	- Schulzeugnisse - Bescheinigung Teil 1 der Kammerprüfung

Niedertaufkirchen, 27.03.20..

Stefanie Skiba

1 Stellen Sie Überlegungen zu folgenden Fragestellung an.

a) Welchem Zweck dient ein Lebenslauf?

b) Warum sollte er keine zeitlichen Lücken aufweisen?

c) Welche Vorteile hat ein tabellarischer Lebenslauf gegenüber einem Lebenslauf in vollständigen Sätzen, als zusammenhängender Text?

TIPP

Orientieren Sie sich am Europass-Lebenslauf: www.europass-info.de/dokumente/lebenslauf

2 Erstellen Sie am Computer Ihren persönlichen tabellarischen Lebenslauf.

a) Gehen Sie dabei nach obigem Muster vor!

b) Verfassen Sie Ihren Lebenslauf nach internationalen EU-Standards.

11.3

Das Bewerbungsschreiben planen und verfassen

Situation

Ermutigt durch Stefanies fertig formulierte Bewerbung macht sich nun auch Max auf die Suche nach einer innovativen Firma im deutschsprachigen Raum. Auch das nähere Ausland kommt für ihn infrage. Er hat sich fest vorgenommen, bis zum Ende des Monats mindestens drei Bewerbungen zu versenden.

1 Versetzen Sie sich in Max' Situation: Suchen Sie nach konkreten Stellenangeboten.

2 Durchdenken Sie folgende Punkte und notieren Sie Ihre Antworten.

- Welche Ziele verfolgen Sie und welche verfolgt der Verfasser der Stellenanzeige?
- Vervollständigen Sie die nebenstehende Mindmap (» Kapitel 23, S. 269). Seien Sie dabei möglichst ehrlich und selbstkritisch.
- Versetzen Sie sich in die Lage des Arbeitgebers und streichen Sie alles durch, was Ihnen an einem zukünftigen Mitarbeiter nicht gefallen würde.

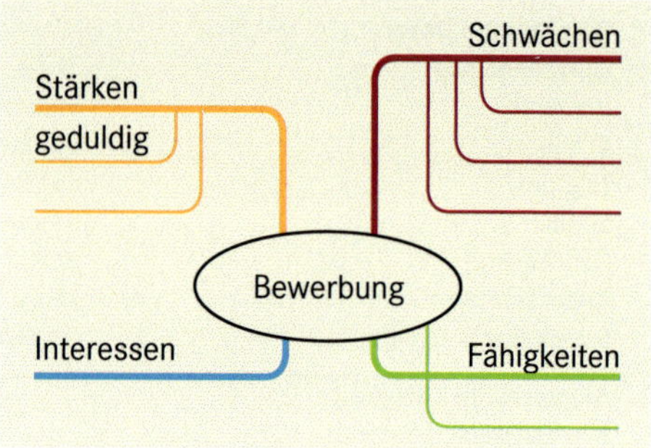

3 Notieren Sie alle Informationen und Materialien, die Sie für eine Bewerbung benötigen.

4 Planen Sie nach der folgenden Gliederung die Inhalte der einzelnen Absätze Ihrer Bewerbung.

ARBEITSTECHNIK Ein Bewerbungsschreiben gliedern

Der **Hauptteil des Bewerbungsschreibens** besteht aus vier Abschnitten.

1. Abschnitt: Hier schreiben Sie einleitend, wofür Sie sich bewerben und woher Sie wissen, dass eine Stelle angeboten wird. Sie beziehen sich zum Beispiel auf eine Anzeige, ein Telefonat oder die Empfehlung eines Mitarbeiters der Firma.
Wofür bewerbe ich mich?

2. Abschnitt: Er soll Interesse wecken und bezieht sich auf das, was Sie derzeit machen.
Welche Ausbildung mache ich gerade und mit welchem Abschluss werde ich diese beenden?

3. Abschnitt: Dies ist der ausführlichste und wichtigste Teil des Anschreibens. Der/Die Leser Ihres Bewerbungsschreibens soll/-en Lust bekommen, Sie näher kennenzulernen. Formulieren Sie Argumente, die Ihre Eignung für die Stelle untermauern.
Warum interessiere ich mich für die Stelle?
Warum interessiere ich mich für diese Firma/Einrichtung?
Was erhoffe ich mir von der Tätigkeit?
Welche Eigenschaften, Fähigkeiten und Kenntnisse habe ich?
Welche Erfahrungen bringe ich mit?

4. Abschnitt: Der Schlusssatz zielt auf eine Einladung zu einem Vorstellungsgespräch.
Was erhoffe ich mir jetzt als nächsten konkreten Schritt?

Das Bewerbungsschreiben planen und verfassen

5 Formulieren Sie nun Ihr Bewerbungsschreiben in ganzen Sätzen. Die folgenden Textbausteine können Ihnen dabei helfen. Passen Sie diese aber immer an Ihre spezielle Situation an.

1. Abschnitt

- *Ich möchte mich bei Ihnen um die Stelle als ... bewerben.*
- *Ich bewerbe mich um die von Ihnen angebotene Stelle als ...*
- *Ich interessiere mich sehr für die Anstellung als ... und möchte mich deshalb bei Ihnen bewerben.*
- *Durch Ihre Anzeige in ... vom ... habe ich erfahren, dass Sie eine/-n ...*
- *Ich beziehe mich auf die von Ihnen angebotene Anstellung im ...*

2. Abschnitt

- *Zurzeit mache ich eine Ausbildung bei ...*
- *Momentan befinde ich mich in der Ausbildung zur ... Diese werde ich im Sommer 20.. beenden.*

3. Abschnitt

- *Ich interessiere mich für die Tätigkeit, weil ...*
- *Das Interesse für diesen Beruf beruht auf ...*
- *Pünktlichkeit und Zuverlässigkeit sind für mich selbstverständlich.*
- *Meine Interessen liegen besonders in den Bereichen ...*
- *Meine Lieblingsfächer sind ... Es macht mir Freude ...*
- *Ich denke, dass ich gute Voraussetzungen mitbringe, weil ich gut mit Zahlen umgehen kann.*
- *Der Umgang mit Menschen macht mir Freude, deshalb möchte ich gerne in einem Team arbeiten.*
- *Während meiner Ausbildung konnte ich Erfahrungen im Bereich ... sammeln.*
- *Ich habe an einer Weiterbildung für ... teilgenommen.*

4. Abschnitt

- *Über eine Einladung zu einem Vorstellungsgespräch würde ich mich sehr freuen.*
- *Ich würde mich freuen, wenn ich mich bei Ihnen persönlich vorstellen dürfte.*

★ **6** Verfassen Sie ohne Formulierungshilfen (ohne die Textbausteine von Aufgabe 5) ein vollständiges Bewerbungsschreiben.

BASISWISSEN | Bewerbungsschreiben

Mit der Bewerbungsmappe, vor allem dem Bewerbungsschreiben, geben Sie Ihrem möglichen Arbeitgeber einen ersten Eindruck von sich. Das Schreiben muss bestimmte formale Vorgaben erfüllen. Um eine möglichst passende Bewerbung zu schreiben, sollte man über die entsprechende Firma/Einrichtung und über die erwartete Tätigkeit gut Bescheid wissen.

Die persönliche Note in einer Bewerbung

Situation

Max ist beim Internetsurfen nach Stellenanzeigen auf eine interessante Seite gestoßen, die sich mit sogenannten Persönlichkeits- und Anforderungsprofilen bei Bewerbungen beschäftigt.

Ein Persönlichkeitsprofil erstellen

Vor der eigentlichen Bewerbung und dem Vorstellungsgespräch sollten Sie herausfinden, welche besonderen Stärken Sie besitzen und welche Anforderungen der zukünftige Beruf und das Unternehmen/die Einrichtung an Sie stellen. Es gilt, die Schnittmenge zwischen Ihrer Persönlichkeit, Ihrem zukünftigen Beruf und dem Unternehmen/der Einrichtung, bei dem/der Sie sich bewerben, zu finden.

1 Welche Erfahrungen bei der Suche nach Ihrem Ausbildungsplatz haben Sie bereits gesammelt? Tragen Sie mit Hilfe einer Mindmap (» Kapitel 23, S. 269) Ihre Erfahrungen, Erwartungen, Wünsche, Ängste oder Hoffnungen zum Thema „Meine Suche nach einer Arbeitsstelle" zusammen.

2 Beschreiben Sie das Foto und beurteilen Sie es nach folgenden Gesichtpunkten.

a) Was erfährt der Chef durch die Antwort des Bewerbers? Wie wirkt die Antwort auf den Chef?

b) Ist die Kommunikation zwischen den beiden gescheitert?

c) Welchen Rat geben Sie dem Bewerber?

3 Lernen Sie sich selbst kennen und lernen Sie, sich sachlich zu charakterisieren.

a) Fertigen Sie am Computer eine Checkliste mit Persönlichkeitsmerkmalen nach folgendem Muster an, nennen Sie auch negative Persönlichkeitsmerkmale (Schwächen).

Persönlichkeitsmerkmale	stark ausgeprägt	normal ausgeprägt	gar nicht ausgeprägt
Freundlichkeit ...			

b) Drucken Sie die Checkliste aus und kopieren Sie sie mehrmals. Füllen Sie diese für sich selbst aus und bitten Sie andere, dies für Sie zu tun.

c) Vergleichen Sie die Ergebnisse. Begründen Sie die Abweichungen zwischen Selbst- und Fremdeinschätzung.

Die persönliche Note in einer Bewerbung

4 **Fertigen Sie ein Persönlichkeitsprofil von sich selbst an. Stellen Sie dafür Ihre Persönlichkeitsmerkmale zusammen und belegen Sie sie mit Beispielen.**
Beispiel: Teamfähigkeit – Beleg: Vereinstätigkeit im FC Schnaitsee

Ein Anforderungsprofil erstellen

1 **Finden Sie heraus, welche Anforderungen das Unternehmen/die Einrichtung Ihrer Wahl aus den Aufgaben 5 bzw. 6, Seite 145, an Sie stellt.**

a) Untersuchen Sie die Anzeige auf Kriterien, die der Arbeitnehmer erfüllen muss. Sie finden sie in Formulierungen wie: „Sie haben …“, „Sie sind …“, „… wird vorausgesetzt.“ Notieren Sie.

b) Untersuchen Sie die Anzeige auf sogenannte „Kann-Kriterien“. Hierauf weisen Formulierungen wie „idealerweise“, „von Vorteil“ oder „wünschenswert“. Notieren Sie auch diese.

c) Welche Unterlagen und Angaben werden in der Anzeige gefordert?

TIPP

Viele Stellenausschreibungen finden Sie bei der Bundesagentur für Arbeit: www.arbeitsagentur.de.

2 **Vergleichen Sie die Anforderungen mit Ihrem Persönlichkeitsprofil und Ihren Kenntnissen und Fähigkeiten.**

a) Was erfüllen Sie und wie belegen Sie das? Formulieren Sie in vollständigen Sätzen.

b) Was erfüllen Sie nicht und was bieten Sie stattdessen an? Finden Sie auch hierfür Formulierungen.

TIPP

Bei mittelgroßen und großen Betrieben sollte man vor der Bewerbung auch Informationen über das Unternehmen sammeln.

3 **Nehmen Sie wieder Ihr in Aufgabe 5 und 6 von Seite 145 verfasstes Bewerbungsschreiben zur Hand.**

a) Arbeiten Sie es nochmals durch, indem Sie Ihren Text mit Ihrem Persönlichkeitsprofil sowie dem Anforderungsprofil des Unternehmens/der Einrichtung vergleichen.

b) Schreiben Sie Ihre konkreten Korrekturen bzw. Ergänzungen zunächst auf ein getrenntes Blatt.

4 **Tauschen Sie nun mit einem Partner die Unterlagen, behalten Sie aber Ihr Notizblatt aus Aufgabe 3 b). Gehen Sie nun analog zu Aufgabe 3 vor und notieren Sie Ihre Korrekturen bzw. Ergänzungen wiederum auf ein getrenntes Blatt.**

ARBEITSTECHNIK – Bewerbungsunterlagen zusammenstellen

- Stellen Sie Ihre positiven und negativen Persönlichkeitsmerkmale auf einem Blatt gegenüber.
- Fügen Sie die in dem von Ihnen gewählten Beruf geforderten Qualifikationen hinzu.
- Fassen Sie Gemeinsamkeiten zusammen.
- Ermitteln Sie die Adresse eines geeigneten Arbeitgebers.
- Erstellen Sie den Inhalt des Bewerbungsschreibens. Achten Sie besonders auf individuelle Formulierungen. Verfassen Sie das Bewerbungsschreiben und beachten Sie dabei die Formvorschriften.
- Schreiben Sie den Lebenslauf und achten Sie auf das aktuelle Datum.
- Fügen Sie alle notwendigen Unterlagen zeitlich geordnet und als Kopien hinzu.

Die persönliche Note in einer Bewerbung

5 Tauschen Sie Ihre Unterlagen wieder zurück und vergleichen Sie Ihre Notizen mit denen Ihres Partners.

a) Welche Fehler haben Sie bei Rechtschreibung, Zeichensetzung und Sprachstil gemacht?
b) Was hat inhaltlich gefehlt?
c) Geben Sie sich gegenseitig Feedback (» Kapitel 23, S. 267).
d) Benoten Sie Ihr Bewerbungsschreiben selbst nach üblichen Schulnoten.

BASISWISSEN Vollständige Bewerbungsunterlagen

Bewerbungsschreiben
- Inhalt interessant gestalten (Interesse bekunden, Angaben zur Person und zu Kenntnissen und Fähigkeiten machen)
- Formvorschriften nach DIN 5008 beachten (» Kapitel 3, S. 42, 43)
- Freundlich-persönlichen Sprachstil wählen

Lebenslauf
- Lückenlos
- Unterschrift und Datum (aktuell) beachten

Passfoto
- Aktuell, von guter Qualität
- Auf passende Kleidung achten

Zeugnisse/Leistungsnachweise
- Sauber und vollständig
- Chronologisch geordnet
- Als Kopien

FAZIT

11.1 Bewerbungsschreiben untersuchen
- Stellenausschreibungen genau lesen
- Muster von Bewerbungsschreiben untersuchen
- Formale, inhaltliche und sprachliche Anforderungen an Bewerbungsschreiben kennen

11.2 Den tabellarischen Lebenslauf schreiben
- Anforderungen und Zweck verstehen
- Tabellarischen Lebenslauf gliedern und verfassen

11.3 Das Bewerbungsschreiben planen und verfassen
- Bewerbung sorgfältig planen
- Bewerbungsschreiben in Absätze gliedern

11.4 Die persönliche Note in einer Bewerbung
- Persönlichkeitsprofil von sich selbst erstellen
- Anforderungsprofil einer Stellenanzeige verfassen

Kapitel 12

Eine Stellungnahme verfassen und an andere appellieren

12.1 Schriftlich Stellung nehmen

12.2 Für eine Sache werben

12.3 Ein Flugblatt gestalten – appellieren

12.4 Dokumentationen erstellen und überarbeiten

Untersucht man mündliche Äußerungen oder den Schriftverkehr in Alltag und Beruf genauer, so stellt sich häufig heraus, dass Menschen ihre Meinung vertreten, zu einem Thema Stellung nehmen und dabei stets argumentieren. Damit einher geht oft auch das Bemühen, andere aufzufordern, etwas zu tun oder eine bestimmte (erwünschte) Haltung einzunehmen. Je besser man dabei argumentiert und appelliert (wirbt), desto leichter erreicht man seine Ziele.

In diesem Kapitel lernen Sie, auf der Grundlage gründlicher Recherchen unter Beachtung regelgerechten Zitierens eine überzeugende Stellungnahme zu formulieren sowie appellierende Texte zu verfassen. Daran schließt sich ein Einblick in die Erstellung von Dokumentationen an.

Kompetenzen

- ✓ Quellennachweise verfassen und regelgerecht zitieren
- ✓ Bewertungskriterien für das Schreibprodukt
- ✓ Argumentationen formulieren
- ✓ Rhetorische Mittel einsetzen
- ✓ Arbeitsergebnisse und Arbeitsprozesse visualisieren, analysieren und bewerten

Methoden und Arbeitstechniken

- ✓ 6-3-5-Methode
- ✓ Internetrecherche
- ✓ Mindmap

Schriftlich Stellung nehmen

Texte analysieren

Situation

Douglas, Auszubildender im letzten Jahr, ist Vorsitzender der Jugendvertretung in einem Unternehmen, das im Begriff ist, seine „Berg-Woche" (Spitzname für eine erlebnispädagogische Woche) abzuschaffen. Auf der letzten Jugendversammlung erhielt er den Auftrag, eine schriftliche Stellungnahme zur geplanten Streichung an den Personalvorstand zu richten. Alle Auszubildenden der Firma sollen den Text in Kopie erhalten. Aufgrund der großen Öffentlichkeitswirksamkeit, die sein Schreiben haben wird, möchten sich Douglas und sein gesamter Jugendvorstand bestens vorbereiten.

1 **Bilden Sie Gruppen mit drei bis vier Personen und recherchieren Sie im Internet. Gehen Sie der folgenden Frage nach: „Welche Materialien und Quellen brauchen wir als Informationsgrundlage für unsere Stellungnahme?" Gehen Sie dabei beispielsweise nach der Methode 6-3-5 bzw. hier 4-3-3 vor (» Kapitel 23, S. 265).**

TIPP

Verwenden Sie bei Ihrer Internetrecherche Suchmaschinen.

Text A

Im Intranet des Unternehmens ANG AG schrieb Vorständin Josefine Berger am 17.04.20.. unter der Rubrik Verschiedenes folgenden Artikel.

Das Aus für die „Erlebnispädagogische Berg-Woche"

Die Personalvorständin der ANG AG, Dr. Josefine Berger, gab vergangene Woche die bereits seit Längerem angekündigten Einzelmaßnahmen bekannt, mit denen insgesamt 15 Prozent der freiwilligen Sozialausgaben eingespart werden sollen. Dazu gehört auch der künftige Verzicht auf die erlebnispädagogische Woche, kurz „Berg-Woche" genannt. Seit nunmehr acht Jahren waren alle Auszubildenden im Oktober des ersten Ausbildungsjahres zusammen mit ihren Ausbildern für fünf Tage in ein Alpenhotel der Südtiroler Bergwelt eingeladen. Bei Kletter-, Paragliding- und Wildwasserprogrammen wurden u. a. Teamgeist und Firmenidentifikation aufgebaut. Diese von professionellen Trainern begleiteten Maßnahmen erfreuten sich von Beginn an größter Beliebtheit bei allen Beteiligten. Umso schmerzhafter, so der Personalvorstand, sei die Entscheidung gewesen, auf diese „Berg-Woche" zu verzichten. Man könne damit künftig aber einen erheblichen fünfstelligen Betrag pro Jahr einsparen.

2 **Äußern Sie sich zum oben stehenden Artikel.**

a) Lesen Sie den Artikel mit der Methode „Überfliegendes Lesen" (» Kapitel 22, S. 264) oder mit der Lesekarte.
b) Schreiben Sie wichtige Textstellen auf ein Blatt.
c) Notieren Sie die Quelle (in diesem Fall nicht „Das Deutschbuch").

Texte analysieren

Text B

Was ist Erlebnispädagogik? Oder was ist es nicht?

In Deutschland haben sich der erlebnispädagogische Ansatz und handlungsorientierte Methoden in den letzten 10 bis 20 Jahren weitestgehend etabliert. Auch wenn Erlebnispädagogik allein keine Wunder vollbringen kann, so ist sie doch eine effektive Methode, deren Wirkung nicht mehr umstritten ist. Neurobiologische Forschungen haben ergeben, dass handlungs- und erfahrungsorientiertes Lernen eine intensive Wirkung auf die Entwicklung von Kindern hat. Studien bestätigen, dass Lernen dann am effektivsten und nachhaltigsten ist, wenn eigenes Handeln, aktives Tun sowie eine ausgewogene Verknüpfung von Herausforderungen, (neuen) Erlebnissen und Erfahrungen mit allen Sinnen stattfinden. Erlebnispädagogische Programme sind komplex und keine Aneinanderreihung von einzelnen, möglichst spektakulären Aktionen oder Sportarten. Insbesondere die Reflexion hat einen hohen Stellenwert. Erst durch das gezielte Reflektieren (darüber sprechen) und die Übertragung des Erlebten auf den Alltag der Kinder und Jugendlichen stellen sich langfristig Veränderungen im Verhalten und damit Lernerfahrungen ein.

Zum Vergleich: Das ist Erlebnispädagogik nicht!

- Wettkampf
- Computerspiel(e)
- waghalsige und spektakuläre Aktionen
- nur Natursport, z. B. nur Klettern gehen
- ein Erlebnisparcours/Hochseilgarten, der nach kurzer Einweisung von allen durchlaufen wird
- ein Erlebniskaufhaus
- Regenwürmer essen (Survival)

- Erlebnispädagogische Programme sind **Angebote für Gruppen**.
- Die Situationen mit ihren Aufgaben und Aktionen sind inszeniert, **nicht alltäglich** und doch real (greifbar, im Gegensatz zu Computerspielen, wirklich).
- Es gibt **keine fertigen Lösungen** oder klare Lösungswege für die gestellten Aufgaben.
- Die Kinder und Jugendlichen müssen **aktiv werden**. Gelernt wird durch das eigene Handeln.
- Erlebnispädagogik arbeitet **ganzheitlich**. Gelernt wird immer mit Kopf, Herz und Hand.
- Erlebnispädagogische Programme sind durchweg pädagogisch **begleitet** und **betreut**.
- Es gibt **Herausforderungen und Grenzerfahrungen** für die Gruppe und für den Einzelnen in einem geschützten Rahmen.
- Die Programme werden anhand der **Bedürfnisse und Ziele der Teilnehmenden** und der Gruppe ausgerichtet. Sie sind individuell zusammengestellt.
- Die Programme haben eine Dramaturgie. Jede Aktion dient der Erreichung zuvor **gesetzter Ziele**.
- Das Bewusstmachen des Erlebten (Reflexion) und die Übertragung in den Alltag (Transfer) bilden die **wichtigste Grundlage**, um die Erlebnisse zu verarbeiten und später in **Erfahrungen umzuwandeln**.

(Bundesverband Individual- und Erlebnispädagogik e.V., 2015)

3 Informieren Sie sich zum Thema „Erlebnispädagogik".

a) Betreiben Sie in Ihrer Klasse Brainstorming, zum Beispiel mit der Methode „Kugellager" (» Kapitel 23, S. 271), zum Thema „Erlebnispädagogik".

b) Arbeiten Sie an dem Text B mit der Methode „Gründliches Lesen" (» Kapitel 22, S. 264) oder der Lesekarte. Verwenden Sie dazu ein weiteres Blatt.

c) Markieren Sie auf dem Blatt wichtige Argumente für die geplante Stellungnahme. Vermerken Sie die Quelle.

Texte analysieren

4 Verarbeiten Sie die Informationen aus der rechten Grafik.

a) Beschreiben Sie diese Grafik Ihrem Partner.

b) Welche Bezüge können Sie beide zu Ihrer geplanten Stellungnahme herstellen? Notieren Sie mindestens zwei Gedanken, die dann zu Argumenten werden können.

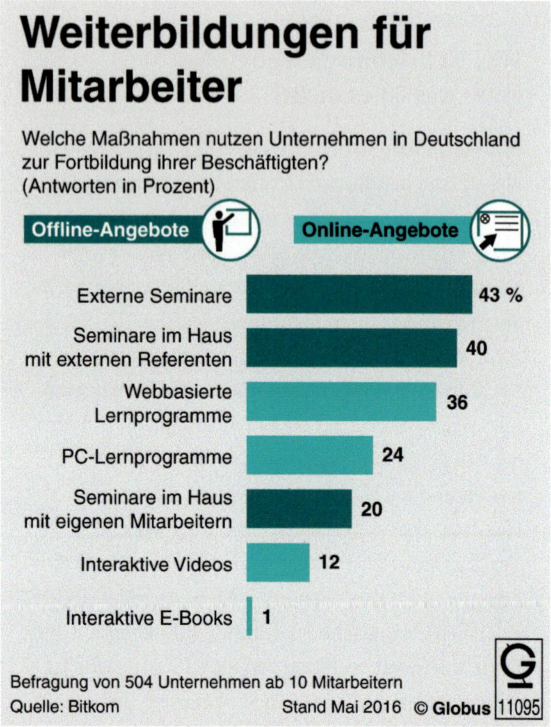

Situation

Douglas und sein Jugendvorstand fühlen sich nun zur Sachfrage zwar bestens vorbereitet, aber ihre schriftliche Stellungnahme muss auch sprachlich-stilistisch überzeugend formuliert sein. Da sind sich alle einig. Aus dem Stegreif hat hier aber keiner so richtig gute Ideen dazu, wie man so etwas macht. Safira schlägt in ihrem Deutschbuch nach.

BASISWISSEN – Rhetorische Strategien

Unter rhetorischen Strategien versteht man den zielorientierten Einsatz sprachlicher Mittel, um den Leser oder Hörer von der eigenen Position zu überzeugen. Solche Strategien sind beispielsweise:

- Vorwegnahme möglicher Gegenargumente
- Scheinlob des Gegners
- Bescheidene Selbstdarstellung
- Sich selbst als neutral und objektiv darstellen
- Versuch, die Bedeutung eines Arguments herunterzuspielen (indem es zum Beispiel als naiv oder oberflächlich dargestellt wird)
- Scheinbestätigung einer gegnerischen These
- Sich im Streit als Stellvertreter aller Benachteiligten darstellen
- Berufung auf scheinbar objektive und neutrale Personen

5 Ordnen Sie folgende Formulierungen den entsprechenden rhetorischen Strategien zu.

Als Vorsitzender der Jugendvertretung kann ich selbstverständlich Entscheidungen der Geschäftsführung nicht beeinflussen ... • Wir, die jetzigen Auszubildenden, sind zwar von Ihrer Entscheidung nicht mehr betroffen ... • Der Entscheidung der Geschäftsführung sind sicherlich intensive Diskussionen über Für und Wider vorausgegangen, da sind wir überzeugt ... • Sicherlich hängt der Ausbildungserfolg in unserem Unternehmen nicht entscheidend von der erlebnispädagogischen Berg-Woche ab ...

Zu einem Sachverhalt Stellung nehmen

1 **Bereiten Sie eine Stellungnahme zum Artikel des Personalvorstands (Text A) vor. Orientieren Sie sich dazu an der folgenden Arbeitstechnik, die einen auf die Stellungnahme zugeschnittenen Schreibplan vorgibt (» Kapitel 2, S. 30).**

ARBEITSTECHNIK Eine schriftliche Stellungnahme verfassen

Sie können zu einem Sachverhalt, einem Text oder zu einer geäußerten Meinung schriftlich Stellung nehmen. Für die eigene Stellungnahme ist zu überlegen, wen Sie ansprechen wollen und mit welcher Leserschaft zu rechnen ist.

1. Schritt: Formulieren Sie das aufgeworfene Problem oder die Frage mit eigenen Worten. Überlegen Sie, ob Sie z. B. Missstände anprangern, Lösungsschritte aufzeigen oder Stellung zu einem strittigen Thema (pro und kontra) beziehen wollen. Notieren Sie, welche Meinung Sie spontan dazu äußern würden.

2. Schritt: Schreiben Sie alle Ideen, Argumente (Thesen und Begründungen), Belege und Beispiele auf, die Ihnen zum Thema einfallen (» Kapitel 5, S. 56).

3. Schritt: Ordnen Sie Ihre Ideen: Beantworten Sie sich die Frage, wovon Sie Ihren Adressaten und gegebenenfalls weitere Leser überzeugen wollen. Stellen Sie Behauptungen (Thesen) auf, schreiben Sie die entsprechenden Begründungen aus Ihrer Ideensammlung dazu und entfalten Sie diese.

4. Schritt: Überlegen Sie, mit welchen rhetorischen Strategien (» S. 152) Sie Ihre eigene Position deutlich herausstellen wollen, zum Beispiel indem Sie Gegenargumente vorwegnehmen, sich selbst als neutral oder objektiv darstellen etc. Formulieren Sie entsprechend den Hauptteil Ihrer Stellungnahme.

5. Schritt: Formulieren Sie eine Einleitung, die beim Adressaten Interesse weckt, und überlegen Sie, womit Sie Ihre Stellungnahme am Schluss abrunden können.

6. Schritt: Zitieren Sie aus Ihren Quellen. Sie bringen damit zum Ausdruck, dass Sie sich bestens sachkundig gemacht haben. Achten Sie dabei aber darauf, dass Sie sowohl regelgerecht zitieren (» Kapitel 6, S. 73, 74) als auch am Ende Ihrer Stellungnahme ihre Quellen korrekt angeben (» Kapitel 6, S. 73, 74).

2 **Verfassen Sie mit Hilfe der Notizen aus Aufgabe 4 von Seite 152 eine vollständige Stellungnahme zum Artikel der Quartals-Firmenzeitung (Text A) und zwar**

a) handschriftlich auf einem DIN-A4-Blatt.
b) am PC mit einem Standard-Textverarbeitungsprogramm (Schriftgröße 12 pt).

3 **Tauschen Sie Ihre Stellungnahmen untereinander aus und überprüfen Sie mit Hilfe der folgenden Aufgaben.**

a) Enthält die Stellungnahme überzeugende Argumente?
b) Welche rhetorischen Strategien sind vorhanden?
c) Werden Alternativen zur geplanten Streichung der „Berg-Woche“ aufgezeigt?
d) Sind Sprache und Stil dem Empfänger gegenüber angemessen?
e) Gibt es Verstöße in Rechtschreibung und Zeichensetzung (» Kapitel 20, S. 229–246)?
f) Wurden regelgerecht Zitate gekennzeichnet und die Quellen angegeben? Vergleichen Sie anhand der Regeln im Buch (» Kapitel 6, S. 73, 74).

Für eine Sache werben

Situation

Douglas, der Vorsitzende der Jugendvertretung in einem größeren Unternehmen, hat eine sehr überzeugende Stellungnahme zu dem Artikel in der Quartals-Firmenzeitung (» S. 150) an den Personalvorstand geschrieben. Darin spricht er sich vehement für den Erhalt der erlebnispädagogischen „Berg-Woche" aus.

Einige Mitglieder der Jugendvertretung fordern zudem, dem Vorstand der firmeneigenen Stiftung in einem offenen Brief zu schreiben und ihn um seine Mithilfe zu bitten, indem zum Beispiel die Stiftung die Finanzierung der erlebnispädagogischen Woche übernehmen könnte.

1 Durchdenken Sie den Auftrag, den Douglas von der Jugendvertretung bekommen hat.

a) Weshalb genügt es nicht, dem Vorstand der Stiftung nur eine Kopie der Stellungnahme an den Personalvorstand zu senden?

b) Was versteht man unter einem „offenen Brief"?

c) Worin sollten sich die beiden Schreiben unterscheiden?

d) Welche Gemeinsamkeiten dürfen sie haben?

BASISWISSEN Appellierende Schreibformen

Man kann vier verschiedene appellierende (werbende) Schreibformen unterscheiden:

- Aufforderung
- Befehl
- Bitte
- Überredung

Alle Formen haben zum Ziel, beim Empfänger eine Einstellungs- oder Verhaltensänderung zu bewirken. In Sprache und Stil geht man dabei unterschiedlich vor.

2 Tragen Sie Informationen zu den vier appellierenden Schreibformen zusammen.

a) Notieren Sie, worin sie sich unterscheiden und welche Gemeinsamkeiten sie haben.

b) Welche Form erachten Sie für den offenen Brief an den Stiftungsvorstand als die geeignetste? Begründen Sie Ihre Entscheidung.

3 Verfassen Sie einen offenen Brief an den Stiftungsvorstand Dr. F. Hochstätter.

- Schreiben Sie handschriftlich oder am PC.
- Beginnen Sie dabei unmittelbar mit der Anrede und gehen Sie nach der Arbeitstechnik vor (» S. 153).
- Hinweis: Sollten Sie die Stellungnahme zum Artikel (» Aufgaben 6 und 7, S. 151) bereits verfasst haben, so schreiben Sie Ihren Text entsprechend um.

4 Kontrollieren und überarbeiten Sie Ihren offenen Brief.

a) Korrigieren Sie Verstöße in Rechtschreibung und Zeichensetzung (» Kapitel 20, S. 229–246).

b) Unterstreichen Sie alle Formulierungen mit appellativem (aufforderndem) Charakter.

c) Ist Ihr offener Brief in Sprache und Stil dem Empfänger gegenüber angemessen verfasst?

5 Entwerfen Sie ein Plakat, handschriftlich oder am PC, mit dem Sie alle Betriebsangehörigen davon überzeugen wollen, dass die „Berg-Woche" ihr Geld wert ist.

a) Formulieren Sie einen kurzen, appellierenden Text.

b) Gestalten Sie das Plakat mit Abbildungen, unterschiedlichen Schriftgrößen etc.

Ein Flugblatt gestalten – appellieren

Situation

Der Personalvorstand der ANG AG, Josefine Berger, muss ihre Entscheidung, die erlebnispädagogische Woche aus Kostengründen zu streichen, nochmals überdenken. Die schriftliche Stellungnahme der Jugendvertretung sowie der offene Brief an die firmeneigene Stiftung haben ihre Wirkung nicht verfehlt. Für Freitagabend ist eine Versammlung vereinbart worden, in der der Personalvorstand, der Vorsitzende der Stiftung sowie die Jugendvertretung der Auszubildenden einen Kompromiss finden sollen. Alle Auszubildenden sind dazu eingeladen. Thomas und Eva wollen ein Flugblatt entwerfen, mit dem sie zum Besuch der Versammlung aufrufen. Die Flugblätter sollen an alle Jugendlichen verteilt werden.

1 Analysieren Sie die Situation, in der sich Eva und Thomas befinden.

a) Die Versammlung findet außerhalb der Arbeitszeit am Freitagabend statt. Was könnte die Jugendlichen vom Besuch abhalten?

b) Weshalb ist es aus Sicht der Jugendvertretung wichtig, dass möglichst viele Jugendliche die Versammlung besuchen?

c) Diskutieren Sie andere Möglichkeiten, die Auszubildenden zum Kommen aufzufordern. Nennen Sie die Vor- und Nachteile der verschiedenen Wege.

ARBEITSTECHNIK Ein Flugblatt gestalten

Ein Flugblatt sollte in knapper Form über den Inhalt des Anliegens informieren. Gleichzeitig soll es Aufmerksamkeit erregen und neugierig machen. Ein gut gestaltetes Flugblatt bleibt in Erinnerung.

- Überladen Sie Ihr Flugblatt nicht. Wählen Sie das Textmaterial und die Abbildungen gezielt aus. Die Texte sollten die wichtigsten Inhalte kurz und verständlich wiedergeben.
- Arbeiten Sie mit Farben und Abbildungen, sonst wird das Flugblatt zu textlastig. Die Abbildungen sollten ansprechend gestaltet sein und den Inhalt unterstützen.
- Das Wichtigste sollte am größten dargestellt sein.
- Verwenden Sie nicht mehr als drei verschiedene Schriftarten, sonst wird das Flugblatt unübersichtlich.
- Denken Sie an Kontraste zwischen Hintergrund und Schrift/Abbildung.

2 Bilden Sie Dreier-Gruppen und entwerfen Sie ein überzeugendes Flugblatt im DIN-A4-Format, in dem Sie zum Besuch der Veranstaltung auffordern.

a) Legen Sie eine übersichtliche Mindmap an, in der Sie sammeln, was alles zur Gestaltung Ihres Flugblatts notwendig und zu bedenken ist (» Kapitel 7, S. 92).

b) Verwenden Sie die folgenden Informationen: Zeit: Freitag, den 27. März 20.., um 19:30 Uhr, Ort: Mehrzwecksaal der ANG AG. Weitere Hintergrundinformationen zur „Berg-Woche“ finden Sie in den Situationskästen dieses Kapitels.

c) Lesen Sie Ihr Flugblatt im Anschluss aufmerksam Korrektur und verbessern Sie gegebenenfalls.

3 Werten Sie Ihre Flugblätter aus.

a) Welche Unterschiede bestehen? Welche Vor- und Nachteile haben die unterschiedlichen Gestaltungsvorschläge?

b) Wählen Sie mit Klebepunkten das beste Flugblatt.

Dokumentationen erstellen und überarbeiten

Situation

Die wochenlangen Diskussionen um den Erhalt der erlebnispädagogischen Woche für Auszubildende der ANG AG haben ein Ende. Es wurde bei der März-Versammlung ein Kompromiss gefunden: 50 Prozent der Kosten trägt weiterhin die Firma, 30 Prozent übernimmt die Stiftung und 20 Prozent tragen die Jugendlichen selbst als Eigenanteil. Der Vorsitzende der Jugendvertretung Douglas ist erleichtert, aber noch nicht fertig mit seiner Arbeit. Das firmenintern verbindliche Qualitätsmanagement verlangt eine sorgfältige Dokumentation aller wesentlichen Prozesse. Das gilt auch für die Jugendvertretung. Douglas stand noch nie vor dieser Herausforderung und schlägt im Firmen-QM-Handbuch nach.

Auszug aus dem QM-Handbuch der ANG AG

Definition

Dokumentationen im Sinne der ANG AG sind:

1. Handbücher
2. Abschlussberichte wesentlicher Geschäftsabschlüsse
3. umfangreiche Verträge
4. Präsentationsmaterialien (in Printform, digital)
5. interne technische Beschreibungen für Produkte (zum firmeneigenen Gebrauch)
6. externe technische Beschreibungen für Produkte (für den Kunden, zur Zulassung in anderen Ländern)

Ziele von Dokumentationen

- rasche, eindeutige Auffindbarkeit von dokumentierten Prozessen
- eindeutige Nachvollziehbarkeit abgelaufener Prozesse
- juristische Verwertbarkeit
- ...

Anforderungen an Dokumentationen

Vollständigkeit, Übersichtlichkeit, Verständlichkeit, Strukturiertheit, Korrektheit, Editierbarkeit, Nachvollziehbarkeit, Authentizität (» Änderungshistorie), Objektivität, Rechtssicherheit (» Zitate, Quellen, Urheberrechte)

1 Untersuchen Sie die Ausführungen im QM-Handbuch.

a) Notieren Sie die „Anforderungen an Dokumentationen" und ergänzen Sie stichpunktartig deren Bedeutung, zum Beispiel: „Vollständigkeit, das bedeutet, dass alle Materialien und Beschreibungen vorliegen müssen." Klären Sie unbekannte Begriffe oder Fremdwörter mittels Nachschlagewerk oder Internet.

b) Welche Art von Dokumentation (1–6) ist für Douglas relevant?

c) Umschreiben Sie mit eigenen Worten, was unter den anderen Dokumentationsarten verstanden werden kann. Diskutieren Sie gegebenenfalls unterschiedliche Deutungen.

Dokumentationen erstellen und überarbeiten

d) Begründen Sie die Notwendigkeit der Ziele von Dokumentationen.

2 Erstellen Sie die Struktur einer Dokumentation zum Prozess „Erhalt der erlebnispädagogischen Woche in der ANG AG“ aus Sicht der Jugendvertretung.

a) Verschaffen Sie sich einen Überblick über den gesamten Ablauf mit Hilfe des vorangegangenen Kapitels.

b) Notieren Sie dabei wesentliche Prozessabschnitte und die hierbei angefallenen Dokumente (zum Beispiel Protokolle, Zitate).

c) Entwerfen Sie eine Gliederung für Ihre Dokumentation. Sollten Ihnen wesentliche Prozessabschnitte in den Kapiteln des Deutschbuches fehlen, ergänzen Sie diese plausibel.

d) Fertigen Sie eine Reinschrift Ihrer Dokumentation in sorgfältiger Handschrift oder mit einem Textverarbeitungsprogramm am PC an.

TIPP

Bestandteile der Dokumentation wie Protokolle, Berichte, Zeitungsausschnitte, Quellennachweise brauchen Sie nicht zu verfassen. Es genügt, mit den Begriffen zu arbeiten.

3 Recherchieren Sie im Internet nach veröffentlichten QM-Handbüchern. Welche Gemeinsamkeiten finden Sie zu den Ausführungen der ANG AG auf der vorherigen Seite?

ARBEITSTECHNIK Korrekturzeichen verwenden

Umfangreichere Texte völlig fehlerfrei zu erstellen, verlangt in der Regel nach der Erstfassung mehrere Korrekturschritte. Will man dabei professionell korrigieren, geschieht dies mit Hilfe von Korrekturzeichen, die nach DIN 16511 vereinbart sind.

Korrekturzeichen nach DIN 16511

Anwendung

1. Falsche Buchstaben oder Wörter werden durchgestrichen und am Papierrand durch die richtigen ersetzt; versehentlich umgedrehte Buchstaben werdEn in gleicher Weise angezeichnet. Kommen in einer Zaile mehrere salcher Feller vor, so erhalten sie ihrer Reihenfolge mit unterschiedliche Zeichen.

2. Überflüssige Buchstaben oder Wörter werdenn durchgestrichen durchgestrichen und am Papierrand durch (Abkürzung für deleatur = »es werde getilgt«) angezeichnet.

3. Fehlende Buchstaben werden angezeichnet, indem der vorangeende oder der folgende chstabe durchgestrichen und am Rand zusammen mit dem fehlenden Buchstaben wiederholt wird. Es kann auch das ganze Wort der die Silbe durchgeshichen und am Rand berichtigt werden.

4. Fehlende oder überflüssige Satzzeichen werden wie fehlende oder überflüssige Buchstaben angezeichnet.

Beispiele: *Satzzeichen beispielsweise Komma oder Punkt*
»Die Ehre ist das äußere Gewissen«, heißt es bei Schopenhauer
»und das Gewissen, die innere Ehre.«

8. Verstellte Buchstaben werdne durchgestrichen und am Rand richtig angebegen.
Verstellte Wörter werden das durch Umstellungszeichen berichtigt. Die Wörter werden bei größeren Umstellungen beziffert.
Verstellte Zahlen sind immer ganz durchzustreichen und in der richtigen Ziffernfolge an den Rand zu schreiben.

Beispiel: 1694

9. Fehlende Wörter sind in der Lücke durch Winkelzeichen kenntlich zu machen und am anzugeben.
Bei größeren Auslassungen wird auf die Manuskriptseite verwiesen. Die Stelle ist auf dem Manuskript zu markieren.

Beispiel: *Die Erfindung Gutenbergs ist Entwicklung*

10. Falsche Trennungen werden am Zeilenschluss und am folgenden Zeilenanfang angezeichnet.

11. Fehlender Wortzwischenraum wird durch, zu enger Zwischenraum durch, zu weiter Zwischenraum durch angezeichnet.

Beispiel: *Soweit dugehst, die Füße laufen mit.*
Ein Doppelbogen gibt an, dass der Zwischenraum ganz weg fallen soll.

16. Ein Absatz wird durch das Zeichen im Text und am Rand verlangt.

Beispiel: *Die ältesten Drucke sind so gleichmäßig schön ausgeführt, dass sie die schönste Handschrift übertreffen. Die älteste Druckerpresse scheint von der, die uns Jost Amman im Jahre 1568 im Bilde vorführt, nicht wesentlich verschieden gewesen zu sein.*

17. Das Anhängen eines Absatzes wird durch eine verbindende Schleife verlangt.

Beispiel: *Diese Presse bestand aus zwei Säulen, die durch ein Gesims verbunden waren.*
In halber Mannshöhe war auf einem verschiebbaren Karren die Druckform befestigt.

24. Irrtümlich Angezeichnetes wird unterpunktiert. Die Korrektur am Rand ist durchzustreichen.

Nutzen Sie für die Planung und Korrektur Ihrer eigenen Texte auch die **Checkliste: Erstellung eigener Texte** (» Buchklappe hinten).

Zur Überprüfung der häufigsten Fehler bei der Rechtschreibung nutzen Sie **Rechtschreibhilfen** (» Kapitel 20, S. 246).

Einen Leitfaden zur **Überarbeitung eigener und fremder Texte** finden Sie unter Zusatzmaterial/Methoden in diesem Buch (» Kapitel 22, S. 262).

Dokumentationen erstellen und überarbeiten

4 Korrigieren Sie die Ausarbeitung Ihres Nachbarn zu Aufgabe 2.

a) Bringen Sie Ihre Korrekturen handschriftlich und in Farbe streng nach den Regeln der DIN an. Achten Sie dabei auch auf Kleinigkeiten jeglicher Art (zum Beispiel Leerstellen bei PC-Ausarbeitungen).

b) Tauschen Sie Ihre korrigierten Fassungen zurück und bessern Sie aus.

5 Präsentieren Sie der Klasse kurz die Struktur einer Dokumentation, zum Beispiel mit PC und Beamer.

a) Vergleichen Sie drei Präsentationen. Diskutieren Sie Unterschiede in Aufbau und Inhalt.

b) Welche der drei Dokumentationen erfüllt die Kriterien des QM-Handbuchs der ANG AG am besten? Begründen Sie Ihre Entscheidung.

c) Verfassen Sie Ihre eigene Dokumentation nochmals unter Einbeziehung aller Korrekturen und Ergänzungen.

6 Diskutieren Sie Vor- und Nachteile der Korrekturregeln und -zeichen. Versetzen Sie sich dabei in die Situation von Lektoren, also Personen, die Texte prüfen, und von Mitarbeitern, die die Korrekturen ausführen müssen.

7 Überarbeiten Sie weitere selbst geschriebene Texte aus Ihrem Deutsch-Ordner (» Kapitel 22, S. 262).

a) Strategie A: Korrigieren Sie eine Textpassage zunächst mit dem Rechtschreib- (» Kapitel 20), Zeichensetzungs- (» Kapitel 20) und Grammatikteil (» Kapitel 21) dieses Buches.

b) Strategie B: Geben Sie diese Textpassage in das Textverarbeitungsprogramm Ihres PCs ein und schalten Sie entsprechende Korrekturprogramme dazu.

c) Strategie C: Tauschen Sie Ihre am PC geschriebene Textpassage unkorrigiert mit Ihrer Nachbarin/Ihrem Nachbarn und korrigieren Sie handschriftlich nach Strategie A. Anschließend tauschen Sie wieder zurück.

d) Vergleichen Sie die Korrekturen der Aufgaben a), b) und c). Bewerten Sie die drei Strategien.

e) Nehmen Sie sich fest vor, künftig wirklich wichtige Texte (zum Beispiel Bewerbungsschreiben) stets nach einer der Strategien A bis C zu korrigieren.

TIPP

Benutzen Sie die Hilfe-Funktion, wenn Sie die Korrekturprogramme nicht finden.

FAZIT

12.1 Schriftlich Stellung nehmen
- Themenbezogene Materialien analysieren
- Stellungnahmen planen, verfassen und überarbeiten
- Regelgerecht zitieren und Quellen angeben

12.2 Für eine Sache werben
- Appellierende Schreibformen kennenlernen
- Einen offenen Brief formulieren

12.3 Ein Flugblatt gestalten – appellieren
- Inhalte planen
- Adressatengerechte Sprache und Form planen
- Flugblätter erstellen und bewerten

12.4 Dokumentationen erstellen und überarbeiten
- Fachbegriffe klären
- Informationen/Daten sammeln
- Prozessabläufe strukturieren und dokumentieren

Kapitel 13–18

Wahlpflichtmodule

13 Sich mit Literatur beschäftigen

14 Bewegte Bilder – mit Filmen arbeiten

15 Kreativ mit Sprache umgehen

16 Dabei sein – kulturelle Teilhabe

17 Sich mit digitalen Medien auseinandersetzen

18 Dabei sein – Migration und interkulturelle Kommunikation

Die Kapitel 13–18 bieten Ihnen eine Auswahl von sechs Modulen, die jeweils einen literarischen, medialen oder (inter-)kulturellen Schwerpunkt setzen. In den Kapiteln 13, 15 und 16 erfassen und erleben Sie literarische Sprache als Ausdrucksmittel. Sie erfahren die Kreativität von Sprache, zum Beispiel von der Verknappung/Verdichtung zur Lyrik, vom Satz zur Anreicherung und Erzählung bis hin zum Erstellen sowie Vorstellen eigener Texte. Im Kapitel 14 lernen Sie, Filme zu nutzen, zu analysieren, zu produzieren und zu präsentieren. Im Kapitel 17 beschäftigen Sie sich mit der Sprache digitaler Medien sowie deren Ausdrucksmöglichkeiten. Im Kapitel 18 erschließen Sie die Bedeutung von Migration in Geschichte und Gegenwart und erkennen die Bedeutung des friedlichen Miteinanders zwischen den Kulturen; Sie setzen sich mit kontroversen (umstrittenen) Meinungen auseinander und gestalten interkulturelle (verschiedene Kulturen umfassende) Aktionen.

Die Wahlpflichtmodule sind flexibel einsetzbar und enthalten sowohl Aufgaben für alle Jahrgangsstufen als auch für die Jahrgangsstufen 11 und 12. Das Aufgabenniveau ist farblich gekennzeichnet: Orange Aufgaben sind für alle Jahrgangsstufen, graue Aufgaben sind zusätzlich für die Jahrgangsstufen 11 und 12.

5 Bereiten Sie eine passende Präsentation vor.	orange Aufgabe für alle Jahrgangsstufen
6 Bereiten Sie für die Präsentation ein Diskussionsthema zu Wirkung und Absicht vor.	graue Aufgabe zusätzlich für die Jahrgangsstufen 11 und 12

Kapitel 13
Sich mit Literatur beschäftigen
Literarische Texte unterscheiden

Situation

An Ihrer Schule findet die literarische Woche statt. Verschiedene Texte sollen gelesen, vorgestellt, analysiert und besprochen werden.

Eine Kurzgeschichte untersuchen

Stefan Heusler: Der Fall

Der Herr war sichtlich erregt, was aber kein Wunder war. Er spürte ein flaues Gefühl im Magen, sodass es ihm ganz allgemein nicht sonderlich gut ging. Ganz vorsichtig schielte er nach unten, schreckte aber sofort zurück. Es war ihm ein Horror, daran zu denken, dass er dort hinunterspringen wollte. Wozu überhaupt?

Klar, ganz allein seine Entscheidung war es nicht, diesen Schritt zu tun. Unbewusst oder bewusst hatten ihn seine Mitmenschen bis hierher gebracht. Und jetzt stand er ganz allein vor der Entscheidung, ob er die Konsequenz ziehen sollte.

Was würde passieren, wenn er nicht spränge? Seine Frau wäre enttäuscht. Ja, enttäuscht. So weit war es mit ihnen gekommen, oder ist es schon immer so gewesen, dass seine Frau von ihm erwartete, dass er irgendetwas Außergewöhnliches machte. Egal was, nur außergewöhnlich musste es sein.

Der Herr ging einen winzigen Schritt nach vorn, schloss dann aber seine Augen und dachte weiter. Kinder? Nein, Kinder hatte er nicht, also konnten sie auch nichts von ihm denken, wenn er nicht hinabspränge. Aber Freunde und Bekannte? Für alle Ewigkeit als willenloser Versager abgestempelt? Er fühlte sich unglaublich eingeklemmt, konnte nicht mehr zurück, nicht zur Seite, nur noch nach vorn. Und davor hatte er unglaubliche Angst. Aber nur das war noch möglich. Nur das! Er zuckte nach vorn, hielt sich aber schnell wieder an.

Einen kurzen Augenblick dachte der Herr gar nichts. Das nutzte er aus. Und sprang. Er riss die Augen auf, breitete seine Arme aus und starrte in die Tiefe.

Es erfüllte ihn mit Genugtuung, dass er es geschafft hatte. Die Angst war völlig verschwunden, denn nun schwebte er frei im Raum. Frei, nur noch frei.

Wenige Minuten später landete er auf der großen, grünen Wiese. Seine Freunde eilten herbei und gratulierten dem Herrn zu seinem ersten Sprung. Gemeinsam rollten sie den Fallschirm ein.

1 Tauschen Sie sich in der Klasse aus.

a) Wie wirkt der Text auf Sie? Welche Gefühle löst er in Ihnen aus?

b) Was haben Sie zunächst gedacht, worum es im Text geht?

c) Klären Sie die folgenden Begriffe im Textzusammenhang: *schielen* (Z. 2), *Horror* (Z. 3), *Konsequenz* (Z. 7), *außergewöhnlich* (Z. 10) und *Genugtuung* (Z. 20).

d) Geben Sie den Inhalt des Textes kurz mündlich in eigenen Worten wieder.

Eine Kurzgeschichte untersuchen

„Der Fall“ führt zunächst inhaltlich auf eine falsche Spur. Auf diese Weise gelingt dem Autor ein verblüffendes Ende.

2 Untersuchen Sie den Text inhaltlich genauer.

a) Gliedern Sie den Text in vier Abschnitte und formulieren Sie dazu jeweils eine Überschrift. Fassen Sie den Inhalt der Abschnitte schriftlich in kurzen Sätzen zusammen.

b) Wie verschleiert der Autor zunächst, um welche Art von Sprung es sich handelt? Nennen Sie entsprechende Textstellen mit Zeilenangaben.

c) Die Überschrift „Der Fall“ kann unterschiedlich gedeutet werden. Sammeln Sie Vorschläge.

d) Lesen Sie den letzten Abschnitt des Textes noch einmal. Überlegen Sie, welche Bedeutung das Wort „landen“ im Text hat und wie man es darüber hinaus noch deuten könnte.

In der Kurzgeschichte wagt der Mann den Sprung schließlich. Als Leserin/Leser kann man versuchen, das Ende der Geschichte auf das eigene Leben zu übertragen.

3 Finden Sie Merkmale einer Kurzgeschichte im Text.

4 Stellen Sie einen Bezug zwischen dem Text und Ihrem eigenen Leben her.

a) Listen Sie auf, in welchen Lebensbereichen sich bei Ihnen persönlich in nächster Zeit voraussichtlich Veränderungen ergeben werden.

b) Was müssen Sie für einen „gelungenen Absprung“ tun? Wie können Sie sich auf neue Lebenssituationen vorbereiten? Nehmen Sie dazu schriftlich Stellung.

★ **5 Schreiben Sie die Kurzgeschichte „Der Fall“ weiter.**

a) Schreiben Sie ein Ende zur Geschichte in die Mitte eines Blattes. Lassen Sie einen Rand.

b) Suchen Sie sich einen Mitschüler und tauschen Sie Ihre Texte untereinander aus.

c) Schreiben Sie an den Rand der Geschichte, was Ihnen gut gefällt, welche Verständnisfragen es gibt, und Verbesserungsvorschläge. Achten Sie auch auf Fehler in der Rechtschreibung und im Ausdruck.

d) Der Verfasser der Geschichte überarbeitet seinen Text unter Berücksichtigung der Anmerkungen.

★ **6 Die Kurzgeschichte gehört, wie zum Beispiel die Parabel, die Fabel, das Märchen und die Novelle, zu den epischen Kurzformen. Besprechen Sie mit einem Partner, was man unter epischen Kurzformen versteht.**

a) Welche Texte der epischen Kurzformen kennen Sie?

b) Informieren Sie sich in vier Gruppen über die formalen und sprachlichen Merkmale der Parabel (Gruppe 1), der Fabel (Gruppe 2), des Märchens (Gruppe 3) und der Novelle (Gruppe 4). Erstellen Sie dazu eine Übersicht. Recherchieren Sie nach einem beispielhaften Text (oder Textausschnitt), an dem Sie die Merkmale aufzeigen können. Präsentieren Sie Ihre Ergebnisse im Plenum.

c) Diskutieren Sie Gemeinsamkeiten und Unterschiede der verschiedenen Texte.

BASISWISSEN Kurzgeschichte

Der Begriff **Kurzgeschichte** entstand in Anlehnung an die amerikanische **Short Story**. Sie ist gekennzeichnet durch einen unvermittelten Anfang („ein Sprung mitten hinein ins Geschehen“) und einen offengehaltenen Schluss, der die Leser dazu auffordert, selbst über ein Ende und eine Lösung nachzudenken. Die Handelnden sind „Alltagsmenschen“, aus deren Leben blitzlichtartig ein wichtiger Ausschnitt, ein einzelnes, besonderes Geschehen dargestellt wird. Die Sprache ist oft klar und konkret, nahe an der Alltagssprache.

Einen Krimi kennenlernen

Situation

Was geht am Samstag bei euch ab?
Ich hab ein Fußballspiel – und danach geh ich mit den Kumpels noch weg.
Erst mein Motorrad richten und dann endlich den Krimi zu Ende lesen ...
Was denn?
Ich lese zum Beispiel die Allgäu-Krimis. Das Buch „Seegrund“ spielt in Füssen und ist irre spannend ...
Lesen?

1 Tauschen Sie sich über Ihre Leseerfahrungen aus.

a) Welche Bücher kennen Sie? Nennen Sie Themen, Titel und Autoren.
b) Was lesen Sie in Ihrem Alltag?

2 Diskutieren Sie die Frage, ob das Lesen von Büchern wichtig ist.

a) Sammeln Sie Argumente, die aus Ihrer Sicht für das Lesen sprechen.
b) Sammeln Sie ebenfalls Punkte, die gegen das Lesen sprechen.
c) Bilden Sie zwei Gruppen: Die eine vertritt die Position für, die andere gegen das Lesen. Bestimmen Sie auch eine Diskussionsleitung, die einführende Worte spricht und ggf. vermittelnd eingreift.

3 Überlegen Sie, welches Buch Sie als Ihr Lieblingsbuch empfehlen würden. Begründen Sie Ihre Empfehlung.

4 Lesen Sie den Text zum Krimi „Seegrund“.

a) Welche Wirkung haben Text und Cover auf Sie?
b) Was soll jeweils erreicht werden?

5 Beschreiben Sie, was man unter einem Krimi versteht.

Ein mystischer See im Allgäu und ein Mord

Der Alatsee bei Füssen: Ein Taucher liegt tot am Ufer. Zu seinem Missfallen muss Kommissar Kluftinger bei diesem Fall weibliche „Unterstützung“ dulden. Und feststellen, dass ein finsteres Kapitel aus der Geschichte noch gegenwärtig ist.

Einen Krimi kennenlernen

Volker Klüpfel/Michael Kobr: Seegrund (Auszug)

„Oh dear, how marvellous, just like in Disneyland!“ Kluftingers Englisch war nicht besonders gut, aber den von der kamerabehängten älteren Frau mit Baseballkappe und riesiger Sonnenbrille ausgerufenen Satz hatte er verstanden. „Hast du das gehört? Wie in Disneyland. Prima! Erst Busladungen voller grinsender und knipsender Japaner und jetzt das. Komm, Erika, wir gehen!“
Es war elf Uhr dreißig. Kluftinger stand mit seiner Frau am Ticketcenter der Königsschlösser Hohenschwangau und Neuschwanstein bei Füssen und war alles andere als gut gelaunt. Nicht nur, weil er fürs bayerische Zuckerbäckerschloss nicht viel übrig hatte. Auch seine Sympathie für die Besucherhorden aus aller Welt, die sich als nicht enden wollender, wuselnder, schnatternder Strom über das Allgäu ergossen, hielt sich in Grenzen. Aber schließlich hatte er doch eingewilligt, ihren Sohn Markus und dessen neue Freundin hier in Füssen abzuholen. Die beiden hatten auf ihrem Weg in die Weihnachtsferien bei Freunden Station gemacht und angekündigt, Heiligabend mit Kluftingers verbringen zu wollen, was Erika in helle Aufregung versetzt hatte. Anscheinend war es Markus ernst mit seiner neuen Liebe, sonst hätte er sie seinen Eltern niemals bereits nach drei Monaten vorgestellt. Die meisten der zahlreichen Vorgängerinnen hatten sie gar nicht erst kennengelernt. „Jetzt mecker halt nicht dauernd rum! Heut ist so ein strahlender Wintertag. Wo doch dein Sohn endlich mal wieder heimkommt. Und auf die Miki bin ich schon so gespannt …“ „Auf wen?“ „Auf die Miki, die neue Freundin vom Markus!“ „Wie heißt die? Micky? Micky Maus? Passt ja wunderbar nach Disneyland! Und wie heißt sie richtig?“ „Der Markus erzählt immer nur von der Miki. Vielleicht Michaela … Alles, was ich weiß, ist, dass sie auch in Erlangen studiert und zweiundzwanzig Jahre alt ist. Und eine Überraschung gibt es noch, die er mir am Telefon nicht verraten wollte.“ „Ach so? Bringt sie ihren Hund Pluto mit, oder was?“ „Jetzt hör bloß auf! Sonst fährt sie gleich mit dem nächsten Zug zurück.“ „Wieso? Gibt’s denn einen Direktzug Füssen – Entenhausen?“ Erika ignorierte die weiteren Sticheleien ihres Mannes. Sie wusste, dass dies das beste Rezept war, um zu verhindern, dass er einen einmal für gut befundenen Witz den ganzen Tag über in Varianten wiederholte. Da seine Spitzen nun ungehört verhallten, beschloss er, still vor sich hin zu schmollen. „So, hammer’s dann?“ Kluftinger drehte sich um. Ein Mann schaute missmutig von einem Kutschbock auf ihn herab und gab ihm mit einer Geste zu verstehen, dass er ihm und seiner von zwei glockenbehängten Ponys gezogenen Kutsche im Weg stand. Kluftinger trat einen Schritt zur Seite und winkte die Kutsche mit einer übertrieben freundlichen Geste vorbei. Dieses spöttische Winken hielt die japanische Reisegruppe auf den Sitzen offenbar für einen Ausdruck Allgäuer Gastfreundschaft und winkte ekstatisch zurück. Kluftinger fragte sich, wie viel eine solche Fahrt wohl kostete. Zehn oder gar zwanzig Euro? Der Kommissar der Kemptener Kriminalpolizei überlegte, ob dies schon den Tatbestand des Wuchers erfüllte, wurde aber vom Anblick eines Pferdes abgelenkt, das seine Äpfel genau vor einem Souvenirladen fallen ließ. Auch wenn er sonst nichts mit Pferden anfangen konnte, fühlte er sich dem Vierbeiner in diesem Moment eigentümlich seelenverwandt. Fassungslos wurde er schließlich Zeuge, wie sich Dutzende Japaner gegenseitig vor einem ordinären Schild fotografierten, auf dem lediglich ein Symbol für Neuschwanstein und ein Hinweis auf den halbstündigen Fußmarsch zum Schloss zu sehen waren. Ihm würde dieses Volk ein ewiges Rätsel bleiben. Ein paar Meter neben dem Schild nahm Kluftinger eine junge Japanerin wahr, die keinen Fotoapparat in der Hand hatte und auch keiner Gruppe anzugehören schien. Die Frau teilte den um sie herumfließenden Touristenstrom wie ein Stein das Wasser eines Baches. Sie ließ sich mit geschlossenen Augen von der Vormittagssonne bescheinen und wirkte auf den Kommissar recht attraktiv – für eine Asiatin jedenfalls. Als sie anfing,

Einen Krimi kennenlernen

in ihrem kleinen Lederrucksack zu kramen, fiel ihr die Sonnenbrille aus dem pechschwarzen Haar. Sie schien den Verlust nicht bemerkt zu haben. Er zögerte. Was ging es ihn an? Andererseits: Dafür, dass die junge Frau sich so touristenuntypisch verhielt, konnte man schon einmal Kavalier spielen. Er gab sich also einen Ruck und ging auf sie zu, bückte sich und hielt ihr schließlich verlegen lächelnd die Brille hin. „Hier, bitte. Verloren. Your sunbrill, Miss. Please!“ Noch bevor die Frau antworten konnte, ertönte hinter Kluftinger eine vertraute Stimme. „Ja Vatter, habt ihr euch schon bekannt gemacht!“ Er drehte sich um. Fragend blickte er in das Gesicht seines Sohnes. Er war so perplex, dass er vergaß, ihn zu begrüßen.

6 **Stellen Sie Vermutungen an, warum Kluftinger am Schluss so perplex ist.**

7 **Beschreiben Sie die Figur Kluftinger mit Hilfe der Arbeitstechnik.**
a) Wie wirkt die Figur auf Sie? Begründen Sie.
b) Welche Charaktereigenschaften schreiben Sie ihm zu? Belegen Sie mit Textstellen.
c) Was äußert Kommissar Kluftinger über Japaner? Schließen Sie von diesen Aussagen auf Kluftingers Einstellung gegenüber Touristen.

8 **Charakterisieren Sie die Figuren. Belegen Sie mit Textstellen. Wie stehen die Figuren zueinander? Erstellen Sie eine Figurenkonstellation.**

9 **Überlegen Sie, wie das Gespräch weitergeht.**
a) Sammeln Sie Ideen für die Fortsetzung des Gesprächs zwischen den Beteiligten.
b) Planen Sie dazu ein Rollenspiel und notieren Sie Ihre Ergebnisse.
c) Präsentieren Sie Ihr Rollenspiel zur Fortsetzung des Krimis.
d) Besprechen Sie die Ergebnisse. Beziehen Sie Ihre Ergebnisse aus Aufgabe 7 (und 8) ein: Wie wurde der Krimi inhaltlich fortgesetzt?, Wie wurden die Figuren dargestellt?, Welche unterschiedlichen Charakterisierungen wurden deutlich?, Wie war das Gesprächsverhalten der Figuren zueinander?

10 **Informieren Sie sich im Internet über die Verfasser, weitere Werke und den Ort der Handlung.**

11 **Sammeln Sie Kurzkrimis und bringen Sie sie mit. Wählen Sie einen aus und lesen Sie ihn vor.**

12 **Verfassen Sie einen Kurzkrimi, indem Sie Ihre gesammelten Kurzkrimis als Vorlage verwenden.**

13 **Informieren Sie sich über die Textsorte Roman.**
a) Welche Romanarten gibt es?
b) Welche Merkmale kennzeichnen einen Roman?

14 **Was unterscheidet den Kriminalroman von anderen Romanarten? Belegen Sie am Text, dass es sich um einen Kriminalroman handelt.**

ARBEITSTECHNIK – Eine Figur charakterisieren

Zum Erstellen einer Charakteristik konzentriert man sich auf Textstellen, in denen sich der Erzähler oder die Figuren direkt oder indirekt über eine andere Figur äußern bzw. in denen die Figur selbst spricht. Die Beschreibung des Äußeren (Gestalt, Gang, Frisur, Kleidung usw.) vermittelt oft den ersten Eindruck. Das Verhalten, die Beziehungen zu den anderen Figuren und die Kommunikation mit ihnen lassen auf den Charakter schließen.

Ein Lesetagebuch erstellen

Situation

Während der literarischen Woche erstellen die Schüler Lesetagebücher.

BASISWISSEN Lesetagebuch

Ein Lesetagebuch ist ein leeres Heft (im DIN-A5- oder -A4-Format), in das alles hineingeschrieben oder gezeichnet werden kann, was der Leserin oder dem Leser bei der Lektüre in den Sinn kommt. In diesen Lesebegleiter schreibt man zum Beispiel eigene Gefühle und Gedanken, Kommentare, Fragen, Bemerkungen zu den handelnden Personen und deren Verhalten, wann man wie lange gelesen hat oder auch Zusammenfassungen von Kapiteln.

Ein Lesetagebuch hilft, Texte besser zu verstehen, sich intensiver mit dem Text zu befassen und sich später besser an den Inhalt erinnern zu können, sich eine eigene Meinung zu bilden und eigene Zugänge zum Text zu finden.

1 **Wählen Sie ein Buch aus, zu dem Sie parallel ein Lesetagebuch führen wollen.**

2 **Erstellen Sie Ihr eigenes Lesetagebuch.**

a) Besorgen Sie sich ein leeres Heft und gestalten Sie das Cover.
b) Entscheiden Sie sich für mindestens sechs Unterpunkte aus vier verschiedenen Aufgabentypen aus dem Angebot der Arbeitstechnik unten. Testen Sie, wie Ihnen die Zugänge gefallen.
c) Ergänzen Sie die Tipps in der Arbeitstechnik durch eigene Ideen.

ARBEITSTECHNIK Ein Lesetagebuch führen

Notieren Sie in Ihrem Lesetagebuch stets, wann Sie was gelesen haben und auf welche Textstelle Sie sich jeweils beziehen. Auch sollten Sie immer Ihre Meinung und Gefühle mit einfließen lassen. Verschiedene Gestaltungsmöglichkeiten stehen Ihnen für Ihr Lesetagebuch zur Verfügung:

Zeichnen	Kreativ schreiben	Im und mit dem Text arbeiten
Skizzen oder Zeichnungen zu: • Personen • Gegenständen • Räumen etc.	• einen Brief an die Personen • einen Tagebucheintrag aus der Sicht einer Person • den Text weiter- oder umschreiben	• Inhalte klären/zusammenfassen • die Hauptpersonen charakterisieren • zu Textpassagen Stellung nehmen
Den Text grafisch umsetzen	**Szenisches Spiel**	**Rund um das Buch**
• eine Mindmap anlegen • eine Landkarte/einen Stadtplan anlegen • einen Comic zeichnen • einen Steckbrief entwerfen	• ein Drehbuch zu einer Szene schreiben • ein Standbild entwerfen • eine Szene inszenieren und spielen	• eine Buchbesprechung verfassen • ein Kinoplakat entwerfen • einen Brief an die Autorin oder den Autor schreiben

3 **Stellen Sie Ihr Lesetagebuch der Klasse vor.**

4 **Reflektieren Sie: Welche Aufgaben haben Ihnen gefallen? Womit hatten Sie Schwierigkeiten? Welche Gründe gab es dafür? Was würden Sie beim nächsten Lesetagebuch anders machen?**

Spaß am Lesen – Die Buchvorstellung

1 **Welche Bücher haben Sie in der letzten Zeit gelesen? Welches davon würden Sie gern Ihrer Lerngruppe vorstellen? Bringen Sie das ausgewählte Buch mit in den Unterricht.**

2 **Überlegen Sie gemeinsam, wie Sie das Interesse Ihrer Lerngruppe für Ihr Buch gewinnen können: das Cover zeigen, ein Zitat aus dem Buch vorlesen, eine Buch-Rezension schreiben, Hinweise auf Verfilmungen geben …**

3 **Überlegen Sie, wie Sie Ihre Mitschüler in Ihre Buchvorstellung miteinbeziehen und aktivieren können.**

a) Halten Sie Ihre Ideen schriftlich fest: Quiz mit Fragen zum Inhalt, Szene nachspielen lassen …

b) Formulieren Sie konkrete Arbeitsaufträge für Ihre Mitschüler.

4 **Ordnen Sie folgende Fragen in einer sinnvollen Reihenfolge (1. Titel, 2. Autor, 3. Inhalt, 4. Leseprobe, 5. Eigene Meinung) zu und erarbeiten Sie die Buchvorstellung für Ihr Buch.**

- Wann und wo spielt die Handlung?
- Wann hat der Autor gelebt? Was hat er noch geschrieben?
- Werden die Erlebnisse des Autors deutlich?
- Welchen Charakter haben die Hauptfiguren?
- Warum ist der Roman lesenswert?
- In welcher Beziehung stehen die Hauptfiguren zueinander?
- Was passiert in dem Roman?
- Zu welcher Gattung (zum Beispiel Krimi) gehört das Buch?

5 **Überlegen Sie in der Gruppe, welche Kriterien für eine gute Buchvorstellung erfüllt sein müssen, und erstellen Sie dazu eine Bewertungstabelle. Präsentieren und besprechen Sie Ihre Ergebnisse.**

6 **Stellen Sie Ihre Bücher in den nächsten Wochen im Unterricht vor. Ihre Mitschüler geben Ihnen ein Feedback. Reflektieren Sie selbst Ihre Arbeitsvorbereitung und die Durchführung der Buchvorstellung.**

7 **Erstellen Sie einen übersichtlichen Handzettel (Handout) zu Ihrer Buchvorstellung. Besprechen Sie in der Gruppe, welche Inhalte auf dem Handzettel notiert werden sollten.**

BASISWISSEN Bücher vorstellen

Mit dem Einstieg einer Buchvorstellung sollte man das Interesse der Zuhörerinnen und Zuhörer wecken. Dann werden Informationen zu Autorin/Autor (Leben, weitere Werke) gegeben, evtl. auch zu den Entstehungsbedingungen des Werkes, anschließend wird der Inhalt sachlich referiert. Eine geschickt ausgewählte Leseprobe soll einen Vorgeschmack auf das Buch geben. Zum Abschluss wird die eigene Meinung zum Buch formuliert.

Wenn ein spannendes Buch ausgewählt wurde, sollte das Ende nicht verraten werden. Eine Fragestellung kann die Spannung erhalten, z. B.: Wird der Held das Rätsel lösen können? Die ausgesuchte Stelle zur Leseprobe sollte etwa eine halbe Seite lang und typisch für das Buch sein. Das Vorlesen und der gesamte Vortrag sollten zu Hause geübt werden. Für die Lerngruppe kann es hilfreich sein, wenn man ein knappes Handout austeilt. Es sollte eine Seite nicht überschreiten und übersichtlich gestaltet sein. Das Handout folgt dem Aufbau der Buchvorstellung.

Gedichte interpretieren

Gedichte können das Reisen thematisieren. Hier müssen Sie die sprachlichen Besonderheiten und die äußere Form – Strophe, Vers, Versmaß und Reim (» S. 169) – besonders berücksichtigen.

Erich Kästner: Im Auto über Land (1936)

An besonders hübschen Tagen,
ist der Himmel sozusagen
wie aus blauem Porzellan.
Und die Federwolken gleichen
weißen, zart getuschten Zeichen,
wie wir sie auf Schalen sahn.

Alle Welt fühlt sich gehoben,
blinzelt glücklich schräg nach oben
und bewundert die Natur.
Vater ruft, direkt verwegen:
„N' Wetter, glatt zum Eierlegen!"[1]
(Na, er renommiert wohl nur.)[2]

Und er steuert ohne Fehler
über Hügel und durch Täler.
Tante Paula wird es schlecht.
Doch die übrige Verwandtschaft
blickt begeistert in die Landschaft.
Und der Landschaft ist es recht.

Um den Kopf weht eine Brise
von besonnter Luft und Wiese,
dividiert durch viel Benzin.
Onkel Theobald berichtet,
was er alles sieht und sichtet.
Doch man sieht's auch ohne ihn.

Den Gesang nach Kräften pflegend
Und sich rhythmisch fortbewegend
Stürmt die Menschheit durchs Revier.
Immer rascher jagt der Wagen.
Und wir hören Vatern sagen:
„Dauernd Wald, und nirgends Bier."

Aber schließlich hilft sein Suchen.
Er kriegt Bier, wir kriegen Kuchen.
Und das Auto ruht sich aus.
Tante schimpft auf die Gehälter.
Und allmählich wird es kälter.
Und dann fahren wir nach Haus.

1 „... zum Eierlegen!" – veralteter Ausdruck, zeigt Begeisterung
2 „(Na, er renommiert wohl nur.)" – renommieren: angeben – hier wird die Äußerung des Vaters über das Eierlegen wörtlich genommen.

1 Beschreiben Sie den Tag, um den es in diesem Gedicht geht.

a) Wer sitzt im Auto und was erleben diese Personen?

b) Wie entwickelt sich die Stimmung im Laufe des Gedichts? Vergleichen Sie dazu die zweite, die vierte und die letzte Strophe.

c) Beschreiben Sie, welche Stimmung in Ihrer eigenen Familie bei Treffen und Ausflügen herrscht. Erkennen Sie einzelne Aspekte im Gedicht wieder?

2 In der vierten Strophe heißt es: „Um den Kopf weht eine Brise von besonnter Luft und Wiese". Was will Kästner damit ausdrücken? Welche Wirkung hat dann der folgende Vers: „dividiert durch viel Benzin"?

3 Kästner arbeitet mit zahlreichen Personifikationen und erzeugt dadurch Komik. Nennen Sie Beispiele dafür.

- „hübsche Tage": als würden Tage mit gutem Wetter wie Personen gut aussehen
- ...

Gedichte interpretieren

BASISWISSEN Personifikation

Werden abstrakte Begriffe, unbelebte Erscheinungen, Gegenstände, Tiere oder Pflanzen in Gestalt von handelnden und/oder sprechenden Personen dargestellt, so nennt man das eine Personifikation (Vermenschlichung). Sie gehört wie der Vergleich und die Metapher zu den Sprachbildern (bzw. rhetorischen Eiguren) und wird verwendet, um Aussagen anschaulicher und vorstellbarer zu gestalten.

Beispiele: *die Aktie fällt, der Vergleich hinkt, die Blume spricht, Vater Staat regelt alles, Mutter Natur ernährt uns*

Theodor Fontane: Guter Rat (1849)

An einem Sommermorgen
Da nimm den Wanderstab,
Es fallen deine Sorgen
Wie Nebel von dir ab.

Des Himmels heitere Bläue
Lacht dir ins Herz hinein,
Und schließt, wie Gottes Treue,
Mit deinem Dach dich ein.

Rings Blüten nur und Triebe
und Halme von Segen schwer,
dir ist, als zöge die Liebe
Des Weges nebenher.

So heimisch alles klinget
Als wie im Vaterhaus,
Und über die Lerchen schwinget
Die Seele sich hinaus.

4 Welchen „guten Rat“ erteilt Fontane seinen Leserinnen und Lesern?

a) Was halten Sie von seiner Empfehlung?

b) Was tun Sie, damit Ihre Sorgen von Ihnen abfallen?

5 In der zweiten Hälfte der ersten Strophe heißt es „Es fallen deine Sorgen / Wie Nebel von dir ab“. Fontane verwendet hier einen Vergleich (» Basiswissen).

a) Sammeln Sie weitere Vergleiche im Gedicht.

b) Was möchte Fontane mit den Vergleichen ausdrücken? Bestimmen Sie seine Einstellung zur Landschaft.

★ **6 Schreiben Sie ein eigenes Gedicht, in dem Sie Ihre Tipps aussprechen, um Sorgen loszuwerden. Verwenden Sie dabei auch Personifikationen, Vergleiche und Metaphern. Tauschen Sie Ihr Gedicht mit einem Partner aus und analysieren Sie die verwendeten rhetorischen Mittel und ihre Wirkung.**

BASISWISSEN Vergleiche und Metaphern

Der **Vergleich** verknüpft zwei Bedeutungsbereiche und hebt das Gemeinsame hervor.
Beispiel: *Der Innenverteidiger spielte wie ein Turm in der Abwehr.*

Die **Metapher** ist ein verkürzter Vergleich ohne das Wort *wie*. Sie ist eine sprachliche Verknüpfung zweier Bedeutungsbereiche, die gewöhnlich unverbunden sind. Es entsteht ein neues Bild.
Beispiel: *Max ist ein Fuchs.*

1. Bedeutung (Bild 1): *kleines, hundeähnliches Raubtier*

2. Neue Bedeutung (Bild 2): *Schläue, List (Max ist schlau und listig.)*

Gedichte interpretieren

7 Wählen Sie eines der beiden Gedichte aus und analysieren sie es.

a) Wie viele Strophen gibt es? Wie viele Verse umfasst eine Strophe? Gibt es Ausnahmen?

b) Untersuchen Sie die Endreime des Gedichts (» Basiswissen, Endreimvarianten).

c) Bestimmen Sie das Metrum (» Basiswissen, Versmaß).

BASISWISSEN Endreimvarianten

Paarreim	Zwei aufeinanderfolgende Verse reimen sich im Klang der letzten Silben.	*[...] Sofort nun wende dich nach innen,* *Das Zentrum findest du da drinnen, [...]* (Johann Wolfgang Goethe, Vermächtnis, 1829)
Kreuzreim	Der jeweils erste und dritte bzw. zweite und vierte Vers reimen sich im Klang der letzten Silben.	*Es schlug mein Herz, geschwind zu Pferde!* *Es war getan fast eh gedacht;* *Der Abend wiegte schon die Erde,* *Und an den Bergen hing die Nacht; [...]* (Johann Wolfgang Goethe, Willkommen und Abschied, 1775)
Umarmender Reim	Die Verse eins und vier und die Verse zwei und drei reimen sich im Klang der letzten Silben.	*Dem Bürger fliegt vom spitzen Kopf der Hut,* *In allen Lüften hallt es wie Geschrei.* *Dachdecker stürzen ab und gehn entzwei* *Und an den Küsten – liest man – steigt die Flut. [...]* (Jakob van Hoddis, Weltende, 1911)
Schweifreim	Eine Kombination aus einem Paarreim in den Versen eins und zwei und einem umarmenden Reim in den Versen drei bis sechs.	*[...] Das Haupt, die Füß und Hände* *Sind froh, dass nun zum Ende* *Die Arbeit kommen sei.* *Herz, freu dich: Du sollst werden* *Vom Elend dieser Erden* *Und von der Sünden Arbeit frei. [...]* (Paul Gerhardt, Abendlied, 1667)

BASISWISSEN Versmaß (Metrum)

In einer Verszeile werden betonte und unbetonte Silben kombiniert, das wird als **Versmaß** bzw. **Metrum** bezeichnet. Die kleinste Einheit des Metrums ist der **Versfuß**. Im Wesentlichen gibt es vier Arten des Versfußes:

Jambus	Auf jede unbetonte Sprechsilbe folgt eine betonte (◡ –).	Vor grauen Jahren lebt ein Mann im Osten ◡ – ◡ – ◡ – ◡ – ◡ – ◡
Trochäus	Auf jede betonte Sprechsilbe folgt eine unbetonte (– ◡).	Schön wie niemals sah ich jüngst die Erde – ◡ – ◡ – ◡ – ◡ – ◡
Anapäst	Nach zwei unbetonten Sprechsilben folgt eine betonte (◡ ◡ –).	Und es wallet und siedet und brauset und zischt ◡ ◡ – ◡ ◡ – ◡ ◡ – ◡ ◡ –
Daktylus	Nach einer betonten Sprechsilbe folgen zwei unbetonte (– ◡ ◡).	Wir singen und sagen vom Grafen so gern – ◡ ◡ – ◡ ◡ – ◡ ◡ – ◡

Einem Drama begegnen

Die Zeit des Sturm und Drang (1770–1785)

Friedrich Schiller (geb. 1759 in Marbach am Neckar, gest. 1805 in Weimar) musste auf Befehl des württembergischen Herzogs Karl Eugen bereits mit 13 Jahren die „militärische Pflanzschule" des Landes, eine Militärakademie, besuchen. In dieser Eliteschule sollten die Söhne aus angesehenen württembergischen Familien in unbedingtem Gehorsam ausgebildet werden, um dem Herzog später als Beamte zur Verfügung stehen zu können. Sein Schauspiel „Die Räuber" verfasste er heimlich nachts – Theaterstücke oder Gedichte zu schreiben war in der herzoglichen Akademie verboten.

1 Informieren Sie sich über Friedrich Schiller und gestalten Sie ein Plakat zu ihm.

a) Stellen Sie Recherchen zu seinem Lebenslauf an. Er wird aus heutiger Sicht gern als „Rebell" bezeichnet. Welche Gründe hat das?

b) Informieren Sie sich über seine Werke. Legen Sie dazu den Schwerpunkt auf die Stücke „Die Räuber" und „Kabale und Liebe".

c) Der Künstler HORUS hat in seiner Comic-Novelle „Schiller!" das Leben Schillers in einem Comic dargestellt. Wie wirkt Schiller als Comicfigur auf Sie? Weshalb ist Schiller attraktiv für einen Comic-Zeichner von heute? Schauen Sie sich einige Ausschnitte des Comics im Internet an oder besorgen Sie sich das Buch.

Friedrich Schiller: Kabale und Liebe

Das Drama entstand 1783, Schiller war erst 24 Jahre alt. Der junge Baron Ferdinand von Walter liebt die Bürgerstochter Luise Millerin und möchte sie heiraten. Doch für seinen Vater, der Präsident am Hof des Fürsten ist, ist eine Ehe mit einer Bürgerlichen völlig ausgeschlossen. Er hat für seinen Sohn die Ehe mit einer Adeligen vorgesehen. Wütend sucht der Präsident das Haus der Millers auf.

2. Akt, 6. Szene (Auszug)

PRÄSIDENT *im Hereintreten:* Da ist er schon.
ALLE *erschrocken.*
PRÄSIDENT *zu Millern:* Er ist der Vater?
MILLER: Stadtmusikant Miller.
PRÄSIDENT *zur Frau:* Sie die Mutter?
FRAU: Ach ja! Die Mutter.
PRÄSIDENT: […] *Zu Luise:* Wie lang kennt Sie den Sohn des Präsidenten?
LUISE: Diesem habe ich nie nachgefragt. Ferdinand von Walter besucht mich seit dem November.
FERDINAND: Betet sie an.
PRÄSIDENT: Erhielt Sie Versicherungen?
FERDINAND: Vor wenigen Augenblicken die feierlichste im Angesicht Gottes.
PRÄSIDENT *zornig zu seinem Sohn:* Zur Beichte d e i n e r Torheit wird man dir schon das Zeichen geben. *Zu Luisen:* Ich warte auf Antwort.
LUISE: Er schwur mir Liebe.
FERDINAND: Und wird sie halten.
PRÄSIDENT: Muss ich befehlen, dass du schweigst? – Nahm Sie den Schwur an?

Die Zeit des Sturm und Drang (1770–1785)

LUISE *zärtlich:* Ich erwiderte ihn.

FERDINAND *mit fester Stimme:* Der Bund ist geschlossen.

PRÄSIDENT: Ich werde das Echo hinauswerfen lassen. *Boshaft zu Luisen:* Aber er bezahlte Sie doch jederzeit bar?

LUISE *aufmerksam:* Diese Frage verstehe ich nicht ganz.

PRÄSIDENT *mit beißendem Lachen:* Nicht? Nun! Ich meine nur – jedes Handwerk hat, wie man sagt, seinen goldenen Boden – auch Sie, hoff ich, wird Ihre Gunst nicht verschenkt haben – oder war's Ihr vielleicht mit dem bloßen V e r s c h l u s s gedient? Wie?

FERDINAND *fährt wie rasend auf:* Hölle! Was war das?

LUISE *zu Ferdinand mit Würde und Unwillen:* Herr von Walter, jetzt sind Sie frei.

FERDINAND: Vater! E h r f u r c h t befiehlt die Tugend auch im Bettlerkleid.

PRÄSIDENT *lacht:* Eine lustige Zumutung! Der Vater soll die H u r e des Sohnes respektieren.

LUISE *stürzt nieder:* O Himmel und Erde!

FERDINAND *indem er den Degen nach dem Präsidenten zückt, den er aber schnell wieder sinken lässt:* Vater! Sie hatten einmal ein Leben an mich zu fordern – es ist bezahlt. *Den Degen einsteckend.* Der Schuldbrief der kindlichen Pflicht liegt zerrissen da –

2 **Lesen Sie die Szene mit verteilten Rollen und fühlen Sie sich dabei in die Personen hinein.**

3 **Untersuchen Sie die Szene.**

a) Wie wirkt der Auftritt von Ferdinands Vater auf Sie?

b) Geben Sie den Inhalt wieder. Beantworten Sie auch die folgenden Fragen: Was will der Präsident erreichen und welche Mittel wählt er dazu? Wie reagieren Ferdinand und Luise auf die Worte des Präsidenten?

c) Charakterisieren Sie die Personen und belegen Sie Ihre Aussagen mit Textstellen.

d) Stellen Sie Vermutungen dazu an, wie das Drama weitergehen könnte.

4 **Inszenieren Sie diese Szene.**

a) Skizzieren Sie das Bühnenbild.

b) Welche Kostüme würden Sie für die Personen wählen?

c) Planen Sie, wo die Personen während der Szene stehen/sitzen und wie sie sich bewegen.

d) Spielen Sie die Szene im Klassenzimmer.

5 **Stellen Sie eine Beziehung zwischen dem Drama „Kabale und Liebe" und seiner Entstehungszeit her. Woran erkennen Sie die Zugehörigkeit des Dramas zur Epoche des Sturm und Drang?**

BASISWISSEN Sturm und Drang

Die literarische Jugend in der Epoche des „Sturm und Drang" (ca. 1770–1785) – und hier vor allem der junge Schiller und der junge Goethe (geb. 1749) – trat für eine freiheitliche Gesellschaft ohne ständische Schranken (Unterschiede innerhalb der Bevölkerung) ein. Sie grenzte sich damit ab gegen die von Vernunft und feudalem Ständedenken (Denken in Bevölkerungsschichten) geprägte streng geregelte Lebensform im Zeitalter der Aufklärung (Befürwortung der Selbstbestimmung des Menschen). In ihren literarischen Werken wurden Gefühle überschwänglich wiedergegeben und freie Rhythmen ohne feste Reime lösten die Fesseln der strengen Versmaße ab. Auch die Umgangssprache brachte sie in ihre literarischen Werke mit hinein.

Sprachliche Mittel untersuchen

Wolfgang Herrndorf: Tschick (Auszug)

Maik Klingenberg, der Ich-Erzähler in Wolfgang Herrndorfs Roman „Tschick", besucht die 8. Klasse eines Gymnasiums in Berlin. Andrej Tschichatschow, genannt Tschick, kommt neu in diese Klasse und Maik steht ihm, wie alle anderen in der Klasse, skeptisch gegenüber. Maik gilt selbst als Außenseiter und ist darüber unglücklich. Hinzu kommt, dass er in den Sommerferien zwei Wochen allein zu Hause bleiben soll (beide Eltern sind unterwegs). Bis Tschick die Idee hat, in dieser Zeit gemeinsam in Urlaub zu fahren.

Mein Arm hing aus dem Fenster, mein Kopf lag auf meinem Arm. Wir fuhren Tempo 30 zwischen Wiesen und Feldern hindurch, über denen langsam die Sonne aufging. Irgendwo hinter Rahnsdorf, und es war das Schönste und Seltsamste, was ich je erlebt habe. Was daran seltsam war, ist schwer zu sagen, denn es war ja nur eine Autofahrt, und ich war schon oft Auto gefahren. Aber es ist eben ein Unterschied, ob man dabei neben Erwachsenen sitzt, die über Waschbeton und Angela Merkel reden, oder ob sie eben nicht da sitzen und niemand redet. Tschick hatte sich auf seiner Seite auch aus dem Fenster gehängt und steuerte den Wagen mit der rechten Hand eine kleine Anhöhe hinauf. Es war, als ob der Lada von alleine durch die Felder fuhr, es war ein ganz anderes Fahren, eine andere Welt. Alles war größer, die Farben satter, die Geräusche Dolby Surround, und ich hätte mich, ehrlich gesagt, nicht gewundert, wenn auf einmal Tony Soprano, ein Dinosaurier oder ein Raumschiff vor uns aufgetaucht wäre.

Wir waren auf dem direktesten Weg aus Berlin rausgefahren, den Frühverkehr hinter uns lassend, und steuerten durch die Vororte und über abgelegene Wege und einsame Landstraßen. Wobei sich als Erstes bemerkbar machte, dass wir keine Landkarte hatten. Nur einen Straßenplan von Berlin. [...] Aber wie man es bis in die Walachei schaffen sollte, wenn man nicht mal wusste, wo Rahnsdorf ist, deutete sich da als Problem schon mal an. Wir fuhren deshalb erst mal Richtung Süden. Die Walachei liegt nämlich in Rumänien und Rumänien ist im Süden.

Das nächste Problem war, dass wir nicht wussten, wo Süden ist. Schon am Vormittag zogen schwere Gewitterwolken auf, und man sah keine Sonne mehr. Draußen waren mindestens vierzig Grad. Es war noch heißer und schwüler als am Tag davor.

1 **Fassen Sie den Inhalt des Romanausschnitts kurz zusammen.**
- Wann und wo findet die Handlung statt?
- Welche Figuren kommen in dem Textausschnitt vor?
- Was ist ungewöhnlich an der Situation?

Sprachliche Mittel untersuchen

2 Literarische Texte arbeiten oft mit sprachlichen Mitteln, die im Kopf der Leser Bilder entstehen lassen.

a) Wählen Sie zwei der Zitate und bearbeiten Sie die Aufgaben b), c) und d).
- „... es war ein ganz anderes Fahren, eine andere Welt."
- „... Tony Soprano, ein Dinosaurier oder ein Raumschiff vor uns aufgetaucht wäre."
- „Aber wie man es bis in die Walachei schaffen sollte, wenn man nicht mal wusste, wo Rahnsdorf ist, deutete sich da als Problem schon mal an."

b) Was will der Autor mit dieser Formulierung ausdrücken?

c) Wie bezeichnet man dieses sprachliche Mittel?

d) Wie wirkt diese Formulierung an dieser Stelle auf die Leser?

BASISWISSEN Sprachliche Mittel und ihre Wirkung

Sprachliche Besonderheiten unterstützen die Aussage eines Textes. Sprachliche Besonderheiten können sein:
- die Sprachvarietäten (Ausprägungen), z. B. Umgangssprache, Standardsprache, Jugendsprache, Dialekt;
- die Wortwahl: besondere Häufungen von Adjektiven, Nomen, Verben; seltene Wörter, Wortzusammensetzungen, Wortspiele, Aufzählungen, Wiederholungen, Redensarten; sprachliche Bilder, wie z. B. Metaphern, Vergleiche, Personifikationen; laut- bzw. klangmalerische Wörter, Wortgruppen zur Veranschaulichung von Geräuschen, z. B.: knattern, quieken; Kuckuck, Matsch;
- der Satzbau: kurze, lange oder unvollständige Sätze.

Als rhetorische Figuren bezeichnet man Stilmittel, bei denen bestimmte Satzformen, Wiederholungen, Aufzählungen, Gegensätze, Verkürzungen und Ähnliches eine besondere Wirkung hervorrufen sollen. Dazu gehört auch die Ironie: Das Gesagte hat die entgegengesetzte Bedeutung des Gemeinten, z. B. „Wenn man Freunde wie dich hat, braucht man keine Feinde".

Folgende Wirkungen können mit sprachlichen Mitteln erzeugt werden: mehr Anschaulichkeit, Eindringlichkeit, Betonung, Aufforderung, Einbeziehung des Adressaten, Spannung, Distanz.

Wenn Sie die für einen Text charakteristischen sprachlichen Auffälligkeiten herausgefunden haben, deuten Sie deren Wirkung in Verbindung mit den inhaltlichen Aussagen; oft werden auch literarische Figuren durch den Gebrauch sprachlicher Besonderheiten charakterisiert.

3 Dem Ich-Erzähler geht es in dem Text-A-Ausschnitt ziemlich gut.

a) Erzählen Sie (aus der Ich- oder Er-Perspektive) eine Situation, in der Sie auch unterwegs waren und sich wohlgefühlt haben.

b) Versuchen Sie Ihren Text durch sprachliche Mittel anschaulich zu gestalten.

c) Hängen Sie die Texte im Klassenzimmer aus. Gibt es Texte, die Sie besonders beeindrucken?

4 Formulieren Sie einen Dialog zwischen Maik und Tschick während der Autofahrt. Beachten Sie Sprachvarietäten und Wortwahl der Jugendlichen. Lesen Sie Ihren Dialog in verteilten Rollen der Klasse vor.

5 Maik und Tschick fahren gemeinsam in den Urlaub. Stellen Sie Vermutungen an, wie die Reise verläuft und was dabei alles geschieht.

Kapitel 14
Bewegte Bilder – mit Filmen arbeiten
Filme und Filmkonsum

Situation

Stefan und Jeanne sitzen während der Mittagspause mit ihrem Meister zusammen. Auf seine Frage, was die beiden am Wochenende gemacht haben, kommen unabhängig voneinander „Im Kino gewesen!“ und „Videos geschaut!“. Darauf antwortet der Meister: „Die Jugend von heute verblödet total!“. Die beiden ärgern sich über diese Aussage, surfen im Internet und finden folgenden Artikel.

Wie Filme die Entwicklung von Jugendlichen fördern

Bis jetzt machten sich Eltern eher Sorgen, wenn Teenager viele Filme schauen. Eine neue Studie zeigt jedoch, dass die Identitätsbildung von Jugendlichen durchaus vom Filmkonsum profitieren kann.

Filme müssen sich nicht immer nur schlecht auf die Entwicklung von Kindern und Jugendlichen auswirken, sie haben einer Studie zufolge auch positiven Einfluss. Vor allem bei der Identitätsbildung können sie helfen.
„Die Studie zeigt, wie positiv sich Filme auf junge Menschen auswirken, wie Vorurteile und Ängste abgebaut werden können“, sagte die rheinlandpfälzische Jugendministerin Irene Alt (Grüne) bei der Vorstellung des Forschungsprojektes am Montag in Wiesbaden. […]
Befragt wurden mehr als 500 Schüler aus Baden-Württemberg, Rheinland-Pfalz und Hessen jeweils vor und nach dem Besuch von vier ausgewählten Filmen. Kriterien waren Rollenbilder oder auch Vorurteile.
Die Kinder und Jugendlichen im Alter von zwölf bis 15 Jahren sahen sich entweder den Blockbuster „Die Tribute von Panem – The Hunger Games“, das Neonazi-Drama „Kriegerin“, die Tragikomödie „Dirty Girl“ oder den Science-Fiction-Film „Chronicle – Wozu bist du fähig?“ an. Anschließend gab es Gruppen- und Einzelgespräche, in denen die Reaktionen der Jugendlichen untersucht wurden. […]
Die Experten beobachteten, dass die Jugendlichen durch das Filmeschauen andere Rollenbilder akzeptierten oder sich kritischer mit politischen Strömungen auseinandersetzten. „Die identitätsbildende Wirkung von Filmen kann überhaupt nicht überschätzt werden“, sagte der wissenschaftliche Leiter der Medienwirkungsstudie, Jürgen Grimm von der Universität Wien.
Vor allem die Reduzierung von Aggressionen und Angstneigungen und die geförderte Neigung zu Kompromissen in Konfliktsituationen bei den Jugendlichen hoben die Beteiligten als positive Ergebnisse hervor. […]

www.welt.de

1 Bearbeiten Sie den Text mit der 5-Schritt-Lesetechnik (» Kapitel 2, S. 28).

a) Nennen Sie die zentralen Aussagen des Textes zum Thema „Einfluss von Filmen auf Jugendliche“.
b) Diskutieren Sie in der Klasse über die Aussagen des Textes. Reflektieren Sie dabei Ihre eigenen Erfahrungen dazu.

2 Nehmen Sie zum Wahrheitsgehalt des Artikels Stellung.

a) Recherchieren Sie dazu im Internet.
b) Nehmen Sie dazu schriftlich Stellung.

3 Führen Sie eine Umfrage zum Thema „Filmkonsum von Jugendlichen“ durch.

a) Erarbeiten Sie einen Fragebogen (» S. 268) zu diesem Thema. Dabei sollten die Befragten auf ihre Lieblingsfilme/-serien und die Art des Fernsehens (PC oder Fernseher) angesprochen werden.
b) Führen Sie die Umfrage durch und werten Sie sie aus.
c) Präsentieren Sie Ihre Ergebnisse in der Klasse.

Filme und Filmkonsum

4 Untersuchen Sie die unten stehende Grafik.

a) Welche Medien werden von allen, welche von 14- bis 29-Jährigen am häufigsten genutzt?

b) Überlegen Sie in der Gruppe, welche Gründe dieses Verhalten hat.

5 Treffen Sie Hypothesen zu der weiteren Entwicklung der Mediennutzung.

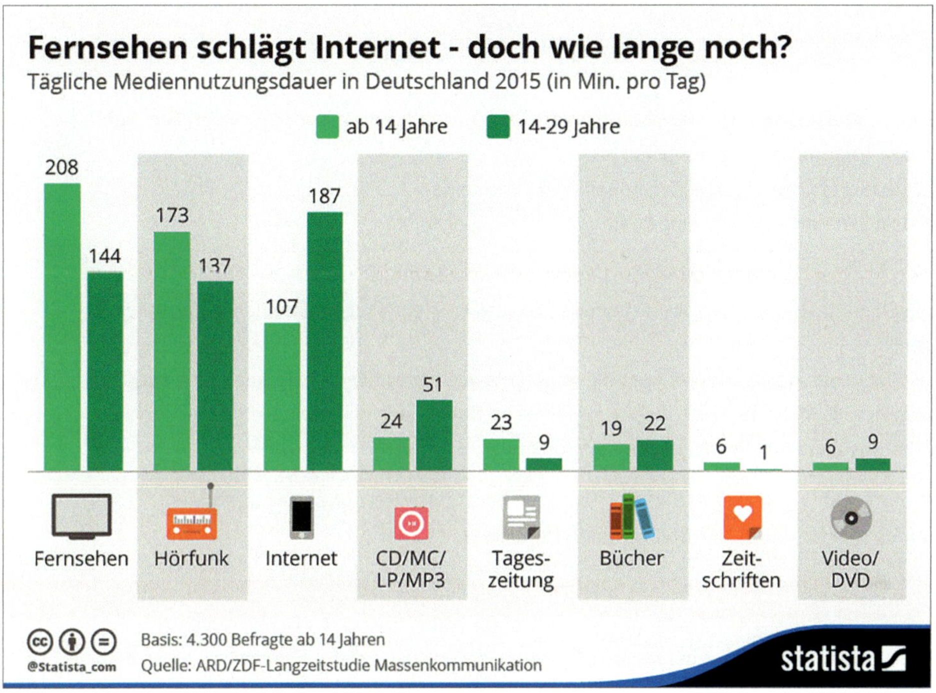

6 Erstellen Sie mit Hilfe des Basiswissens unten eine Liste von Filmgenres, die Sie kennen und ansehen.

a) Finden Sie Beispiele für diese Genres.

b) Untersuchen Sie die Hauptmerkmale dieser Filme und gestalten Sie eine kurze Präsentation.

BASISWISSEN Filmgattungen und Filmgenres

Ebenso wie bei Texten können Filme bestimmte Absichten verfolgen.
Formate, wie **Nachrichten** und **Dokumentationen**, wollen die Zuschauer über aktuelle Themen ausführlich informieren. Seriöse Sendungen versuchen dabei, einen Sachverhalt aus verschiedenen Blickwinkeln darzustellen, damit der Zuschauer sich selbst eine Meinung bilden kann. Allerdings ist eine objektive Darstellung auch in diesem Medium kaum möglich, da auch das, was gezeigt wird, von einer Person ausgewählt wurde.
Daneben gibt es **unterhaltende Filme**, die keinen informierenden Charakter haben. Dazu zählen vor allem Spielfilme und Serien.
Werbefilme verfolgen meist die Absicht, den Zuschauer über ein Produkt zu informieren und ihn von dessen Vorteilen zu überzeugen.
Man kann Filme in **Genres** unterteilen. Das heißt, Filme eines Genres haben bestimmte Gemeinsamkeiten, vor allem wenn es um die Handlung und die Erzählformen geht. Beispiele für Genres sind Krimi, Science Fiction etc.

Filme analysieren

Situation

Ihre Berufsschule/Berufsfachschule möchte für alle dort angebotenen Berufszweige einen Werbefilm drehen, um neue Auszubildende zu erreichen und über das jeweilige Schulsystem zu informieren. Eine andere Schule hat bereits einen solchen Film für den Bildungsgang DBFH (Duale Berufsausbildung und Fachhochschulreife) erstellt. Sie erhalten in Ihrer Gruppe die Aufgabe, einen solchen Werbefilm nach Inhalt, filmischen Mitteln und Wirkung zu analysieren, um die Erkenntnisse für ein eigenes Filmprojekt zu nutzen.

1 Besprechen Sie Ihre Erfahrungen mit der Analyse von Texten und Filmen. Konzentrieren Sie sich dabei auf die beiden folgenden Fragen.

- Welche Unterschiede und Gemeinsamkeiten haben Filme und Texte?
- Mit welchen Mitteln kann man im Film eine bestimmte Wirkung erzielen?

2 Erstellen Sie einen Analysebogen für die Arbeit mit einem Werbefilm.

a) Besprechen Sie die Erkenntnisse aus Aufgabe 1. Notieren Sie dabei offene Fragen für eine Grobstruktur eines Analysebogens.

b) Informieren Sie sich im Buch und im Internet über die Merkmale des Films, die für eine Analyse wichtig sind (» S. 177). Dabei müssen die Bereiche Inhalt und filmische Darstellung aufgeteilt werden. Konzentrieren Sie sich dabei vor allem auf die inhaltliche Komponente.

3 Arbeiten Sie auf der Grundlage Ihrer Arbeit den in Aufgabe 2 erstellten Analysebogen aus. Verbinden Sie dabei die Handlung mit den filmischen Mitteln.

BASISWISSEN Filmsprache

Die richtige Fachsprache ist nicht allein im beruflichen Kontext wichtig. Auch bei der Filmanalyse muss man die passenden Worte finden.

Szene: Eine Szene ist eine Filmeinheit, die an einem einzigen Ort spielt.
Schnitt: Der Schnitt ist der Übergang zwischen zwei Einstellungen.
Sequenz: Eine Sequenz besteht aus mehreren aufeinanderfolgenden Szenen.
Montage: Die Montage passiert während des Schnitts. Sie bestimmt, wie und in welchem Tempo die Handlung dargestellt wird.
Einstellung: Die Einstellung bezeichnet die Zeit zwischen dem Einschalten und Ausschalten der Kamera, auch bekannt als „Take".
Plot: Der Plot ist der Aufbau der Handlung.

Werbefilme finden sich nicht allein im Fernsehen, sondern auch in zunehmendem Maße im Internet.

4 Recherchieren Sie im Internet nach Werbefilmen für Schulen und suchen Sie aus den Ergebnissen einen Film als Analysegegenstand aus.

TIPP

Eine Stichwortsuche wird durch eine genauere Suchanfrage erleichtert. Wählen Sie die Suchoption „Video" aus. Dadurch wird Ihre Suche weiter gefiltert.

Filme analysieren

5 **Analysieren Sie mithilfe des Analysebogens den Werbefilm.**

a) Teilen Sie die Bereiche der Analyse auf einzelne Mitglieder der Gruppe auf und analysieren Sie den Film.

b) Besprechen Sie Ihre Analyse-Ergebnisse und notieren Sie die Ergebnisse.

6 **Bereiten Sie eine passende Präsentation vor. Nutzen Sie dazu die passenden Kapitel im Buch.**

7 Bereiten Sie für die Präsentation ein kurzes Diskussionsthema zu Wirkung und Absicht für die Klasse vor.

TIPP

Spielen Sie den Film erst im Ganzen mehrere Male ab und notieren Sie sich erste Eindrücke. Schauen Sie sich dann einzelne Sequenzen näher an. Fragen Sie sich bei der Analyse immer „Warum und wie?".

TIPP

Achten Sie darauf, dass eine Beschreibung des Films Bestandteil der Präsentation ist.

BASISWISSEN – Einen Film analysieren

Wenn man einen Film analysiert, kann man sich nicht nur auf die Handlung und die Personen konzentrieren, sondern muss sich auch noch die filmtechnischen Details ansehen. Dazu gehören **Kameraführung, Schnitttechnik** und **Musik.** Alle Elemente gemeinsam ergeben eine klare Wirkung, die man erkennen sollte, um mit den Informationen des Films und deren Darstellung umgehen zu können.

Man betrachtet im Film die **Handlung**. Dazu stellt man sich die Fragen:
Was passiert? Wo passiert es? Wie viel Zeit vergeht und wer tut etwas?
Wie sehen die Darsteller aus? Welche Kleidung tragen sie?

Die Auswahl der Personen und der Spielorte lässt Rückschlüsse darauf zu, für welche Personengruppe der Film gedreht wurde, aber auch welche Botschaften ein Film vermitteln möchte.

Ein weiteres wichtiges Element ist die **Kameraführung.**
Allein der **Bildausschnitt** ist meistens wohlüberlegt.
Die wichtigsten Bildausschnitte, auch Einstellungen genannt, sind:
Weit/Panorama: Das ist die größte Bildeinstellung. Die Personen sind nur ganz klein zu sehen. Sie wird verwendet, um die Orte zu zeigen.
Totale: Die Totale gibt dem Betrachter einen Überblick über die Personen und den Ort.
Halbtotale: Sie zeigt die Personen in voller Größe und Teile der Umgebung.
Amerikanisch: In dieser Kameraeinstellung sieht man die Personen bis zu den Knien.
Halbnah: Hier sieht man die Darsteller von der Hüfte ab nach oben. Die Einstellung wird dann genutzt, wenn man vor allem die Gesten zeigen will oder ein Gespräch.
Nah/Porträt: Man sieht den Kopf des Darstellers. Dadurch ist vor allem die Mimik gut zu erkennen.
Detail: Man sieht bestimmte Teile des Köpers oder eines Gegenstands aus der Nähe.
Es gibt drei Perspektiven: Die **Normalperspektive**. Dabei ist die Kamera ungefähr auf Augenhöhe der Darsteller. Daneben gibt es noch die **Froschperspektive** (von unten gefilmt) und die **Vogelperspektive** (von oben gefilmt).

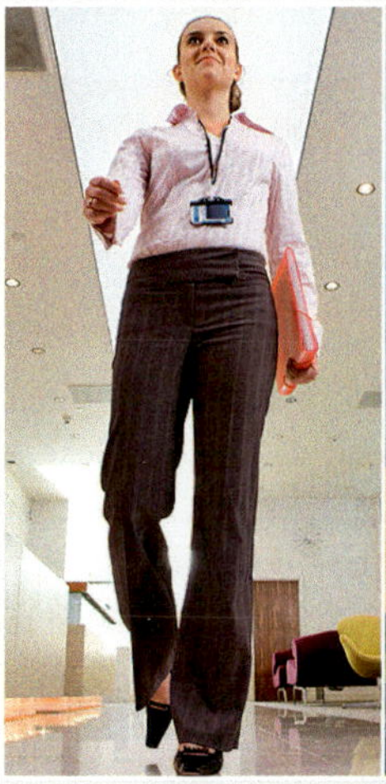

Filme analysieren

8 **Besprechen Sie die einzelnen Präsentationen.**

9 **Überarbeiten Sie Ihre Analyse auf der Grundlage des Feedbacks.**

> **TIPP**
> Nutzen Sie dazu die Feedback-Regeln.

10 **Analysieren Sie das Storyboard (» Basiswissen unten) auf der rechten Seite. Betrachten Sie dabei den Aufbau und die Sprache des Storyboards. Wie detailliert sind die Angaben? Welche Rolle spielen die Bilder dabei?**

11 Überarbeiten Sie den Analysebogen auf der Grundlage der Erkenntnisse aus den Feedbacks.

Die Entstehung eines Films ist ein langer Prozess. Von der Idee zum fertigen Film müssen mehrere Schritte beachtet werden. Auf der nächsten Seite sehen Sie einen Ausschnitt aus dem Storyboard für einen DBFH-Werbefilm.

12 **Vergleichen Sie diese Version des Storyboards mit dem Film und arbeiten Sie mögliche Unterschiede heraus. Begründen Sie diese.**

13 **Erstellen Sie ein Storyboard zu einer Szene aus dem von Ihnen analysierten Film.**

a) Betrachten Sie die Handlung der Szene. Notieren Sie die einzelnen Schritte der Handlung.
b) Skizzieren Sie die Handlungsschritte mit Bleistift oder nutzen Sie dazu ein Computerprogramm.
c) Notieren Sie zu den Bildern Hinweise zur Musik, den Dialogen oder offene Fragen.

> **TIPP**
> Sie können auch ein Storyboard zu einer zweiten Szene zum DBFH-Werbefilm erstellen.

14 **Diskutieren Sie die Bedeutung des Storyboards für den Prozess der Filmentstehung. Welche anderen Möglichkeiten sehen Sie für die Planung?**

15 **Präsentieren Sie Ihr Ergebnis in einem Gallery walk (» Kapitel 23, S. 268) und kommentieren Sie die anderen Storyboards.**

16 **Die Musik gibt den Bildern die richtige Stimmung.**

a) Schalten Sie den Ton auf stumm und spielen Sie Lieder verschiedener Genres ab.
b) Besprechen Sie die veränderte Wirkung.

> **TIPP**
> Beachten Sie, dass die Storyboards sich im Großen und Ganzen ähneln werden, aber auch Unterschiede haben.

17 Recherchieren Sie die Bedeutung von Musik für die Wirkung von Filmen. Analysieren Sie die Auswahl der Musik für den Werbefilm und begründen Sie Ihre Auswahl.

BASISWISSEN – Einen Film planen – Storyboard und Drehbuch

Bei einem Filmdreh ist eine genaue Planung besonders wichtig, um zu wissen, in welcher Reihenfolge die einzelnen Einstellungen angeordnet werden. Dies ist besonders für den Regisseur und die Personen hinter der Kamera wichtig.

In einem **Storyboard** finden sich einzelne Bilder und Beschreibungen zu den einzelnen Einstellungen. Man erkennt darin, welche Personen an welchem Ort in welcher Kameraeinstellung gefilmt werden. Auch Bewegungen und die Lichtverhältnisse werden darin vermerkt.
Das **Drehbuch** enthält den gesprochenen Text und Anmerkungen zu den Figuren, den Handlungen, der Kleidung etc. Das Drehbuch wird auch während der Dreharbeiten immer wieder verändert und angepasst.

Filme analysieren

Storyboard (Planungsversion) eines DBFH-Werbefilms

1 Man sieht eine typische Schulsituation. An der Tafel steht ein Schüler (Hauptdarsteller) und schreibt etwas. Der Lehrer steht etwas abseits. Die Tafel ist schön gestaltet mit BS-AOE-Logo und einem Text mit Bezug zum Spot, z. B. „Vorbereitung Fachhochschulreife“.

Zu Beginn nur Musik ...

2 Dann sieht man den Darsteller kurz in einer Naheinstellung.

Musik ...

3 Er dreht sich zur Kamera um, fasst sich an die Kleidung und reißt daran. Er erschafft einen Doppelgänger von sich selbst.

OFF-Sprecher/-in: Wäre es manchmal nicht praktisch, an zwei Orten gleichzeitig zu sein? Alternative: Wäre es manchmal nicht schön, verschiedene Aufgaben im selben Augenblick zu bewältigen?

4 Zunächst überlappen sich die Bilder der Doppelgänger.

weiter Musik ...

5 Dann stehen beide Schüler nebeneinander und betrachten sich kurz.

Musik ...

Berufliche Schulen Altötting und one4two

Selbst einen Film drehen

Situation

In Bayern sind noch immer viele Lehrstellen unbesetzt. Damit eine Ausbildung mehr junge Menschen anspricht, startet der Freistaat einen Wettbewerb. Die Auszubildenden sollen ein Werbevideo für ihren Beruf drehen. Sie nehmen mit Ihren Kollegen an diesem Wettbewerb teil.

1 Sammeln Sie mehrere Ideen für ein solches Werbevideo. Überlegen Sie, was Ihren Beruf ausmacht und was ihn besonders für junge Menschen attraktiv macht.

2 Erarbeiten Sie ein Konzept für Ihren Werbefilm für den Wettbewerb und filmen Sie eine Rohfassung.

a) Analysieren Sie das Grundkonzept wahlweise des DBFH-Spots oder des analysierten Films nach den Rahmenbedingungen des Films wie Dauer, Handlung und filmische Details. Notieren Sie, welche Informationen ein solches Grundkonzept enthalten soll.

b) Erarbeiten Sie auf der Basis der Ergebnisse aus Aufgabe a) ein eigenes Grundkonzept. Sammeln Sie dazu in Ihrer Gruppe Ideen.

Beispiel eines Grundkonzepts

Dauer: 35 Sekunden

Ort: Klassenraum, Arbeitsplatz (Labor), Wald/Park

Darsteller: junge Frau (Hauptdarstellerin), Statisten (Klassenkameraden und Lehrer, Kollegen und Freunde).

Grundlegende Idee: ...

Beispiel einer Planungsübersicht: der DBFH-Werbefilm

Ziel	Die Kinoleinwand soll als Medium genutzt werden, um junge Leute vom innovativen System der Dualen Berufsausbildung mit Hochschulzugangsberechtigung zu überzeugen. Eine starke visuelle Idee zu Beginn schafft Aufmerksamkeit, ein eher informativer Schlussteil transportiert Fakten und stellt den Kontakt zur BS AOE und Partnerunternehmen her. Am Ende des Werbespots werden unterschiedliche Partnerfirmen präsentiert, die als Ausbildungsunternehmen infrage kommen. Dieser Part kann individuell für jedes Unternehmen angepasst oder auch durch eine allgemeingültige Aussage ersetzt werden (z. B. für Homepage oder weitere Unternehmen).
Stil	Der Spot beginnt mit einer Szene im Klassenzimmer. Ein Schüler steht an der Tafel. Passend zum Sprechertext „Wäre es manchmal nicht praktisch, an zwei Orten gleichzeitig zu sein?“ teilt sich der Azubi in einem visuellen Effekt in zwei Personen. Eine davon bleibt in der Szenerie, die andere läuft aus dem Bild und taucht unmittelbar danach in einer Praxiswerkstatt, auf wo er/sie beginnt, an einem technischen Gerät zu arbeiten. Wieder teilt sich die Person und läuft weiter zu einer Gruppe von Freunden. Die 3 Orte stehen symbolisch für die Lebensbereiche „Schule“, „Ausbildung“ und „Freizeit“. Die Übergänge zwischen den Räumen werden in der Postproduktion digital erzeugt. Anschließend folgt ein Infoteil, der die Vorteile und Eckdaten der DBFH aufzeigt. Auch hier wird der Doppelgänger-Effekt nochmals aufgegriffen. Nach dem Spot folgt eine 5-sekündige Infotafel individuell für jedes Partnerunternehmen.
Einsatz	Kino, Zweitverwertung online und in Sozialen Netzwerken (alle Rechte vorhanden)

Berufliche Schulen Altötting und one4two

Selbst einen Film drehen

3 Die Produktion von Filmen kostet viel Geld. Aus diesem Grund muss man die Geldgeber von dem eigenen Filmkonzept überzeugen, noch bevor der Film gedreht wird. Suchen Sie eine Partnergruppe und versuchen Sie diese allein mit dem Konzept und der Filmrohfassung aus Aufgabe 2 zu überzeugen.

4 Erstellen Sie ein Storyboard zu Ihrer Filmidee.

a) Bereiten Sie den Dreh genau vor. Achten Sie dabei darauf, die Aufgaben des Produzenten und des Regisseurs, des Kameramanns und der Schauspieler passend zu verteilen.

b) Verteilen Sie die Rollen und bereiten Sie die Schauspieler auf die Rolle vor.

TIPP

Binden Sie dabei Überlegungen zu filmischen Mitteln mit ein.

5 Drehen Sie die Szenen des Werbefilms. Achten Sie dabei vor allem auch auf die passende Beleuchtung.

a) Drehen Sie die Szenen mehrmals nacheinander.

b) Drehen Sie den Film in verschiedenen Einstellungen.

TIPP

Probieren Sie beim Dreh verschiedene Kameraeinstellungen und Perspektiven aus und treffen Sie im Anschluss eine Auswahl.

Nach den Dreharbeiten ist der Film noch nicht fertig. Das gedrehte Material muss auf Qualität und Verwendung geprüft werden. Die Szenen müssen im Schnitt zusammengefügt werden, auch der Ton, vor allem die Hintergrundmusik müssen hinzugefügt werden. Dies geschah früher noch mit der Schere, doch heute gibt es Computerprogramme, mit denen der Film bearbeitet werden kann.

6 Informieren Sie sich im Internet über Programme, mit denen man Filmmaterial bearbeiten kann. Entscheiden Sie sich für ein Programm oder nutzen Sie ein Programm, das die Schule anbietet.

7 Bearbeiten Sie den Film mithilfe des Programms und fügen Sie die passende Musik hinzu.

TIPP

Nutzen Sie die Suchmaschinen, um diese Programme zu finden. Informieren Sie sich darüber auf seriösen Seiten.

8 Schneiden und montieren Sie den Film. Achten Sie dabei darauf, dass nach dem Schnitt noch eine klare Linie erkennbar ist. Erhält jemand, der den Film das erste Mal sieht, alle wichtigen Informationen?

9 Tauschen Sie die Filme unter den Gruppen aus. Benutzen Sie den Analysebogen aus 14.2., um den Film zu beurteilen und Feedback zu geben.

10 Überarbeiten Sie den Film noch einmal.

11 Stellen Sie den Film der Klasse vor.

12 Reflektieren Sie die Arbeit in der Gruppe. Reflektieren Sie auch Ihre Rolle in der Gruppe und die Zusammenarbeit in der Gruppe.

13 Reflektieren Sie in der Klasse Ihren Umgang mit Filmen, insbesondere mit Werbefilmen. Beschreiben Sie Regeln für den Umgang mit Medien, insbesondere mit Filmen mit informierendem und argumentierendem Charakter.

Kapitel 15
Kreativ mit Sprache umgehen
Texte vortragen

Schauspieler, Nachrichten- oder Radiosprecher werden speziell dafür ausgebildet, Texte durch lautes Sprechen einem Publikum zu präsentieren und dadurch zum Leben zu erwecken, denn Sprache und Stimme sind Werkzeuge. Sie dienen zur Unterstützung des Sinns.

Situation

Der Seniorchef wird 60 und Ramona, die jüngste Mitarbeiterin, wird von ihrem Ausbilder gebeten, bei der Feier vor der gesamten Belegschaft einen gereimten Text vorzutragen. Ramona kennt weder den Text noch hat sie schon mal vor 200 Personen vorgetragen. Sie ist deshalb sehr nervös.

1 Was drücken Sie mit Ihrer Stimme aus,
- wenn Sie mit lauter, polternder Stimme lesen?
- wenn sie mit leiser, fast flüsternder Stimme lesen?
- wenn sie mit schriller Stimme lesen?
- wenn sie nuscheln?
- wenn sie sehr deutlich betonen?

2 Erfassen Sie die Betonung von Wörtern.

a) Wie werden nachfolgende Wörter betont? Schreiben Sie die Wörter ab und markieren Sie sie nach einem der nebenstehenden Muster im Tipp.

Handy • Ausbildungsvertrag • Abschlussprüfung • Gedicht • Betonung • erfolglos

b) Lesen Sie sich die Wörter gegenseitig laut und betont vor.

3 Üben Sie die Wirkung von Betonung und Pausen an folgendem Satz: Variieren Sie und lesen Sie sich gegenseitig vor: Aber glauben Sie ja nicht, meine sehr verehrten Damen und Herren, dass ich das heute hier so noch einmal vortragen werde.

4 Lernen Sie das Gedicht von Heinz Erhard auswendig und tragen Sie es in der Klasse vor.

Heinz Erhard: Der Kabeljau

Das Meer ist weit, das Meer ist blau,
im Wasser schwimmt ein Kabeljau.
Da kömmt ein Hai von ungefähr,
ich glaub' von links, ich weiß nicht mehr,
verschluckt den Fisch mit Haut und Haar,
das ist zwar traurig, aber wahr. ---
Das Meer ist weit, das Meer ist blau,
im Wasser schwimmt kein Kabeljau.

TIPP

so: Versuch
oder so: Versuch
unbetont betont

BASISWISSEN – Die Stimme als Werkzeug verwenden

Die Stimmlage und Stimmintensität: Ihre Stimme umfasst hohe und tiefe Frequenzen. Dies fällt unter anderem beim Singen auf, aber auch beim Sprechen und beim lauten Lesen können Sie variieren.

Die Betonung und der Rhythmus: Durch die unterschiedliche Betonung erhält ein Text einen bestimmten Klang. Besonders deutlich wird dies in Gedichten, wenn Wortpaare sich reimen, also einen ähnlichen oder völlig gleichen Klang haben. Ein Sprachrhythmus entsteht durch den Wechsel zwischen betonten und unbetonten Silben. Dieser Wechsel kann regelmäßig sein oder sich verändern.
Wechselt man laute und leise, hohe und tiefe Tonlagen nicht ab, so fehlt die Betonung und der Sprachrhythmus bleibt immer gleich. Die Textpräsentation ist dann monoton und langweilig, der Text wird heruntergeleiert.

Die Lesegeschwindigkeit und die Pausen: Wer Pausen beim Vorlesen macht und den Fluss der Worte variiert, erhöht die Aufmerksamkeit der Zuhörer und steigert die Spannung. Häufig werden Texte zu schnell vorgetragen, dabei leidet das Verständnis des Gelesenen.

Einen Dialog wirkungsvoll vortragen

Otto Waalkes: Die mündliche Führerscheinprüfung

Sie wollen Ihren Führerschein machen. Ich hätte da noch eine Frage an Sie.

O, eine Frage! Fragt nur zu, denn nur wer fragt, dem wird auf dieser Erden …

Also. Sie kommen an eine Kreuzung zweier gleichberechtigter Straßen. Von rechts kommt ein Auto. Wer hat die Vorfahrt?

Da kommt ein Auto, sagten Sie? Eins jener Fortbewegungsmittel, die, wie von Geisterhand beflügelt, den Menschen hierhin bald, bald dorthin tragen?

Wer hat die Vorfahrt?

Wer Vorfahrt hat? Welch wunderliche Frage! Weiß ich doch gar nicht, wer in jenem Auto sitzt. Ist es ein Jüngling, auf dem Weg zur Liebsten, den Amors Flammenspiel zur Eile trieb? Dem ließe ich die Vorfahrt gern. Und auch dem Greis, der einmal noch im Leben der Greisin weißes Haar – denn weiß wird's, unser Haar, das in der Jugend in mannigfacher Farbgestalt sich zeigt, in Blond, in Braun, ja selbst in Schwarz …

Herr Block! Beantworten Sie meine Frage! Da ist eine Kreuzung …

Sieh an! So zieht der Ritter Schar nun wieder fort, der Christen Botschaft kämpfend in die Welt zu tragen? Ein Kreuzzug? Bin auch ich berufen?

Nein! Kreuzung! Zwei Straßen treffen aufeinander …

Zwei Straßen. Sie treffen aufeinander. O kniet mit mir, dies seltne Glück zu preisen! Denn da, wo man sich trifft, ist auch Begegnung, ist Leben, ist Musik, sind schöne Frauen …

Herr Block, es reicht! Rechts oder links?

Rechts oder links! Welch große Frage! Vor ihr stand Beckenbauer einst, als er – von Rummenigge angespielt – sich frug, wohin des Leders Rund er flanken sollte. Nach links? Auf Müllers schussgewalt'gen Fuß? Nach rechts? Wo schon das Lockenhaupt des Uli Hoeneß nach dem Ball sich reckte?

Herr Block, zum letzten Male! Welcher Wagen hat die Vorfahrt?

Welch Wagen! Wie müßig, nutzlos und dem Augenblick verhaftet solch Frag' mir dünkt. Denn wie der Wagen selber, der, eben noch in bunt lackiertem Bleche, schon morgen rostend auf der Halde ruht, so auch der Mensch! So Sie! So ich! Dann hat's ein Ende mit der Fragerei nach Vorfahrt, Vorfahrt! Vorfahrt!

Herr Block, Sie sagen es. Ich habe keine Fragen mehr an Sie.

Nein? Keine mehr? Welch frohe Botschaft!

Sie sind durchgefallen.

O! Durchgefallen? Schrecklich Wort. Wie sage ich's dem Vater? Wie der Mutter? Wie der Geschwister siebenköpf'ger Schar?

Raus!

Arschloch!

1 Spielen Sie den Text mit verteilten Rollen. Notieren Sie dazu in einer Kopie des Textes, welche Wörter/Silben Sie betonen wollen, Ihre Regieanweisungen zur Art des Vortrags, welche Requisiten Sie verwenden wollen, an welchen Stellen und wie sie Ihre Körpersprache einsetzen wollen.

2 Verändern Sie den Vortrag mit Hilfe Ihrer Stimme. Wie wirkt der Text jetzt auf Sie?

Lustiges wirkungsvoll vortragen

Wilhelm Busch: Der Einsame

Wer einsam ist, der hat es gut,
weil keiner da, der ihm was tut.
Ihn stört in seinem Lustrevier
kein Tier, kein Mensch und kein Klavier,
und niemand gibt ihm weise Lehren,
die gut gemeint und bös zu hören.
Der Welt entronnen, geht er still
in Filzpantoffeln, wann er will.
Sogar im Schlafrock wandelt er
bequem den ganzen Tag umher.
Er kennt kein weibliches Verbot,
drum raucht und dampft er wie ein Schlot.
Geschützt vor fremden Späherblicken,
kann er sich selbst die Hose flicken.
Liebt er Musik, so darf er flöten,
um angenehm die Zeit zu töten,
und laut und kräftig darf er prusten,
und ohne Rücksicht darf er husten,
und allgemach vergisst man seiner.
Nur allerhöchstens fragt mal einer:
„Was, lebt er noch? Ei, Schwerenot,
ich dachte längst, er wäre tot!"
Kurz, abgesehn vom Steuerzahlen,
lässt sich das Glück nicht schöner malen.
Worauf denn auch der Satz beruht:
Wer einsam ist, der hat es gut.

Christian Morgenstern: Der Werwolf

Ein Werwolf eines Nachts entwich
von Weib und Kind und sich begab
an eines Dorfschullehrers Grab
und bat ihn: Bitte, beuge mich!

Der Dorfschulmeister stieg hinauf
auf seines Blechschilds Messingknauf
und sprach zum Wolf, der seine Pfoten
geduldig kreuzte vor dem Toten:

„Der Werwolf" – sprach der gute Mann,
„des Weswolfs, Genitiv sodann,
dem Wemwolf, Dativ, wie man's nennt,
den Wenwolf, – damit hat's ein End."

Dem Werwolf schmeichelten die Fälle,
er rollte seine Augenbälle.
Indessen, bat er, füge doch
zur Einzahl auch die Mehrzahl noch!

Der Dorfschulmeister aber musste
gestehn, dass er von ihr nichts wusste.
Zwar Wölfe gäb's in großer Schar,
doch „Wer" gäb's nur im Singular.

Der Wolf erhob sich tränenblind –
er hatte ja doch Weib und Kind!!
Doch da er kein Gelehrter eben,
so schied er dankend und ergeben.

1 Lesen Sie die beiden Gedichte mit deutlicher Betonung vor.

2 Welches Gedicht spricht Sie am meisten an? Begründen Sie Ihre Antwort.

3 Formulieren Sie für jedes der Gedichte die Kernaussagen.

4 Bilden Sie Gruppen und recherchieren Sie nach Informationen zu einem der obigen Autoren.
- a) Tragen Sie Informationen zum Leben des Autors zusammen.
- b) Finden Sie etwas über sein Werk heraus (Entstehungszeit ...).
- c) Wählen Sie die wichtigsten Informationen aus und erstellen Sie damit ein Präsentationsplakat.
- d) Stellen Sie sich gegenseitig Ihre Ergebnisse vor.

5 Werden Sie selbst zum Dichter und verfassen Sie ein humorvolles Gedicht zu Ihrem Schul- oder Berufsalltag.

6 Üben Sie Ihr Gedicht ein und tragen Sie es mit deutlicher Betonung in der Klasse vor.

Eine Ballade vortragen und umschreiben

Friedrich Schiller: Der Handschuh

Vor seinem Löwengarten,
Das Kampfspiel zu erwarten,
Saß König Franz,
Und um ihn die Großen der Krone,
Und rings auf hohem Balkone
Die Damen in schönem Kranz.

Und wie er winkt mit dem Finger,
Auf tut sich der weite Zwinger,
Und hinein mit bedächtigem Schritt
Ein Löwe tritt,
Und sieht sich stumm
Rings um,
Mit langem Gähnen,
Und schüttelt die Mähnen,
Und streckt die Glieder,
Und legt sich nieder.

Und der König winkt wieder,
Da öffnet sich behend
Ein zweites Tor,
Daraus rennt
Mit wildem Sprunge
Ein Tiger hervor,
Wie der den Löwen erschaut,
Brüllt er laut,
Schlägt mit dem Schweif
Einen furchtbaren Reif,
Und recket die Zunge,
Und im Kreise scheu
Umgeht er den Leu[1]
Grimmig schnurrend;
Drauf streckt er sich murrend
Zur Seite nieder.

Und der König winkt wieder,
Da speit das doppelt geöffnete Haus
Zwei Leoparden auf einmal aus,
Die stürzen mit mutiger Kampfbegier
Auf das Tigertier,
Das packt sie mit seinen grimmigen Tatzen,
Und der Leu mit Gebrüll
Richtet sich auf, da wird's still,
Und herum im Kreis,
Von Mordsucht heiß,
Lagern die gräulichen Katzen.

Da fällt von des Altans[2] Rand
Ein Handschuh von schöner Hand
Zwischen den Tiger und den Leu'n
Mitten hinein.

Und zu Ritter Delorges spottenderweis
Wendet sich Fräulein Kunigund:
„Herr Ritter, ist Eure Liebe so heiß,
Wie Ihr mir's schwört zu jeder Stund,
Ei, so hebt mir den Handschuh auf."

Und der Ritter in schnellem Lauf
Steigt hinab in den furchtbarn Zwinger
Mit festem Schritte,
Und aus der Ungeheuer Mitte
Nimmt er den Handschuh mit keckem Finger.

Und mit Erstaunen und mit Grauen
Sehen's die Ritter und Edelfrauen,
Und gelassen bringt er den Handschuh zurück.
Da schallt ihm sein Lob aus jedem Munde,
Aber mit zärtlichem Liebesblick –
Er verheißt ihm sein nahes Glück –
Empfängt ihn Fräulein Kunigunde.
Und er wirft ihr den Handschuh ins Gesicht:
„Den Dank, Dame, begehr ich nicht",
Und verlässt sie zur selben Stunde.

1 Leu = Löwe; 2 Altan = Balkon

1 Lesen Sie die Ballade betont, langsam und mit Pausen vor. Variieren Sie Ihren Vortrag.

2 Versetzen Sie sich in die Rolle eines Rundfunk-Reporters. Lesen Sie die Ballade, als sei sie eine Live-Reportage.

3 Verwandeln Sie das Erzählgedicht in einen Augenzeugenbericht.

Eine Ballade als Rap inszenieren

Theodor Fontane: Herr von Ribbeck auf Ribbeck im Havelland

Herr von Ribbeck auf Ribbeck im Havelland,
Ein Birnbaum in seinem Garten stand,
Und kam die goldene Herbsteszeit
Und die Birnen leuchteten weit und breit,
Da stopfte, wenn's Mittag vom Turme scholl,
Der von Ribbeck sich beide Taschen voll,
Und kam in Pantinen ein Junge daher,
So rief er: „Junge, wiste 'ne Beer?"
Und kam ein Mädel, so rief er: „Lütt Dirn,
Kumm man röwer, ick hebb 'ne Birn."

So ging es viele Jahre, bis lobesam
Der von Ribbeck auf Ribbeck zu sterben kam.
Er fühlte sein Ende. 's war Herbsteszeit,
Wieder lachten die Birnen weit und breit;
Da sagte von Ribbeck: „Ich scheide nun ab.
Legt mir eine Birne mit ins Grab."
Und drei Tage drauf, aus dem Doppeldachhaus,
Trugen von Ribbeck sie hinaus,
Alle Bauern und Büdner mit Feiergesicht
Sangen „Jesus, meine Zuversicht",
Und die Kinder klagten, das Herze schwer:
„He is dod nu. Wer giwt uns nu 'ne Beer?"
So klagten die Kinder. Das war nicht recht –
Ach, sie kannten den alten Ribbeck schlecht;
Der neue freilich, der knausert und spart,
Hält Park und Birnbaum strenge verwahrt.
Aber der alte, vorahnend schon
Und voll Misstraun gegen den eigenen Sohn,
Der wusste genau, was damals er tat,
Als um eine Birn' ins Grab er bat,
Und im dritten Jahr aus dem stillen Haus
Ein Birnbaumsprössling sprosst heraus.

Und die Jahre gehen wohl auf und ab,
Längst wölbt sich ein Birnbaum über dem Grab,
Und in der goldnen Herbsteszeit
Leuchtet's wieder weit und breit.
Und kommt ein Jung' übern Kirchhof her,
So flüstert's im Baume: „Wiste 'ne Beer?"
Und kommt ein Mädel, so flüstert's: „Lütt Dirn,
Kumm man röwer, ick gew' di 'ne Birn."
So spendet Segen noch immer die Hand
Des von Ribbeck auf Ribbeck im Havelland.

Eine Ballade als Rap inszenieren

Situation

„Mein kleiner Bruder führt an seiner Schule am Tag der offenen Tür ein Rap-Musical auf. Ich finde das total cool!“, erzählt Farhad seiner Mitschülerin Martina. „Das ist super, aber bei uns an der Schule ist es doch viel zu zeitraubend, so etwas einzustudieren.“, antwortet sie. „Das stimmt, aber Rap finde ich privat auch toll! Vielleicht könnte man ein kürzeres Stück umwandeln?“, überlegt Farhad.

1 **Klären Sie zunächst folgende Begriffe und Textpassagen, wenn nötig mit Hilfe des Internets.**

Havelland (Z. 1) • wenn's Mittag vom Turme scholl (Z. 5) • Pantinen (Z. 7) • lobesam (Z. 11) • Büdner (Z. 19) • das stille Haus (Z. 31)

2 **Klären Sie den Inhalt der Ballade.**

a) Finden Sie zu jeder Strophe eine Überschrift, die das Geschehene verdeutlicht.

b) Geben Sie die Geschichte in eigenen Worten wieder.

3 **Charakterisieren Sie Herrn von Ribbeck.**

a) Welche Textstellen charakterisieren Herrn von Ribbeck als liebenswerten Menschen?

b) Herr von Ribbeck erweist sich als guter Menschenkenner. Wie zeigt sich das in seinem Verhalten gegenüber seinem Sohn und den Kindern?

4 **Tragen Sie die Ballade nun einmal anders vor: Verbinden Sie Lyrik mit moderner Musik und sprechen Sie die Ballade als Rap.**

a) Teilen Sie sich dazu in Gruppen ein.

b) Sprechen Sie die Ballade in einem stark betonten einheitlichen Rhythmus, wie bei einem Rap.

c) Probieren Sie Ihren Vortrag mit wechselnden Sprechern. Versuchen Sie auch im Chor zu sprechen.

d) Begleiten Sie Ihren Sprechgesang mit Rhythmuselementen (klopfen mit Stiften, schnipsen, schnalzen, klatschen, stampfen ...).

5 **Veranstalten Sie einen Rap-Wettstreit in Ihrer Klasse. Ein Moderator stellt dabei die Gruppen vor.**

6 **Suchen Sie andere Balladen und Gedichte. Nutzen Sie dafür die Bibliothek oder das Internet. Sprechen Sie diese als Rap, zum Beispiel von Goethe „Der Erlkönig“ oder „Der Zauberlehrling“, von Schiller „Der Handschuh“, von Busch „Der Dornenstrauch“ oder von Kästner „Die Sache mit den Klößen“.**

TIPP

Sehen Sie sich auch noch mal die Seiten 182 und 184 an.

7 **Im Internet finden Sie auch Videos von Gedichten, die als Rap vorgetragen werden.**

a) Suchen Sie nach Videos zu Gedichten, die als Rap vorgetragen werden.

b) Analysieren Sie diese Videos. Was wird im Video gezeigt?

8 **Erstellen Sie zu einer Ballade oder einem Gedicht Ihrer Wahl ebenfalls ein Video.**

TIPP

Führen Sie das Video in der Klasse oder auf dem Schulfest vor.

Lautmalerei als Stilmittel kennenlernen

BASISWISSEN Lautmalerei

Durch geschickte Wortwahl können Sinneseindrücke (z. B. Geräusche) mit Hilfe von Sprachlauten nachgeahmt werden. Dieser Sprachgebrauch heißt Lautmalerei oder Onomatopoesie. Das Wort ahmt das Geschehen nach und verstärkt durch den Klang seine Bedeutung.

James Krüss: Das Feuer

Hörst du, wie die Flammen flüstern,
Knicken, knacken, krachen, knistern,
Wie das Feuer rauscht und saust,
Brodelt, brutzelt, brennt und braust?

Siehst du, wie die Flammen lecken,
Züngeln und die Zunge blecken,
Wie das Feuer tanzt und zuckt,
Trockne Hölzer schlingt und schluckt?

Riechst du, wie die Flammen rauchen,
Brenzlig, brutzlig, brandig schmauchen,
Wie das Feuer, rot und schwarz,
Duftet, schmeckt nach Pech und Harz?

Fühlst du, wie die Flammen schwärmen
Glut aushauchen, wohlig wärmen,
Wie das Feuer, flackrig-wild,
Dich in warme Wellen hüllt?

Hörst du, wie es leiser knackt?
Siehst du, wie es matter flackt?
Riechst du, wie der Rauch verzieht?
Fühlst du, wie die Wärme flieht?

Kleiner wird der Feuersbraus:
Ein letztes Knistern,
Ein feines Flüstern,
Ein schwaches Züngeln,
Ein dünnes Ringeln –
Aus.

1 Lesen Sie das Gedicht laut und achten Sie auf eine deutliche Aussprache aller Silben.

a) Was bezweckt James Krüss mit der Lautmalerei (» Basiswissen oben)?

b) In dem Gedicht werden neben dem Gehör noch andere Sinne angesprochen. Welche Sinne sind es und wie werden sie angesprochen?

2 Untersuchen Sie das Reimschema (» Basiswissen). Um welchen Reim handelt es sich? Wo wird er unterbrochen und wie kann das begründet werden?

3 Untersuchen Sie ein weiteres Gedicht aus diesem Kapitel im Hinblick auf das Reimschema.

BASISWISSEN Merkmale eines Gedichts

Gedichte unterscheiden sich von Prosatexten durch die äußere Form. Sie sind sehr ausdrucksstark, häufig emotional und subjektiv und in einer verdichteten, vieldeutigen Sprache verfasst. Eine **Strophe** ist eine Einheit aus mehreren zusammenhängenden Versen, während ein **Vers** eine Zeile des Gedichts darstellt. Der **Reim** entsteht durch den Gleichklang zweier Wörter am Zeilenende eines Gedichts. Die häufigsten Reimformen sind:

Paarreim		**Kreuzreim**		**umarmender Reim**	
... Meister	a	... Laterne	a	... Franz	a
... Geister	a	... mir	b	... Krone	b
... begeben	b	... Sterne	a	... Balkone	b
... leben	b	... wir	b	... Kranz	a

Lautmalerei als Stilmittel kennenlernen

Ernst Jandl: schtzngrmm

schtzngrmm
schtzngrmm
t-t-t-t
t-t-t-t
grrrmmmmm
t-t-t-t
s--------c--------h
tzngrmm
tzngrmm
tzgrmm
grrmmmmm
schtzn
schtzn
t-t-t-t
t-t-t-t
schtzngrmm
schtzngrmm
tsssssssssssssssssss
grrt
grrrrrt
grrrrrrrrt
scht
scht
t-t-t-t-t-t-t-t-t-t
scht
tzngrmm
tzngrmm
t-t-t-t-t-t-t-t-t-t
scht
scht
scht
scht
scht
grrrrrrrrrrrrrrrrrrrrrrrrrrr
t-tt

4 Lesen Sie das Gedicht erst leise und dann laut.

5 Vergleichen Sie die Buchstaben der einzelnen Verse mit der Überschrift. Was fällt Ihnen auf?

6 Untersuchen Sie das Gedicht.

a) Ordnen Sie die Bedeutungen den Lautgruppen zu.
b) Vermuten Sie, wovon handelt das Gedicht?

tot • Schützengraben • Grimm oder Zorn • zischendes Geräusch von fliegenden Geschossen • Abschussgeräusche von Geschossen • grimmiges, zorniges Zähnezusammenbeißen

Ernst Jandl: ottos mops

ottos mops trotzt
otto: fort mops fort
ottos mops hopst fort
otto: soso
otto holt koks[1]
otto holt obst
otto horcht
otto: mops mops
otto hofft
ottos mops klopft
otto: komm mops komm
ottos mops kommt
ottos mops kotzt
otto: ogottogott

1 koks = Kohle, Geld

7 Tragen Sie „ottos mops" in der Klasse vor.

8 Hören Sie die von Ernst Jandl gelesene Version. Suchen Sie im Internet auf der Seite des Dichters und geben Sie mit eigenen Worten den Inhalt des Gedichts wieder.

9 Gewinnt die Aussage des Gedichts durch das laute Lesen? Begründen Sie Ihre Meinung.

10 Gedichte wie „ottos mops" nennt man Sprechgedichte.

a) Informieren Sie sich im Internet über Sprechgedichte und finden Sie weitere Beispiele.
b) Tragen Sie ein Sprechgedicht Ihrer Wahl in der Klasse vor.

Kapitel 16
Dabei sein – kulturelle Teilhabe
Theaterinszenierungen untersuchen

Dramatische Texte werden nicht nur geschrieben, um gelesen, sondern vor allem, um von Schauspielern im Theater aufgeführt zu werden. Bühnenbild und Kostüme sind dabei jedes Mal anders, denn auch Theaterinszenierungen sind immer dem Zeitgeschmack unterworfen.

Situation

Ali hat zwei Theaterkarten für eine Aufführung des Stückes „Kabale und Liebe“ geschenkt bekommen.
Er will sie im Internet verkaufen, seine Freundin Milena möchte aber mit ihm ins Theater gehen. Für die Beiden ist das eine Premiere. Milena freut sich und informiert sich vor der Aufführung über das Stück.

Zusammenfassung des Dramas

Die Hauptfiguren in dem bürgerlichen Trauerspiel „Kabale und Liebe“ von Friedrich Schiller sind Luise, die Tochter des Stadtmusikanten Miller, und Ferdinand, der Sohn des einflussreichen adligen Präsidenten von Walter. Ferdinand liebt Luise. Jedoch ist diese Verbindung über Standesgrenzen hinweg für beide Väter aus verschiedenen Gründen inakzeptabel. Ferdinands Vater ist gegen die Heirat seines Sohnes mit einer Bürgerlichen. Er hat den Plan, seinen Sohn mit Lady Milford, der Geliebten des Herzogs, zu verheiraten, um so seinen eigenen Einfluss bei Hofe zu vergrößern. Ferdinand hält jedoch an seiner Liebe zu Luise fest. Daraufhin initiiert sein Vater eine heimtückische Intrige: Luises Eltern werden unter dem Vorwand der „Majestätsbeleidigung“ verhaftet und Luise wird genötigt, einen erfundenen Liebesbrief an einen Hofmarschall zu schreiben. Man droht ihr, die Eltern hinzurichten, wenn sie sich weigere, den Brief zu schreiben. Auch muss sie schwören, den Liebesbrief jederzeit als freiwillig geschrieben zu bezeichnen. Dieser Brief wird dann absichtlich Ferdinand zugespielt. In rasender Eifersucht und blind vor Wut vergiftet Ferdinand Luise und sich selbst. Sterbend ist Luise nun endlich von ihrem Schwur befreit und vergibt Ferdinand.

Bild A
Ferdinand schwört Luise seine ewige Liebe. Szene aus „Kabale und Liebe“ am Deutschen Theater in Berlin

Bild B
Ferdinand schwört Luise seine ewige Liebe. Szene aus „Kabale und Liebe“ am Anhaltischen Theater in Dessau

TIPP
Eine Szene aus dem Trauerspiel „Kabale und Liebe“ finden Sie auf den Seiten 170, 171.

Theaterinszenierungen untersuchen

1 **Lesen Sie die Zusammenfassung des Dramas und beschreiben Sie die beiden Szenenbilder.**

a) Was sehen Sie auf den beiden Fotos? Beschreiben Sie die Kostüme, Bühnenbilder und Requisiten (Gegenstände auf der Bühne) und stellen Sie Unterschiede fest.

b) Welche Wirkung haben die beiden Szenenbilder auf Sie? Begründen Sie Ihre Aussage.

2 Welche Absicht könnte ein Regisseur damit verfolgen, wenn er die Schauspieler in Kostümen der Gegenwart oder der Vergangenheit auftreten lässt? Welche unterschiedlichen Erwartungen haben Sie dadurch?

3 **Übertragen Sie die Kernaussage des Dramas „Kabale und Liebe" auf die heutige Zeit und verfassen Sie in kleinen Gruppen selbst eine kurze Theaterhandlung.**

a) Erfinden Sie zeitgemäße Namen und Berufe für die Figuren und beschreiben Sie ihr Aussehen.

b) Finden Sie Gründe dafür, weshalb heutige Väter die Freundin der eigenen Söhne nicht akzeptieren wollen.

c) Notieren Sie in Stichworten eine kurze Handlung mit einem solchen Liebeskonflikt.

d) Überlegen Sie sich, wie der Konflikt in der heutigen Zeit ausgehen könnte.

e) Stellen Sie Ihre Gruppenergebnisse gegenseitig vor.

4 Formulieren Sie eine Szene Ihres Dramas aus und spielen Sie sie. Dazu sollten Sie sich über die Art der Inszenierung (Bühne, Kostüme, Requisiten) im Klaren sein.

5 **Sammeln Sie Informationen über den Theaterbetrieb, denn am Theater arbeiten Menschen in den verschiedensten Berufen.**

a) Was machen zum Beispiel Souffleuse, Intendantin, Dramaturg, Maskenbildnerin, Requisiteur?

b) Kennen Sie weitere Berufe am Theater?

6 Schreiben Sie einen Informationstext über einen Beruf am Theater Ihrer Wahl. Orientieren Sie sich dabei am untenstehenden Basiswissen zum Thema „Theaterinszenierungen, Arbeit eines Regisseurs".

BASISWISSEN – Theaterinszenierungen, Arbeit eines Regisseurs

Wenn ein Drama (Theaterstück) auf der Bühne vor Publikum aufgeführt werden soll, müssen viele Entscheidungen zur Inszenierung der Handlung (inszenieren = in Szene setzen) getroffen werden. Ein Drama kann zum Beispiel modern oder klassisch inszeniert werden. Diese Entscheidungen übernimmt hauptverantwortlich ein Regisseur, der die Regie (Spielanweisung) des Stücks hat und Regieanweisungen gibt.
Zu seinen Aufgaben gehört die Auswahl der Schauspieler. Der Regisseur sagt dem Schauspieler, wie er die Person darstellen soll (Mimik, Gestik, Haltung, Sprechweise). Außerdem entscheidet er mit bei Kostümen, Bühnenbild, Requisiten (Gegenständen), Beleuchtung und Technik (Geräusche, Film, Musik ...).

7 **Literarische Texte können auch als Film inszeniert werden. Finden Sie Unterschiede zwischen Theater und Film und stellen Sie diese in einer Tabelle dar.**

TIPP
Das Drama „Romeo und Julia" gibt es zum Beispiel auch als Film.

8 Vergleichen Sie eine Theateraufführung mit einer Verfilmung im Hinblick auf die Inszenierung.

9 **Begründen Sie, warum Sie lieber ins Kino als ins Theater gehen (oder umgekehrt).**

Eine Aufführung oder Ausstellung erleben und organisieren

Situation

Die Freunde Marc, Andre und Sina diskutieren über Pläne, wie sie das verlängerte Wochenende im nächsten Frühjahr verbringen könnten. Marc wirft in die Runde: „Machen wir doch mal einen auf Kultur!" „Oh nein, das ist doch nur etwas für alte Leute!", entgegnen Sina und Andre einstimmig. In der Runde wird's nun lebendig. Marc versucht, seine Freunde für kulturelle Veranstaltungen zu begeistern.

In den vorangegangenen Seiten haben Sie bereits gesehen, wie man Theaterinszenierungen untersucht. Der Begriff Kultur umfasst allerdings mehr als nur Theateraufführungen.

BASISWISSEN Kultur

Der Begriff Kultur kommt aus dem Lateinischen (cultura) und bedeutet Bearbeitung, Pflege und Ackerbau. Kultur umfasst somit im weitesten Sinne alles, was von den Menschen hervorgebracht wird, im Gegensatz zu dem, was der Mensch nicht ge-/erschaffen oder verändert hat: der Natur.
Kultur ist somit die Gesamtheit aller geistigen, künstlerischen und gestaltenden Kulturleistungen in den Bereichen Technik, bildende Kunst, Musik, Sprache, Moral, Religion, Recht, Wirtschaft und Wissenschaft.

Zu den kulturellen Errungenschaften unserer Zeit gehören neben dem Theater unter anderem auch die Musik, die bildende Kunst oder die Malerei. Unter kultureller Teilhabe versteht man zum Beispiel, eine Theateraufführung zu besuchen, aber auch eine Ausstellung in einem Museum zu betrachten oder in ein klassisches Konzert zu gehen. Kultur umfasst allerdings auch modernere Formen wie Pop- oder Rockkonzerte, Musicalaufführungen, Kabarett, Vernissagen oder Poetry Slam.

Situation

1 Klären Sie, was man unter den Begriffen „Kabarett", „Vernissage" und „Poetry Slam" versteht.

Eine Aufführung oder Ausstellung erleben und organisieren

2 Waren Sie schon einmal auf einer Kulturveranstaltung? Informieren Sie Ihre Klasse darüber,
- welcher Art die Kulturveranstaltung war,
- wann Sie sie besucht haben,
- warum Sie sie besucht haben,
- mit wem Sie sie besucht haben
- und wie es Ihnen gefallen hat.

3 Informieren Sie sich, welche kulturellen Ereignisse in nächster Zeit in Ihrer näheren Umgebung stattfinden.

TIPP
Veranstaltungstipps finden Sie in Lokalzeitungen oder im Internet, oft auf der Homepage des Ortes.

4 Bilden Sie eine kleine Gruppe.

a) Einigen Sie sich innerhalb Ihrer Gruppe und wählen Sie aus den kulturellen Ereignissen, die in nächster Zeit in Ihrer näheren Umgebung stattfinden, eine Veranstaltung aus.

b) Informieren Sie sich über die Veranstaltung und erstellen Sie einen kurzen Informationstext.

c) Präsentieren Sie Ihre Informationen vor der Klasse und begründen Sie, warum Sie sich für diese Veranstaltung entschieden haben.

TIPP
Viele Museen und Schauspielhäuser beschreiben ihre Ausstellungen und Aufführungen auf ihrer Homepage.

5 Kommen Sie innerhalb der Klasse zu einer Entscheidung.

a) Welche Veranstaltung wollen Sie im Rahmen eines Klassenausflugs besuchen?

b) Begründen Sie Ihre individuelle Entscheidung. Weshalb haben Sie sich persönlich für diese Veranstaltung entschieden (persönliches Interesse, Vorwissen und Erfahrung mit dieser Art der Veranstaltung, Neugier, Informationen der Mitschüler ...?)

6 Planen Sie den Besuch einer Aufführung oder Ausstellung. Entwickeln Sie dafür zunächst auf der Grundlage des Informationstextes, den Ihre Mitschüler zu dieser Aufführung oder Ausstellung erstellt haben, einen eigenen Text, mit dem Sie sich auf die Veranstaltung vorbereiten.

7 Führen Sie einen Klassenausflug durch und besuchen Sie eine Aufführung oder Ausstellung.

a) Wie hat Ihnen die Aufführung oder Ausstellung gefallen? Begründen Sie Ihre Meinung.

b) War der Informationstext, auf dessen Grundlage Sie sich für den Besuch dieser Veranstaltung entschieden haben, aussagekräftig?

c) Was können Sie im Nachhinein zu dieser Veranstaltung sagen? Empfehlen Sie Familie und Freunden einen Besuch?

8 In der Situation auf der vorherigen Seite sagen Sina und Andre, dass Kultur nur etwas für alte Leute sei. Teilen Sie diese Ansicht? Begründen Sie Ihre Meinung auch anhand der von Ihnen bereits erlebten kulturellen Veranstaltungen.

9 Ist es Ihrer Meinung nach wichtig, sich auf eine kulturelle Veranstaltung im Vorfeld vorzubereiten oder sollte man Kultur in all ihren Variationen unvorbereitet – also unvoreingenommen – erfahren? Begründen Sie Ihre Meinung.

Bilder beschreiben

In der Malerei lassen sich die verschiedenen Strömungen der Kulturgeschichte besonders gut ablesen. Nicht nur die Themen und Inhalte der Bilder unterliegen der zeitlichen Entwicklung, sondern auch die Art und Weise und mit Hilfe welcher technischen Hilfsmittel etwas zu Papier oder auf die Leinwand gebracht wird. So hat jede Strömung der Kulturgeschichte ihre eigenen geschichtlichen und politischen Themen sowie handwerklichen Techniken.

Eine Bildbeschreibung kann dazu dienen, ein Bild in seiner Gesamtheit zu erfassen.

„Gemüse in einer Schüssel", Gemälde auf Holz von 1590, Giuseppe Arcimboldo (1527–1593)

Bilder beschreiben und im Spiegel der Zeit betrachten

Situation

Laura surft am Handy, hält inne und sagt zu ihrer Freundin Julia: „Ich verstehe einfach nicht, wie Menschen stundenlang ein Bild anschauen können. Was kann man denn da so viel entdecken?"

BASISWISSEN Bildbeschreibung

Eine Bildbeschreibung besteht aus drei wesentlichen Aspekten: 1. Beschreibung und Erklärung des abgebildeten Motivs, 2. Beschreibung der verwendeten Materialien und Farben und 3. Wirkung des Bildes auf den Betrachter.

1 **Betrachten Sie die Abbildung des Gemäldes „Gemüse in einer Schüssel" von Giuseppe Arcimboldo.**

a) Was fällt Ihnen bei der Betrachtung als Erstes auf?

b) Welche Aspekte stechen besonders heraus?

c) Mit welchen Farben malt der Künstler?

TIPP

Bei der Beschreibung der Wirkung eines Bildes gibt es kein Richtig oder Falsch. Die Wirkung kann sehr unterschiedlich sein, je nach Vorwissen, Erfahrungen oder momentaner Gefühlslage.

2 **Beschreiben Sie die Wirkung der verwendeten Farben.**

3 **Drehen Sie das Buch nun um 180 Grad, sodass es auf dem Kopf steht. Erklären Sie, warum das Gemälde auch unter dem Titel „Der Gemüsegärtner" bekannt ist.**

4 **Erläutern Sie, warum bei der Beschreibung eines Bildes ein Perspektivenwechsel manchmal sinnvoll sein kann.**

5 **Sammeln Sie im Internet oder in der Bibliothek Informationen über Giuseppe Arcimboldo.**

a) Welcher Kunstepoche gehört der Künstler an?

b) Fassen Sie in Stichpunkten zusammen, was diese Kunstepoche im Hinblick auf Themen, Motive und Techniken auszeichnet.

6 **Informieren Sie sich zum zeitlichen Verlauf der einzelnen Kunstepochen in der Malerei im Internet.**

7 **Zeichnen Sie nun einen Zeitstrahl, der sich von 950 n. Chr. bis heute erstreckt.**

a) Zeichnen Sie in den Zeitstrahl alle wichtigen Kunstepochen der Malerei ein, beginnend mit der Romanik um 950 n. Chr.

b) Ergänzen Sie in Stichpunkten, was jede Kunstepoche im Hinblick auf typische Motive und Techniken auszeichnet.

8 **Teilen Sie sich in Gruppen ein. Wählen Sie pro Gruppe eine Kunstepoche der Malerei aus.**

a) Erstellen Sie mit Hilfe Ihrer gesammelten Informationen eine Präsentation zu Ihrer Kunstepoche.

b) Berücksichtigen Sie dabei auch die typischen Motive und Techniken dieser Epoche.

c) Stellen Sie einen Zusammenhang zu wichtigen geschichtlichen und politischen Ereignissen dieser Zeit her. Inwiefern haben diese Ereignisse die Themen und Motive in der Malerei beeinflusst?

★ d) Wählen Sie ein typisches Bild Ihrer Kunstepoche aus. Beschreiben Sie am Ende Ihrer Präsentation das Bild anhand der im Basiswissen genannten drei Aspekte.

★ e) Begründen Sie Ihre Meinung zu dem Bild. Warum wirken Bilder auf Personen unterschiedlich?

Kapitel 17
Sich mit digitalen Medien auseinandersetzen
Das Smartphone – der Alltagsbegleiter

Das Smartphone verändert die Kommunikation von Heranwachsenden, wird zum Alltagsbegleiter und für einige Jugendliche gar zum unverzichtbaren Teil ihres Selbst.

Situation

Philipp hat von seinem Chef eine Abmahnung erhalten. Er wollte auf seinem Smartphone nur schnell checken, wie viele Freunde seine Einladung zu seiner Führerscheinfeier schon angenommen haben. Weil sein Vorgesetzter von ihm auch eine gewisse Erreichbarkeit erwartet, war Philipp der Meinung, dass die gelegentliche Nutzung von Socialmedia-Diensten wie Facebook und WhatsApp auch zum beruflichen Alltag gehören. Aber sein Chef ließ auch den Einwand „Das machen doch alle so!" nicht gelten. In seinem Kollegenkreis ist jetzt eine heftige Debatte über den Smartphone-Gebrauch entstanden.

1 **Analysieren Sie die nebenstehende Grafik zum Smartphone-Gebrauch. Übertragen Sie die Tabelle in Ihr Heft und ordnen Sie die Motive den Oberbegriffen zu.**

Unterhaltung	Information	Kommunikation	Alltagsorganisation
Musik hören	Sportergebnisse abrufen	chatten	Termine planen
...	...	...	...

2 **In welchen Aktivitäten unterscheiden sich junge und ältere Smartphone-Benutzer besonders stark?**

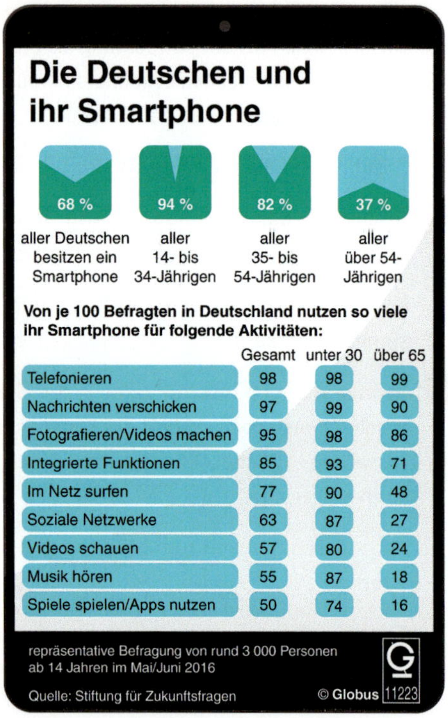

Die Deutschen und ihr Smartphone
68 %
aller Deutschen besitzen ein Smartphone
94 %
aller 14- bis 34-Jährigen
82 %
aller 35- bis 54-Jährigen
37 %
aller über 54-Jährigen
Von je 100 Befragten in Deutschland nutzen so viele ihr Smartphone für folgende Aktivitäten:

	Gesamt	unter 30	über 65
Telefonieren	98	98	99
Nachrichten verschicken	97	99	90
Fotografieren/Videos machen	95	98	86
Integrierte Funktionen	85	93	71
Im Netz surfen	77	90	48
Soziale Netzwerke	63	87	27
Videos schauen	57	80	24
Musik hören	55	87	18
Spiele spielen/Apps nutzen	50	74	16

repräsentative Befragung von rund 3 000 Personen ab 14 Jahren im Mai/Juni 2016
Quelle: Stiftung für Zukunftsfragen
© Globus 11223

Smartphones und Tablets sind überall und permanent verfügbar; an Bahnhöfen, in Einkaufszentren und am Arbeitsplatz. Immer häufiger wird jedoch klar, dass es auch Situationen gibt, in denen Smartphones störend sind.

Eine neue Studie, die im Auftrag der Landesanstalt für Medien Nordrhein-Westfalen (LfM) erstellt wurde, beleuchtet die Bedeutung mobiler Internetnutzung für Kinder und Jugendliche.

Nutzung und Bedeutung des Handys für Kinder und Jugendliche

[…] Die Verwendung des Handys und mobilen Internets geht mit vielen positiven und gewinnbringenden Aspekten einher. […] Der größte Vorteil ist die Erleichterung der Kommunikation und Alltagsorganisation. Man kann sich unkompliziert verabreden, etwas nachfragen, Bescheid geben und ist besser für Notsituationen gewappnet. Auf diese Weise kann das Handy und mobile Internet zur Eltern-Kind-Bindung genauso beitragen wie zum wichtigen Austausch und Beziehungsmanagement mit Gleichaltrigen. Eine herausragende Rolle spielen dabei Messenger-Dienste wie WhatsApp. […]

Das Smartphone – der Alltagsbegleiter

Bei den negativen Seiten des Handys sind insbesondere jene relevant, die eine Vielzahl der Heranwachsenden erlebt oder die besonders weitreichende Folgen haben. Ausgesprochen viele Kinder und Jugendliche geben an, das Handy teilweise unachtsam zu nutzen. Sie geben dann beispielsweise unüberlegt Daten preis oder lassen sich von Hausaufgaben ablenken. Hieraus können schulische Probleme und ausufernde Nutzungszeiten resultieren. Neben diesen selbstschädigenden Gefahren gibt es unerwünschte Handynutzungsweisen, die zusätzlich negative Konsequenzen für andere Personen haben. Cybermobbing, Ausgrenzung von Handykommunikation (bspw. durch Nicht-Aufnahme in eine WhatsApp-Gruppe), Sexting und Happy Slapping sind solche negativen Verhaltensweisen mit besonders weitreichenden Folgen. Während jeweils etwa 10 Prozent der Heranwachsenden bereits Mobbing und ausgrenzendes Verhalten sowohl in der Täter- als auch in der Opferrolle erlebt haben, sind zwischen 4 und 6 Prozent der Kinder und Jugendlichen bereits Opfer oder Täter von Happy Slapping geworden oder haben sexualisierte Fotos von sich verschickt. […]

Landesanstalt für Medien Nordrhein-Westfalen (LfM)

3 Fassen Sie den Text mit eigenen Worten zusammen.

4 Analysieren Sie Ihr eigenes Smartphone-Verhalten. Wie häufig verwenden Sie es? Gibt es Gelegenheiten, bei denen es Sie stresst?

5 Erläutern Sie die Grafik.

6 Überlegen Sie sich Gelegenheiten, bei denen Sie auf die Nutzung des Smartphones verzichten könnten.

7 Überlegen Sie, welche sinnvollen Vereinbarungen für eine Smartphone-Nutzung im Betrieb von Philipp getroffen werden könnten.

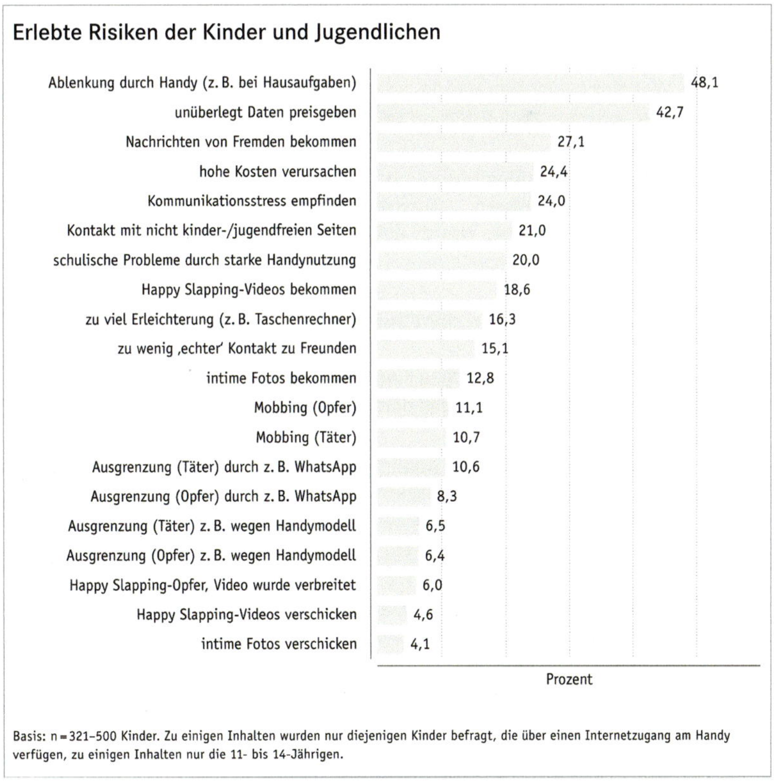

Online finden, was man sucht
Recherchieren im Internet – aber wie?

Situation

Heutzutage gilt es oft als selbstverständlich, stets erreichbar und durch das Handy online zu sein. Handynutzung am Arbeitsplatz wird oft toleriert, obwohl es viel Ablenkung schafft. Philipp möchte wissen, ob es dafür Grenzen gibt. Kann sein Chef ihm verbieten, Soziale Netzwerke zu nutzen oder Telefonate zu führen? Philipp sucht nach geeigneten Informationen.

1 Philipp ist bei seiner Internetrecherche auf die unten abgebildeten Einträge gestoßen. Prüfen Sie, welche Seiten zuverlässige und zielführende Informationen erwarten lassen.

a) Schauen Sie sich die Überschriften und Webadressen (URLs) an: Was kann man über das Interesse des Anbieters vermuten (Information, Werbung, kommerziell)?

b) Lesen Sie den Vorschautext und beurteilen Sie, ob er eine ergiebige Information erwarten lässt.

Arbeitsrecht: Handy-Verbot am Arbeitsplatz » arbeits-abc.de
arbeits-abc.de › Karriere-Tipps ▼
Hinsichtlich eines **Handy**-Verbotes am Arbeitsplatz gibt es in einzelnen Betrieben sehr unterschiedliche Regelungen. Monteure müssen oft für ihren Chef ...

Chef darf Handys verbieten - Handwerksblatt.de
www.handwerksblatt.de/recht-steuern/31.../12249-chef-darf-handys-verbieten.html ▼
Wer gleichwohl sein **Handy** nutzt, verletzt damit seine arbeitsvertragliche Pflicht zur ordnungsgemäßen Erfüllung seiner Arbeitsleistung. Die im vorliegenden Fall ...

Urteil: Pauschales Handyverbot am Arbeitsplatz unwirksam - N24.de
www.n24.de/n24/Wissen/.../pauschales-handyverbot-am-arbeitsplatz-unwirksam.html ▼
22.02.2016 - Auf das **Handy** gucken lenkt ab. Dürfen Arbeitgeber die Handynutzung deshalb am Arbeitsplatz pauschal verbieten? Gegen ein solches Verbot ...

Handyverbot: Wenn der Chef die Smartphones einsammelt | ZEIT ...
www.zeit.de › Karriere
15.07.2016 - Lehrjahre sind keine Herrenjahre, heißt ein alter Spruch. Aber wenn die Auszubildenden ständig mit dem **Handy** rumspielen, greift mancher ...

Smartphone am Arbeitsplatz – was ist erlaubt? - DGB Rechtsschutz ...
https://www.dgbrechtsschutz.de/recht/.../smartphone-am-arbeitsplatz-was-ist-erlaubt/ ▼
16.01.2016 - Wissenswertes zur Handynutzung und zum **Handyverbot** am Arbeitsplatz. ... Kein **Handy** am Arbeitsplatz ist also die Ausnahme. Das würde ...

Total Handy Verbot am Arbeitsplatz - Aktuelle juristische ...
www.juraforum.de › ... › Aktuelle juristische Diskussionen und Themen ▼
30.10.2013 - Guten Tag Nehmen wir an Arbeitgeber XY Beschliesst in seinem Einzelhandels Unternehmen das Verbot aller Handys am Arbeitsplat, da es ...

Smartphone am Arbeitsplatz - was ist erlaubt? - karriere.at
www.karriere.at/blog/smartphone-am-arbeitsplatz.html ▼
16.03.2015 - Fünf Prozent sind aber streng: Es gilt totales **Handyverbot** am ... Für persönliche Gespräche das Büro besser verlassen – die **Firma** dankt.

Recherchieren im Internet – aber wie?

2 **Diskutieren Sie die Reihenfolge, in der die Einträge bei der Suche erscheinen. Berücksichtigen Sie das Basiswissen.**

a) Stellen Sie eine eigene Reihenfolge (Ranking) mit Blick auf Ihr Ergebnis aus Aufgabe 1 auf.

b) Stellen Sie Ihre Reihenfolge der Lerngruppe vor und begründen Sie Ihre Entscheidungen.

BASISWISSEN **Suchmaschinen richtig nutzen**

Die Ergebnisreihenfolge der Suchmaschinentreffer sagt nicht unbedingt etwas über die Bedeutung für die eigene Recherche aus. Suchmaschinenbetreiber sind Wirtschaftsunternehmen. Unternehmen wiederum versuchen, gezielt ihre Werbung zu platzieren. Man muss die Einträge stets selbst kritisch beurteilen. Die Prüfung erfolgt bereits bei der Auswahl der Webseiten, die man öffnen will. Hilfreich für die Recherche ist es, vorab zu überlegen, welche Organisation oder Institution Spezialwissen zum Thema haben könnte, etwa Verbände, Organisationen, Interessengruppen, Ministerien, Krankenkassen, Innungen, Gewerkschaften, Handwerkskammern etc. Expertenwissen findet sich auch in Foren oder Communitys.

3 **Recherchieren Sie nach Informationen über rechtliche Bestimmungen zum „Smartphone-Gebrauch am Arbeitsplatz".**

a) Berücksichtigen Sie bei der Recherche die Checkliste.

b) Probieren Sie bei der Recherche unterschiedliche Suchmaschinen aus.

c) Gehen Sie gezielt auf Webseiten einschlägiger Quellen: Gewerkschaften, Arbeitgeberverbände, zuständige Ministerien, spezialisierte Medien.

TIPP

Lesen Sie auf den Webseiten der Suchmaschinen die Hinweise durch, wie Sie Ihre Suche verbessern können.

4 **Setzen Sie bei Ihrer Recherche mit den Suchmaschinen unterschiedliche Suchbegriffe ein. Sie können auch Suchoperatoren verwenden OR, – oder „"**

5 **Werten Sie die Ergebnisse aus.**

a) Prüfen Sie im Hinblick auf den Informationsgehalt: Welche Quellen sind geeignet?

b) Erläutern Sie, wie Sie die brauchbaren Informationen gefunden haben.

c) Stellen Sie eine Linkliste zusammen, die Sie bei der Vorbereitung für die Betriebsversammlung verwenden können.

6 **Erstellen Sie eine Liste von zuverlässigen und einschlägigen Quellen (Anbietern) aus Ihrem beruflichen Umfeld.**

Checkliste

Im Internet recherchieren

- ☑ Wurde die Themenstellung eingegrenzt und sind Suchbegriffe überlegt ausgewählt worden?
- ☑ Sind verschiedene Quellen und Suchmaschinen genutzt worden?
- ☑ Wurde ein eigenes Ergebnis-Ranking passend zum Thema erstellt?
- ☑ Sind die Web-Adresse und der Vorschautext sorgfältig geprüft?
- ☑ Wurden versteckte Werbung, mögliche Virenfallen oder kostenpflichtige Angebote vermieden?
- ☑ Werden die Seiten offizieller, einschlägiger, seriöser Institutionen oder Organisationen bevorzugt?
- ☑ Werden Informationen stets kritisch bewertet?

Faszination Soziale Netzwerke

Situation

Philipp managt mit Sozialen Netzwerken seine Beziehungen. Seinen Freundeskreis anhand einer Freundesliste abzubilden, die Positionierung im Gefüge einer Clique oder der Schulklasse und den Kontakt zu Gleichaltrigen zu halten, all das ist in Sozialen Netzwerken möglich.

Faszination Sozialer Netzwerke

Angesichts der Millionen Nutzer, die Soziale Netzwerke verzeichnen, scheint es fast so, als hätte die Menschheit auf diese Möglichkeit des sozialen Miteinanders gewartet. […] Es geht also im weitesten Sinn um das menschliche Bedürfnis, mit anderen in Kontakt zu sein, das durch die Teilhabe in Sozialen Netzwerken befriedigt wird.
Konkret bedienen die Möglichkeiten Sozialer Netzwerke wie Vernetzung, Selbstdarstellung und Kommunikation wichtige Bedürfnisse nach Anerkennung, Teilhabe, Unterhaltung und Orientierung:

Anerkennung
Ein wichtiges Bedürfnis ist die Anerkennung durch andere. In Sozialen Netzwerken wird diese durch Beiträge ausgedrückt oder etwa in Facebook direkt durch das „Liken" mittels des „Gefällt mir"-Buttons bspw. eines eingestellten Fotos. Auch die bloße Wahrnehmung durch andere ist eine Form der Anerkennung.

Teilhabe
Teil einer Gruppe zu sein ist für jeden Menschen bedeutsam. Soziale Netzwerke bieten Gruppenzugehörigkeit, ohne größere Anstrengung: Man „liked" die Seite einer Musikgruppe, einer Marke etc. oder man tritt einer bestimmten Gruppe bei. Hier hat man die Möglichkeit, auf Gleichgesinnte zu treffen und mit ihnen ins Gespräch zu kommen.

Unterhaltung
Unser Zeitalter ist durch das (mobile) Internet geprägt. Von beinahe überall und zu jeder Zeit hat man Zugriff auf private und redaktionelle Nachrichten, auf Zeitungen und Zeitschriften, auf Videos, Blog-Inhalte etc. In Sozialen Netzwerken findet der Nutzer ein buntes Potpourri[1] unterschiedlicher, unterhaltsamer und informativer Beiträge. Dieser Informationsstrom gehört zur Alltagswelt vieler Jugendlicher, auf den sie ungern verzichten.

Orientierung
Zu den Entwicklungsaufgaben von Jugendlichen gehört u. a. die Entwicklung des Selbst-Konzeptes (Wer bin ich?) und die Herausbildung von Selbstvertrauen in die eigenen Fähigkeiten und Fertigkeiten. In dieser Phase der Selbstfindung spielen Familie, Gleichaltrige und mediale Vorbilder wie Musik-, TV-, YouTube-, oder Kinostars eine entscheidende Rolle. Sie geben den Jugendlichen Orientierung, indem sie vorgeben, was angesagt und folglich gesellschaftlich akzeptiert ist. Auch Soziale Netzwerke bieten diese Orientierung: In der Kommunikation miteinander verhandeln hier Jugendliche – ohne Bewertung durch Erwachsene – ihre Themen und formen Meinungen und Haltungen.

Landeszentrale für Medien und Kommunikation (LMK) Rheinland-Pfalz

[1] Potpourri = bunte Mischung

1 Fassen Sie den Text mit eigenen Worten zusammen.

2 Setzen Sie die Aussagen des Textes in Relation zu Ihrem eigenen Verhalten in den Sozialen Netzwerken. Wovon hängt es ab, ob Sie die Funktionen „Freund hinzufügen", „gefällt mir" oder „teilen" benutzen?

Faszination Soziale Netzwerke

3 Durch welche Aktivitäten werden im Text „Faszination Sozialer Netzwerke“ die Bedürfnisse nach Orientierung und Teilhabe befriedigt? Begründen Sie Ihre Entscheidung.

4 **Fast drei Viertel der Internet-Nutzer sind in einer Online-Community aktiv. Was, vermuten Sie, fasziniert die Menschen an Sozialen Netzwerken?**

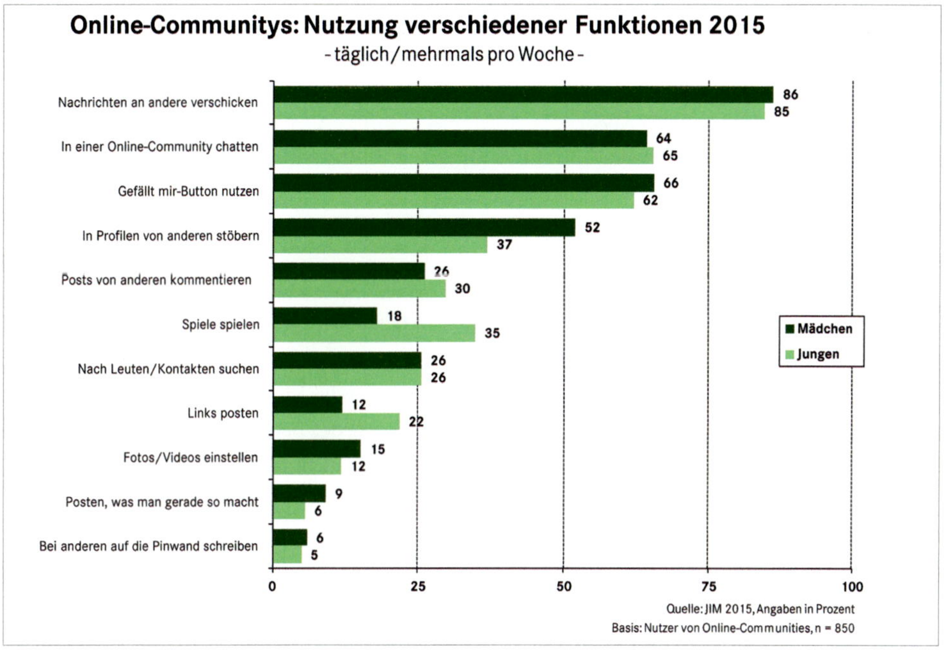

5 **Analysieren Sie die oben stehende Grafik.**

a) Was sind die Lieblingsaktivitäten innerhalb der Communitys?

b) Bei welchen Aktivitäten bestehen Unterschiede zwischen den Geschlechtern?

Mehr als 800 Millionen Menschen nutzen regelmäßig Facebook. Mittlerweile gehören dem Unternehmen auch weitere Dienste wie WhatsApp oder Instagram. Der Erfolg von Facebook basiert auf dem sogenannten Social Graph: Er zeigt an, mit wem man befreundet ist, welche Musik man mag, welche Artikel man gelesen hat, wo man sich gerade befindet, wohin man gerne in Urlaub fährt oder – „Gefällt mir!“ – was man gerade im Internet interessant findet. Werbekampagnen von Drittanbietern können bei Facebook dank dieser Informationen gezielt auf den einzelnen Nutzer zugeschnitten werden. Was das Unternehmen darüber hinaus mit den Nutzerdaten macht, bleibt weitgehend intransparent. Allerdings schloss Amazon vor nicht allzu langer Zeit einen Vertrag mit Facebook ab, um sein Kaufempfehlungssystem mit Hilfe des Social Graphs zu optimieren.

Landeszentrale für Medien und Kommunikation (LMK) Rheinland-Pfalz

6 **Analysieren Sie den kurzen Text. An welchen Stellen wird Kritik worüber geäußert?**

7 **Wie kann man sich selbst im Internet vor Datensammelwut schützen? Überlegen Sie sich mindestens fünf Tipps für den Selbstdatenschutz.**

Spuren im Netz – ich schütze meine Daten

Soziale Netzwerke: Facebook, Twitter und Co

Soziale Netzwerke boomen. Besonders aus dem Leben junger Internetnutzer sind Facebook, Google Plus, Twitter und Co. kaum noch wegzudenken. Sie sind ein fester Bestandteil der täglichen Kommunikation. Allein Facebook hat derzeit nach eigenen Angaben mehr als 1 Milliarde Nutzer weltweit. Doch die Nutzung der beliebten und meist kostenlosen Portale birgt auch Risiken. Nutzer bezahlen den Service mit ihren persönlichen Daten. Private Fotos, Nachrichten und Aktivitäten – der Anbieter liest oftmals mit, erstellt Nutzerprofile und nutzt diese für personalisierte Werbung. Datenschutz steht nicht im Vordergrund. […] Was vielen Nutzern ebenfalls nicht klar ist: Je nach Einstellung können nicht nur Freunde und Bekannte die selbstgeposteten Informationen lesen, sondern im Prinzip die ganze Welt. Künftige Arbeitgeber genauso wie Lehrer oder Eltern. […]

Stiftung Warentest, www.test.de

Das Privacy-Paradox

Obwohl seit einigen Jahren insbesondere Kinder und Jugendliche sensibilisiert werden, dass man im Netz vorsichtig sein soll mit der Preisgabe persönlicher Informationen, und die NSA-Affäre das Thema Datenschutz zusätzlich in das öffentliche Bewusstsein katapultiert hat, existiert nach wie vor das sogenannte Privacy-Paradox. Damit wird das Phänomen beschrieben, dass die Nutzer den Schutz ihrer Privatsphäre zwar generell für wichtig halten, dies aber nicht unbedingt auf ihr Handeln übertragen. So belegt auch eine aktuelle Studie zum Datenschutzverhalten bei der Nutzung von Apps: „Trotz des eindeutigen Sicherheitsbewusstseins gibt es immer noch eine eindeutige Diskrepanz zum tatsächlichen Nutzerverhalten, wenn es um beliebte Social Apps wie Facebook oder WhatsApp geht. Denn mit 51% ist über die Hälfte der Befragten aufgrund von Datenschutzgründen nicht bereit, auf diese Apps zu verzichten.“ Auch bei Suchmaschinen ändern die wenigsten ihre Gewohnheiten: In Deutschland nutzen mehr als neunzig Prozent Google, trotz aller Kritik an den Datenschutzpraktiken des Unternehmens. Alternative Suchmaschinen sind kaum bekannt.

Landeszentrale für Medien und Kommunikation (LMK) Rheinland-Pfalz

1 Lesen Sie die beiden oben stehenden Texte. Warum ist die Aussage „Ich habe doch nichts zu verbergen“ ein gefährlicher Irrtum?

2 Hier finden Sie eine Liste personenbezogener Daten. Welche sollten privat sein, welche können Sie öffentlich weitergeben? Übertragen Sie die Tabelle und ordnen Sie die Daten den Oberbegriffen zu.

Privatanschrift • Telefonnummer • Lieblings-Fußballverein • E-Mail-Adresse • bevorzugte Musik • Kontonummer • politische Einstellungen • sexuelle Interessen • Alter • Gesundheitszustand • Schuhgröße • religiöse Überzeugung • Haustier • Foto unter der Dusche • Lieblingsspeise • Hobbys

eindeutig privat	nicht eindeutig	kann ich öffentlich machen
…	…	…

3 Diskutieren Sie die Frage, wo eigentlich die Grenze zwischen privaten und öffentlichen Daten sein sollte.

Spuren im Netz – ich schütze meine Daten

4 Datenschutz sollte eine Selbstverständlichkeit sein. Trotzdem präsentieren sich viele im Internet. Finden Sie Gründe, warum Jugendliche in Sozialen Netzwerken, wie Facebook, freiwillig persönliche Daten preisgeben.

5 Veröffentlichte Daten werden manchmal mit einem Tattoo verglichen. Nehmen Sie zu diesem Vergleich Stellung.

Medienkompetenz

Medienkompetenz gilt als eine Schlüsselqualifikation wie Lesen und Schreiben und wird von jedem erwartet.

Der Begriff „Medienkompetenz" wurde in den 1970er-Jahren durch den Erziehungswissenschaftler und Medienpädagogen Dieter Baacke eingeführt. [...] Um Medienkompetenz in Reichweite und Umfang zu erfassen, schlägt Baacke eine Differenzierung in vier Dimensionen vor: 1. Medienkritik, 2. Medienkunde, 3. Mediennutzung, 4. Mediengestaltung.

www.medienkompetenzportal-nrw.de

1 Werten Sie den Textauszug aus und ordnen Sie den im Text genannten vier Dimensionen folgende Erläuterungen zu.

• das Wissen über die Medien und Mediensysteme • der kritische Umgang mit Medien und Medieninhalten • die Fähigkeit, Medien zu gestalten, innovativ zu verändern, zu entwickeln oder kreativ ästhetisch einzusetzen • Medien nutzen und anwenden können

2 Finden Sie eigene Beispiele für die im Text genannten vier Dimensionen.

3 Mit dem „Europass-Lebenslauf" (» www.europass-info.de/dokumente/lebenslauf/) können Sie Ihre Fähigkeiten, Kompetenzen und Qualifikationen europaweit verständlich und transparent darstellen. Sie können ihn online erstellen. Unter den „Persönlichen Fähigkeiten" können Sie Ihre digitale Kompetenz selbst einschätzen.

a) In fünf Kategorien können Sie Ihre Kompetenzen auf drei verschiedenen Niveaus einschätzen. Wählen Sie eine Kategorie und finden Sie heraus, worin sich „elementare", „selbstständige" und „kompetente" Verwendung unterscheiden.

b) In welcher der fünf Kategorien schätzen Sie Ihren Kompetenzgrad am höchsten ein? Wo haben Sie noch Nachholbedarf?

c) Bitten Sie eine Person, die Sie gut kennt, Ihre digitalen Kompetenzen einzuschätzen. Vergleichen Sie Selbst- und Fremdbeurteilung.

4 Diskutieren Sie, warum Medienkompetenz als eine Schlüsselqualifikation gilt.

BASISWISSEN Medienkompetenz

Kompetenzen beschreiben allgemein den Sachverstand und die Fähigkeit in Bezug auf etwas. Zur Medienkompetenz gehört sowohl die Fähigkeit, Medien als Werkzeug nutzen zu können (Bedienung, Anwendung, Anpassung), als auch die Fähigkeit zu kritischem Umgang mit Medien (Datenschutz, rechtliche Situation, Umgang).

Online mitmachen und entscheiden

Neues Engagement durch Facebook, Blogs und Co?

Bei Jugendlichen ist die Nutzung von neuen Medien sehr weit verbreitet. [...]. In der aktuellen Debatte zur Engagementförderung wird häufig darauf verwiesen, dass die neuen Medien und die interaktive Weiterentwicklung des Internets (Web 2.0) prinzipiell neue Partizipationsmöglichkeiten insbesondere für junge Menschen bieten. Dabei wird auf Online-Abstimmungen, Flash-Mobs, das Betreiben von Internetseiten zu bestimmten Themen und vor allem die neuen Möglichkeiten der Vernetzung und Information, z. B. durch soziale Netzwerke und Instant-Messaging-Dienste, hingewiesen. Für die Frage, ob das Web 2.0 das Engagement von Jugendlichen verändert, zeigt die Untersuchung zum Verhältnis von Engagement und Web 2.0-Aktivitäten bei 13- bis 20-Jährigen, dass das Internet und die sozialen Netzwerke vor allem dazu beitragen, dass Informationen gezielter ihre Zielgruppen erreichen, die Kommunikationsmöglichkeiten zwischen den Jugendlichen verbessert werden und Selbstorganisationsprozesse, wie sie zum Beispiel im Kontext der Occupy-Bewegung zu beobachten waren, erleichtert werden. Auch im Rahmen der Ausübung freiwilliger Tätigkeiten spielt das Internet eine große Rolle. Je nach Engagementbereich nutzen mindestens 70 Prozent der Engagierten das Netz für die Informations- und Öffentlichkeitsarbeit ihrer Organisationen oder Projekte, um Treffen und Veranstaltungen durchzuführen oder Vorstandstätigkeiten auszuüben. Hierfür werden vorwiegend klassische Web 1.0-Dienste wie bereits vorhandene Kommunikations- und Informationsangebote des Internets angewendet. Web 2.0-Aktivitäten wie der Aufbau einer Homepage oder von Blogs im Sinne der Generierung eigener Inhalte werden jedoch seltener, aber immerhin von 27 Prozent der 13- bis 20-Jährigen im Rahmen ihres Engagements ausgeübt.

Der Einstieg ins Engagement hat sich durch das Internet nicht verändert, lediglich für politische und im Umweltschutz engagierte Jugendliche spielt der Zugang über das Internet eine bedeutsamere Rolle. [...] Es wäre jedoch unangemessen, diese neuen Möglichkeiten per se mit einer Verbesserung der Partizipationsmöglichkeiten gleichzusetzen. So ist auch die digitale Teilhabe bildungsabhängig. Jugendliche mit niedrigen Bildungsressourcen nutzen das Internet stärker für Kommunikation und Unterhaltung, informieren sich weniger über Gesellschaft und Politik und schreiben sich weniger Internetkenntnisse zu als Jugendliche mit höheren Bildungsressourcen. Die Potenziale der neuen Medien hinsichtlich politischer und sozialer Teilhabe werden somit bislang nicht von allen Jugendlichen gleichermaßen genutzt. Dass das Web 2.0 viele neue Möglichkeiten bietet, ist aber unbestritten und es wird sich in den nächsten Jahren zeigen, welche weiteren Potenziale darin stecken. Die Plattform ypart (https://ypart.eu/) greift dies auf und bietet z. B. für Jugendverbände, Kommunen, Vereine oder Jugendzentren eine Möglichkeit, Jugendliche online an Entscheidungen zu beteiligen. Dies können einzelne Fragen sein, die zur Abstimmung gestellt werden, Gremienarbeit, die online unterstützt wird, oder Bauleitpläne oder Haushaltsplanungen, die online diskutiert werden können.

www.bertelsmann-stiftung.de

1 Welche neuen Beteiligungsmöglichkeiten bietet das Internet laut Text?

2 Welche Vorteile bieten Internet und Soziale Netzwerke für Jugendliche, die sich für die Gemeinschaft engagieren wollen?

3 Welcher Zusammenhang besteht zwischen Bildung und Nutzung digitaler Medien?

Hate Speech? – Zeichen setzen gegen Hass und Gewalt

Hasskommentare im Internet – Ein Netzwerk gegen Trolle

Die deutsche Ausgabe der Kampagne „No Hate Speech Movement" ist gestartet. Sie wendet sich gegen menschenfeindliche Postings im Internet.

Rassistische, antisemitische und andere menschenfeindliche Postings im Internet bekommen stärkeren Gegenwind. Am Mittwoch ist in Berlin die deutsche Ausgabe der europaweiten Kampagne „No Hate Speech Movement" an den Start gegangen. Koordiniert wird das Netzwerk in Deutschland von den „Neuen Deutschen Medienmachern". Häme, Zorn und Hass haben in sozialen Netzwerken, Medien-Kommentarspalten und Foren zugenommen. Die vermeintliche Netz-Anonymität verleite viele Internetnutzer zu Hasskommentaren gegen Minderheiten, sagte der Projektkoordinator der deutschen „No Hate Speech Movement"-Kampagne, Sami David Rauscher, am Mittwoch dem Evangelischen Pressedienst (epd). Vor allem im Zuge der aktuellen Flüchtlingsdiskussion habe sich die Situation verschärft. In Deutschland soll künftig das Engagement gegen Hasskommentare über die Internetseite www.no-hate-speech.de koordiniert werden, betonte Rauscher. Unter anderem soll auf die Gefahren von Hassreden für die Demokratie hingewiesen werden. Die Website will konstruktive Möglichkeiten im Umgang mit Hasskommentaren aufzeigen. Auch Tipps, wie man sich etwa rechtlich gegen sogenannte „Hate Speech" wehren kann, soll es geben. Zudem werde der Einsatz für Menschenrechte – im Internet und im realen Leben – unterstützt. [...]
Die Kampagne „No Hate Speech Movement" war vom Europarat ins Leben gerufen worden, um Rassismus und Diskriminierung im Internet zu bekämpfen. Die Kampagnenkoordinatoren in Deutschland, die „Neuen Deutschen Medienmacher", sind ein Zusammenschluss von Journalisten mit und ohne Migrationshintergrund. Das Netzwerk tritt nach eigenen Angaben für eine ausgewogene Medienberichterstattung ein, die das Einwanderungsland Deutschland adäquat wiedergibt.

www.taz.de

Counter Speech (engl. für Gegenrede) ist, wenn User/innen mit der Tastatur und ihren Gedanken etwas gegen Hass und Hetze im Netz tun. Viele Menschen wollen die Diskriminierungen, die Generalisierungen und die Herabwürdigungen nicht einfach ertragen und benennen das auch laut und deutlich. Oft reagieren sie auf Hasskommentare nicht mit Hass, sondern mit Argumenten, mit Humor und mit Geschichten aus einer anderen, oft überraschenden Perspektive. Counter Speech ist ein wichtiges Signal. Denn sie setzt ein Gegengewicht zu Hass und Hetze im Netz. Sie zeigt Betroffenen, dass sie nicht allein sind. Und sie bietet eine andere Sicht auf die Dinge für all diejenigen, die schweigen und die sonst nur die Hasskommentare lesen oder hören würden. [...]

no-hate-speech.de

1 Analysieren Sie, warum laut Textaussage eine Aktion wie „No Hate Speech Movement" nötig ist.

2 Diskutieren Sie, was für Sie freie Meinungsäußerung bedeutet und wo Hetze anfängt.

3 Besprechen Sie an einem Beispiel, wie man mit einem Counter Speech auf einen Hasskommentar reagieren könnte.

4 Warum macht man jemanden im Internet fertig?

5 „Don't feed the trolls!" ist in Internetforen zu lesen. Was kann man als Nutzer, als Gesellschaft, aber auch als Anbieter eines Dienstes gegen Hass im Netz tun? Sammeln Sie Ihre Ideen in einer Mindmap.

Kapitel 18
Dabei sein – Migration und interkulturelle Kommunikation
Migration in Geschichte und Gegenwart

Situation

Amalia hat zu ihrem Geburtstag Striezl in der Schule dabei. „Oh lecker, die macht meine Oma auch immer! Kommt aus deiner Familie auch jemand aus Schlesien?“, fragt Ottmar. „Ja, die hat auch meine Oma gemacht.“, antwortet Amalia. Sofort bricht in der Klasse eine lebhafte Diskussion über die Herkunft der Familien unter den Mitschülern los. Bahars Eltern sind in den 1970er-Jahren aus der Türkei nach Deutschland gekommen, Eminas Eltern sind in den 1990er-Jahren aus Bosnien gekommen, Abdikhaaliq ist selbst aus Somalia vor dem Bürgerkrieg nach Deutschland geflüchtet. „Wow, fast jeder in unserer Klasse hat einen Migrationshintergrund!“, stellt Ottmar verwundert fest.

Welche Migrationsbewegungen haben Deutschland geprägt?

von Teresa Garschagen und Jenny Lindner

[…] In der deutschen Migrationsgeschichte gab es verschiedene Phasen und Migrationsgründe. Deutschland war selten nur Ein- oder Auswanderungsland allein. Im 19. Jahrhundert dominierte die Auswanderung nach Amerika, Anfang des 20. Jahrhunderts wanderten hingegen viele Arbeitskräfte ein. Die beiden Weltkriege waren von Vertreibung, Deportationen und Zwangsarbeit geprägt. Der größte Teil der Einwanderer nach dem Ende des Zweiten Weltkriegs kam

- mittels Anwerbeabkommen als sogenannte „Gastarbeiter“ (1955 bis 1973),
- durch den Familiennachzug zu bereits in Deutschland lebenden Ausländern (vor allem zwischen 1973 und 1985, aber auch bis heute),
- als Asylbewerber (Ende der 80er und Anfang der 90er Jahre),
- als Aussiedler und Spätaussiedler (vor allem zwischen 1987 und 1999),
- als Bürger der Europäischen Union im Zuge der Freizügigkeit,
- und seit wenigen Jahren wieder als Asylbewerber.

18. Jahrhundert bis 1914: Auswanderung nach Amerika

Die große Auswanderungswelle aus dem deutschsprachigen Raum über den Atlantik begann schon um 1700. Dabei gingen die Auswanderer vor allem in die heutigen Vereinigten Staaten, gefolgt von Kanada,

Brasilien und Argentinien. Die Hochzeit der „transatlantischen Massenauswanderung“ (Klaus J. Bade) war das 19. Jahrhundert: Von 1816 bis 1914 wanderten 5,5 Millionen Deutsche in die USA aus. Zum Ende des Jahrhunderts stellten die deutschen Einwanderer sogar die größte ausländische Bevölkerungsgruppe in den USA. Der Hauptgrund für die Auswanderung war das schnelle Bevölkerungswachstum, das für Armut und Arbeitslosigkeit sorgte. Nur rund 20 Prozent der Auswanderer zogen zurück.

Migration in Geschichte und Gegenwart

1890er-Jahre bis 1918: Ausländische Arbeitskräfte für Industrie und Kriegswirtschaft

Die Hochphase der Industrialisierung begann im deutschsprachigen Raum erst gegen Ende des 19. Jahrhunderts. Dadurch wurden verstärkt Arbeitskräfte gebraucht: Innerhalb weniger Jahre wurde das Deutsche Reich so vom Auswanderungsland zum weltweit zweitwichtigsten Einwanderungsland, gleich nach den USA. Die sogenannten „Ruhrpolen" wanderten in das westdeutsche Industriegebiet ein. […]

Auch Preußen wurde zum Zielpunkt von Arbeitern aus Polen, Italien und Ungarn, wo sie auf eine nationalistisch geprägte „Abwehrpolitik" stießen, die sich vor allem gegen Polen richtete. 1914 gab es 1,2 Millionen solcher ausländischer Wanderarbeiter im Deutschen Reich. Im Ersten Weltkrieg wurden weiter ausländische Arbeiter angeworben. Hinzu kamen 1,5 Millionen Kriegsgefangene, die zur Arbeit in Deutschland gezwungen wurden. […]

mediendienst-integration.de

1 Lesen Sie den Text „Welche Migrationsbewegungen haben Deutschland geprägt?" aufmerksam durch.

2 Im ersten Teil des Textes werden verschiedene Phasen der Ein- und Auswanderung nach Deutschland genannt.

a) Zählen Sie die verschiedenen Phasen der Ein- und Auswanderung nach Deutschland auf.

b) Schreiben Sie sie in chronologischer Reihenfolge auf. Benutzen Sie dafür eine Tabelle.

3 Fertigen Sie einen Zeitstrahl an, in dem Sie die Ein- und Auswanderungsphasen in verschiedenen Farben einzeichnen.

4 Beschreiben Sie, welche Bedeutung die Ein- und Auswanderung für Deutschland in den einzelnen Phasen hatte.

5 Zwei der acht im Text aufgeführten Phasen der Migrationsgeschichte Deutschlands sind im Text genauer erläutert.

a) Teilen Sie sich innerhalb der Klasse in Gruppen ein und wählen Sie aus den verbleibenden sechs Phasen eine aus. Achten Sie dabei darauf, dass keine Phase doppelt besetzt ist.

b) Erarbeiten Sie nun einen Informationstext zu Ihrer Phase. Informieren Sie sich dafür im Internet oder in der Bibliothek.

6 Stellen Sie Ihre Informationen aus Aufgabe 5 in der Klasse vor.

7 Erstellen Sie auf der Grundlage Ihres Informationstextes aus Aufgabe 5 eine Präsentation zu Ihrer Phase. Suchen Sie dazu auch geeignete Bilder, Fotos und Statistiken. Stellen Sie Ihre Präsentation in der Klasse vor.

★ **8** „Deutschland war immer ein Einwanderungsland." Nehmen Sie zu diesem Satz Stellung. Berücksichtigen Sie dabei die Situation zu Beginn des Kapitels und Ihre Ausführungen aus der Aufgabe 4.

Migration in der Literatur

Die Ein- und Auswanderung spielt in Deutschland schon seit Jahrhunderten eine große Rolle. Genauso lange spiegelt sich das Thema in der Literatur wider. Von Erfahrungsberichten und Briefwechseln mit Zurückgebliebenen der ersten Amerikaauswanderer reicht die Migrationsliteratur über die Exilliteratur der beiden Weltkriege bis in unsere heutige Zeit. Viele Bücher werden über Migration geschrieben, aber auch Geflüchtete und Migranten selbst schreiben oftmals über ihre Erfahrungen in der alten und neuen Heimat.

Peer Martin: Sommer unter schwarzen Flügeln (Auszug)

Grün.

Grün ist die Farbe der Hoffnung.

Was für ein abgenutzter Satz das war.

Sie fuhr mit dem Zeigefinger über das zarte Hellgrün der Knospe. In Tagen, vielleicht in Stunden schon, würde sie sich entrollen, ein Blatt werden …

Sie zog die Hand zurück.

Seltsam. Heute war etwas anders. Sie war schon vier Mal hier gewesen, und immer waren die Ranken an dem alten Haus grün gewesen, grün und schön. Aber heute spürte sie eine verborgene Kälte, und es war, als glitte ein unsichtbarer Schatten über das Grün.

Sie schüttelte unwillig den Kopf. Es musste Einbildung sein. Sie hatte die Schatten hinter sich gelassen.

Grün.

Grün war die Farbe des Islam.

Grün war die Farbe der Sterne auf den Flaggen, die die Luft über den Köpfen der Menge füllten …

Sch, sch, keine Geschichten! Keine Erinnerungen! […]

Nuri ging die schmale Wendeltreppe hinauf, vorbei an Nischen voller Reiseandenken: Teekannen, Porzellanelefanten, Gebetsmühlen, Versteinerungen … Sie würde in dem Zimmer warten, in dem sie immer wartete, in dem Zimmer mit der Tür zum Balkon und dem warnenden Pappschild.

NUR BIS HIER UND NICHT WEITER! EINSTURZGEFAHR.

Es gab auch ein Absperrband, Die Balkontür ließ sich nicht mehr abschließen. […]

Jemand kam näher. Jemand ging jetzt durch den Warteraum. Er hatte vergessen, seine Schuhe auszuziehen, schwarze Stiefel mit weißen Schnürsenkeln, zu warm für das Wetter. Er hielt eine Zigarette zwischen den Fingern. Sein Pullover war schwarz, auch er war zu warm für das Wetter. Auf dem Rücken strahlte eine weiße Sonne mit zackigen Flammen, wie Blitze. Sein Haar war hell wie das Feuer auf den Feldern.

Er ging direkt auf die Balkontür zu, mit einem irgendwie verächtlichen Kopfschütteln, stieg über das Absperrband, öffnete die Tür und trat hinaus. Es ging alles viel zu schnell, er hatte sie nicht einmal gesehen. In der Luft schwebte ein Knirschen. Oder war es das Rauschen der Schattenflügel, das sie so gut kannte?

Sein Haar war hell, sein Pullover war schwarz, seine Stiefel …

Nuri machte einen Satz und packte ihn, er fiel, aber sie hielt ihn fest, und die morschen Bretter splitterten unter ihnen. […]

1 **Lesen Sie den Beginn des Buches „Sommer unter schwarzen Flügeln" von Peer Martin. Was erfahren Sie über Nuri, was über den Jungen? Notieren Sie Ihre Beobachtungen in Stichpunkten.**

Migration in der Literatur

2 Stellen Sie Vermutungen an: In welchem Zusammenhang begegnen sich Nuri und der Junge? Was könnte die beiden dort hinführen?

3 Stellen Sie Vermutungen an: Inwiefern ist die erste Begegnung der beiden Hauptpersonen ausschlaggebend für den Verlauf des Romans?

Peer Martin: Sommer unter schwarzen Flügeln (Klappentext)

Nuri und Calvin leben ganz nah beieinander – und sind sich doch unendlich fern. Sie ist mit ihrer Familie aus Syrien geflohen und in einem Flüchtlingsheim untergekommen. Er ist Mitglied einer rechten Jugendgang, die Stimmung gegen Asylbewerber macht. Doch ausgerechnet ihn sucht Nuri sich aus, um erstmals ihre Geschichte zu erzählen: von ihrem Heimatdorf am Rand der Wüste, von den ersten Unruhen und den Schwingen des Bösen, die sich schließlich über das ganze Land legten. Je mehr Calvin über Nuri erfährt, desto mehr verliebt er sich in das seltsame Mädchen mit den dunklen Augen – und in das fremde Land, von dem sie erzählt. Doch diese Liebe ist gefährlich. Denn Calvins Freunde haben ihn zu ihrem neuen Anführer bestimmt. Und ihre Wut trifft nicht nur ihn, sondern auch Nuri …

4 Lesen Sie den Klappentext zum Roman „Sommer unter schwarzen Flügeln“ von Peer Martin. Vergleichen Sie Ihre unter Aufgabe 2 angestellten Vermutungen nun mit den Informationen aus dem Text. Inwieweit lagen Sie mit Ihren Vermutungen richtig?

5 Informieren Sie sich im Internet über den Autor Peer Martin und seinen Lebenslauf.
a) Handelt es sich bei Peer Martin um einen Geflüchteten oder einen Migranten?
b) Inwiefern ist die Geschichte des Autors mit der Geschichte Nuris identisch? In welchen Punkten unterscheiden sich die Geschichten des Autors und Nuris?
c) Was hat den Autor Peer Martin bewogen, einen solchen Roman zu schreiben?

6 Auf der Homepage des Autors kann man über das Forum mit ihm in Kontakt treten. Versuchen Sie, genauere Informationen über seine Beweggründe, einen Roman über die Begegnung einer syrischen Geflüchteten mit einem Neonazi zu schreiben, zu erhalten.

7 Auf der Homepage des Autors finden Sie auch zahlreiche Informationen zu den Themen „Syrien“ und „Rechtsextremismus“.
a) Teilen Sie sich innerhalb der Klasse in zwei Gruppen ein und erstellen Sie eine Präsentation zu den Themen.
b) Stellen Sie Ihre Präsentation zu den Themen „Syrien“ und „Rechtsextremismus“ in der Klasse vor.

8 Arbeiten Sie die Berührungspunkte der beiden Themen aus Aufgabe 7 heraus. Wo entstehen Ihrer Meinung nach die meisten Konflikte?

★ **9** Erläutern Sie auf der Grundlage der Ihnen nun vorliegenden Informationen, ob Sie den Roman „Sommer unter schwarzen Flügeln“ von Peer Martin lesen würden. Begründen Sie Ihre Meinung.

TIPP

Informieren Sie sich über Migrationsliteratur, zum Beispiel Janne Teller: „Krieg: Stell dir vor, er wäre hier“, Abbas Khider: „Ohrfeige“ oder Shida Bazyar: „Nachts ist es leise in Teheran“.

Wahrnehmung in den Medien

Nicht nur in der Literatur spielen die Themen „Flucht“ und „Migration“ eine große Rolle. Auch in den täglichen Medien – sei es im Fernsehen, im Internet oder in der Zeitung – werden die Leser mit Geschichten, Bildern, Fakten, Karikaturen, Statistiken und vielem mehr konfrontiert. Dieses Kapitel möchte zeigen, wie unterschiedlich die Wahrnehmung dieses Themas sein kann.

1 **Betrachten und analysieren Sie die oben abgebildete Karikatur.**

a) Was ist auf dem Bild abgebildet? Beschreiben Sie die Karikatur.

b) Welche Wirkung hat die Karikatur auf Sie?

2 **Formulieren Sie die Kernaussage der Karikatur in einem Satz.**

3 **Suchen Sie im Internet nach ähnlichen Karikaturen. Diskutieren Sie in der Klasse darüber.**

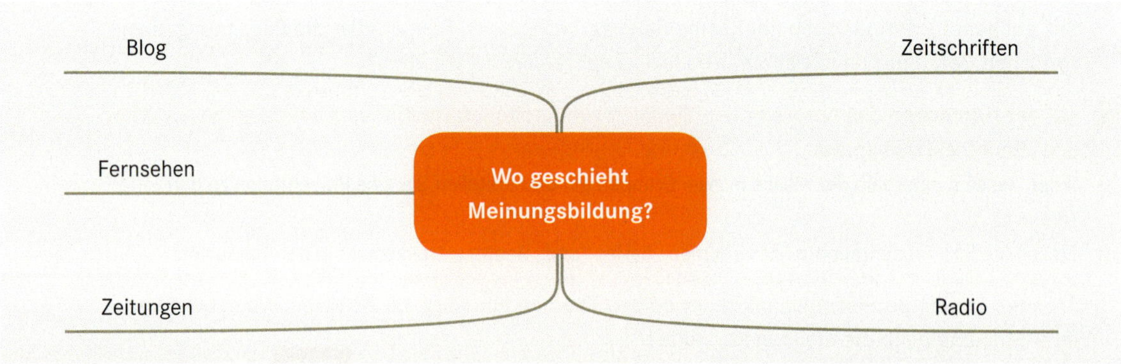

4 **Suchen Sie im Internet nach Schlagzeilen zum Thema Migration. In welchen Medien finden Sie Informationen?**

a) Welche Haltungen zum Thema „Migration“ werden deutlich?

b) Arbeiten Sie die Unterschiede heraus.

Wahrnehmung in den Medien

„Hier habe ich eine Zukunft“

Ritwahn hat mit 13 Jahren seine Heimat Somalia verlassen – in der Hoffnung auf ein besseres Leben

von Stefanie Sobek

Ritwahn ist ein großer Fußballfan. […] Er selbst kickt auch in einer Mannschaft. Außerdem hört er gerne Musik, tanzt viel und würde gerne Gitarre spielen lernen. Wenn Ritwahn von seinen Hobbys erzählt und zwischendurch immer wieder lacht, kann man gar nicht glauben, was der 16-Jährige […] in seinem bisherigen Leben schon alles mitmachen musste. Ritwahns Heimat ist Somalia. Dort hat er bis zu seiner Flucht vor drei Jahren zusammen mit seinen Eltern, zwei Schwestern und einem Bruder gelebt. Die Zustände in Somalia sind katastrophal, es herrscht Krieg. „Wir hatten immer Angst. Tag und Nacht. Wir wussten nicht, ob wir morgen noch leben“, sagt Ritwahn. Ein Schicksalsschlag für die Familie war der Tod des Vaters – er wurde erschossen. Als auch sein Bruder umgebracht wurde, war für die Mutter klar, dass das Leben für die Kinder in Somalia zu gefährlich ist. […]

Ritwahn war damals 13 Jahre alt. Zusammen mit einer seiner Schwestern flüchtete er aus Somalia. Die beiden gerieten in die Fänge von Schlepperbanden, die sie über Äthiopien und den Sudan in die Wüste Sahara brachten. Die Entführer drohten, die Kinder verdursten zu lassen, wenn die Familie kein Geld mehr zahle. Für die Schwester waren die Strapazen unerträglich, sie starb. Ritwahn musste alleine weiter, er flüchtete nach Libyen. Er wurde in zwei Kindergefängnisse eingesperrt, bis ihm bei einem Arbeitseinsatz die Flucht gelang. In einem Schlauchboot konnte er sich nach Sizilien retten. Von dort kam er nach Rosenheim, wo er drei Monate blieb und Deutsch lernte. Er bezeichnet es als großes Glück, dass er danach in die AWO-Jugendwohngruppe nach Straubing gekommen ist. Seit über einem Jahr wohnt er dort zusammen mit sieben weiteren Jugendlichen in einer Gruppe, sein Zimmer teilt er sich mit zwei jungen Männern aus Somalia. Hier fühlt er sich wohl, zum ersten Mal kann er ohne Angst seinen Alltag meistern. „Hier habe ich eine Zukunft“, sagt der 16-Jährige, der mittlerweile schon sehr gut Deutsch spricht. Sein Ziel ist deshalb, einen Ausbildungsplatz zu finden. Am liebsten würde er als Verkäufer arbeiten. Einen ersten Schritt in diese Richtung hat er bereits getan: Im Moment absolviert er im Rahmen des Unterrichts an der Berufsschule III ein Praktikum im Real-Markt an der Ittlinger Straße. „Das macht großen Spaß, die Kollegen sind sehr nett“, erzählt Ritwahn. Doch bei allen positiven Erlebnissen, die er in seinem neuen Leben in Deutschland hat, lässt ihn der Verlust seiner Familie nicht los. Zu seiner Mutter und seiner großen Schwester, die beide in Somalia geblieben sind, hatte er seit drei Jahren keinen Kontakt mehr. „Ich weiß nicht, wie es ihnen geht“, sagt Ritwahn und man spürt seine Verzweiflung. Sein größter Wunsch für die Zukunft ist deshalb, irgendwie einen Kontakt zu ihnen herzustellen: „Ich vermisse sie so sehr und möchte sie so gerne wiedersehen.“ *www.idowa.de*

Viel wird über Flüchtlinge berichtet, selten kommen sie selbst zu Wort und können über ihre Erfahrungen erzählen.

5 **Lesen Sie den Bericht von dem somalischen Flüchtling Ritwahn.**

a) Informieren Sie sich über die Lage Somalias und verfolgen Sie den Fluchtweg Ritwahns.

b) Was denken Sie: Fühlt Ritwahn sich in Deutschland wohl? An welchen Äußerungen aus dem Text machen Sie Ihre Einschätzung fest?

6 **Versetzen Sie sich in die Lage von Ritwahn und stellen Sie sich vor, Sie hätten Ihre Familie im Alter von 13 Jahren verlassen müssen. Verfassen Sie einen Tagebucheintrag und beschreiben Sie Ihre Gefühle.**

Die Kommunikation verbessern

Die Themen „Flucht“ und „Migration“ werden in den Medien oftmals sehr hitzig diskutiert. Unbestritten ist, dass das Schlagwort „Integration“ in aller Munde ist und mehrheitlich für ein gelingendes, friedliches Zusammenleben verschiedener Kulturen verantwortlich gemacht wird. Doch was kann jeder Einzelne zu einer funktionierenden Kommunikation und somit gelingenden Integration beitragen?

1 Ritwahn aus Somalia zeichnet in seinem Bericht auf Seite 211 ein mehrheitlich positives Bild von Deutschland. Ritwahn ist froh, endlich in Sicherheit zu sein.

a) Informieren Sie sich im Internet über weitere Berichte von Geflüchteten.

b) Arbeiten Sie Gemeinsamkeiten und Unterschiede innerhalb der Berichte im Vergleich zum Bericht Ritwahns heraus.

2 Gibt es auch negative Stimmen von Geflüchteten über ihre neue Heimat? Woran liegt es, dass manche Geflüchtete Deutschland als negativ empfinden?

3 Nehmen Sie zu den negativen Einschätzungen von Geflüchteten gegenüber Deutschland Stellung.

4 Viele ausländische Mitbürger erzählen gerne von ihren Erfahrungen in Deutschland und mit Deutschen. Kennen Sie auch jemanden, der nach Deutschland eingewandert ist? Sprechen Sie mit ihr/ihm über die Anfangszeit in Deutschland.

5 Sammeln Sie in der Klasse Ideen, was jeder Einzelne von Ihnen zu einer funktionierenden Kommunikation und gelingenden Integration von Geflüchteten und Migranten beitragen kann.

a) Gibt es in Ihrer Klasse/in Ihrer Stadt Geflüchtete/Migranten und gibt es Ehrenamtliche oder Helferkreise?

b) Finden Sie heraus, wie der Helferkreis/die Ehrenamtlichen die Geflüchteten und Migranten unterstützen.

c) Welche Aktionen werden durchgeführt? Welche Aktionen sind geplant?

d) Was könnten Sie persönlich zur Hilfe beitragen?

BASISWISSEN Integrationshilfe

Prinzipiell gibt es zwei Möglichkeiten, Geflüchtete und Migranten zu unterstützen. Viele Menschen engagieren sich direkt, zum Beispiel als Pate für eine Person oder für eine ganze Familie, und helfen bei Behördengängen, bei der Wohnungssuche, bei der Hausaufgabenbetreuung etc. Oder sie spenden Geld und unterstützen mit einer finanziellen Hilfe bestimmte Projekte, zum Beispiel verschiedene kirchliche Organisationen, die sich der Flüchtlingshilfe verschrieben haben.

6 Planen Sie in Ihrer Klasse eine Aktion zur Unterstützung von Geflüchteten und Migranten.

a) Überlegen Sie sich in der Klasse ein zeitlich begrenztes Projekt (die Organisation eines Flohmarktes, ein Fahrradkurs ...).

b) Finden Sie Unterstützer für Ihr Projekt, zum Beispiel Lehrer, Eltern, Ehrenamtliche, die bereits in diesem Bereich arbeiten ...

c) Erstellen Sie einen Durchführungsplan für Ihr ausgewähltes Projekt.

d) Wie hat die Durchführung des Projektes geklappt? Was hat bereits gut funktioniert? Was muss beim nächsten Mal noch besser umgesetzt werden?

TIPP

Sie können sich auch ein länger angelegtes Projekt überlegen (die Übernahme einer Patenschaft, ein Nachhilfeprogramm ...).

7 Überlegen Sie: Warum ist ein friedliches Miteinander verschiedener Kulturen wichtig?

Kapitel 19

Fachsprachliche Texte untersuchen

19.1
Ein Stolperstein: Die Verbklammer

19.2
Fachsprachliche Texte erkennen

19.3
Fachsprachliche Texte untersuchen

19.4
Die Lesekarte anwenden

Sprache greift zwar immer auf den gleichen Wortschatz zurück und unterliegt stets den gleichen Regeln zur Bildung von Sätzen (Grammatik). Doch ist es abhängig von der Situation und der Absicht des Verfassers, was für ein Text entsteht und welche Funktionen er erfüllt. Ebenso entscheidet die Art, wie Sie einen Text lesen, über die Informationen, die Sie behalten.

Dieses Kapitel bietet Ihnen eine Übersicht über die Verbklammer in der deutschen Sprache und wie sie dazu beiträgt, Sätze zu verstehen. Des Weiteren lernen Sie, fachsprachliche Texte zu erkennen und deren Elemente zu analysieren. Als Abschluss erhalten Sie mit der Lesekarte (Klappkarte in diesem Buch) noch eine Hilfestellung, um mit Hilfe der Lesekarte fachsprachlichen Texten gezielt Informationen entnehmen zu können.

Kompetenzen

- ✓ Sach- und Fachtexte differenziert erfassen
- ✓ Texten Informationen entnehmen
- ✓ Texten entnommene Informationen in Zusammenhänge einordnen

Methoden und Arbeitstechniken

- ✓ Internetrecherche
- ✓ Lesekarte
- ✓ Rechtschreibhilfen

Ein Stolperstein: Die Verbklammer

Die Verbklammer ist typisch für die deutsche Sprache. Sie gibt Sätzen eine Struktur. Bei langen Sätzen ist es hilfreich, wenn man zunächst die Verbklammer sucht, um den gesamten Satz besser zu verstehen.

BASISWISSEN | **Verbklammer**

Es gibt drei Arten von Verbklammern.

1. **Die umschriebene Verbform** (zum Beispiel zur Bildung des Perfekts und des Futurs)

Perfekt (abgeschlossene Handlung in der Vergangenheit)

Herr Müller **hat** den Computer **eingeschaltet**.

Futur (Handlung in der Zukunft)

Herr Müller **wird** den Computer **einschalten**.

2. **Gebrauch von Modalverben/modale Hilfsverben** (dürfen, können, mögen, müssen, sollen, wollen)

Herr Müller **will** den Computer **einschalten**.

Herr Müller **muss** den Computer **einschalten**.

Herr Müller **soll** den Computer **einschalten**.

3. **Gebrauch von trennbaren Verben** (zum Beispiel einschalten, ausschalten, aufmachen)

Herr Müller **schaltet** den Computer **ein**.

Herr Müller **schaltet** den Computer **aus**.

Herr Müller **macht** das Laufwerk am Computer **auf**.

1 Untersuchen Sie die Beispielsätze im obigen Basiswissen. Was fällt Ihnen auf?

2 Ersetzen Sie das Verb *einschalten* durch das Verb *kaufen*. Was fällt Ihnen auf?

Ein Stolperstein: Die Verbklammer

3 **Bilden Sie mit den Verben *ausschalten* und *arbeiten* Sätze mit der Verbklammer**

a) im Präsens.

b) im Perfekt.

c) im Futur.

4 **Bilden Sie Sätze. Verwenden Sie jeweils ein Modalverb und ein Vollverb.**

dürfen • können • mögen • müssen • sollen • wollen • ausfüllen • recherchieren • bestellen • nachbestellen

TIPP

Ein Vollverb ist ein Verb, das die Bedeutung in einem Satz trägt und allein (im Gegensatz zum Hilfsverb) das Prädikat in einem Satz bilden kann.

5 **Suchen Sie fünf trennbare Verben aus Ihrem beruflichen Umfeld. Bilden Sie Sätze mit den Verben.**

BASISWISSEN **Trennbare Verben**

Folgende Vorsilben sind immer trennbar: ab-, an-, auf-, aus-, ein-, heraus-, mit-, nach-, vor-, weg-, zu-, zurück-. Verben bekommen durch sie eine andere, oft speziellere Bedeutung.

- etwas nehmen
- ein Gespräch annehmen
- jemandem etwas abnehmen
- sich etwas vornehmen
- eine Aussage zurücknehmen

Im Präsens werden die Vorsilben vom Verb getrennt und wandern an das Satzende: Ich nehme mir etwas vor. Für das Partizip II braucht man im Perfekt und im Passiv auch noch die Silbe -ge-:
Ich habe mir etwas vorgenommen.

Jeden Morgen muss Thomas früh aufstehen. Er will pünktlich in die Arbeit kommen. Dazu hat er am Abend vorher seinen Wecker gestellt. Nach dem Aufstehen schaltet er zuerst die Kaffeemaschine ein. Nach dem Frühstück will er mit dem Bus in die Arbeit fahren, weil es heute regnet.
Im Büro fährt er als Erstes den Computer hoch. Er füllt Formulare für die Kunden aus und legt die Daten in einer Akte an. Danach sortiert er die Post seiner Kollegen und legt die Briefe im Postfach ab. Er baut ein Modell auf und muss Fotos davon machen. Er will die Fotos auf die Homepage der Firma hochladen. Das Hochladen der Fotos dauert sehr lange. Thomas kann die Arbeit nicht fertig machen. Am nächsten Tag wird er die Arbeit abschließen. Nach der Arbeit muss Thomas einkaufen. Er wird heute Abend für seine Freundin kochen.

6 **Analysieren Sie den Text: Schreiben Sie die Verbklammern aus den Sätzen heraus auf ein Blatt.**

7 **Benennen Sie, um welche Art der Verbklammer es sich jeweils handelt. Schreiben Sie die Benennung hinter die Verbklammer auf das Blatt (» S. 214).**

8 **Sammeln Sie weitere wichtige Verben, die Sie in Ihrer Ausbildung häufig benutzen. Legen Sie dazu auf dem Blatt eine Liste mit den Verben an.**

★ **9** **Tauschen Sie die Listen untereinander aus. Jeder Partner erstellt nun zu drei Verben seiner Wahl je einen Beispielsatz mit einer Verbklammer.**

★ **10** **Tauschen Sie die Listen zurück. Der Partner benennt nun die Art der Verbklammer.**

Fachsprachliche Texte erkennen

Im beruflichen Alltag begegnen Ihnen verschiedene Texte.

Text A

Stefans Welt

Stefan arbeitet auf dem Bau. Sein Job ist zwar anstrengend, aber nach der Arbeit hat er seinen Spaß. Wo etwas los ist, will er dabei sein. Manchmal gibt's eine Technoparty, aber meistens ist Disco angesagt. Im „K 17" trifft er sich mit seinen Leuten zum Abtanzen, manchmal auch bei Freunden, um die neuesten CDs anzuhören. Nadja, seine Freundin, kommt nicht immer mit. Nach einem stressigen Bürotag braucht sie ihre Ruhe. Dann zieht Stefan alleine los. Natürlich nicht ohne seinen MP3-Player inklusive Power-Kopfhörer. Und den dreht er dann auch voll auf, um in Stimmung zu kommen. In der Disco genießt er die laute Musik. Es ist ihm egal, dass man sich dabei nicht mehr unterhalten kann. Hauptsache, alle sind gut drauf. Wenn am Wochenende ein Konzert angesagt ist, sucht sich Stefan einen Platz direkt vor den Lautsprechern, um die Beats im Körper zu spüren. […] Ohne Musik kann er sich sein Leben nicht vorstellen. Selten sieht man ihn ohne Kopfhörer und seinen MP3-Player. Nadja hat sich daran gewöhnt, dass er oft gar nicht reagiert, wenn sie ihn anspricht. Häufig muss sie ihn erst anstoßen, um ein paar Worte mit ihm zu wechseln. Das nervt. Als Nadja Freitagnachmittag von der Arbeit nach Hause kommt, dröhnt ihr schon vor der Tür Musik entgegen. „Das reicht! Im Büro war es laut genug. Ich brauche jetzt Ruhe!" Sie stürzt ins Zimmer, schaltet die Anlage aus und schreit Stefan an: „Mach das leiser! Bist du etwa taub?"

www.jugend-will-sich-erleben.de

Text B

Ganz Ohr – wie sich Lärm auf unser Gehör auswirken kann

von Angela Krüger

Richtig viel Lärm haben viele Beschäftigte der Bauwirtschaft auszuhalten. Starker Straßenlärm kommt auf 80 Dezibel, ein Winkelschleifer auf 95 und eine Baukreissäge auf 100 Dezibel. Für die meisten Beschäftigten dieses Berufsfelds gehören laute Maschinen und Umgebungslärm zur täglichen Arbeit. Lärmschwerhörigkeit ist daher die häufigste Berufskrankheit der Branche – und sie ist nicht heilbar. Kein Vertun gibt es, wenn andauernder Lärm von 80 Dezibel während des Arbeitstages auszuhalten ist oder es kurzzeitig lauter als 135 Dezibel werden kann: Bei solchen Lautstärken muss das Unternehmen Gehörschutz anbieten. Dazu brauchen die Beschäftigen Informationen, wie sie den Schutz richtig anwenden und warum er so wichtig ist. Die beiden Grenzwerte aus der Lärm- und Vibrations-Arbeitsschutzverordnung heißen übrigens Tages-Lärmexpositionspegel und Spitzenschalldruckpegel. Schon einmal ein blaues Gebotsschild mit einem weißen, Gehörschutz tragenden Kopf gesehen? Dieses Gebotsschild muss im Betrieb dort hängen, wo es dauerhaft lauter als 85 Dezibel ist – dann handelt es sich um einen Lärmbereich. Prävention ist hier besonders wichtig und schützt nicht nur vor schwerwiegenden Schäden des Gehörs. Auch sind die Kosten für Prävention günstiger als die hohen Kosten durch Krankheit und Ausfalltage. Ein Paar Kapselgehörschützer kostet zwischen 15 und 30 Euro. Die Berufsgenossenschaft der Bauwirtschaft (BG BAU) und alle anderen gesetzlichen Unfallversicherungsträger unterstützen ihre Mitgliedsunternehmen bei der Auswahl wirkungsvoller Maßnahmen. Erste Wahl ist jedoch, den Lärm an der Quelle einzudämmen. Die BG BAU wirbt dafür, lärmarme Baumaschinen und Werkzeuge einzusetzen. Zum Beispiel schallgedämpfte Sägeblätter für Baustellenkreissägen, lärmgeminderte Flämmgeräte für Dacharbeiten […]

www.arbeit-und-gesundheit.de

Fachsprachliche Texte erkennen

1 **Lesen Sie sich die Texte aufmerksam durch. Notieren Sie Gemeinsamkeiten und Unterschiede.**

2 **Geben Sie die Texte mit eigenen Worten wieder.**

a) Schließen Sie das Buch. Versuchen Sie, den Inhalt beider Texte möglichst genau wiederzugeben.

b) Weshalb fällt es Ihnen schwerer, den Inhalt von Text B zu wiederholen? Begründen Sie.

3 **Untersuchen Sie die beiden Texte genauer.**

a) Schreiben Sie aus beiden Texten alle Schlüsselbegriffe zum Fachgebiet „Hören und Lärm" heraus.

b) Vergleichen Sie Ihre Ergebnisse mit Ihrem Nachbarn und ergänzen Sie, wenn nötig.

4 **Setzen Sie sich mit der Sprache in den beiden Texten auseinander.**

a) Untersuchen Sie die Wortarten: Kommen bestimmte Wortarten in einem Text gehäuft vor? (» S. 248–249)

b) Beschreiben Sie den Satzbau (» S. 254). Was stellen Sie fest?

c) Text B enthält in den Zeilen 16 und 17 zwei Fachbegriffe für die beiden Grenzwerte aus der Lärm- und Vibrations-Arbeitsschutzverordnung. Informieren Sie sich im Internet, was diese beiden Fachbegriffe genau bedeuten, und erklären Sie die Begriffe in eigenen Worten.

BASISWISSEN – Adressatenbezug und Funktion von Texten

Der Gebrauch von Sprache hängt meist davon ab, welche Aufgabe oder Funktion und welchen Adressaten Texte haben sollen. So benutzt man bei der Schilderung einer lustigen Alltagssituation eine andere Sprache als bei der Beschreibung eines konkreten Arbeitsablaufs und hier wiederum eine andere als bei der fachsprachlichen Erklärung eines physikalischen Gesetzes. Abhängig davon, ob der Empfänger (Hörer oder Leser) ein Experte ist, gebraucht man auch einen mehr oder weniger einschlägigen Fachwortschatz. Im Vordergrund stehen immer Funktion und Verständlichkeit von Sprache und Text.

5 **Beschreiben Sie jeweils eine Situation aus Ihrem beruflichen Umfeld, in der Text oder Sprache folgende Funktion hat.**

etwas beschreiben • etwas bewerten, kommentieren • etwas verbindlich vorschreiben, regeln • zu etwas auffordern, appellieren

Höre ich noch gut?

Wer das wissen will, sollte beim HNO-Arzt einen Hörtest machen lassen. Der kann das Ergebnis erklären und über geeignete Maßnahmen informieren. Wer schon einen Hörschaden hat, muss umso mehr aufpassen, da eine drohende Lärmschwerhörigkeit die Lebensqualität stark beeinträchtigt. Wichtig: Nach Discobesuchen und Konzerten den Ohren Ruhe gönnen. Unliebsame Lärmquellen, zum Beispiel während der Arbeit, mit geeignetem Gehörschutz in Schach halten.

(Arbeit und Gesundheit 3/2007)

6 **Untersuchen Sie den oben stehenden Text aus einem Fachmagazin für Arbeit und Gesundheit.**

a) Welche Funktion hat dieser Text?

b) Beschreiben Sie die Sprache des Textes, auch im Vergleich zu Text B, S. 216. Begründen Sie die Sprachwahl.

7 **Verfassen Sie einen informierenden, kurzen Fachtext zu einem Ihnen vertrauten Arbeitsbereich. Verwenden Sie auch Fachbegriffe.**

Fachsprachliche Texte untersuchen

Bevor man sich näher mit einem fachsprachlichen Text beschäftigt, sollte man sich überlegen, welche Art von Informationen bzw. welchen Umfang an Informationen man durch den Text erhalten möchte. Um eine Detailinformation zu bekommen, bietet sich das *punktuelle Lesen* (» S. 263) an. Einen schnellen Überblick verschafft man sich durch *diagonales Lesen* (» S. 263). Beim *fortlaufenden Lesen* (» S. 263) liest man den ganzen Text durch und erhält so alle Informationen des Textes. Das *intensive Lesen* (» S. 263) bereitet auf eine kritische Auseinandersetzung mit dem Text vor. In den folgenden Aufgaben geht es darum, einen Text je nach Aufgabenstellung effektiv zu lesen, das heißt, die geeignete Art des Lesens auszuwählen.

1 **Klären Sie zunächst die Begriffe „informelles" und „non-formales" Lernen.**

2 **Prüfen Sie den Text auf Seite 219 daraufhin, ob er sich für ein Referat eignet. Das Referat trägt den Titel „Werden die beruflichen Chancen einzelner Personen verbessert, wenn man informelles und non-formales Lernen anerkennt?". Wenden Sie die entsprechende Leseart an.**

3 **Beantworten Sie die Fragen zum Text. Sehen Sie sich zuerst die Fragen an und wählen Sie dann eine der Lesearten aus.**

a) Welches Institut führte die Befragung durch?
b) Wie heißt eines der bisher eingesetzten Instrumente zur Kompetenzerfassung?
c) Wodurch soll das Anerkennungsverfahren begleitet werden?

4 **Lassen sich die folgenden Aussagen im Text auf Seite 219 wiederfinden? Wenn ja, in welchen Zeilen? Überlegen Sie, auf welche Art Sie den Text zur Beantwortung lesen sollten.**

A Berufsbildungsexpertinnen und -experten wünschen sich eine stärkere Würdigung individueller Lernergebnisse.
B Die Befragung zum bundesweiten Anerkennungssystem für Kompetenzen wurde per Fragebogenaktion „Expertenmonitor Berufliche Bildung" durchgeführt.
C Mehr als 80 Prozent der Befragten aus Arbeitnehmerorganisationen, Forschung und Weiterbildung befürworten ein bundesweites Anerkennungssystem für berufliche Kompetenzen.
D Auch Vertreterinnen und Vertreter der Arbeitgeberorganisationen und Schulen stimmen einer Anerkennung beruflicher Kompetenzen zu über 50 Prozent zu.
E Ein bundesweites Anerkennungssystem verbessert auch die Chancen auf qualifizierte Beschäftigung von geflüchteten Menschen.
F Für knapp 40 Prozent der Expertinnen und Experten sollte eine Anerkennung informellen und non-formalen Lernens zu einen anerkannten Zertifikat führen.

5 **Beziehen Sie kritisch Stellung zu dem Text, indem Sie folgende Fragen beantworten. Überlegen Sie, auf welche Art Sie den Text lesen sollten.**

a) Was ist die Kernaussage des Textes?
★ b) Wie bewerten Sie den Satz: „Um bislang ungenutzte Potenziale zu erschließen, benötigen wir für Menschen, die auf informellem Weg Kompetenzen erworben haben, verbesserte Möglichkeiten der formalen Anerkennung. Für eine solche Kultur der Anerkennung ist aber ein gemeinsames und abgestimmtes Handeln aller am Bildungsprozess beteiligter Akteure erforderlich." (Zeile 23 ff.)

6 **Schätzen Sie ein, wie Sie mit den verschiedenen Arten, einen Text zu lesen, zurechtgekommen sind. Welche Leseart fiel Ihnen am leichtesten, welche am schwersten? Welche Gründe gibt es dafür? Welche Tipps können Sie Ihren Mitschülern zum Anwenden der vier Lesearten geben?**

Fachsprachliche Texte untersuchen

Große Mehrheit für bundesweites Anerkennungssystem für Kompetenzen

[…] Dem informellen und non-formalen Lernen in Deutschland kommt eine hohe Bedeutung zu. Drei von vier Berufsbildungsexpertinnen und -experten wünschen sich eine stärkere Würdigung individueller Lernergebnisse, die außerhalb von Schulen, Ausbildung oder Hochschulen erworben werden. 70 % der befragten Expertinnen und Experten sprechen sich für ein deutschlandweit einheitliches Anerkennungssystem aus. Dies sind Ergebnisse einer Befragung des Bundesinstituts für Berufsbildung (BIBB) in Zusammenarbeit mit der Bertelsmann Stiftung unter mehr als 300 Berufsbildungsfachleuten im Rahmen des „BIBB-Expertenmonitors Berufliche Bildung".
Mehr als 80 % der Befragten aus Arbeitnehmerorganisationen, Forschung und Weiterbildung befürworten ein bundesweites Anerkennungssystem für berufliche Kompetenzen. Auch bei Befragten aus Betrieben (rund 73 %) und Kammern (rund 62 %) findet diese Forderung eine Mehrheit. Lediglich die befragten Vertreterinnen und Vertreter aus Arbeitgeberorganisationen und Schulen äußern sich zurückhaltender (rund 48 beziehungsweise rund 50 % Zustimmung). BIBB-Präsident Prof. Dr. Friedrich Hubert Esser betont: „Um bislang ungenutzte Potenziale zu erschließen, benötigen wir für Menschen, die auf informellem Weg Kompetenzen erworben haben, verbesserte Möglichkeiten der formalen Anerkennung. Für eine solche Kultur der Anerkennung ist aber ein gemeinsames und abgestimmtes Handeln aller am Bildungsprozess beteiligter Akteure erforderlich."
Drei von vier Befragten betonen, dass sich durch eine verbesserte Anerkennung des informellen und nonformalen Lernens die beruflichen Chancen des Einzelnen verbessern lassen. Dies träfe insbesondere auf An- und Ungelernte zu. „Fehlende formale Qualifikationsnachweise sind gerade für Menschen ohne Abschluss oder Geringqualifizierte eine oft unüberwindbare Hürde auf dem Weg ins Berufsleben, obwohl sie Fachkenntnisse und Erfahrung besitzen. Ein einheitliches Anerkennungssystem für informelle Kompetenzen hilft vor allem den Menschen, die ihre Fähigkeiten bisher nicht auf dem Papier nachweisen können", erklärt Dr. Jörg Dräger, Vorstand der Bertelsmann Stiftung. Nach Meinung der Autorengruppe verbessert ein solches Anerkennungssystem auch die Chancen auf qualifizierte Beschäftigung für geflüchtete Menschen, die häufig keine formal anerkannten Kompetenzen mitbringen.
Aber nicht nur die Arbeitnehmer, sondern auch die Betriebe können nach Auffassung der Expertinnen und Experten von einer verbesserten Anerkennung profitieren. Rund 60 % der Befragten aus Betrieben gehen davon aus, dass dies eine sinnvolle Maßnahme darstellt, um dem erwarteten Fachkräftemangel entgegenzuwirken.
Bisher eingesetzte Instrumente zur Kompetenzerfassung, wie der ProfilPASS, basieren größtenteils auf Selbsteinschätzungen und werden von den Fachleuten als unzureichend kritisiert. Auch die sogenannte Externenprüfung zur Erfassung der Fertigkeiten kann noch nicht überzeugen. Die Expertinnen und Experten plädieren bei der Kompetenzerfassung und -bewertung daher für die Nutzung von Arbeitsproben und Testverfahren. Referenzen und Zeugnisse seien dagegen weniger aussagekräftig.
Für knapp 40 % der Expertinnen und Experten sollte eine Anerkennung informellen und non-formalen Lernens zu einem anerkannten Zertifikat führen, das einem formalen Berufsabschluss gleichgestellt ist.
Eine große Mehrheit der Befragten befürwortet zudem die Anerkennung von Teilqualifikationen und sieht eine Leistung der Anerkennungsverfahren unter anderem darin, Prüfungszugangsberechtigungen zu erwerben. Mit der Zertifizierung informellen und non-formalen Lernens sollte nach einhelliger Meinung der Fachleute ein „glaubwürdiger Akteur" beauftragt werden, um die Akzeptanz und Nutzung dieser Zertifikate auf dem Arbeitsmarkt zu gewährleisten.
Begleitet werden sollte das Anerkennungsverfahren durch eine umfassende Beratung sowie eine finanzielle Förderung finanzschwacher Zielgruppen. […]

www.bibb.de

Die Lesekarte anwenden

„Warum Lesen trainieren?“, denken Sie vielleicht, „lesen kann doch (fast) jeder!“ Mit diesen Schulbuchseiten und der Lesekarte erhalten Sie Tipps, wie Sie einem Text effektiv Informationen entnehmen und diese „speichern“ können. Dazu werden die Arbeitsaufträge zu einem Text nach der Art des Arbeitsauftrags und nach den Zeitphasen eingeteilt. In der Klappkarte dieses Buches finden Sie eine Lesekarte, die Ihnen beim Lesen von Texten hilft.

BASISWISSEN Texte lesen trainieren

1. Einteilung nach Art des Arbeitsauftrags

Arbeitsaufträge zum gezielten Verstehen
- Nicht alles soll gelesen werden.
- Der Text soll nach bestimmten Informationen abgesucht werden.

Arbeitsaufträge zum detaillierten Verstehen
- Bestimmte Textstellen sollen vollständig verstanden werden.
- Inhalte werden wiederholt gelesen, analysiert, reflektiert und transferiert.

Arbeitsaufträge zum globalen Verstehen
- Das Wesentliche soll verstanden werden.
- Der rote Faden des Textes soll verfolgt werden.

2. Einteilung nach Zeitphasen

vor dem Lesen: Vorentlastung → während des Lesens: Inhaltserfassung und -vertiefung → nach dem Lesen: Inhaltserweiterung

Vor dem Lesen	Während des Lesens	Nach dem Lesen
• **Sprachsystem** vereinfachen (Schlüsselwörter erarbeiten und schwierige grammatische Konstruktionen verstehen) • **Kontext** erfassen (verstehen, warum man einen Text liest) • in **Weltwissen** einordnen (erkennen, worum es geht) • **Textsorte** einordnen	• zur **Inhaltserfassung** Abschnitte entsprechend der Arbeitsaufträge lesen • Aufgaben zum gezielten oder globalen Verstehen bearbeiten • zur **Inhaltsvertiefung** Abschnitte entsprechend der Arbeitsaufträge wiederholt lesen • Aufgaben zum detaillierten Verstehen bearbeiten	• zur **Inhaltserweiterung** das Gelesene bewerten, interpretieren, zusammenfassen • weiterführende Aufgaben bearbeiten

Nehmen Sie die Lesekarte zur Hand. Lesen Sie sich die Aufgaben in Ruhe durch, bevor Sie den Text auf Seite 221f. lesen und die Aufgaben bearbeiten.

Vor dem Lesen

1 Der Titel des Textes lautet „Erasmus für Azubis: Während der Lehre ins Ausland gehen“. Klären Sie mit Hilfe des Internets den Begriff „Erasmus“ im Zusammenhang mit einem Auslandsaufenthalt.

Während des Lesens

2 Überfliegen Sie den Text und verschaffen Sie sich einen ersten Überblick. Dies sollte nicht länger als fünf Minuten dauern.

Die Lesekarte anwenden

3 Aufenthalte im Ausland sind sowohl bei einer schulischen als auch bei einer dualen Ausbildung möglich. Erklären Sie stichpunktartig, wie ein Auslandsaufenthalt im jeweiligen Ausbildungsverhältnis aussieht. Im zweiten Absatz des Textes finden Sie die Informationen.

4 Wie viel Zeit seiner Ausbildung darf man höchstens im Ausland verbringen? Wie viel Zeit bleiben die meisten Azubis im Ausland? Die Antworten finden Sie im dritten Absatz des Textes.

5 Welche Möglichkeiten der Finanzierung eines Auslandsaufenthalts gibt es? Nennen Sie vier Möglichkeiten. Wenn Sie den siebten Absatz des Textes gelesen haben, finden Sie die Informationen.

6 Was motiviert Auszubildende, ins Ausland zu gehen? Nennen Sie zwei Aspekte aus dem Text.

Nach dem Lesen

7 Welche Aspekte wären für Sie persönlich und für Ihren Ausbildungsberuf motivierend, um einen Auslandsaufenthalt zu machen? Tauschen Sie sich darüber auch in der Klasse aus.

★ 8 Informieren Sie sich im Internet, zum Beispiel in der Datenbank der Informations- und Beratungsstelle für Auslandsaufenthalte in der beruflichen Bildung (IBS), ob es für Ihren Ausbildungsberuf die Möglichkeit eines Auslandsaufenthalts gibt.

Erasmus für Azubis: Während der Lehre ins Ausland gehen

Während seiner Ausbildung zum Erzieher hat Emre Yildirim ein sechsmonatiges Praktikum in einer Kindertagesstätte in Izmir in der Türkei gemacht. „Vor allem der Wunsch, meine türkischen Sprachkenntnisse zu verbessern, hat mich auf die Idee gebracht", erinnert er sich.

Außerdem fand er den Gedanken spannend, eine Zeit in einem anderen Land zu leben und zu arbeiten. Ein Auslandsaufenthalt während der Ausbildung – das geht unabhängig davon, ob Jugendliche eine schulische oder duale Ausbildung absolvieren. Während einer dualen Ausbildung machen Azubis meist ein Praktikum in einem Betrieb im Ausland, erklärt Tamara Moll vom Deutschen Industrie- und Handelskammertag (DIHK). Dabei bleibt das Ausbildungsverhältnis zum Betrieb in Deutschland bestehen. Auch die Vergütung zahlt der Arbeitgeber weiter. Bei einer schulischen Ausbildung gehören häufig sowieso mehrere Praktika zu einer Ausbildung, sodass man eines davon im Ausland absolvieren kann.

Wichtig ist, den Aufenthalt möglichst frühzeitig abzustimmen. Grundsätzlich ist es möglich, bis zu einem Viertel der Ausbildungszeit im Ausland zu verbringen. Die meisten Azubis gehen allerdings für einen Zeitraum von vier bis sechs Wochen ins Ausland, erläutert Moll. Die Berufsschule organisiert in vielen Fällen den Auslandsaufenthalt und stellt den Azubi in dieser Zeit frei.

[…]

Für Emre war es das dritte Praktikum: In Deutschland hatte er schon in einer Kindertagesstätte und in einer Grundschule Praxiserfahrung gesammelt. Die Zeit in der Türkei war trotzdem eine ganz neue Situation für ihn.

„Klar habe ich mir im Vorfeld viele Gedanken gemacht", erzählt er. Nachdem er die Zusage aus der Kindertagesstätte und einen Platz in einem Studentenwohnheim gefunden hatte, blieben noch viele Fragen offen. „Ich habe mich gefragt, was mich genau erwartet, wie mein Alltag dort aussieht und ob ich schnell Kontakte knüpfen würde", erzählt er.

In jedem Fall sollte man sich früh über die eigenen Erwartungen Gedanken machen, rät Moll. „Welches Land das passende sein könnte und welche persön-

Die Lesekarte anwenden

lichen und beruflichen Ziele man an den Aufenthalt knüpft – diese Fragen sollten ganz am Anfang der Planung stehen." Neben einem individuellen Aufenthalt gibt es zum Beispiel die Möglichkeit, eine Gruppenreise zu machen – dabei verbringen mehrere Auszubildende ihren Aufenthalt in Betrieben, die nah beieinander liegen. Das habe den Vorteil, dass man sich bei Alltagsfragen gegenseitig unterstützen kann, erklärt Moll. Hilfe bei der Planung finden Auszubildende zum Beispiel bei der für sie zuständigen Kammer.

Wenn die Idee, ins Ausland zu gehen, konkreter wird, stellt sich irgendwann die Frage nach der Finanzierung. Gut ein Drittel der Auslandsaufenthalte werden von Unternehmen selbst finanziert, sagt Hübers. Etwa die Hälfte der Auslandsaufenthalte wird durch das Programm Erasmus gefördert, und etwa jeder 20. Auszubildende nutzt das Angebot des Deutsch-Französischen Sekretariats. Jugendliche erkundigen sich am besten im Betrieb oder in der Berufsschule danach. Daneben gibt es Stipendien und Finanzierungsmöglichkeiten für Auszubildende aus bestimmten Branchen und für bestimmte Zielländer. Sie werden zum Beispiel in der Datenbank der Informations- und Beratungsstelle für Auslandsaufenthalte in der beruflichen Bildung (IBS) aufgeführt.

Derzeit gehen jährlich über 30 000 Auszubildende ins Ausland. Damit haben ungefähr 4,5 Prozent der Auszubildenden am Ende ihrer Berufsausbildung einen Auslandsaufenthalt absolviert, sagt Hübers. Für viele Auszubildende ist der Blick auf den Arbeitsmarkt eine Motivation für den Auslandsaufenthalt. „Die Azubis wissen, dass sie mit Auslandserfahrungen für spätere Arbeitgeber attraktiv sind", erklärt Hübers. Noch viel wichtiger sind aber die persönlichen Erfahrungen: „Fremdsprachen zu erlernen und ein neues kulturelles Umfeld kennenzulernen, motiviert viele Azubis, ins Ausland zu gehen." Die Zeit im Ausland ist prägend, meint Hübers. „Oft hören wir von Betrieben, dass sie ihre Auszubildenden als Jugendliche ins Ausland geschickt haben – und sie als Erwachsene zurückgekommen sind."

Das Praktikum im Ausland hat ihn positiv verändert, sagt Emre. „Durch die neue Situation, die Sprache und die Kultur habe ich ganz neue Eindrücke gewonnen – das hat mich noch offener gemacht." Für seine Arbeit als Erzieher ist das besonders hilfreich. Doch nicht nur in seinem Beruf ist ein Auslandsaufenthalt ein Gewinn, ist sich Emre sicher. „Eine Zeit lang in einem anderen Land zu leben und eine andere Kultur kennenzulernen, das bringt jeden weiter."

www.sueddeutsche.de

FAZIT

19.1
Ein Stolperstein: Die Verbklammer

- Die drei Arten der Verbklammer unterscheiden und die Satzstruktur verstehen können

19.2
Fachsprachliche Texte erkennen

- Zwischen fachsprachlichen und standardsprachlichen Texten unterscheiden können

19.3
Fachsprachliche Texte untersuchen

- Fachsprachliche Elemente, Adressatenbezug und Satzstrukturen von Fachtexten erkennen, analysieren und anwenden

19.4
Die Lesekarte anwenden

- Mit verschiedenen Arbeitsaufträgen Lesen trainieren und die Lesekarte anwenden

Kapitel 20

Rechtschreibung und Zeichensetzung

20.1
Fehlerschwerpunkte diagnostizieren und abbauen

20.2
Ein Wörterbuch benutzen

20.3
Fehlerquelle: Zeichensetzung

20.4
Fehlerquelle: Rechtschreibung

Mit Fehlern in Ihrem Bewerbungsschreiben scheitern Sie schon früh bei der Suche nach einem Arbeitsplatz. Fehler in Schulaufgaben und Prüfungsarbeiten verschlechtern Ihre Note.

Dieses Kapitel bietet Ihnen die Möglichkeit, fehlerträchtige Bereiche der Rechtschreibung und der Zeichensetzung zu trainieren. Das Übungsmaterial zu den jeweiligen Fehlerschwerpunkten ist so aufgebaut, dass Sie es im Klassenverband oder auch allein im Selbststudium bearbeiten können.

Kompetenzen

- ✓ Fehler korrigieren und auswerten
- ✓ Fehlerschwerpunkte erkennen
- ✓ Richtige Schreibweisen üben
- ✓ Wörterbücher nutzen
- ✓ Sprachproben anwenden

Methoden und Arbeitstechniken

- ✓ Diagnosebogen
- ✓ Lernkartei

Fehlerschwerpunkte diagnostizieren und abbauen

Sprachliche Regeln und Normen unterstützen eine erfolgreiche Kommunikation im Alltag und im Beruf. Die folgenden Situationen zeigen dagegen, wie eine mangelhafte Beherrschung von Regeln und Normen zu Missverständnissen führen kann.

Situation A

s oder ss?
Hast du den neuen Bohrhammer?

Situation B

Mein Cousin Udo Hanne und Timo kommen heute. Kaufst du bitte Kinokarten?
Für wie viele Personen soll ich Kinokarten kaufen?

Situation C

Stell dir mal vor, Karla hat gesagt, ich bin faul!
Wen hat Karla denn gemeint, dich oder sich selbst?

1 Überlegen Sie, welchen Sinn die Festschreibung sprachlicher Normen für die Kommunikation in der Gesellschaft hat.

a) Betrachten Sie die Situationen A, B und C. Benennen Sie jeweils den Grund für das Missverständnis.
b) Notieren Sie Argumente, die für eine Festschreibung sprachlicher Normen sprechen.

2 In welchen Lebensbereichen spielen Rechtschreibung/Zeichensetzung/Grammatik eine Rolle?

a) Überlegen Sie, wann von Ihnen in der Schule verlangt wird, sprachliche Normen zu beherrschen.
b) Suchen Sie nach Situationen im Alltag und Berufsleben, in denen die Nichtbeachtung sprachlicher Normen zu Problemen führen kann.

3 Benennen Sie Ihre Fehlerschwerpunkte.

a) Sehen Sie sich Ihre Fehler an. Befragen Sie auch Ihre Lehrerin oder Ihren Lehrer nach Ihren Fehlerschwerpunkten und legen Sie einen Diagnosebogen (» S. 225) an.
b) Berichtigen Sie Ihre Fehler sorgfältig. Halten Sie die Fehlerschwerpunkte mit Berichtigung auf Karteikarten fest.

TIPP

Arbeiten Sie mit Ihren Karteikarten (Fehlerschwerpunkte), besonders vor Prüfungen. Üben Sie die richtigen Schreibungen.

Fehlerschwerpunkte diagnostizieren und abbauen

Um die eigenen Fehler zukünftig vermeiden zu können, sollten Sie sie zuerst diagnostizieren, das heißt erkennen, um welche Art von Fehlern es sich handelt und wo Ihr Fehlerschwerpunkt liegt. Bei Schwächen etwa in der Groß- und Kleinschreibung oder bei den s-Lauten sollten Sie sich nach der Diagnose die entsprechenden Strategien und Regeln ansehen und die Seiten im Buch zu diesem Thema bearbeiten.

1 Legen Sie einen Diagnosebogen an.

a) Richten Sie sich nach dem Beispiel unten. Falls Sie in bestimmten Bereichen gar keine Fehler machen, so lassen Sie diese bei der Erstellung Ihres eigenen Bogens weg.

b) Fügen Sie ggf. andere Fehlerbereiche hinzu.

c) Gestalten Sie Ihren Diagnosebogen am Computer, so können Sie ihn zu einem späteren Zeitpunkt erneut nutzen.

Diagnosebogen für Rechtschreib-, Zeichensetzungs- und Grammatikfehler

Fehlerbereich	Fehleranzahl	Korrigiertes Wort
Rechtschreibung		
Groß- und Kleinschreibung • Satzanfänge • Anredepronomen • substantivierte Verben • …	 I III	 Ihren Brief das Hupen …
Getrennt- und Zusammenschreibung • Verbindung aus Substantiv und Verb • …	 IIII	 Klavier spielen
s-Laute	II	lassen
„das“ und „dass“	~~IIII~~ II	Das will etwas heißen …
Besonderheiten • Doppelkonsonanten • Doppelvokale • Wörter mit ie • Wörter mit h • Wörter mit b/d/g • …	 III	 wohnen …
Fremdwörter und Fachbegriffe		
…		
Zeichensetzung		
Komma zwischen Haupt- und Nebensatz		
Komma beim Infinitiv		
…		
Grammatik		
Modusformen		
…		

2 Gehen Sie Ihre letzten Texte durch und tragen Sie Ihre Fehler in Ihren Diagnosebogen ein.

Sprachproben anwenden

In dem folgenden Text sind neun Rechtschreibfehler enthalten.

Achtung, Fehler!

Während die eine Hälfte der Jugendlichen zu dick ist, betreibt die andere Hälfte einen übertriebenen Körperkult. Die Besuche in Fitnes- und Kosmetik-Studios füllen die gesamte Freizeit der jungen Leute aus, so das kaum noch Zeit für kulturele Aktivitäten bleibt. Auch das soziale kommt zu kurz, da das ausschließliche telefonieren mit dem Handy eine echte Freundschaft nicht ersetzen kann. Braun, Kräftig, sportlich und cool wollen Sie sein, dass ist das wichtigste.

1 Korrigieren Sie den Text.

a) Schreiben Sie alle falsch geschriebenen Wörter in richtiger Form heraus.

b) Können Sie im Sinne des Diagnosebogens (» S. 225) Fehlerschwerpunkte ausmachen?

2 Diktieren Sie sich die folgenden Wörter in einem Partnerdiktat.

a) Überlegen Sie jeweils, welche der Proben aus dem Basiswissen eingesetzt werden kann.

b) In Zweifelsfällen schlagen Sie im Wörterbuch nach.

Korb • Fußballfeld • hupt • bebt • bläst • speist • Erdteil • ängstlich • Dickkopf • Brennnessel • abbauen • das Niesen • beißt • vergisst • Fels • Gans • das Biegen der Latte • Loblied • beginnt • Bettkante • heizen • kratzen • verrechnen • gelb • Maß • vergaß • Preisliste • bräunlich • vielleicht • auffüllen • wäscht • schmust • taub • Krieg • vorlesen

Das geschieht dir recht. • Ich weiß, dass es anders sein muss. • Ich glaube dir das nicht.

BASISWISSEN Sprachproben

Verlängerungsprobe: Mit der Bildung von Langformen kann man die Schreibweise und die Aussprache von Wörtern erschließen. Dazu verlängert man das Wort. Verlängern kann man: Substantive: *Wald – Wälder, Tod – Tode;* Adjektive: *brav – braver, flott – flotter; Verben: spinnt – spinnen, niest – niesen.*

Verwandtschaftsprobe/Wortfamilie: Zu einer Wortfamilie gehören alle Wörter, die von einem Wortstamm abgeleitet oder mit ihm zusammengesetzt sind. Kennzeichen aller Wörter ist der gemeinsame Stamm, der in der Regel gleich geschrieben wird: *fahr → fahren, Fahrt, Gefährt, erfahren, überfahren, Fahrerlaubnis; lehr → lehren, Lehrling, Lehrer, gelehrt, Gelehrter.*

Zerlegeprobe: Dabei wird ein zusammengesetztes Wort in seine Bestandteile zerlegt. Das Grundwort (das letzte Wort) erklärt das vorangegangene Wort (Bestimmungswort) genauer und bestimmt dabei die Wortart und damit die Groß- oder Kleinschreibung: *Sperrmüllplatz – Sperr + Müll + Platz; Flachzange – flach + Zange; butterweich – Butter + weich; quietschgrün – quietschen + grün.*

Artikelprobe/Pluralprobe: Wörter, vor die man einen Artikel setzen kann oder von denen man einen Plural bilden kann, werden zu Substantiven und daher großgeschrieben: *der Erste – die Ersten; das Beste – die Besten.*

Umstellprobe: Mit der Umstellprobe kann man Satzglieder finden. Bei der Umstellprobe bleiben alle Wörter, die zu einem Satzglied gehören, zusammen.

Ersatzprobe: Mit der Ersatzprobe wird ausprobiert, ob anstelle des *das/dass dieses, jenes* oder *welches* eingesetzt werden kann. Wenn das nicht geht, dann schreibt man *dass.*

Häufig ist es schon hilfreich, das Wort deutlich vor sich hin zu sprechen, etwa wenn man nicht weiß, ob es mit einem Doppelkonsonanten geschrieben wird: Wird der Vokal vorher lang gesprochen, dann folgt in der Regel ein Konsonant, wird der Vokal kurz gesprochen, dann folgen zwei Konsonanten: *geben, rufen,* aber *rollen, summen.*

Ein Wörterbuch benutzen

Die Bestandteile eines Wörterbuchs

Ein orthografisches Wörterbuch, also ein Wörterbuch zur Rechtschreibung, kann ein nützliches Hilfsmittel während einer Prüfung, aber auch in Alltagssituationen sein.

1 Überlegen Sie, wann Sie ein Wörterbuch benutzen und wie Sie damit umgehen.

a) Bei welchen sprachlichen Problemen nehmen Sie ein Wörterbuch zu Hilfe?

b) Wie gehen Sie bei der Problemlösung vor?

fun|die|ren [lat.] *tr. 3* **1.** begründen, untermauern **2.** mit den nötigen Mitteln ausstatten, sichern; fundiertes Wissen: sicher begründetes Wissen; fundiertes Einkommen: regelmäßiges Einkommen aus Vermögen; fundierte Schuld: langfristige Schuld
fün|dig *Bgb.:* (beim Aufsuchen von Lagerstätten) erfolgreich
Fund|ort *m. 1*
Fund|rai|sing [fʌndreɪzɪŋ, engl.] *n. 9* Sammeln von Geldspenden für wohltätige Zwecke
Fund|sa|che *f. 11*
Fund|stel|le *f. 11*
Fund|un|ter|schla|gung *f. 10*
Fun|dus [lat.] *m. Gen. - Pl. -* **1.** Bestand, Vorrat **2.** Grundlage, Grundstock
fu|ne|bre *auch:* **fu|neb|re** [fynɛːbrə, frz.] *Mus.:* traurig, düster
fünf; die fünf Sinne; wir sind zu fünft *oder:* zu fünfen; vgl. acht
Fünf *f. 10* **1.** die Zahl 5; vgl. Eins **2.** Schulnote 5; eine Fünf in Mathematik schreiben **3.** Straßenbahn Linie 5; *Ableitungen und Zus.* vgl. Acht

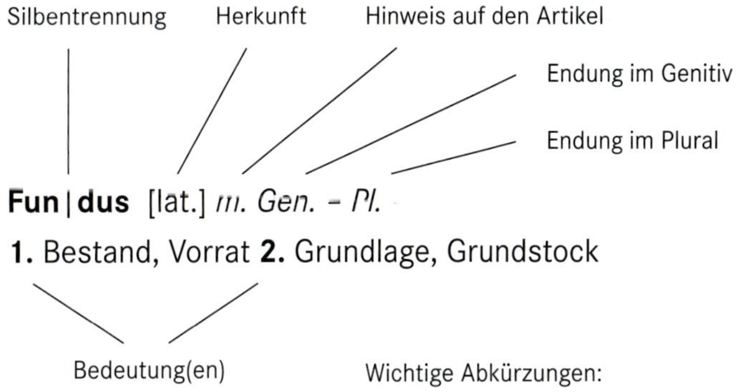

Wichtige Abkürzungen:
f.: Femininum (die)
m.: Maskulinum (der)
n.: Neutrum (das)

2 Welche Informationen erhalten Sie zu dem Stichwort „Fundus“:

a) Welchen Artikel hat das Wort?

b) Welche Herkunft hat das Wort?

c) Welche Endung hat das Wort, wenn es im Genitiv (2. Fall) gebraucht wird?

Einige Informationen lassen sich erst erschließen, wenn Sie weitere Teile Ihres Wörterbuches benutzen. Es ist also wichtig, den Aufbau des Wörterbuches zu kennen.

3 Nehmen Sie Ihr Wörterbuch zur Hand. Informieren Sie sich über den Aufbau und die Möglichkeiten der Benutzung.

a) Sehen Sie im Inhaltsverzeichnis nach, welche Kapitel Ihr Wörterbuch enthält.

b) Schlagen Sie im Abkürzungsverzeichnis alle Abkürzungen nach, die Sie in dem Wörterbuchauszug oben nicht kennen. Notieren Sie, aus welchem Lebensbereich das Wort *fündig* stammt.

c) Finden Sie heraus, wo und was Sie über die verschiedenen Formen (zum Beispiel Tempus, Modus) des Verbs *springen* erfahren können. Notieren Sie den Imperativ (Befehlsform).

Aufgaben eines Sprachtests lösen

1 Führen Sie den Selbsttest durch.

a) Bearbeiten Sie die Aufgaben ohne Hilfsmittel innerhalb von 15 Minuten.

b) Kontrollieren Sie in Partnerarbeit Ihre Ergebnisse. Nehmen Sie ein Wörterbuch zu Hilfe und verbessern Sie Ihre Fehler.

c) Besprechen Sie in der Klasse die Lösungen. Geben Sie an, wie und wo Sie die Lösungen im Wörterbuch gefunden haben. Erläutern Sie Unklarheiten.

Achtung, Fehler!

Aufgaben aus dem Bereich Sprache

1 Rechtschreibung: Wörter richtig schreiben

Finden Sie jeweils die richtige Schreibweise der folgenden fünf Wörter heraus.
Halten Sie die korrekte Schreibweise auf einem extra Blatt fest.

a)	b)	c)	d)	e)
Rhetorik	Parallelgeselschaft	Fussballspiel	programieren	acquirieren
Rethorik	Paralellgesellschaft	Fußballspiel	programiren	akquirieren
Rhethorik	Parallelgesellschaft	Fussbalspiel	programmieren	akquiriren

2 Silbentrennung: Wörter richtig trennen

Zerlegen Sie die folgenden vier Wörter in Silben. Verdeutlichen Sie dabei die einzelnen Wortsilben der Wörter auf Ihrem Blatt durch Bindestriche.

Beispiel: *Regenschirmhülle – Re-gen-schirm-hül-le*

a) Reifungsprozess
b) Artenschutzabkommen
c) Diskussionsbeitrag
d) Innenarchitektur

3 Grammatik: Den richtigen Artikel finden

Finden Sie den richtigen Artikel für die folgenden vier Wörter. Notieren Sie diesen und das Wort auf Ihrem Blatt.

a) der Streichholz / das Streichholz
b) der Konfekt / das Konfekt
c) der Pfeffer / das Pfeffer
d) der Kaugummi / das Kaugummi

4 Grammatik: Den Plural bei Fremdwörtern finden

Bilden Sie den Plural der zwei Fremdwörter. Notieren Sie ihn auf Ihrem Blatt.

a) Lexikon b) Atlas

5 Sprachgefühl: Die Herkunft von Fremdwörtern ermitteln

Ordnen Sie die sprachliche Herkunft der vier unten stehenden Wörter einer der vier folgenden Sprachen zu: Englisch, Französisch, Latein oder Griechisch. Notieren Sie Ihre Zuordnung auf Ihrem Blatt.

a) Monteur b) Demonstrant

c) Keyboard d) autonom

Fehlerquelle: Zeichensetzung

Das Komma bei Aufzählungen

BASISWISSEN | **Das Komma bei Aufzählungen**

Aufzählungen können vorkommen in Form von *Wörtern, Wortgruppen* und *Sätzen*, die man zum Beispiel durch *und, oder* oder *sowie* verbinden kann.

Beispiele: *Er mochte Äpfel und Birnen oder rote und gelbe und grüne Paprikaschoten.*

Sie ärgerte sich über ihren Mann und über die Kinder und über die Nachbarn.

Sie sprach mit ihrem Mann und diskutierte mit den Nachbarn und überzeugte die Kinder.

Die Teile einer Aufzählung, die nicht durch *und, oder, beziehungsweise (bzw.), entweder - oder, nicht - noch, sowohl - als auch, sowohl - wie, weder - noch* verbunden sind, werden durch Kommas voneinander abgetrennt:

Beispiele: *Er mochte* ***entweder*** *Äpfel und Birnen* ***oder*** *rote, gelbe* ***und*** *grüne Paprikaschoten.*

Sie ärgerte sich über ihren Mann, über die Kinder ***und*** *über die Nachbarn.*

Sie sprach mit ihrem Mann, diskutierte mit den Nachbarn ***und*** *überzeugte die Kinder.*

Bei längeren Satzreihen (zwei oder mehrere miteinander verbundene Hauptsätze) kann man vor *und* auch ein Komma setzen, um die Gliederung des Satzes zu verdeutlichen:

Beispiel: *Das Licht ging aus(,)* ***und*** *der Vorhang ging auf(,)* ***und*** *das Theaterstück begann.*

In dem folgenden Auszug aus einer Berufsbeschreibung fehlen die Kommas.

Achtung, Fehler!

Gebäudereiniger/-innen bereiten ihre Arbeit mit Hilfe eines Arbeitsplans vor. Sie wählen zunächst die benötigten Maschinen Geräte und chemischen Mittel aus. Außerdem beurteilen sie die zu bearbeitenden Flächen legen das Reinigungsverfahren fest und reinigen Gebäudeinnen- und -außenflächen sowie die Gebäudeumgebung. Ihre Arbeit umfasst Kehren Feucht- und Nasswischen Saugen Entflecken und Entfetten. Oberflächen behandeln sie durch Schleifen und Imprägnieren. Beschäftigung finden Gebäudereiniger/-innen vor allem in Gebäudereinigungsunternehmen im Fachhandel oder bei Servicebetrieben. Das können Betriebe der Unterhaltsreinigung (zum Beispiel von Büro- und Verwaltungsgebäuden Schulen Kindergärten Praxen) der Krankenhausreinigung der Fassaden- Teppich- oder Glasreinigung sein. Gebäudereiniger/-innen arbeiten beim Kunden in Büro- Schulungs- Praxisräumen Wohnungen Werkstätten oder Fabrikhallen aber auch im Freien.

1 **Diktieren Sie sich den Text als Partnerdiktat. Die (der) Schreibende setzt die fehlenden Kommas. Kontrollieren Sie anschließend gemeinsam die Kommasetzung.**

2 **Verfassen Sie ein Informationsblatt über Ihren Wunschberuf.**

a) Schreiben Sie einen Text, ohne Ihren Wunschberuf zu erwähnen. Reihen Sie Merkmale aneinander. Setzen Sie Kommas oder verknüpfen Sie die Merkmale durch Wörter wie: *und, oder, sowie ...*

b) Übertragen Sie den Text anschließend auf eine Folie. Schreiben Sie „Informationsblatt" und „Gesucht: __________" darüber.

c) Präsentieren Sie die Folie Ihren Mitschülerinnen und Mitschülern. Lassen Sie sie Ihren Wunschberuf erraten. Kontrollieren Sie gemeinsam die Kommasetzung.

TIPP

Informationen über das Tätigkeitsfeld erhalten Sie zum Beispiel in „Beruf aktuell" der Bundesagentur für Arbeit.

Das Komma zwischen Haupt- und Nebensätzen

BASISWISSEN **Das Komma zwischen Haupt- und Nebensätzen**

Haupt- und Nebensatz trennt man durch ein Komma ab. Ist ein Nebensatz in einen Hauptsatz eingeschoben, so trennt man den Nebensatz durch zwei Kommas vom Hauptsatz ab.

Nebensätze **beginnen meist mit einem Einleitewort** (Konjunktion) wie zum Beispiel ***als***, ***dass***, ***weil***, ***wenn***, ***nachdem***, ***indem***, ***obwohl***, ***sodass*** und sie **enden** mit einer **finiten (gebeugten) Verbform**.

Beispiele: *Ich setze mich auf die Parkbank,* ***weil*** *die Sonne scheint.* (HS, NS)

Weil *die Sonne scheint, sitzen viele Menschen im Park.* (NS, HS)

Ich gehe heute Nachmittag, ***wenn*** *die Sonne scheint, mit Henry in den Park.* (HS, NS, HS)

Auch Nebensätze, die sich auf ein vorangehendes Substantiv beziehen und mit ***der***, ***die***, ***das***, ***den***, ***dem***, ***denen*** oder ***welche***, ***welcher***, ***welches*** eingeleitet werden, werden durch Komma vom Hauptsatz abgetrennt. Diese Sätze heißen Relativsätze.

Beispiel: *Der neue Lehrling,* ***den*** *Herr Meier eingestellt hat, ist äußerst geschickt.* (HS, NS, HS)

Liebe Natascha,

vielen Dank für deine Mail. Ich habe mich sehr gefreut, dass du sofort geantwortet hast. Ich schreibe erst heute, weil ich zum Betriebspraktikum in einem Friseursalon war.

Es hat viel Spaß gemacht, obwohl es ziemlich anstrengend war. Die Kollegin, die mich betreute, ließ mich sogar die Haare der Kunden waschen. Ich durfte ihr dann auch bei den Färbungen und sogar bei einer Haarverlängerung helfen. Ich habe dir noch ein Foto, das ein Kollege von mir aufgenommen hat, angehängt.

Viele liebe Grüße von Leonie

1 **Finden Sie heraus, wo Haupt- und Nebensatz durch Komma abgetrennt werden.**

a) Diktieren Sie sich die E-Mail als Partnerdiktat.

b) Unterstreichen Sie in den Nebensätzen das Einleitewort und das finite (gebeugte) Verb am Ende.

c) Kontrollieren Sie, ob Sie alle Kommas richtig gesetzt haben.

In dem folgenden Text fehlen die Kommas.

Achtung, Fehler!

Der Backstein der aus dem ersten Stock herunterfiel traf den Arbeiter. Der Arbeiter lag auf dem Boden und bewegte sich nicht mehr. Dieser Fall zeigt dass das Tragen von Schutzkleidung im Berufsleben notwendig ist. Pedro S. musste mit 23 Jahren sterben weil er keinen Schutzhelm trug. Auf der Baustelle bestand Helmpflicht weil es vorkommt dass Steine herabfallen. Man kann dann der tödlichen Gefahr kaum entkommen wenn man keinen Helm trägt.

2 **Schreiben Sie den Text ab und ergänzen Sie die fehlenden Kommas. Begründen Sie die gesetzten Kommas.**

Das Komma beim Infinitiv mit *zu*

BASISWISSEN Das Komma beim Infinitiv mit *zu*

Das Komma bei Infinitivgruppen mit *zu* ist in den folgenden Fällen obligatorisch (es muss gesetzt werden):

1. Die Infinitivgruppe ist mit *um, ohne, statt, anstatt, außer* oder *als* eingeleitet.
   Beispiel: *Sie beeilte sich,* ***um*** *den Bus zu erreichen.*
2. Die Infinitivgruppe hängt von einem Substantiv ab.
   Beispiel: *Er hatte den* ***Auftrag****, die Post zu sortieren.*
3. Die Infinitivgruppe wird durch ein hinweisendes Fürwort wie zum Beispiel *daran, damit* oder *es* angekündigt oder wieder aufgenommen.
   Beispiel: *Er hatte keinen Spaß* ***daran****, Elektroleitungen zu verlegen.*

Der einfache Infinitiv mit *zu* muss nur im ersten Fall mit Komma abgetrennt werden, das heißt, wenn er mit *um, ohne, statt, anstatt, außer* oder *als* eingeleitet ist.

Beispiel: ***Statt*** *zu arbeiten, träumte sie von ihrem letzten Urlaub.*

In anderen Fällen ist die Kommasetzung bei einfachen Infinitiven mit *zu* und Infinitivgruppen mit *zu* fakultativ (sie ist freigestellt). Oft dienen Kommas aber zur besseren Gliederung von Sätzen oder zur Vermeidung von Missverständnissen.

TIPP

Wer das Komma bei Infinitivgruppen und einfachen Infinitiven mit *zu* grundsätzlich setzt, kann nichts falsch machen.

In der folgenden Berufsbeschreibung fehlen die Kommas.

Achtung, Fehler!

Der Beruf des Gesundheits- und Krankenpflegers stellt hohe Anforderungen. Nicht immer ist es einfach Kranke zu versorgen. Als Krankenpfleger muss man über medizinische Kenntnisse verfügen und gut mit Menschen umgehen können. Dabei ist es für Pflegekräfte eine besondere Herausforderung den Kranken die Angst vor medizinischen Behandlungen zu nehmen. Dieser Beruf erfordert großes Engagement. Krankenpfleger müssen jederzeit bereit sein in die Klinik zu kommen. Sie müssen dabei eigene Interessen zurückstellen um anderen zu helfen. Und sie müssen auch immer daran denken den Patienten ihre volle Aufmerksamkeit zu widmen. Der Beruf des Krankenpflegers ist also nicht für jeden geeignet. Interessenten wird geraten im Voraus ein Praktikum in einer Klinik zu absolvieren.

1 **Bearbeiten Sie den Fehlertext.**

a) Übernehmen Sie den Text in Ihr Heft und ergänzen Sie die fehlenden Kommas. Setzen Sie dabei fakultative Kommas in Klammern.

b) Welche Kommas sind obligatorisch? Notieren Sie über diesen Kommas die Nummer der Regel (1, 2 oder 3) aus dem Basiswissen.

2 **Üben Sie die Kommasetzung beim Infinitiv mit *zu*.**

a) Schreiben Sie zehn Sätze auf, in denen Infinitive oder Infinitivgruppen mit *zu* vorkommen, ohne die Kommas zu setzen.

b) Tauschen Sie Ihre Sätze mit einer Partnerin oder einem Partner aus. Setzen Sie die fehlenden Kommas.

c) Kontrollieren und begründen Sie gemeinsam die gesetzten Kommas.

Fehlerquelle: Rechtschreibung

Substantive, Eigennamen und Satzanfänge

BASISWISSEN **Substantive, Eigennamen und Satzanfänge**

Substantive, Eigennamen und Satzanfänge werden großgeschrieben.

Beispiel:	*Heute geht*	***Peter** in die*	***Stadt.***	***Er** will*	***Kopfhörer** kaufen.*
		(Eigenname)	(Substantiv)	(Satzanfang)	(Substantiv)

Achtung, Fehler!

machen smartphones süchtig?

für viele Menschen ist ein leben ohne smartphone offenbar kaum mehr denkbar und eine beängstigende vorstellung. zu sehr fürchten sie, vom sozialen und geschäftlichen leben abgeschnitten zu sein. nomophobie ist das ergebnis: no-mobile-phone-phobia (kein-mobiltelefon-angst). schon bei einer kurzen trennung von ihrem mobilen telefon fühlt sich die mehrheit der menschen unter stress gesetzt, 90 prozent nutzen ihr smartphone mindestens einmal pro stunde und 80 prozent fühlen sich unwohl, wenn ihr telefon für längere zeit nicht in reichweite ist. 84 prozent lassen ihr handy niemals aus den augen. das mobile telefon verkörpert für viele menschen kontakt, freundschaft und aufmerksamkeit zu bzw. mit der außenwelt.

1 **Welche Wörter sind Substantive oder Eigennamen?**

a) Einige Substantive wurden markiert. Überlegen Sie, welche Merkmale von Substantiven diese Wörter haben.

b) Die einfachste Probe, um herauszufinden, ob ein Wort ein Substantiv ist, ist die Artikelprobe. Finden Sie alle Wörter, die einen Artikel haben oder haben können.

c) Welche Wörter im Text erkennen Sie als Eigennamen? Wo befinden sich Satzanfänge?

d) Schreiben Sie den Text in richtiger Groß- und Kleinschreibung in Ihr Heft.

TIPP

Der Artikel muss nicht oder nicht unmittelbar vor dem Substantiv stehen.

Zu dem Zeitungsartikel oben hat eine Schülerin einen Leserbrief geschrieben. Außer am Satzanfang sind alle Wörter kleingeschrieben.

Achtung, Fehler!

Was spricht eigentlich gegen handys?

Aus dem artikel lese ich den vorwurf, dass handynutzer total abhängig sind. Aber mal ehrlich, ist es nicht toll, was man damit so alles machen kann? Nicht nur gespräche sind fast überall möglich. Mein handy kann zum beispiel auch wecker, fotoapparat, kalender, computer, telefonbuch sein, man kann nachrichten oder briefe schreiben und lesen. Ich brauche es einfach immer. Was ist daran schlecht?

2 **Schreiben Sie alle Wörter heraus, die großgeschrieben werden müssen.**

3 **Verfassen Sie selbst einen Leserbrief zu dem Artikel „Machen Handys süchtig?".**

a) Gehen Sie auf Ihre Handynutzung ein und äußern Sie sich zu dem Leserbrief oben.

b) Achten Sie auf die Großschreibung von Substantiven, Eigennamen und Satzanfängen.

Das Anredepronomen *Sie*

BASISWISSEN Anredepronomen

Das Anredepronomen *Sie* und das dazugehörige Possessivpronomen *Ihr* sowie die davon abgeleiteten Formen schreibt man groß.
Beispiel: *Nehmen **Sie** bitte **Ihren** Fuß von meiner Tasche.*

Achtung, nur Anredepronomen schreibt man groß.
Personalpronomen und davon abgeleitete Possessivpronomen schreibt man klein.
Beispiel: *Jannis sah **sie** zu **ihrem** Auto gehen.*

Sehr geehrte Frau Bisalsky,

hiermit bestätigen wir (1) den Eingang _hrer Schreiben vom 14.05.. und 16.06.. und möchten uns (2) für die späte Beantwortung _hrer Reklamation entschuldigen. Leider hat die Überbelastung unserer Schreibkräfte (3) die Bearbeitung _hres Anliegens verzögert.

Dass wir die beschädigten Fliesen im Bad und die zwei Fliesen mit Farbabweichungen in der Küche umgehend austauschen werden, ist selbstverständlich. Wir bedauern die Mängel aufrichtig und (4) wir bitten _ie vielmals um Entschuldigung dafür sowie (5) für die _hnen dadurch entstandenen Unannehmlichkeiten. Denn zufriedene Kunden sind uns wichtig. (6) Wir bitten _ie deshalb, uns umgehend mitzuteilen, wann einer unserer Mitarbeiter (7) bei _hnen vorbeikommen kann. (8) Er oder _ie wird sich bemühen, die Mängel zügig zu beseitigen. (9) Das versprechen wir _hnen.

(10) Wir müssen _hnen leider mitteilen, dass wir den defekten Wasserhahn in der Küche und die Delle in der Spüle nicht reparieren. Unsere Firma ist dafür nicht verantwortlich, (11) _ie hat die Spüle samt Wasserhahn nicht eingebaut. (12) Hierfür müssten _ie sich an die Firma wenden, (13) die diese Arbeiten bei _hnen ausgeführt hat (14) und _hren eigenen Kundenservice schicken wird.

(15) Wir entschuldigen uns nochmals bei _hnen für die Mängel und (16) die _hnen daraus entstandenen Unannehmlichkeiten sowie für (17) die zögerliche Bearbeitung _hres Anliegens. Wir hoffen, die Mängel (18) zu _hrer vollsten Zufriedenheit beseitigen zu können, und würden uns freuen, (19) _ie weiterhin zum Kreis unserer Kunden zählen zu dürfen.

Mit freundlichem Gruß

Nele Ikas

1 **Schreiben Sie die hervorgehobenen Wortgruppen ab.**
Setzen Sie die Pronomen in der richtigen Groß- und Kleinschreibung ein.

2 **Wählen Sie eine Aufgabe aus. Nutzen Sie die Wortgruppen aus Aufgabe 1.**

a) Verfassen Sie nach obigem Muster einen Geschäftsbrief zu folgender Situation: Sie sind Mitarbeiterin oder Mitarbeiter eines Versandhauses und haben einem Kunden versehentlich falsche oder defekte Ware geliefert. Dann haben Sie vergessen, auf seine Reklamation zu reagieren.
b) Verfassen Sie einen schriftlichen Antrag auf Freistellung vom Unterricht. Verwenden Sie darin mehrmals Anredepronomen in der richtigen Schreibung.
c) Beachten Sie beim Verfassen der Briefe die geltende DIN 5008.

Substantivierte Verben und Adjektive

BASISWISSEN – Substantivierte Verben und Adjektive

Nur Substantive werden normalerweise großgeschrieben (» S. 232), andere Wortarten nicht. Andere Wortarten können aber als Substantive gebraucht werden. Das nennt man Substantivierung, die substantivierten Wörter werden großgeschrieben. Verben und Adjektive werden besonders häufig substantiviert.

Beispiele: *Beim Parken rammte er ein anderes Auto.* (Substantivierung des Verbs *parken*)

Das ist das Schlimme an der Sache. (Substantivierung des Adjektivs *schlimm*)

Substantivierte Wörter lassen sich oft an einem der folgenden Merkmale erkennen:

a) an einem dazugehörigen Artikel (*der, die, das, ein, eine*)

Beispiele: ***Das*** *Öffnen der Verpackung ist einfach.* (Artikel + substantiviertes Verb)

Das *Gescheiteste ist, ihn in Ruhe zu lassen.* (Artikel + substantiviertes Adjektiv)

b) an einem mit einer Präposition verschmolzenen Artikel, zum Beispiel *am* (*an + dem*), *beim* (*bei + dem*), *zum* (*zu + dem*), *im* (*in + dem*), *ins* (*in + das*)

Beispiele: ***Beim*** *Turnen verletzte er sich.* (Präposition + Artikel + substantiviertes Verb)

Am Samstag fahren wir ***ins*** *Grüne.* (Präposition + Artikel + substantiviertes Adjektiv)

c) an dazugehörigen Pronomen, vor allem Possessivpronomen (zum Beispiel *mein, dein, sein*) und Indefinitpronomen* (zum Beispiel *alles, allerlei, etwas, viel, genug, nichts, wenig*)

Beispiele: ***Sein*** *Fluchen half nichts.* (Possessivpronomen + substantiviertes Verb)

Es gab ***nichts*** *Neues.* (Indefinitpronomen + substantiviertes Adjektiv)

Achtung, manchmal sind diese Hinweiswörter nur in Teilen vorhanden oder fehlen ganz.
Großgeschrieben wird trotzdem.

Beispiele: *Laufen und Schwimmen machen Spaß.*

Das *Laufen und* ***das*** *Schwimmen machen Spaß.*

Achtung, oft stehen zwischen Hinweiswort und substantiviertem Wort weitere Wörter.
Großgeschrieben wird trotzdem.

Beispiel: ***Das*** *lange Warten macht sie ungeduldig.*

* unbestimmtes Zahlwort

Bedienungsanleitung Ihres SUPER-TICK-TICK-Reisequarzweckers

Wir freuen uns, dass Sie sich (1) zum (K/k)auf des SUPER-TICK-TICK-Reisequarzweckers entschieden haben, und (2) wir (W/w)ünschen Ihnen mit Ihrem neuen Wecker (3) frohes (A/a)ufwachen. (4) Das (E/e)ntfernen Ihres Weckers aus der Plastikverpackung ist (5) ganz (E/e)infach. Sie müssen nur an der roten Ecke (6) oben links (Z/z)iehen und schon können Sie (7) die Verpackung (Ö/ö)ffnen. (8) Vor der (I/i)nbetriebnahme Ihres Gerätes müssen Sie zunächst die der Packung beiliegende Batterie (9) in das Batteriefach (E/e)insetzen. (10) Zum (Ö/ö)ffnen des Batteriefaches, das sich auf der Hinterseite Ihres Gerätes befindet, brauchen Sie nur sanft (11) auf den vorgegebenen Druckpunkt zu (D/d)rücken.

Substantivierte Verben und Adjektive

Nun müssen Sie (12) vor dem (E/e)insetzen der Batterie noch die Schutzfolie aus dem Batteriefach entfernen. Haben Sie dies getan, so können Sie (13) die Batterie (E/e)insetzen, (14) aber (A/a)chten Sie auf die Polmarkierungen. Schließen Sie anschließend das Batteriefach wieder (15) durch ein leichtes (D/d)rücken auf den Druckpunkt der Batteriefachklappe. Als Batterien verwenden Sie für das Gerät bitte nur Batterien vom Typ Mignon IEC R6 oder IEC LR 6 1,5 V.
Der Wecker ist jetzt funktionstüchtig und Sie können (16) die Uhrzeit (E/e)instellen.
(17) Zur (E/e)instellung der Uhrzeit bringen Sie die beiden Uhrzeiger mit Hilfe des oberen Drehknopfes auf der Rückseite des Weckers in die richtige Position.
(18) Genauso (L/l)eicht ist (19) die (R/r)egulierung der Weckzeit. Bringen Sie dazu den kleinen blauen Zeiger auf dem Zifferblatt mit Hilfe des unteren Drehknopfs auf der Weckerrückseite in die gewünschte Position. (20) Zur (A/a)ktivierung der Weckbereitschaft schieben Sie den blauen Alarmschalter auf der Weckeroberseite hoch. (21) Durch das (H/h)erunterdrücken des Alarmschalters können Sie die Weckbereitschaft oder (22) das (K/k)lingeln Ihres Weckers auf ganz einfache Art und Weise (23) wieder (A/a)usschalten.
Sollte der Wecker (24) nicht oder nicht (R/r)ichtig funktionieren, so wenden Sie sich bitte an den Hersteller. Das ist (25) das einzig (R/r)ichtige, was Sie tun können. Nehmen Sie auf keinen Fall eigene Reparaturversuche an dem Gerät vor. Vorher ist es jedoch ratsam, die Funktionsfähigkeit und (26) den (S/s)itz der Batterie zu überprüfen.

1 Schreiben Sie die hervorgehobenen Wortgruppen ab. Entscheiden Sie, ob groß- oder kleingeschrieben werden muss.

2 Bilden Sie Substantivierungen.

a) Verbinden Sie die in der oberen Zeile stehenden unbestimmten Zahlwörter (» S. 234) mit einem der in der unteren Zeile stehenden Adjektive.

nichts • alles • wenig • etwas • allerlei • genug • viel
lustig • neu • gut • heiter • schön • traurig • süß

b) Bilden Sie mit den gefundenen Paaren jeweils einen grammatisch korrekten und sinnvollen Satz. Achten Sie auf die korrekte Groß- und Kleinschreibung.
Beispiel: *Gestern gab es im Kegelverein nichts Neues.*

3 Schreiben Sie eine Bedienungsanleitung. Verwenden Sie substantivierte Verben und Adjektive. Gehen Sie so vor:

a) Wählen Sie ein technisches Gerät aus (zum Beispiel Haarföhn, Mixer), dessen Funktionsweise Sie beschreiben können. Verwenden Sie substantivierte Verben und Adjektive.
Orientieren Sie sich an den Wortgruppen aus Aufgabe 1.

b) Diktieren Sie Ihre Bedienungsanleitung einer Partnerin oder einem Partner. Kontrollieren Sie anschließend die Groß- und Kleinschreibung.

c) Schätzen Sie gegenseitig ein, ob sich das Gerät nach Ihrer Beschreibung richtig bedienen lässt.

Die Schreibung nach Vokalen

BASISWISSEN Schreibung nach Vokalen

a, **e**, **i**, **o**, **u**, **ä**, **ö**, **ü** sind **Vokale** (Selbstlaute). Ein Vokal kann lang oder kurz gesprochen werden.
au, **äu**, **ei**, **eu sind Diphthonge** (Zwielaute). Diphthonge sind **lange Vokale**.
b, **c**, **d**, **f**, **g**, **h**, **j**, **k**, **l**, **m**, **n**, **p**, **q**, **r**, **s**, **t**, **v**, **w**, **x**, **z** sind **Konsonanten** (Mitlaute).
Das Erkennen von kurzen und langen Vokalen hilft Ihnen beim richtigen Schreiben von Wörtern.

Lange Vokale:
In der Regel folgt ein Konsonant: schrei**b**en, Beru**f**.
Für ein langes **i** steht meistens ie: Sie, wieder.
Vor **l**, **m**, **n**, **r** steht manchmal ein Dehnungs-**h**: ih**r**, neh**m**en.
Nach einem Diphthong oder langem Vokal folgt **ß** oder **s**: Rasen, heißen.

Kurze Vokale:
Es folgen oft zwei gleiche Konsonanten (zum Beispiel **ff**, **ll**, **mm**, **nn**, **ss**): Betre**ff**, fa**ss**en.
Es folgen oft auch mindestens zwei verschiedene Konsonanten: Sti**ft**, stu**mpf**, kra**tz**en, ba**ck**en.

1 **Untersuchen Sie die Schreibung der Wörter mit langem Vokal.**

a) Schreiben Sie alle Wörter mit einem langen Vokal, dem ein Konsonant folgt, auf.
b) Schreiben Sie alle Wörter mit einem langen Vokal, dem ein Dehnungs-**h** folgt, auf.

Beruf • Lebenslauf • Pause • Straße • Einladung • Vergütung • mehr • Erfahrung • Freizeit • Beratung • vergleichen • Note • Ziel • sehr • Anschreiben • anrufen • nachfragen • vielseitig • Aufgabe • Lehrjahr • Arbeitsprobe • Grüße • telefonieren

2 **Untersuchen Sie die Schreibung der Wörter mit kurzem Vokal.**

a) Schreiben Sie alle Wörter mit einem kurzen Vokal, dem zwei gleiche Konsonanten folgen, auf.
b) Schreiben Sie alle Wörter mit einem kurzen Vokal, dem zwei verschiedene Konsonanten folgen, auf.

Hobby • Test • Adresse • kennenlernen • Arbeitsplatz • Interesse • Abschluss • Mappe • Vorstellungsgespräch • bekommen • treffen • Bewerbung • Stelle • besetzen • abschicken • Bäckerei • Passbild

Zorn auf den Provider

Der Provider, der den neuen DSL-Anschluss für die bessere Anbindung an das Internet bieten soll, hat sich den Zorn der Bürger zugezogen. Die Gemeinde hatte schon vor langer Zeit 38 000 € gezahlt, der Anbieter hat aber das notwendige Kabel immer noch nicht verlegt.

3 **Entscheiden Sie, ob die markierten Vokale lang oder kurz gesprochen werden. Legen Sie eine Tabelle an und ordnen Sie die Wörter so ein:**

langer Vokal	kurzer Vokal
den ...	Anschluss ...

Die Schreibung nach Vokalen

BASISWISSEN Wortfamilien

Inhaltlich miteinander verwandte Wörter, die in ihrem Kern, dem Wortstamm, meist gleich oder sehr ähnlich geschrieben werden, bilden eine Wortfamilie. Sie haben einen gemeinsamen Wortstamm:

schließ-lich, schließ-en, an-schließ-end

Wenn man also nicht sicher ist, wie ein Wort geschrieben wird, sucht man sich eines mit dem gleichen Wortstamm. Aber Achtung, der Vokal im Wortstamm kann sich verändern:

fallen, entfallen, Abfälle → Abfälle schreibt man mit einem doppelten L wie in „fallen".

Raub, Räuber, räuberisch, rauben, Raubtier   *Lehren, Lehrling, Lehrer, gelehrt, Gelehrter*

Maus, mausen, Mäuschen, mäuschenstill, mausgrau

bezahlen

-zahl-   -fahr-   -kenn

~~bezahlen~~ • Bekannter • fuhren • kennen • Abfahrt • gezählt • fährt • bekannt • Primzahl • Fahrrad • Volkszählung • unbezahlbar • Kenntnis • Zahlenspiel • kannten • Erfahrung • verzählt • Abzählreim • fahrplanmäßig • Kenner • Fähre • Kennzeichen • unzählbar

4 **Übertragen Sie die Grafik in Ihr Heft und schreiben Sie die Wörter um den passenden Wortstamm herum. Unterstreichen Sie in jedem Wort den Wortstamm.**

um -fall- en	Spiel	ge -winn- en	ver -lass- en	un -pass- end
ge -fäll- ig	spiel- en	Ge -winn- er	Er -lass	pass- en

5 **Untersuchen Sie die Wortfamilien.**

a) Schreiben Sie die Wortfamilien in Ihr Heft. Lassen Sie unter jeder Wortfamilie zwei Zeilen frei.

b) Erweitern Sie die Wortfamilien um zwei eigene Beispiele.

c) Überprüfen Sie mit Hilfe des Wörterbuchs, ob Sie die Wörter richtig geschrieben haben.

Achtung, Fehler!

Hallo Robert,

leider habe ich heute früh den Bus verpast. Also bin ich mit dem Rad losgefaren. Aber auf der Strasse war es ser glatt. Fast bin ich mit dem Rad umgefalen. Deshalb beschloss ich umzukehren, weil es vil zu gefärlich war. Ich hätte es sowieso gar nicht mehr rechtzeitig zum Spiell geschafft. Wie gern wäre ich jetzt bei euch!

Viele Grüsse
Julia

6 **Schreiben Sie den Text in Ihr Heft und korrigieren Sie die unterstrichenen Wörter. Begründen Sie mit den Regeln aus dem Basiswissen (» S. 236).**

Die s-Schreibung

BASISWISSEN Die s-Schreibung

Bei der s-Schreibung unterscheidet man zwischen stimmhaftem und stimmlosem s-Laut:

- Wörter mit stimmhaftem (gesummtem) s-Laut werden mit einem einfachen *s* geschrieben.
  Beispiele: *Nase, Meise, Riese*
- Die Schreibung von Wörtern mit stimmlosem (scharfem) s-Laut ist wie folgt geregelt:

  Steht vor dem stimmlosen s-Laut ein kurzer Vokal, wird *ss* geschrieben.
  Beispiele: *Messe, Fluss, Kasse*

  Steht vor dem stimmlosen s-Laut ein langer Vokal oder ein Diphthong (Doppellaut), wird meist *ß* geschrieben.
  Beispiele: *Gruß, Großvater, Gießkanne; schweißen, draußen*

Achtung, einige wenige Wörter wie *Glas, Preis* und *Haus* werden mit einem einfachen *s* geschrieben, obwohl ein langer Vokal oder Diphthong vor dem s-Laut steht. Bei ihnen hört man den stimmhaften s-Laut nur im Plural.
Beispiele: *Gläser, Preise, Häuser*

1 **Übernehmen Sie die Wörterreihen. Schreiben Sie zu jeder Reihe drei weitere Beispiele mit dem passenden s-Laut.**

- Badfliesen • Rasenmäher • Stemmeisen • Kehrbesen
- Fußbank • Straßenabsperrband • Großreinigungsmittel • Rußfilter
- Vorhängeschloss • Schraubschlüssel • Teppichmesser • Abflussrohr

Bei einigen Verbformen ändert sich beim Wechsel der Zeitformen der Stammvokal und entsprechend auch der s-Laut. Die folgenden Verben in unterschiedlichen Zeitformen bilden Wortreihen.

~~er hat geheißen~~ • er ließ • er wusste • er misst • wissen • er verließ sich • ~~er hieß~~ • er entschloss sich • ~~heißen~~ • er hat gewusst • lassen • er entschließt sich • messen • er maß • er hat sich verlassen • er weiß • sich entschließen • er lässt • er verlässt sich • er hat sich entschlossen • ~~er heißt~~ • er hat gelassen • sich verlassen • er hat gemessen

2 **Ordnen Sie die Verben, indem Sie Wortreihen bilden.**

a) Suchen Sie zuerst das Verb im Infinitiv.

b) Ergänzen Sie dann den Infinitiv um die dazugehörigen Verben, sodass sich eine Wortreihe ergibt.
heißen • er heißt • er hieß • er hat geheißen

Hier sind Verben im Infinitiv, im Präsens (3. Person Singular), im Präteritum (3. Person Singular) und im Partizip Perfekt aneinandergereiht.

schließen • schließt • schloss • geschlossen • messen • misst • maß • gemessen • heißen • heißt • hieß • geheißen • essen • isst • aß • gegessen • vergessen • vergisst • vergaß • vergessen • lassen • lässt • ließ • gelassen • wissen • weiß • wusste • gewusst

3 **Üben Sie die Schreibung von ss und ß in den Wortreihen.**

a) Lesen Sie eine Wortreihe und decken Sie sie ab.

b) Schreiben Sie die Wortreihe in Ihr Heft. Kontrollieren Sie anschließend.

Die s-Schreibung

4 **Untersuchen Sie die Veränderungen in der s-Schreibung bei Vokalwechsel im Wortstamm.**

Infinitiv	**3. Person Singular Präsens**	**3. Person Singular Präteritum**	**3. Person Plural Perfekt**
gie*ß*en	er gie*ß*t	sie go*ss*	sie haben gego*ss*en

a) Übernehmen Sie die obige Tabelle.

b) Schreiben Sie die richtigen Verbformen der folgenden Verben in die entsprechenden Spalten:
schließen • wissen • zerreißen • essen • fließen

c) Ergänzen Sie die Tabelle.

d) Erklären Sie mit Hilfe des Basiswissens zur s-Schreibung, weshalb sich mit dem Vokal entsprechend auch der s-Laut verändern kann.
Beispiel: *gießen – langer Vokal vor stimmlosem s-Laut, also -**ß***
*sie goss – kurzer Vokal vor stimmlosem s-Laut, also -**ss***

Achtung, Fehler!

Hallo Mustafa,

ich heise Marcel. Deine Ausbildung scheint viel Spaß zu machen. Aber da ist man ja nicht regelmäßig drausen. Ich weiß einfach nicht, was ich bloß nach der Schule machen soll. Ich kann mich nicht entschließen. Manchmal habe ich grose Angst, dass ich keinen Ausbildungsplatz bekomme. Okay, ich muss noch lernen, denn das Ergebnis der Klassenarbeit morgen fliest in mein Abschluszeugnis ein.

Viele Grüße
Marcel

5 **Im Brief von Marcel an Mustafa gibt es zwölf unterstrichene Wörter. Fünf von den zwölf Wörtern sind falsch geschrieben. Schreiben Sie den Text ab und korrigieren Sie ihn dabei.**

6 **Diktieren Sie sich den folgenden Text in einem Partnerdiktat und kontrollieren Sie anschließend.**

Ich heiße Alina. Früher habe ich viel draußen auf der Straße herumgehangen und mein Abschlusszeugnis war nicht so gut. Jetzt macht mir meine Ausbildung als Industriemechanikerin viel Spaß. Im dritten Ausbildungsjahr sollen wir die erlernten Fähigkeiten (zum Beispiel Schweißen, Drehen und Messen) und das Fachwissen selbstständig anwenden und verbessern. Wir bekommen Arbeitsaufträge, die sich mit einer besonderen Problemstellung befassen. Anschließend präsentieren wir das Ergebnis. Aber lasst euch bloß nicht abschrecken, man arbeitet immer im Team, und wenn man nicht weiterweiß, dann kann man sich immer auf den Ausbilder verlassen! Vielleicht entschließt ihr euch ja auch zu diesem Beruf? Grüße von Alina

7 **Wenden Sie die Regeln der s-Schreibung an.**

a) Schreiben Sie mit Hilfe der folgenden Wörter ein Rezept, wie man einen Salat zubereitet.
Setzen Sie *s*, *ss* oder *ß* ein. Ergänzen Sie Zutaten und Arbeitsgeräte.
Küchenme_er, Salatso_e, flie_end, Salatschü_el, au_erdem, Wa_er, E_ig, Pri_e

b) Tauschen Sie Ihr Rezept mit Ihrer Partnerin oder Ihrem Partner aus.
Kontrollieren Sie gegenseitig die s-Schreibung.

Die Schreibung von *das* und *dass*

BASISWISSEN – Die s-Schreibung bei *das* und *dass*

Die Schreibung von *das* oder *dass* richtet sich nach der Funktion, die das Wort im Satz innehat.

Wortart	Schreibung	Beispielsatz
Artikel	**das**	***Das** Buch ist spannend.*
Relativpronomen	**das**	*Das Glas, **das** dort steht, ist kaputt.*
Demonstrativpronomen	**das**	*Udo hat geholfen. **Das** freut Johanna.*
Konjunktion	**dass**	*Rainer freut sich, **dass** es schneit.*

Die Konjunktion *dass* steht häufig nach Verben wie *sagen, denken, glauben, hoffen, erfahren*.

Erfolg bei der Ausbildungsplatzsuche

___ Gerd einen Ausbildungsplatz als Automechaniker gefunden hat, ___ hat seine Familie sehr gefreut. Denn heutzutage ist ___ Finden eines Ausbildungsplatzes nicht so einfach. ___ ist ___ Resultat der gegenwärtigen Wirtschaftskrise. Deshalb kann Gerd sich glücklich schätzen, ___ er einen Ausbildungsplatz hat. ___ ist sicher auch seinem Auftreten, ___ er beim Vorstellungsgespräch an den Tag gelegt hat, geschuldet sowie natürlich auch seinen praktischen und kognitiven Fähigkeiten, die er beim Einstellungstest unter Beweis gestellt hat. ___ Vorbereiten darauf, ___ sicher aufwendig war, hat sich für ihn also gelohnt. Denn ___ ___ heute mit dem Finden eines Ausbildungsplatzes in so kurzer Zeit klappt, ___ ist nicht selbstverständlich. ___ ist schon Glück und sicher auch ein bisschen ___ Ergebnis von Fleiß. Gerd kann sich jedenfalls darüber freuen, ___ er Erfolg hatte und genommen wurde.

1 Entscheiden Sie, ob Sie *das* oder *dass* einsetzen müssen.

a) Diktieren Sie sich den Text als Partnerdiktat. Setzen Sie *das* oder *dass* ein.

b) Unterstreichen Sie *das* und *dass* wie folgt: Artikel = rot, Relativpronomen = grün, Demonstrativpronomen = blau, Konjunktion = gelb.

2 Bilden Sie jeweils zwei Sätze mit den folgenden Satzanfängen:

Für meine nächste Prüfung hoffe ich, ...

Ich habe mich im Internet über Praktika informiert und ich glaube, ...

Da ich in der letzten Schulaufgabe eine gute Note bekam, meint mein Lehrer, ...

3 Verbinden Sie die Sätze durch *das* oder *dass*.

a) Das Auto hat eine Beule. Das Auto steht vorne.

b) Herr Meier ist froh. Die Autoreparatur kostete nicht mehr als 50 Euro.

c) Bernd hat Glück gehabt. Der Hammer ist niemandem auf den Kopf gefallen.

d) Das Haus ist sehr schön geworden. Werner hat es gebaut.

TIPP

Versuchen Sie, *dieses*, *jenes* oder *welches* für *das* oder *dass* einzusetzen. Ist dies möglich, wird *das* geschrieben.

Getrennt- und Zusammenschreibung

BASISWISSEN Getrennt- und Zusammenschreibung I

Verbindungen aus **Substantiv** und **Verb** werden **meist getrennt geschrieben**:
Klavier spielen.

Verbindungen aus **zwei Verben** werden **meist getrennt geschrieben**:
schwimmen lernen, lesen üben.

Verbindungen aus **Adjektiv** und **Verb** in **wörtlicher Bedeutung** werden **getrennt geschrieben**:
schnell laufen, tief schlafen.

Neben ihrer Ausbildung finden Mark und Annika kaum noch Zeit für ihre Hobbys.

Ski • Schlagzeug • Marathon • Auto • Karten • Inlineskates • fahren • spielen • laufen • tanzen lernen • spazieren gehen

1 Bilden Sie Sätze. Verwenden Sie entweder eine Verbindung aus Substantiv und Verb oder eine Verbindung aus zwei Verben. Verwenden Sie das Wortmaterial aus dem oberen Kasten.
Beispiel: Mark möchte gern wieder Ski fahren.

In diesen Sätzen werden Adjektive und Verben getrennt geschrieben.

offen bleiben • schwer fallen • ruhig bleiben • deutlich machen

Der Zeuge hat den Sachverhalt ______.
Die Demonstranten sind wärend der Demonstration ______.
Der Fußballspieler ist kurz vor der Halbzeitpause ______.
Die Fenster dürfen während des Sturms nicht ______.

TIPP
In einigen Sätzen müssen Sie Perfektformen verwenden.

2 Schreiben Sie die Sätze aus dem oberen Kasten ab und ergänzen Sie die jeweils passenden Verbindungen.

BASISWISSEN Getrennt- und Zusammenschreibung II

Verbindungen mit dem **Verb *sein*** werden generell getrennt geschrieben: *da sein, da gewesen – dabei sein, um dabei zu sein – aus sein, wenn es aus ist – hinüber sein.*

Aber Achtung, das gilt nicht für Substantive, zum Beispiel *das Dasein, das Dabeisein.*

3 Schreiben Sie die folgenden Sätze ab und ergänzen Sie die Verbindungen aus dem Basiswissen, indem Sie sie an die Sätze anpassen.

Beim Fußballspiel sind viele Fans ______, um ihre Mannschaft lautstark zu unterstützen.
Wenn das Spiel ______, sind die Spieler völlig ______.
Man sollte immer ______, wenn man gebraucht wird.
Der Lehrherr ist ______, um einen neuen Auftrag zu erteilen.

Getrennt- und Zusammenschreibung

BASISWISSEN Getrennt- und Zusammenschreibung III

Verbindungen aus **Adjektiv** und **Verb** werden **zusammengeschrieben**, wenn eine **übertragene Bedeutung** gemeint ist: *In Bussen darf man nicht schwarzfahren.*

Aus **Verbindungen** mit **zwei Verben** oder **einem Adjektiv und einem Verb** lassen sich **Substantive** bilden. Diese werden dann groß- und zusammengeschrieben:
kaputt machen → das Kaputtmachen.

Hier ist nicht alles wörtlich zu verstehen.

- Beim Lüften ist wichtig, dass die Fenster und Türen ausreichend lange offen bleiben / offenbleiben.
- Auf der Informationsveranstaltung des Ausbildungsbetriebs sind keine Fragen offen geblieben / offengeblieben.
- Die Schüler hoffen, dass ihnen die Prüfung leicht fallen / leichtfallen wird.
- Die Preise für Unterhaltungselektronik sind im vergangenen Jahr leicht gefallen / leichtgefallen.
- Die Prüfung ist mir schwer gefallen / schwergefallen.
- Unsere alte Nachbarin ist in ihrer Wohnung schwer gefallen / schwergefallen.

4 **Entscheiden Sie, welche Schreibung im Satzzusammenhang richtig ist, und schreiben Sie die Sätze in Ihr Heft.**

5 **Entscheiden Sie:**

Der Richter hat ihn freigesprochen/frei gesprochen.
Der Richter hat sein Plädoyer freigesprochen/frei gesprochen.

Das Geld wird seinem Konto gutgeschrieben/gut geschrieben.
Der Text ist gutgeschrieben/gut geschrieben.

Das Loch wird dichtgemacht/dicht gemacht.
Das Geschäft wird dichtgemacht/dicht gemacht.

Folgende richtige Sätze können durch Substantivierungen umformuliert werden.

Die Ausfahrt muss man <u>frei halten</u>.

Die Schüler müssen <u>schreiben üben</u>.

Die Köche müssen das Gericht <u>gar kochen</u>.

Achtung, Fehler!
Ausfahrt
Tag und Nacht
freihalten
Widerrechtlich abgestellte
Fahrzeuge werden kosten-
pflichtig abgeschleppt!

6 **Formen Sie die unterstrichenen Wörter zu Substantiven um. Schreiben Sie die kompletten Sätze nach folgendem Muster in Ihr Heft.**
Beispiel: Manche Regeln muss man auswendig lernen. Das Auswendiglernen mancher Regeln ist notwendig.

Getrennt- und Zusammenschreibung

BASISWISSEN Getrennt- und Zusammenschreibung IV

Verben mit der **Vorsilbe *zu*** werden **zusammengeschrieben.**
zugeben → Britta muss zugeben, dass sie im Unrecht war.

Verben können immer auch als Infinitiv mit *zu* auftreten.
geben → Ricardo hat vergessen, seinem Freund eine CD zu geben.

Die **Betonung der Verben** hilft Ihnen beim Erkennen von Getrennt- und Zusammenschreibung.
*Sie muss ihren Fehler **zu**geben.* Die Vorsilbe *zu* ist betont. → zusammen
*Er hat vergessen, seinem Freund die CD zu **geben**.* Das Verb ist betont. → getrennt

Zusammen oder getrennt, das ist hier die Frage.

- Sara hat ihre Eltern überredet, einen Tag länger im Urlaubsort zu bleiben / zubleiben.
- Der Lehrer sagt, dass die Bücher noch zu bleiben / zubleiben sollen.
- Auf einer Party kann es lustig zu gehen / zugehen.
- Einige Partygäste hatten keine Lust zu gehen / zugehen.

7 Entscheiden Sie, ob die Verben getrennt oder zusammengeschrieben werden, und schreiben Sie die Sätze in Ihr Heft.

Mit der richtigen Prüfungsvorbereitung lässt sich die Nervosität bekämpfen.

Achtung, Fehler!

Wenn Sie ausreichend Zeit einplanen, können Sie auch mal Ihre Bücher zu machen. Hat man den Lernstoff nicht verstanden, kann man ihn zwar auswendiglernen, aber vielleicht bekommt man Probleme, ihn richtig zuverstehen. Das Auswendig lernen von Regeln ist also nicht die beste Lösung. Lassen Sie sich schwierige Regeln noch einmal erklären. Gehen Sie am Abend vor der Prüfung früh ins Bett. Wer versucht, spätabends noch einmal alles zuwiederholen, ist am nächsten Morgen schlecht in Form. Wenn Sie merken, dass Sie in der schriftlichen Prüfung mit einigen Aufgaben nicht sofort klar kommen, beginnen Sie mit den leichten Fragen. Auch für die mündliche Prüfung gilt: möglichst entspannt bleiben und sich nicht von den Prüfern aus der Ruhe bringenlassen.

8 Sieben von acht unterstrichenen Wörtern sind falsch geschrieben, nur eins ist korrekt. Schreiben Sie den Text in Ihr Heft und korrigieren Sie die fehlerhaften unterstrichenen Wörter.

Fach- und Fremdwörter

BASISWISSEN **Fach- und Fremdwörter**

Die meisten Fremdwörter sind sogenannte Lernwörter, die man sich einprägen muss, da es für sie keine einheitlichen Regeln gibt. Dennoch gibt es einige Schreibhilfen:

- Bei Fremdwörtern schreibt man selten *ck*, sondern meistens *k*. *Beispiel: Physik, Technik.*
- Bei Fremdwörtern wird der Konsonant oft verdoppelt. *Beispiel: destillieren, Batterie, Fassade, Diskussion.*
- Fremdwörter werden häufig mit *ph*, *rh* und *th* geschrieben. *Beispiel: Physik, Rhythmus, Geographie.*
- Fremdwörter enden häufig auf *ie*, während man im Wortinneren meistens nur *i* statt *ie* schreibt. *Beispiel: Philosophie, Termin.*
- Viele Substantive enden mit *y* (Plural *ys*). *Beispiel: Hobby, die Hobbys.*
- Verben auf *-ieren* schreibt man mit *ie*. *Beispiel: korrigieren.*

1 **Legen Sie eine Liste der oben angeführten Schreibbesonderheiten an und sortieren Sie die folgenden Fachbegriffe, die einem Text zum Thema „Klimawandel“ entnommen wurden, dort ein. Legen Sie gegebenenfalls eine Spalte für die nicht zuordenbaren Wörter an.**

absorbieren • Effekt • Emissionen • Energieverbrauch • Faktoren • Industrialisierung • Klimakatastrophe • Klimaprozess • Klimasystem • Klimazonen • Kohlendioxyd • Konzentration • Motorisierung • Photosynthese • regulieren • Sonnenenergie • Stickoxide • Treibhauseffekt • Vegetation • Zirkulation

Die Tätigkeit im Überblick: Chemielaboranten

Chemielaborantinnen und Chemielaboranten bereiten chemische Versuche bzw. Untersuchungen vor. Sie führen diese auch selbstständig durch. Die Ergebnisse der Versuche/Untersuchungen werden von ihnen protokolliert und ausgewertet. Außerdem stellen Chemielaboranten die verschiedensten Substanzen her. Sie sind in vielen Bereichen tätig: bei Forschungs-, Entwicklungs- und Produktionslaboratorien der Industrie, aber auch bei Farb-/Lackherstellern oder im Nahrungsmittel produzierenden Gewerbe. Dort sind sie oft in der Produktionsüberwachung und Qualitätssicherung tätig. Ferner sind Chemielaborantinnen und Chemielaboranten auch in naturwissenschaftlichen Instituten von Hochschulen beschäftigt. Darüber hinaus können sie bei staatlichen Stellen zur chemischen Untersuchung und Beratung oder bei Umweltämtern tätig sein.

2 **Schreiben Sie alle Fach- und Fremdwörter heraus und sortieren Sie sie in Ihre Liste.**

3 **Gehen Sie die folgenden Wörter durch und übernehmen Sie sie entweder in Ihre Liste oder sprechen Sie mit einer Partnerin/einem Partner über die Besonderheiten der Wörter.**

City • Dekoration • kulturell • Razzia • relevant • typisch • Produktion • Kopierer • kooperativ • international • Curry • finanziell • Dressur • Kontakt • Indiz • Gymnastik • Intensität • Interesse

4 **Bilden Sie zu einzelnen Wörtern Ihrer Wortliste Wortfamilien (» S. 237).**

5 **Suchen Sie in beruflichen Schriften, Zeitschriften und Zeitungen nach weiteren Wörtern mit Schreibbesonderheiten und nehmen Sie sie in Ihre Liste auf.**

Texte korrigieren – Fehler berichtigen

Schwierige Fach- und Fremdwörter eignen sich besonders zum Lernen mit der Lernkartei.

1 Legen Sie eine Lernkartei an.
a) Orientieren Sie sich beim Aufbau der Lernkartei am Foto rechts.
b) Notieren Sie auf jede Karteikarte ein Fach- oder Fremdwort, das Sie falsch geschrieben haben.
c) Üben Sie die Wörter durch Wiederholung, indem Sie sie kurz lesen und dann auf einen Übungszettel schreiben.

Viele Texte entstehen am Computer. Den Schreibern werden durch die automatische Rechtschreibkorrektur einige Fehler sofort durch Unterstreichung angezeigt. Dennoch sollte man stets das Dokument ausdrucken und erneut Korrektur lesen, da bestimmte Fehler von Rechtschreibprogrammen nicht erkannt werden können. Sie finden den Text der vorangegangenen Seite hier erneut, nur dieses Mal mit Fehlern, die das Rechtschreibprogramm von Word nicht erkannt hat.

Achtung, Fehler!

Die Tätigkeit im Überblick: Chemielaboranten

Chemielaborantin und Chemielaboranten bereiten chemische Versuche bzw. Untersuchungen vor. Sie führen diese auch selbstständig durch. Die Ergebnisse der Versuche/Untersuchungen werden von Ihnen protokolliert und ausgewertet. Außerdem stellen Chemielaboranten die verschiedensten Substanzen hin. Sie sind vielen unterschiedlichen Bereichen tätig: in erster Leiter bei Forschungs-, Entwicklungs- und Produktionslaboratorien der Industrie, zum Beispiel im Bereich der Chemie, Pharmazie, aber auch bei Farb-/Lackherstellern oder im Nahrungsmittel produzierenden Gewerbe. Dort sind Sie hauptsächlich in der Produktionsüberwachung und Qualitätssicherung tätig. Ferner sind Chemielaboranten auch in naturwissenschaftlichen Instituten von Hoch-Schulen beschäftigt. Darüber hinaus können sie bei staatlichen Stellen zur chemischen Untersuchung und Beratung oder bei Umweltamt tätig sein.

2 Finden Sie die Fehler im Text und schreiben Sie sie heraus.
a) Vergleichen Sie Ihre Ergebnisse mit dem Originaltext auf » S. 244.
b) Erklären Sie im Partnergespräch, weshalb das Programm den jeweiligen Fehler nicht als solchen erkannt hat. Hilfen finden Sie im Basiswissen.

BASISWISSEN **Elektronische Rechtschreibkorrektur**

Man kann sich nicht vollständig auf eine elektronische Rechtschreibkorrektur verlassen.
- Der Computer kann Wörter, die im Textzusammenhang unsinnig sind, nicht erkennen.
- Er kennt einige Wörter nicht bzw. streicht auch richtige Wörter als falsch an.
- Groß- und Kleinschreibung erkennt er bei Wörtern nicht, die in beiden Varianten existieren.
- Das Rechtschreibprogramm kann vom Nutzer selbstständig ergänzt und korrigiert werden, dabei können fehlerhafte Wörter eingegeben werden.

Rechtschreibhilfen im Überblick

ARBEITSTECHNIK **Rechtschreibhilfen**

Einfache oder doppelte Konsonanten

Prüfen Sie,

- ob Sie einen langen Vokal hören. → Sie schreiben einen einfachen Konsonanten (*Beruf, fragen, Pause*).
- ob Sie einen kurzen Vokal hören. → Sie schreiben einen doppelten Konsonanten (*Betreff, Stelle, kommen*).

Schreibung ss oder ß

Prüfen Sie,

- ob Sie einen langen Vokal hören. → Sie schreiben *ß* (*vergaß*).
- ob Sie einen kurzen Vokal hören. → Sie schreiben *ss* (*vergessen*).

Merke: vergessen – aber vergaß

Schreibung *das* oder *dass*

Prüfen Sie,

- ob man *dieses*, *welches* oder *jenes* einsetzen kann. Wenn ja, verwenden Sie *das*.

Für das Wort *dass* kann man kein anderes Wort einsetzen.

Großschreibung

Prüfen Sie,

- ob das betreffende Wort am Satzanfang steht.
- ob ein Pronomen (zum Beispiel *mein, dein, ihr*) vor dem Wort steht (→ Substantiv).
- ob ein Artikel (*der, die, das – ein, eine*) vor dem Wort steht (→ Substantiv).
- ob ein Artikel vor dem Wort stehen kann (→ Substantiv).

Getrenntschreibung

Prüfen Sie,

- ob es sich um eine Verbindung aus Substantiv und Verb handelt (*Fußball spielen*).
- ob es sich um eine Verbindung aus zwei Verben handelt (*lesen lernen*).
- ob es sich um eine Verbindung aus Adjektiv und Verb in wörtlicher Bedeutung handelt (*schön schreiben*).

FAZIT

20.1
Fehlerschwerpunkte diagnostizieren und abbauen

- Fehlerschwerpunkte erkennen und reduzieren

20.2
Ein Wörterbuch benutzen

- Wörterbücher einsetzen
- Wörterbücher zum Abbau der Fehlerschwerpunkte einsetzen

20.3
Fehlerquelle: Zeichensetzung

- Aufzählungen
- Unterscheidung von Haupt- und Nebensätzen
- Konjunktionen
- Infinitive + zu-Sätze

20.4
Fehlerquelle: Rechtschreibung

- Großschreibung
- Schreibung nach Vokalen
- Schreibung s-Laute
- Wörterverlängerung
- Getrennt- und Zusammenschreibung

Kapitel 21

Grammatik

21.1
Fehlerquelle:
Wortarten

21.2
Fehlerquelle:
Wiedergabe von Sprache

21.3
Fehlerquelle:
Der Satz

Mit Fehlern in Ihrem Bewerbungsschreiben scheitern Sie schon früh bei der Suche nach einem Arbeitsplatz. Fehler in Schulaufgaben und Prüfungsarbeiten verschlechtern Ihre Note.

Dieses Kapitel bietet Ihnen die Möglichkeit, fehlerträchtige Bereiche der Grammatik zu trainieren. Das Übungsmaterial zu den jeweiligen Fehlerschwerpunkten ist so aufgebaut, dass Sie es im Klassenverband oder auch allein im Selbststudium bearbeiten können.

Kompetenzen

- ✓ Wortarten kennen und anwenden
- ✓ Direkte und indirekte Rede
- ✓ Sätze und Satzglieder
- ✓ Fehler korrigieren und auswerten
- ✓ Fehlerschwerpunkte erkennen

Methoden und Arbeitstechniken

- ✓ Gruppendiskussion
- ✓ Leserbrief
- ✓ Tabellen anlegen

Fehlerquelle: Wortarten
Substantiv, Verben, Adjektive

BASISWISSEN | **Substantiv**

Das **Substantiv** bezeichnet
- **Lebewesen:** *die Frau, der Hund, die Palme*;
- **Gegenstände:** *die Kanne, der Tisch, das Haus*;
- andere **sichtbare oder unsichtbare Dinge**: *die Form, der Wunsch, das Lied.*

Substantive haben **Begleitwörter**, die man auch **Artikel** nennt. Man unterscheidet die **bestimmten Artikel** (*der, die, das*) und die **unbestimmten Artikel** (*ein, eine*).

Substantive können auch ohne Artikel stehen.

Substantive können im **Singular** (Einzahl) oder im **Plural** (Mehrzahl) stehen:
die Frau – ***die Frauen***, *der Tisch* – ***die Tische***, *der Wunsch* – ***die Wünsche***.

Im Deutschen werden Substantive **immer großgeschrieben.**

GESTECKKRANZPFLANZEBLUMENDRAHTTOPFVASEDEKORATIONKUNDE

1 **Finden Sie in der Wortschlange oben die Substantive, die im Berufsalltag von Floristen eine Rolle spielen, und schreiben Sie sie in Ihr Heft.**

a) Schreiben Sie die Substantive auf und ergänzen Sie die passenden bestimmten Artikel.

b) Schreiben Sie die Substantive im Plural mit dem bestimmten Artikel auf.

2 **Schreiben Sie eine Substantiv-Wortschlange zu einem anderen Beruf. Tauschen Sie sie mit Ihrem Partner und bearbeiten Sie erneut Aufgabe 1a und 1b.**

BASISWISSEN | **Verben und Adjektive**

Das **Verb** bezeichnet, **was jemand tut** oder **was geschieht**:
Die *Praktikantin* ***schreibt*** *ihren Bericht. Das Programm* ***beginnt*** *am frühen Abend.*

Am Verb kann man erkennen, in welcher **Zeitform** ein Satz steht:
Gestern ***ging*** *ich ins Kino. Heute* ***gehe*** *ich ins Stadion.*

Das **Adjektiv** bezeichnet, **wie** jemand oder etwas ist:
die ***nette*** *Floristin, der* ***freundliche*** *Ausbilder, das* ***gute*** *Zeugnis.*

Adjektive kann man meist steigern: nett – netter – am nettesten.

Zuverlässigkeit ist in allen Berufen sehr wichtig.

Zuverlässigkeit bedeutet: da zu sein, pünktlich zu sein. Dazu gehört auch eine schnelle Rückmeldung an den Ausbilder, wenn ich für eine große, schwierige Aufgabe noch nicht bereit bin, oder das ehrliche Gespräch mit den Kollegen, wenn es Probleme gibt. Und es bedeutet auch, im Betrieb/in der Einrichtung wichtige Regeln einzuhalten.

3 **Suchen Sie in dem kurzen Text oben die sechs Adjektive und schreiben Sie sie in Ihr Heft. Steigern Sie die Adjektive und suchen Sie zu jedem der sechs Adjektive das Gegenteil.**

Pronomen und Präpositionen

BASISWISSEN Pronomen und Präpositionen

Das **Personalpronomen** kann ein **Substantiv ersetzen**:
Der Verkäufer bedient die Kunden. ***Er*** *berät* ***sie****.*

Personalpronomen sind: ***ich***, ***du***, ***er***, ***sie***, ***es***, ***wir***, ***ihr***, ***sie***.

Das **Possessivpronomen** zeigt, **wem etwas gehört**:
Der Mechaniker ist ein guter Freund. Er repariert ***mein*** *Auto umsonst.*

Possessivpronomen sind: ***mein***, ***dein***, ***sein***, ***ihr***, ***unser***, ***euer***, ***ihr***.

Präpositionen drücken **Beziehungen** oder **Verhältnisse** aus. Das Substantiv oder Pronomen nach der Präposition muss in einem bestimmten **Fall** stehen: *seit* ***dem*** *dritt****en*** *Mai* (Dativ, 3. Fall), *für* ***den*** *Kund****en*** (Akkusativ, 4. Fall).

Nach manchen Präpositionen kann der **Dativ** oder **Akkusativ** stehen:
Ich stelle die Tasse auf ***den*** *Tisch.* → Frage: ***Wohin*** *stellst du die Tasse?*
Jetzt steht sie auf ***dem*** *Tisch.* → Frage: ***Wo*** *steht die Tasse?*

Damit Teamarbeit gut funktioniert, sollte man vernünftig mit Konflikten umgehen.
Sie können gelöst werden, wenn die Mitarbeiterin oder der Mitarbeiter sachlich auf Vorwürfe reagiert. Sie oder er kann dann ihr oder sein Verhalten ändern. Kritik zielt nämlich meistens nicht auf die Person, sondern auf deren Funktion innerhalb des Unternehmens.

1 Schreiben Sie die Personalpronomen und die Possessivpronomen im Kasten oben in Ihr Heft.

Informieren, Planen, Entscheiden, Ausführen, Bewerten, Kontrollieren eines Arbeitsprozesses

1. Anfangs erhalten Sie zunächst Informationen über das Ziel Ihrer Arbeit.
2. Danach planen Sie, wie Ihr Ziel zu erreichen ist, welche Mittel und Werkzeuge dazu notwendig sind, wie die Maschinen und die Arbeitsplätze belegt werden und wie die Arbeitsschritte aufeinander abgestimmt werden können und müssen.
3. Dann werden Entscheidungen über die endgültige Vorgehensweise getroffen.
4. Sie führen das Vorgehen so durch, wie es geplant war.
5. Ihr Ausbildungsleiter und Sie bewerten Ihr erbrachtes Ergebnis kritisch.
6. Durch die Bewertung wird Ihr Ergebnis kontrolliert und festgestellt, ob das vorgegebene Ziel erreicht worden ist. Notfalls muss nachgearbeitet werden.

2 Untersuchen Sie den Text oben nach den vorher dargestellten Wortarten.
a) Übertragen Sie die folgende Tabelle in Ihr Heft.
b) Ordnen Sie möglichst viele Wörter in die Tabelle ein.

Artikel	Substantiv	Verb	Adjektiv	Präposition	Pronomen
die	…				

Die Tempusformen

BASISWISSEN Die Tempusformen

In der deutschen Sprache gibt es sechs Tempusformen (Zeitformen). Sie werden verwendet, um zeitliche Verhältnisse wie Gleichzeitigkeit, Vorzeitigkeit und Nachzeitigkeit auszudrücken.

Futur II	↑	*Mit dem Futur II drückt man eine **in der Zukunft abgeschlossene Handlung** aus.*	*Er **wird** den Computer morgen Abend **repariert haben**.*
Futur I	Vorzeitigkeit	*Das Futur I verwendet man, um etwas **Zukünftiges** auszudrücken.*	*Er **wird** den Computer morgen früh **reparieren**.*
Präsens		*Mit dem Präsens drückt man aus, dass etwas **gerade geschieht** oder dass etwas **generell gilt**.*	*Er **repariert** den Computer gerade/immer.*
Perfekt	Nachzeitigkeit	*Das Perfekt verwendet man, um etwas **Vergangenes** auszudrücken, das **bis in die Gegenwart** hineinwirkt. Es wird besonders im Mündlichen verwendet.*	*Er **hat** den Computer **repariert**, jetzt funktioniert er wieder.*
Präteritum		*Mit dem Präteritum drückt man **Vergangenes** aus, das **abgeschlossen** ist. Es wird besonders beim schriftlichen Erzählen und Berichten verwendet.*	*Er **reparierte** den Computer, danach ging er zur Schule.*
Plusquamperfekt	↓	*Mit dem Plusquamperfekt beschreibt man **Vergangenes**, das **vor einer anderen Handlung der Vergangenheit abgeschlossen** war. Es steht oft in Satzgefügen.*	*Er **hatte** den Computer **repariert**, noch bevor er zur Schule ging.*

1 **Bilden Sie das Verb „aufbauen“ in allen Personal- und Zeitformen.**

Am 10.5.20.. ___ sich in der Torstraße an der Ausfahrt vom Parkplatz des Supermarktes folgender Unfall: Herr Schmitt ___ mit seinem Motorroller links auf den Parkplatz einbiegen, er ___, um den Gegenverkehr vorbeizulassen. Er ___ noch, bis kein Fußgänger mehr die Ausfahrt ___, und ___. Im selben Moment ___ ein PKW in der Parkplatzausfahrt und ___ mit Herrn Schmitt ___. Der Fahrer ___ dann, Herrn Schmitt nicht gesehen zu haben.

2 **Ergänzen Sie den Text mit den folgenden Verben. Schreiben Sie im Präteritum.**

ereignen • wollen • anhalten • warten • überqueren • losfahren • erscheinen • zusammenstoßen • behaupten

3 **Schreiben Sie Sätze über die Vergangenheit und über die Zukunft.**

a) Notieren Sie, was Sie gestern alles gemacht haben.
b) Schreiben Sie auf, was Sie nach Abschluss Ihrer Ausbildung vorhaben.

Aktiv und Passiv

BASISWISSEN Aktiv und Passiv

Mit den Verbformen Aktiv und Passiv (Handlungsformen) kann man ein Geschehen aus unterschiedlichen Blickrichtungen darstellen.

Das Aktiv wird verwendet, wenn der Urheber einer Handlung im Vordergrund steht und erwähnt werden soll.
Beispiel: *Die Lehrlinge tapezieren den Raum.*

Das Passiv drückt aus, was mit einem Lebewesen oder mit einer Sache geschieht, der Ablauf einer Handlung oder eines Geschehens steht im Vordergrund. Die Handelnden sind entweder unbekannt oder sollen ungenannt bleiben.
Beispiel: *Der Raum wird tapeziert.*

Das Passiv wird oft zur Beschreibung von Vorgängen, zum Beispiel in Arbeitsanleitungen verwendet.

Das Passiv wird mit dem Hilfsverb *werden* (in der entsprechenden Tempusform) und dem Partizip II gebildet.

Zeitform	Aktiv	Passiv
Plusquamperfekt	*sie hatte getragen*	*sie war getragen worden*
Präteritum	*sie trug*	*sie wurde getragen*
Perfekt	*sie hat getragen*	*sie ist getragen worden*
Präsens	*sie trägt*	*sie wird getragen*
Futur I	*sie wird tragen*	*sie wird getragen werden*
Futur II	*sie wird getragen haben*	*sie wird getragen worden sein*

Die oben dargestellte Form des Passivs wird auch **Vorgangspassiv** genannt. Daneben gibt es noch das **Zustandspassiv**. Es bezeichnet Zustände und wird mit dem Hilfsverb *sein* gebildet.
Beispiele: *Der Raum ist tapeziert. Der Raum war tapeziert.*

1 **Die folgenden Fotos zeigen in ungeordneter Reihenfolge, wie man eine Pizza herstellt. Schreiben Sie eine Arbeitsanleitung im Passiv. So können Sie vorgehen:**

a) Überlegen Sie, in welcher Reihenfolge die Arbeitsschritte durchgeführt werden müssen.
b) Notieren Sie Stichpunkte mit entsprechenden Verben im Passiv.
c) Schreiben Sie die Arbeitsanleitung in vollständigen Sätzen auf.

2 **Begründen Sie, warum in den folgenden Sätzen das Passiv bevorzugt wird.**

a) Gestern wurde in der Südstadt in zwei Einfamilienhäuser eingebrochen.
b) Hunde dürfen nicht mit in den Laden genommen werden.

Fehlerquelle: Wiedergabe von Sprache

Indikativ, Konjunktiv und Imperativ

BASISWISSEN Die Modusformen

Mit der Wahl der Modusform, der Aussageweise des Verbs, kann man ausdrücken, wie eine Aussage verstanden werden soll. Im Deutschen gibt es drei Modusformen:

Name der Modusform	Funktion	Beispiel
Indikativ (Wirklichkeitsform)	gibt eine Tatsache wieder	*er kommt*
Konjunktiv (Möglichkeitsform)	beschreibt Möglichkeiten, Wünsche und Zweifel; gibt Aussagen eines anderen wieder (indirekte Rede)	*er komme,* *er käme,* *er würde kommen*
Imperativ (Befehlsform)	kennzeichnet Bitten und Befehle	*Komm!*

1 Welche Modusform liegt bei den hervorgehobenen Verben vor?

a) Wir **gehen** heute einkaufen.
b) **Benutze** ein Lineal!
c) Es **regnet**.
d) Er sagte, er **komme** etwas später.
e) Sie meinten, sie **würden** später **fahren**.
f) **Sei** still!

BASISWISSEN Den Konjunktiv richtig bilden und verwenden

Der Konjunktiv I

- wird verwendet, um die Aussagen anderer wiederzugeben.
  Beispiel: *Ulli sagt: „Sie läuft schnell", und Paul sagt: „Ulli meint, sie **laufe** schnell."*
- wird vom Präsensstamm des Verbs gebildet. Beispiel: ***lauf**en – sie laufe*
- Ist der Konjunktiv I nicht vom Indikativ Präsens des Verbs zu unterscheiden, wählt man als Ersatzform den Konjunktiv II.

Der Konjunktiv II

- wird verwendet, um Möglichkeiten, Wünsche und Zweifel auszudrücken.
  Beispiel: *Wenn sie den Start nicht verpasst **hätte**, dann **liefe** sie jetzt ganz vorn.*
- wird vom Präteritumstamm des Verbs gebildet. Beispiel: ***lief**en – sie liefe*
- Ist der Konjunktiv II nicht vom Indikativ Präteritum des Verbs zu unterscheiden, wählt man als Ersatzform die Form mit *würde*.

Indikativ Präsens und Präteritum	Konjunktiv I	Konjunktiv II	Ersatzform mit *würde*
ich laufe/lief	*ich laufe*	*ich liefe*	*ich würde laufen*
du läufst/liefst	*du laufest*	*du liefest*	*du würdest laufen*
er/sie/es läuft/lief	*er/sie/es laufe*	*er/sie/es liefe*	*er/sie/es würde laufen*
wir laufen/liefen	*wir laufen*	*wir liefen*	*wir würden laufen*
ihr lauft/lieft	*ihr laufet*	*ihr liefet*	*ihr würdet laufen*
sie laufen/liefen	*sie laufen*	*sie liefen*	*sie würden laufen*

2 Bilden Sie alle Konjunktivformen und die Ersatzform mit *würde* zum Verb *legen*.

Direkte Rede in indirekte Rede umwandeln

Alkopops – eine Gefahr für Jugendliche?

Heiner Müller, Beauftragter für Gesundheitsfragen, sagt zur Gefahr von Alkopops Folgendes: „Alkopops stellen für Jugendliche auf jeden Fall eine Gefahr dar. Denn der Alkoholgehalt der Alkopops, der im Durchschnitt 5–6 Prozent beträgt, ist dem Getränk oft von außen nicht anzusehen. Die Farbgebung der Getränke, die von Pink bis Hellgrün reicht, erweckt bei den Jugendlichen oft den Eindruck, dass es sich um Limonade oder Saft handelt. Zudem wird der Alkoholgeschmack der Alkopops durch den hohen Gehalt von Zucker überdeckt, sodass die Jugendlichen oft gar nicht registrieren, dass sie Alkohol zu sich nehmen. Dies macht Alkopops für Jugendliche so heimtückisch. Sie merken gar nicht, dass sie Alkohol konsumieren und wie viel. So kann es schnell zu einer Alkoholvergiftung kommen."

1 Geben Sie die Aussagen anderer in indirekter Rede wieder.

a) Formulieren Sie Herrn Müllers Aussagen in indirekte Rede um, verwenden Sie den Konjunktiv.

b) Vergleichen Sie Ihre Ergebnisse in der Klasse.

c) Diskutieren Sie, ob Alkopops mit einem Warnhinweis auf den Alkoholgehalt gekennzeichnet werden sollten. Geben Sie vor Ihrer Meinungsäußerung die Meinung Ihres Vorredners wieder. Achten Sie auf den korrekten Gebrauch des Konjunktivs.

BASISWISSEN | **Der dass-Satz in der indirekten Rede**

Besonders im Mündlichen werden bei der Wiedergabe von Aussagen anderer häufig *dass*-Sätze (auch Schaltsätze genannt) verwendet. In diesen Sätzen darf die indirekte Rede auch im Indikativ stehen.
Beispiel: Lea sagt: *„Die Aussicht ist toll." – Lea sagt, dass die Aussicht toll ist.*

2 Geben Sie die Meinungen anderer in einem Leserbrief wieder.

a) Äußern Sie in wenigen Sätzen schriftlich Ihre Ansicht zum Thema Verbot von „Flatrate-Partys" – keine Pauschalpreise fürs Trinken mehr. Begründen Sie Ihre Ansicht.

b) Interviewen Sie fünf Mitschüler, um zu erfahren, was sie zu diesem Thema denken. Halten Sie deren Aussagen mit Namen auf einem Zettel fest.

c) Schreiben Sie sechs besonders überzeugende Argumente auf. Verwenden Sie den Konjunktiv oder Schaltsätze mit *dass*.

d) Verfassen Sie einen kurzen Leserbrief zum Thema „Was Lernende vom Verbot von Pauschalpreisen für das Trinken in Gaststätten" halten. Stellen Sie die Meinung Ihrer Mitschüler zu diesem Thema vor. Belegen Sie sie durch die ausgewählten Aussagen. Stellen Sie am Schluss des Leserbriefes Ihre Meinung dar.

Sätze und Satzglieder

1 Bestimmen Sie im folgenden Text die Haupt- und Nebensätze und die Satzglieder (» Arbeitstechnik S. 254).

Nachdem Jonas im letzten halben Jahr stets ohne Lärmschutz gearbeitet hatte, musste er am letzten Freitag zum Ohrenarzt gehen. Das Ergebnis war ernüchternd, denn der Ohrenarzt stellte fest, dass seine Hörleistung nur noch 85 Prozent der Normalleistung beträgt. Zukünftig soll Jonas seine Ohren stets schützen und er soll sich unbedingt Pausen gönnen. Das bedeutet für ihn, dass er abends nicht mehr regelmäßig in Clubs gehen kann.

Fehlerquelle: Der Satz

Sätze und Satzglieder

BASISWISSEN | Haupt- und Nebensätze, Satzreihen und -gefüge

Sätze, die allein stehen können, heißen **Hauptsätze** (**HS**). Beispiel: *Wir gingen nach Hause.* (HS)

Sätze, die nicht allein stehen können, heißen **Nebensätze** (**NS**). Nebensätze beginnen mit einem Einleitewort und enden mit dem gebeugten (finiten) Verb. Beispiel: (*Wir gingen nach Hause*), *weil es spät war.* (HS, NS)

Zusammengesetzte Sätze, die aus Hauptsätzen bestehen, nennt man **Satzreihe**. Die einzelnen Hauptsätze werden voneinander mit Komma getrennt oder mit beiordnenden Konjunktionen verbunden. Beispiel: *Hiermit war die Unterweisung abgeschlossen, die Tür ging auf und die Mitglieder entschwanden.* (HS, HS und HS)

Zusammengesetzte Sätze aus Hauptsatz und Nebensatz nennt man **Satzgefüge**. Der Nebensatz kann vor oder hinter dem Hauptsatz stehen oder auch inmitten des Hauptsatzes. Der Nebensatz wird vom Hauptsatz mit Komma getrennt. Beispiel: *Der Tischlerlehrling wurde, wenn der Meister kam, stets unruhig.* (HS, NS, HS)

ARBEITSTECHNIK | Satzglieder bestimmen

Satzglieder kann man mit Hilfe der **Umstellprobe** ermitteln.

[Die Auszubildenden] [verließen] [die Kantine] [um die Mittagszeit.]

[Um die Mittagszeit] [verließen] [die Auszubildenden] [die Kantine.]

Bei den Satzgliedern unterscheidet man **Subjekt, Prädikat, Objekte** und **adverbiale Bestimmungen**.
Man kann die einzelnen Satzglieder mit unterschiedlichen Fragen ermitteln:

Wer?	Subjekt	Die Auszubildenden
Was (tun sie)?	Prädikat	verließen
Wen (oder was)?	Akkusativobjekt	die Kantine
Wem?	Dativobjekt	
Wann?	Adverbiale Bestimmung der Zeit	um die Mittagszeit.
Wo? Wohin?	Adverbiale Bestimmung des Ortes	
Warum?	Adverbiale Bestimmung des Grundes	
Wie?	Adverbiale Bestimmung der Art und Weise	

FAZIT

21.1
Fehlerquelle:
Wortarten

- Wortarten
- Tempus, Aktiv und Passiv

21.2
Fehlerquelle:
Wiedergabe von Sprache

- Konjunktiv

21.3
Fehlerquelle:
Der Satz

- Satzglieder kennen und bestimmen

Kapitel 22

Grundlegende Arbeitstechniken

22.1
Lern- und Arbeitstechniken

22.2
Eigene und fremde Texte überarbeiten

22.3
Lesetechniken

Mit Hilfe von eingeübten Techniken können Sie sich die Arbeit im Deutschunterricht erleichtern. Mit wenig Aufwand schaffen die richtigen Lerntechniken die Voraussetzung für erfolgreiches Lernen. Mithilfe von Lesetechniken können Sie jeden Text, sowohl Sachtext als auch literarischen Text, schnell und umfassend verstehen.

Dieses Kapitel bietet Ihnen viele Informationen und Übungen zu den entsprechenden Techniken.

Kompetenzen

- ✓ Lerntechniken kennen und wenden
- ✓ Lesetechniken kennen und anwenden
- ✓ Zeiteinteilung üben
- ✓ Texte überarbeiten

Methoden und Arbeitstechniken

- ✓ ALPEN-Methode
- ✓ Gruppenarbeit
- ✓ Lernhilfen
- ✓ Mitschriften
- ✓ Portfolio

Lern- und Arbeitstechniken

Jeder lernt und arbeitet anders

1 Wie finde ich heraus, welcher Lerntyp ich bin? – Machen Sie einen Versuch und lösen Sie mit einer Partnerin/einem Partner die folgenden vier Aufgaben.

a) Schreiben Sie eine Liste von zehn Wörtern auf (am besten Nomen, zum Beispiel Hose, Knie, Regen, Blume). Ihre Partnerin/Ihr Partner deckt die Liste ab und zeigt Ihnen nacheinander die einzelnen Wörter jeweils zwei Sekunden lang. Wenn alle Wörter aufgedeckt sind, dürfen Sie noch fünf Sekunden auf die zehn Wörter sehen. Lösen Sie nun fünf leichte Rechenaufgaben, zum Beispiel 56 – 9, 33 : 11. Schreiben Sie jetzt die Wörter auf, an die Sie sich noch erinnern. Dann wechseln Sie die Rollen.

b) Dieses Mal liest Ihnen Ihre Partnerin/Ihr Partner die Wörter (neue Liste) im Abstand von zwei Sekunden vor. Lösen Sie wieder fünf leichte Rechenaufgaben. Schreiben Sie dann die Wörter auf, an die Sie sich erinnern.

c) Nun schreiben Sie die Wörter von der Liste auf einen anderen Zettel. Machen Sie dann wieder Rechenaufgaben. Schreiben Sie nun die Wörter auf, an die Sie sich noch erinnern.

d) Jetzt werden von Ihrer Partnerin/Ihrem Partner zehn Gegenstände (zum Beispiel Kleber, Füller, Heft) jeweils zwei Sekunden hochgehalten. Dann folgt der gleiche Ablauf wie oben.

2 Werten Sie den Versuch aus: Zählen Sie, bei welcher Aufgabe Sie sich die meisten Wörter merken konnten. Je nach Ergebnis werden Sie einem bestimmten Lerntyp zugeordnet:

a) Lesetyp	b) Hörtyp	c) Schreibtyp	d) Sehtyp

Wenn Ihr Ergebnis zum Beispiel lautet a) 4, b) 8, c) 4, d) 7, sind Sie ein Hör- und Sehtyp.

3 Überlegen Sie, wie Sie stärker Ihrem Lerntyp bzw. Ihren Lerntypen entsprechend lernen können.

TIPP
Man kann in zwei Bereichen ähnliche Ergebnisse erzielen.

Hier sehen Sie die empfohlenen Lerntechniken für die jeweiligen Lerntypen auf einen Blick:

Lesetyp

- Lesen Sie alle Notizen aus dem Unterricht noch einmal zu Hause nach.
- Lesen Sie zusätzliche Texte aus Internet, Lexikon, Zeitschriften.

Schreibtyp

- Schreiben Sie den Lernstoff ab.
- Fassen Sie den Lernstoff schriftlich zusammen.

Hörtyp

- Lesen Sie zu Hause Ihre Notizen halblaut.
- Lassen Sie Mitschüler oder Eltern schwierigen Lernstoff noch einmal erklären.

Sehtyp

- Stellen Sie sich den Lernstoff bildlich vor, zeichnen Sie Skizzen und Grafiken zum Lernstoff.

TIPP
Wenn Sie mehreren Lerntypen entsprechen, kombinieren Sie die Lerntechniken. So festigt sich das Wissen noch besser.

Ordnung in Heft, Ordner, Portfolio

Die Grundlage des Lernens für Klassenarbeiten und Prüfungen ist ein ordentlich geführtes Heft bzw. ein Ordner oder Portfolio (» Kapitel 23, S. 273). Alles sollte so geordnet sein, dass Sie sofort mit dem Lernen anfangen können und nicht lange nach den richtigen Materialien suchen müssen.

Ihr Heft, Ordner oder Portfolio sollte folgendermaßen aussehen:

geordnet:
- Datum
- Überschrift (Thema, Hausarbeit oder Schularbeit)

strukturiert:
- Nummerierung der Seitenzahlen in Ordner und Portfolio
- im Ordner nach Fächern unterteilen (Trennseiten)

übersichtlich:
- Farben verwenden
- Wichtiges markieren oder unterstreichen (zum Beispiel Überschriften)
- Platz am Rand für Ergänzungen frei lassen
- Symbole benutzen (zum Beispiel „!" für „sehr wichtig")

lesbar:
- deutlich schreiben
- nur wenige, sinnvolle Abkürzungen verwenden

1 Nehmen Sie sich vor, über einen festgelegten Zeitraum die Vorgaben der Liste zu beachten. Stellen Sie sich dann folgende Fragen: Welche Nachteile hat die Einhaltung der Liste für mich? Welche Vorteile hat die Einhaltung der Liste für mich?

Arbeitstasche und Arbeitsplatz

In Ihrer **Arbeitstasche** sollte all das enthalten sein, was Sie tatsächlich am nächsten Tag im Unterricht benötigen: Hefte oder Ordner, Schulbücher, Schreibmaterialien, Arbeitsmaterialien für die einzelnen Fächer (zum Beispiel Geodreieck, Lineal, Taschenrechner), Hausaufgabenheft sowie Pausenbrot und Getränk. Lose Blätter sollten Sie abheften.

An Ihrem **Arbeitsplatz** sollten Sie ungestört arbeiten können. Wichtige Unterlagen und Arbeitsmaterialien sollten dort griffbereit zur Verfügung stehen. Ihre Leistungsfähigkeit nimmt ab, wenn Sie ständig gestört und unterbrochen werden.

1 Formulieren Sie mit Hilfe dieser Abbildung einen zusammenhängenden Text, in dem Sie einen optimal gestalteten Arbeitsplatz beschreiben.

Mitschreiben im Unterricht

Übersichtliche Mitschriften im Unterricht sind eine wichtige Grundlage für den Lernerfolg. Sie haben dabei folgende Möglichkeiten:

A Übertragen Sie die nebenstehende Abbildung in Ihr Heft. Während des Unterrichts notieren Sie alles Wichtige in Feld A. Zu Hause wiederholen Sie den Lernstoff und nehmen in Feld B Ergänzungen vor.
Die Ergänzungen können sein: Überschriften, Hinweise auf Arbeitsblätter oder Seiten im Arbeitsbuch, Fragen, Kommentare oder Schlussfolgerungen.

B Sie legen während des Unterrichts eine Mindmap an. Dies bietet sich zum Beispiel bei Diskussionen oder Vorträgen an. Auch beim Sammeln von Ideen für eine Stellungnahme oder ein Projekt ist das Anlegen einer Mindmap sinnvoll (» Kapitel 23, S. 269).

C Sie erstellen eine **lineare Gliederung** (» Kapitel 23, S. 269), zum Beispiel beim Sammeln von Argumenten oder Ideen.

Datum:
Thema:

B	A
…	…
…	…
…	…
…	…

1 Testen Sie die oben beschriebenen Arten des Mitschreibens. Welche liegt Ihnen am meisten?

2 Ihre Klasse diskutiert über eine Teilnahme an der Bildungsmesse. Ihre Lehrkraft hat stichwortartig die Redebeiträge zusammengefasst und die Stichworte ungeordnet untereinander an die Tafel geschrieben:

Messestand, Flyer … – was brauchen wir alles?
Andere Aussteller kennenlernen
Lernen außerhalb der Schule gut für die Klassengemeinschaft
Fahrt? Fahrtkosten?
Nachmittags!
Wir können zeigen, was wir können.
Englischarbeit am nächsten Tag
Austausch mit anderen
Verpflegung?
Es sollen auch mal andere auf- und abbauen.
…
…
…
…

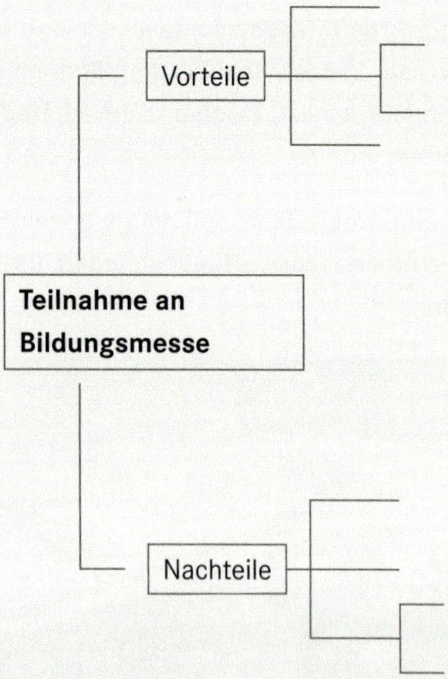

a) Ordnen Sie die Beiträge und gestalten Sie eine Mindmap. Berücksichtigen Sie dabei auch die Hinweise zur Gestaltung des Heftes auf » S. 257.

b) Sehen Sie sich die Mindmap Ihrer Nachbarin/Ihres Nachbarn an. Tauschen Sie sich darüber aus.

Zeiteinteilung/Planungsmethoden

Mit der **ALPEN-Methode** können Sie Ihren Lernnachmittag gut strukturieren:

A lle Aufgaben, Aktivitäten und Termine zusammenstellen
L änge der Tätigkeiten (Zeitbedarf) schätzen
P ufferzeiten für Unvorhergesehenes reservieren
E ntscheidungen über Prioritäten und Kürzungen treffen
N achkontrolle – Unerledigtes übertragen

Die Aufgaben, die erledigt werden müssen, können Sie in **ABC-Aufgaben** einteilen(» Kapitel 23, S. 277).
Mit dieser Einteilung gewichten Sie die Aufgaben nach Dringlichkeit:
A: sehr wichtig **B:** wichtig **C:** nicht so eilig

Eine gute Zeiteinteilung ist wichtig, damit Sie Hausaufgaben, Klassenarbeiten und Prüfungen gut bewältigen können. Ein **Wochenplan** kann Ihnen dabei helfen, effektiv zu lernen. Achten Sie darauf, dass Sie auch Zeit für Hobbys einplanen. Finden Sie heraus, zu welchen Zeiten Sie besonders gut arbeiten können, und richten Sie Ihren Plan danach.

So könnte ein Wochenplan im zweiten Jahr der Berufsschule vor einer Klassenarbeit oder der Prüfung aussehen:

Muster

Zeit	*6:30*	*7:45*	*13:00*	*14:00*	*15:00*	*16:00*	*17:00*	*18:00*	*19:00*	*20:00*
Montag	*Betrieb*									
Dienstag	*Betrieb*							*Sport*		
Mittwoch		*Unterricht*					*Prüfungsvorbereitung*			
Donnerstag		*Unterricht*		*Betrieb*						
Freitag	*Betrieb*				*Prüfungsvorbereitung*			*Sport*		
Samstag			*Prüfungsvorbereitung*							
Sonntag	*frei*									

1. Notieren Sie eine Woche lang, womit Sie nach der Schule Ihre Zeit verbringen und welche Störungen Sie vom Lernen abhalten.
2. Wenden Sie die ALPEN-Methode für die Gestaltung Ihres Lernnachmittags an.
3. Sehen Sie sich konkret die Aufgaben des heutigen Tages an. Differenzieren Sie zwischen A-, B- und C-Aufgaben.
4. Erstellen Sie einen Wochenplan, in den Sie die Zeiten für verschiedene Aufgaben und die Vorbereitungszeit für die nächste Klassenarbeit in Deutsch eintragen. Orientieren Sie sich am Muster oben.
5. Führen Sie einen Kalender mit Ihren Terminen oder bringen Sie eine Terminübersicht gut sichtbar an Ihrem Arbeitsplatz an.

Lernhilfen

Es gibt verschiedene Lernhilfen, die Sie anwenden können. Probieren Sie die folgenden Möglichkeiten aus und sehen Sie, mit welcher Sie gut arbeiten können.

Beim **Spickzettel** (» Kapitel 23, S. 271) ist das Wesentliche übersichtlich und einprägsam, in Stichworten oder in Form einer Mindmap (» Kapitel 23, S. 269) zusammengefasst.

Die **Checkliste** (» Kapitel 23, S. 271) ist eine Liste mit Fragen. Die Fragen formulieren die wichtigsten Inhalte eines Themas. Nach Beantwortung können die Fragen abgehakt werden. So behalten Sie den Überblick, was Sie schon bearbeitet haben.

Auf eine **Lernkarte** (» Kapitel 23, S. 271) schreiben Sie entweder das, was Sie sehr gut können (grüne Lernkarte), oder das, was Sie häufig falsch machen (rote Lernkarte). Markieren Sie die Fehlerquellen farbig, damit Sie diese sofort erkennen.

Eine Checkliste zum Thema „Inhaltsangabe zu einem literarischen Text" könnte so aussehen:

Muster

Checkliste: Inhaltsangabe zu einem literarischen Text

- ☑ Werden im Einleitungssatz Autor, Titel und Textsorte genannt?
- ☑ Ist das Thema klar?
- ☑ Wird das Thema am Anfang benannt?
- ☑ Wird nur Wichtiges angeführt?
- ☑ Gibt die Inhaltsangabe Antworten auf die W-Fragen?
- ☑ Werden wesentliche Handlungsschritte genannt?
- ☑ Ist die Reihenfolge schlüssig?
- ☑ Ist die Inhaltsangabe kurz?
- ☑ Wird auf direkte Rede verzichtet?
- ☑ Wird das Präsens (bzw. Perfekt bei früheren Geschehnissen) benutzt?
- ☑ Wird auf persönliche Wertung verzichtet?
- ☑ Werden spannungssteigernde Elemente weggelassen?

1 Erstellen Sie einen Spickzettel zur Inhaltsangabe von Sachtexten. Orientieren Sie sich an den Angaben der Checkliste und informieren Sie sich in Kapitel 2 oder 6.

2 Stellen Sie eine Checkliste zur Erörterung eines Themas (» Kapitel 12) zusammen.

Gruppenarbeit/Teamarbeit

Bei der Arbeit in einer Gruppe oder in einem Team muss nach festgelegten Regeln und Abläufen gearbeitet werden.

Verhaltensregeln
- Lassen Sie die anderen ausreden.
- Hören Sie einander zu.
- Lassen Sie jeden zu Wort kommen.
- Arbeiten Sie miteinander und nicht gegeneinander.
- Arbeiten Sie mit.
- Arbeiten Sie zielorientiert.

Ablauf
- Verteilen Sie die Arbeit. Bestimmen Sie, wer für welche Aufgabe zuständig ist, zum Beispiel für das Protokoll, für die Zeitplanung, für die Präsentation.
- Legen Sie Termine fest: Wer macht was bis wann?

Auswertung
- Welche Erfahrungen haben Sie gemacht?
- Was nehmen Sie sich für die nächste Gruppenarbeit vor?

Bei der Auswertung der Gruppenarbeit hilft Ihnen folgender Feedback-Bogen
(» Feedback-Regeln, Kapitel 23, S. 267):

Muster

Auswertung einer Gruppendiskussion/Gruppenentscheidung

Unser Thema heute: ...

1. In welchem Umfang haben die anderen Gruppenmitglieder Ihnen zugehört und Ihre Ideen verstanden?

Überhaupt nicht 1 2 3 4 5 Völlig

2. Was glauben Sie, wie einflussreich Sie bei der Entscheidung Ihrer Gruppe waren?

Überhaupt nicht 1 2 3 4 5 Sehr

3. In welchem Umfang fühlen Sie sich der Entscheidung Ihrer Gruppe verpflichtet?

Überhaupt nicht 1 2 3 4 5 Völlig

4. In welchem Umfang sind Sie mit dem Arbeitsergebnis Ihrer Gruppe zufrieden?

Überhaupt nicht 1 2 3 4 5 Völlig

5. Wie viel haben Sie während Ihrer Diskussion über das Sachthema gelernt?

Überhaupt nichts 1 2 3 4 5 Viel

1 Führen Sie selbst eine Gruppenarbeit/Teamarbeit durch. Stellen Sie zunächst Verhaltensregeln für Ihre Gruppe auf. Halten Sie alles, was Sie verbindlich festlegen, in einem Protokoll fest (» Kapitel 3, S. 45, 46).

Eigene und fremde Texte überarbeiten

Schreiben ist ein Prozess, der nicht nur das Produzieren von Texten, sondern auch die Reflexion über das Geschriebene und das Überarbeiten einschließt. Bei der Überarbeitung eines Textes kontrollieren, reflektieren und optimieren Sie das Geschriebene.

ARBEITSTECHNIK **Eigene Texte überarbeiten**

Schon während des Schreibens nehmen Sie an Ihrem Text Verbesserungen vor. Nach dem Schreiben sollten Sie ihn dennoch, aber nun ganz gezielt überarbeiten. Planen Sie Zeit ein. Überarbeiten Sie Ihren Text möglichst in einem zeitlichen Abstand, beispielsweise wie folgt:

1. Schritt der Überarbeitung: Beachten Sie zunächst vor allem den Inhalt und den Aufbau Ihres Textes. Folgende Fragen sollten Sie beantworten:

- Haben Sie die Anforderungen der Schreibaufgabe richtig erkannt?
- Haben Sie das Thema treffend und umfassend bearbeitet?
- Haben Sie den Text gut nachvollziehbar gegliedert (zum Beispiel nach Einleitung, Hauptteil, Schluss)?

Je nach Aufgabenstellung kann es sinnvoll sein, eine Checkliste zum Inhalt zu erarbeiten (beispielsweise zu Texten, die in Ihrem Beruf immer wieder mal zu verfassen sind).

2. Schritt der Überarbeitung: Setzen Sie sich nun mit den Bereichen Rechtschreibung, Zeichensetzung und Grammatik auseinander. Überprüfen Sie den Text zudem hinsichtlich (fach-)sprachlicher Richtigkeit und angemessener Wortwahl.

Auch bei der sprachlichen Überarbeitung sind Checklisten hilfreich. Für die Bereiche Rechtschreibung, Grammatik, Zeichensetzung, Ausdruck/Stil und äußere Form ist die nachfolgende Checkliste geeignet:

- Haben Sie auf Umgangssprache, nicht standardisierte Abkürzungen und Füllwörter verzichtet?
- Haben Sie auf den korrekten Gebrauch von fachsprachlichen Begriffen geachtet?
- Haben Sie abwechslungsreich und präzise formuliert und Wiederholungen vermieden?
- Haben Sie Ihre Sätze sinnvoll und grammatikalisch richtig verknüpft?
- Haben Sie Ihre Arbeit auf Rechtschreibfehler überprüft, die Sie häufig machen?
- Haben Sie die Wörter nachgeschlagen, bei deren Rechtschreibung Sie unsicher waren?
- Haben Sie die Regeln der Zeichensetzung beachtet?
- Ist die äußere Form Ihres Textes ansprechend und Ihre Schrift gut lesbar?

3. Schritt der Überarbeitung: Abschließend überprüfen Sie den Text noch einmal auf seine Nachvollziehbarkeit. Sie achten auf die Abfolge der Informationen und den Gesamteindruck. Denken Sie sich auch in die Person hinein, die Ihren Text zu lesen bekommt. Sie können zudem auch Tischnachbarn, Arbeitskollegen und Freunde um eine Einschätzung bitten.

Diese Fragen helfen Ihnen dabei:

- Ist die Abfolge der Informationen logisch aufgebaut?
- Habe ich an den entsprechenden Stellen auf Originaltexte verwiesen?
- Kann der Empfänger des Textes die zentralen Botschaften unmissverständlich herauslesen?

Je nach Text müssen die Checklisten entsprechend erweitert oder abgeändert werden.

Lesetechniken

Verschiedene Arten, einen Text zu lesen

Sie möchten sich näher mit einem Text beschäftigen? Dann sollten Sie überlegen, welche Art von Informationen bzw. welchen Umfang an Informationen Sie durch den Text erhalten möchten.

In der Übersicht sehen Sie den Zweck der jeweiligen Lesetechnik und wie sie angewendet wird.

Lesetechnik	Zweck der Lesetechnik	Wie wird sie angewendet?	Was erhalten Sie?
Punktuelles Lesen	Sie suchen nach einem bestimmten Inhalt im Text, zum Beispiel bei einer Handyanleitung nach der Weckfunktion.	• Sie überprüfen die Überschriften. • Sie lesen nur die Abschnitte gründlich, die Sie brauchen.	Detailinformation
Diagonales Lesen	Sie wollen sich einen Überblick verschaffen oder die groben Zusammenhänge eines Textes erkennen, zum Beispiel lesen Sie in der Handyanleitung nach, welche Funktionen das Handy insgesamt hat.	• Sie überfliegen den Text und orientieren sich an hervorgehobenen Textstellen (zum Beispiel durch Fettdruck) und an den Überschriften.	Schneller, grober Überblick
Fortlaufendes Lesen	Sie wollen sich umfassend informieren, zum Beispiel über einen Handyvertrag.	• Sie lesen einen Text von Anfang bis Ende. • Sie markieren wichtige Stellen. • Sie machen sich Notizen.	alle Informationen des Textes
Intensives Lesen	Sie wollen den Text kritisch beurteilen können, zum Beispiel als Grundlage für eine Textanalyse.	• Sie gehen hier vor wie beim fortlaufenden Lesen, konzentrieren sich aber auf die Lösung einer vorgegebenen Aufgabe, zum Beispiel sprachliche Mittel herausfinden	Vorbereitung auf eine kritische Auseinandersetzung mit dem Text

Fünf Schritte zum Verstehen (5-Schritt-Lesetechnik)

In Beruf und Alltag wird von Ihnen erwartet, dass Sie den Inhalt umfangreicher und auch schwieriger Texte verstehen und wiedergeben können.

1 Tragen Sie in der Klasse Ihre Erfahrungen zusammen, wie Sie an einen unbekannten Text herangehen. Beantworten Sie folgende Fragen:

a) Wie gehen Sie vor, wenn Sie den Inhalt eines Ihnen unbekannten Textes wiedergeben sollen?
b) Wie erschließen Sie sich unbekannte Wörter, Fremdwörter, schwer lesbare Textteile?
c) Wie bearbeiten Sie den Text (Notizen, Markierungen, Unterstreichungen)?
d) Diskutieren Sie Vor- und Nachteile Ihres Vorgehens.

Fünf Schritte zum Verstehen (5-Schritt-Lesetechnik)

Wenn Sie sich Informationen eines Textes für eine Klassenarbeit oder Prüfung merken wollen oder diese in ein Referat einbauen möchten, müssen Sie den Text genau lesen. Es ist immer sinnvoll, sich Notizen zu machen. Wenn Sie Informationen in eigene Worte fassen, können Sie sich das Wissen dauerhaft aneignen. Hierzu bietet sich die 5-Schritt-Lesetechnik an:

Schritt 1 Überfliegen	Sehen Sie zunächst, worum es im Text geht. Orientieren Sie sich an den Überschriften und – falls vorhanden – an der Gliederung oder dem Inhaltsverzeichnis. Vielleicht sind für Sie nur bestimmte Abschnitte oder Kapitel interessant.	Überblick verschaffen aus der Vogelperspektive
Schritt 2 Kernaussagen	Formulieren Sie das Thema und die Kernaussagen des Textes. Schreiben Sie die wesentlichen Aussagen auf.	Was ...
Schritt 3 Gründliches Lesen	Lesen Sie gründlich. Markieren Sie wichtige Stellen im Text. Machen Sie kurze Pausen, wenn die Konzentration nachlässt. Wenn Sie einen Begriff nicht verstehen, schlagen Sie im Wörterbuch nach. Sind Sätze schwer zu verstehen, dann lesen Sie sie noch ein zweites oder drittes Mal.	Nur sparsam markieren, wichtige Fremd- und Fachwörter nachschlagen
Schritt 4 Schreiben	Gliedern Sie den Text in Abschnitte und finden Sie für jeden Abschnitt eine Zwischenüberschrift oder einen kurzen, zusammenfassenden Satz. Fassen Sie komplizierte Sätze, die Ihnen für das Verständnis des Textes wichtig erscheinen, in eigene Worte. Aus einem schwer verständlichen Satz können so durchaus mehrere einfache Sätze werden. Notieren Sie auch Schlüsselwörter.	Den Text gliedern, in eigenen Worten formulieren und Notizen lesbar schreiben
Schritt 5 Wiederholen	Versuchen Sie jetzt, anhand Ihrer Notizen den Inhalt des Textes wiederzugeben. Ergänzen Sie eventuell Fehlendes.	Laut probieren

FAZIT

22.1
Lern- und Arbeitstechniken

- Lerntypen
- Arbeiten strukturieren (Notizen, Portfolio, Arbeitsplatz)
- Zeiteinteilung und Planungsmethoden
- Lernhilfen
- Gruppenarbeit/Teamarbeit

22.2
Eigene und fremde Texte überarbeiten

- Einen Überarbeitung planen

22.3
Lesetechniken

- Vier Arten, einen Text zu lesen
- 5-Schritt-Lesetechnik

Kapitel 23

Methodenlexikon

5-Schritt-Lesetechnik (» Lesetechniken)

6-3-5 Methode

Mit dieser Methode bringen **6** Teilnehmer jeweils **3** Ideen in **5** Minuten zu Papier. Ziel des Spiels ist es, Ideen und Problemlösungen zu finden.

Dauer: 30–40 Minuten **Teilnehmer**: 6 **Material**: 6-3-5-Formular

Verlauf:

1. Jede Schülerin/Jeder Schüler erhält ein 6-3-5-Formular mit einer Fragestellung.
2. Jede der sechs Personen trägt drei Ideen bzw. Lösungsvorschläge auf das Formular (nebeneinander) ein.
3. Die Zeit beträgt pro Person fünf Minuten.
4. Auf das Kommando der Moderatorin/des Moderators werden die Blätter nacheinander an die übrigen fünf Schüler weitergegeben, sodass am Ende des Rundlaufs jeder die Vorschläge der anderen vor sich hat.
5. Die Vorschläge der anderen soll jeder mit drei weiteren Ideen ergänzen.
6. Nach dem sechsten Durchgang erhält man seinen Bogen zurück und präsentiert die Ergebnisse.

6-3-5-Formular
Problem/Fragestellung: ...
Datum: ...

Teilnehmer / Idee	Teilnehmer / Idee	Teilnehmer / Idee
A 1	A 1	A 1
B 2	B 2	B 2
C 3	C 3	C 3
D 4	D 4	D 4
E 5	E 5	E 5

Ergebnis: 18 Ideen pro Formular (insgesamt 108)

Tipp: Den Gedanken freien Lauf lassen, auch Verrücktes oder nicht Machbares aufschreiben.

ABC-Aufgaben (» Zeiteinteilung)

Aktives Zuhören (» Zuhörtechniken)

Methodenlexikon

ALPEN-Methode (» Zeiteinteilung)

Beobachtungsbogen

Mit einem Beobachtungsbogen kann man einen Vortrag, eine Präsentation oder ein Rollenspiel besser bewerten. Es werden Kriterien vorgegeben, die auf einer Skala eingeschätzt werden sollen.
Muster für Vorträge/Präsentationen:

		sehr gut	verbes-sern	große Mängel	
Beobachtungs-kriterien		+	+/–	–	
Blickkontakt	• Zuhörer fühlen sich angesprochen				• Blickkontakt fehlt, unsicher • nur vom Blatt abgelesen
Mimik/Gestik	• freundliches Gesicht • Gestik macht Vortrag lebendig				• unfreundlich • keine/übertriebene Gestik
Körperhaltung	• Körper ist Zuhörern zugewandt				• Körper ist abgewandt
Sprechweise	• deutliche Aussprache • lebendige Betonung • angenehme Lautstärke • sinnvolle Sprechpausen				• undeutlich, genuschelt • monoton • zu laut/zu leise • keine/zu viele Sprechpausen
Sprechtempo	• angemessen				• zu langsam/zu schnell
Sprache	• Satzbau verständlich • Wortwahl verständlich und abwechslungsreich • Fremdwörter werden erklärt • anschauliche Beispiele • keine „Sprachmarotten“				• Satzbau zu verschachtelt • oft Wiederholungen, Umgangssprache • Fremdwörter nicht erklärt • unpassende/fehlende Bsp. • häufige „Sprachmarotten“
Zielgruppe	• wird berücksichtigt				• wird nicht berücksichtigt
Aufbau	• klar erkennbar, zielgerecht				• Ziel nicht klar
Inhalt	• treffende/überzeugende Argumente/Informationen • sachlich richtig				• Argumente/Informationen nicht überzeugend • sachliche Fehler
Medien	• geeignete Medienauswahl • deutlich erkennbar (Schrift etc.) • Zuhörer haben Zeit, um Medien zu verarbeiten				• ungeeignete Medienauswahl • undeutlich (Schrift etc.) • Zuhörer haben keine Zeit, um Medien zu verarbeiten

Checkliste (» Lernhilfen)

Direktes Zitieren (» Zitieren)

Methodenlexikon

Dreischritt-Methode

Mit der Dreischritt-Methode kann man einen Vortrag, eine Rede oder eine Präsentation inhaltlich so planen, dass die Zuhörer gut folgen können und die Zielstellung erreicht wird.
Erster Schritt: Der Einleitung oder dem sogenannten Ohröffner kommt eine besondere Bedeutung zu. Mit dem Ohröffner versucht man, die Aufmerksamkeit und das Interesse des Publikums zu erlangen.
Zweiter Schritt: Möchte man überzeugen, entwickelt man die Argumente schlüssig, begründet und veranschaulicht sie mit treffenden Beispielen, Belegen, Erläuterungen oder Analogien. Dabei sollte man sich verständlich ausdrücken. Möchte man informieren, stellt man ausgewählte Fakten/Zusammenhänge dar. Es sollten nicht zu viele Informationen gegeben werden. Beispiele eignen sich, damit das Publikum das Wesentliche behält.
Dritter Schritt: Der Zielsatz kommt zum Schluss. Möchte man überzeugen, wird der Zielsatz häufig als Appell (Aufforderung) formuliert (z. B.: *Deshalb ...!*). Möchte man informieren, geschieht dies durch eine grobe, kurze Zusammenfassung über die wichtigsten Kernaussagen (z. B.: *Die vier wichtigsten Regeln sind also: ...*).

Exzerpieren

Exzerpieren bedeutet, einen Text auszugsweise wiederzugeben. So kann man später auf die Informationen zurückgreifen, ohne den Text nochmals zu lesen. Diese Methode eignet sich, wenn man nur bestimmte Informationen oder Argumente aus einem Text benötigt. Außerdem haftet ein „abgespeckter" und eigenständig formulierter Text besser im Gedächtnis. Ein Exzerpt entsteht, wenn man zwei Methoden anwendet:
1. Texte kürzen: Textstellen, die für die Textaussage nicht wesentlich sind, werden weggelassen. Es werden Stichworte und kurze Sätze formuliert.
2. Texte verdichten: Ausführlich dargelegte Informationen werden so zusammengefasst, dass der Text übersichtlicher wird. Das kann man durch eine andere Wortwahl (z. B. Fachausdrücke) und einen einfachen Satzbau (Hauptsätze) erreichen. Vorgehen: Man unterteilt den zu bearbeitenden Text in Sinnabschnitte und formuliert die Kernaussage des jeweiligen Abschnitts. Definitionen, Schlüsselwörter und wichtige Thesen zitiert man wörtlich. Beispiele und ausführliche Argumentationen werden stichwortartig zusammengefasst.

Feedback-Regeln

Das Wort Feedback kommt aus dem Englischen und bedeutet Rückmeldung. Mit Hilfe eines Feedbacks erfährt man, wie z. B. eine Präsentation auf das Publikum gewirkt hat und ob die Erwartungen erfüllt worden sind. Beim Feedback steht nicht die Kritik im Mittelpunkt, es ist eine Möglichkeit, mehr über sich selbst zu erfahren – positiv wie negativ. Wenn man ein Feedback erhält, sollte man zunächst in Ruhe darüber nachdenken, welche Punkte man akzeptiert und welche nicht, und dann entscheiden, ob man sein Verhalten ändert oder nicht.

Mit Takt und Respekt Feedback geben
- Feedback nur geben, wenn darum gebeten wurde
- Mit positiven Eindrücken beginnen
- Sachlich beschreiben, nicht werten
- Auf konkretes Verhalten beziehen
- Nicht zu viel auf einmal ansprechen
- Ich-Botschaften verwenden
- Brauchbare Verbesserungsvorschläge formulieren

Mit Wertschätzung Feedback empfangen
- Eindeutig zeigen, ob ein Feedback gewünscht wird
- Den Feedback-Geber aussprechen lassen
- Zuhören/nachfragen, wenn etwas unklar ist
- Spontane Rechtfertigungen vermeiden
- Durch Körpersprache zeigen, dass das Feedback anerkannt wird

Methodenlexikon

Fragebogen erstellen

Mit Fragebogen versucht man, die Meinung einer größeren Personengruppe zu erfassen.

Vorüberlegungen

- Was möchte man wissen?
- Wie wird die Frage formuliert, damit eine eindeutige Antwort gegeben wird?
- Welche Antwortmöglichkeiten sollen vorgegeben werden?

Aufbau

- Allgemeine Fragen stehen am Anfang, z. B.: *Hat dir das Schulfest gefallen? (Ja/Nein)*
- Anschließend werden die Fragen konkreter, z. B.: *Welche Note gibst du dem Schulfest?*
- Am Ende wird nach Einzelheiten gefragt, z. B.: *Welche Aktionen haben dir auf dem Fest am besten gefallen?*

Fragetechniken: Eine Frage muss als solche erkennbar sein. Je nach Zielstellung kann zwischen geschlossenen und offenen Fragen gewählt werden.

1. Geschlossene Fragen: Alternativfragen oder Auswahlfragen (Sonderform: Skalenfrage)

- Vorteile: leicht und schnell auszuwerten; sie helfen dem Befragten, eine Entscheidung zu treffen
- Nachteil: eingeschränkte Antwortmöglichkeiten
- Antwortmöglichkeiten: Die Befragten wählen zwischen zwei Alternativantworten aus (z. B. ja/nein, richtig/falsch oder A/B) oder ihnen werden mehrere Antworten zur Auswahl gestellt wie bei der Multiple-Choice-Frage. Bei einer Skalenfrage bewerten die Umfrageteilnehmer eine These durch Ankreuzen auf einer Skala.

2. Offene Fragen: W-Fragen

- Vorteile: sind frei zu beantworten und bieten individuelle Antwortmöglichkeiten
- Nachteile: zeitintensiver auszuwerten, ein Vergleich der Antworten ist schwierig
- Antwortmöglichkeiten: Die Teilnehmer antworten in Textform (dafür muss entsprechend Platz auf dem Fragebogen eingeplant werden).

Tipps

- Fragen verständlich formulieren, dabei auf die Zielgruppe achten
- So konkret wie möglich fragen, dabei ein hilfreiches Beispiel verwenden
- Doppelfragen vermeiden (z. B.: *Welche Aktion fandest du besonders gut und welche fandest du langweilig?*)
- Auf die Länge des Fragebogens achten, oft reichen 15 Fragen aus
- Eine Einleitung voranstellen, die über den Zweck der Befragung informiert, die Anschrift für die Rücksendung sowie den Termin der Abgabe angibt
- Den Fragebogen vor dem Einsatz an ein oder zwei Personen erproben, die der Zielgruppe entsprechen, und diese um ein Feedback bitten; einzelne Fragestellungen können noch überarbeitet werden

Gallery Walk

In Gruppen werden Plakate zu Teilbereichen oder Fragestellungen eines Themas erstellt und im Raum aufgehängt. Die Schüler gehen nun von Plakat zu Plakat und besprechen es. Entweder schreiben sie Anmerkungen zum Plakat oder sie notieren diese auf einem Zettel. Dann werden die Ergebnisse zusammengetragen bzw. diskutiert.

Methodenlexikon

Gruppenarbeit/Teamarbeit/Partnerarbeit

Methode, bei der in Gruppen, in Teams oder zu zweit gearbeitet wird.

Informationen gliedern und strukturieren / Mindmap

Um die Stoffsammlung zu einem Thema überschaubar zu strukturieren, eignen sich folgende Methoden:

1. Diagramm: Je nach Bedarf oder Zweck kann man unter verschiedenen Diagrammtypen auswählen.

a) Kreisdiagramm

Hauptaussage: zeigt Anteilsverhältnisse einer Gesamtheit zu einem bestimmten Zeitpunkt

Tendenzaussage: keine

Wirkung: lenkt die Aufmerksamkeit auf das Wichtigste, wenn die Daten im Uhrzeigersinn (bei 12 Uhr anfangen) angeordnet sind

b) Linien- bzw. Kurvendiagramm, Punktediagramm

Hauptaussage: stellt die Entwicklungen im zeitlichen Verlauf dar

Tendenzaussage: Trends zu bestimmten Zeitpunkten

Wirkung: zeigt Entwicklungsverläufe längerer Zeiträume auf einen Blick

c) Säulen- bzw. Balkendiagramm

Hauptaussage: stellt einen Zeit- und Häufigkeitsvergleich in verschiedenen Zeiträumen/für unterschiedliche Zeitspannen dar

Tendenzaussage: stellt einen Entwicklungstrend dar

Wirkung: vermittelt einen Eindruck von Größenverhältnissen

2. Grafik: stellt Sachverhalte grafisch dar, kann Bilder, Symbole und dgl. enthalten

3. Gliederung, linear: Die Informationen zu einem Thema werden Punkten und Unterpunkten zugeordnet. Zur Bezeichnung der Punkte und Unterpunkte eignen sich Zahlen besonders gut (» siehe auch S. 92).

4. Eine besondere Gliederungsform ist die **Mindmap**:

Tipps:

- Arbeitsmaterial: ein Blatt DIN-A4 oder DIN-A3 quer, Textmarker, farbige Stifte
- In Druckbuchstaben schreiben
- Als Hilfsmittel dienen Pfeile und Farben, um Zusammenhänge aufzuzeigen und Wichtiges hervorzuheben, aber auch andere Gestaltungselemente (z. B. Bilder/Symbole)

Die **Mindmap** ist eine „Gedankenlandkarte“ zur übersichtlichen und geordneten Darstellung von Ideen, Vorstellungen und Ergebnissen zu einem Thema. Das zentrale Thema wird in die Mitte eines Blattes geschrieben und eingekreist. Um das Thema herum werden Hauptäste angeordnet, auf denen die Hauptgedanken (Schlüsselwörter) des Themas stichwortartig festgehalten werden. Für jeden neuen Aspekt wird ein weiterer Ast eingerichtet. Zur weiteren Differenzierung, wenn z. B. weitere Teilaspekte eines Gedankens noch feiner strukturiert werden sollen, werden Nebenäste angelegt.

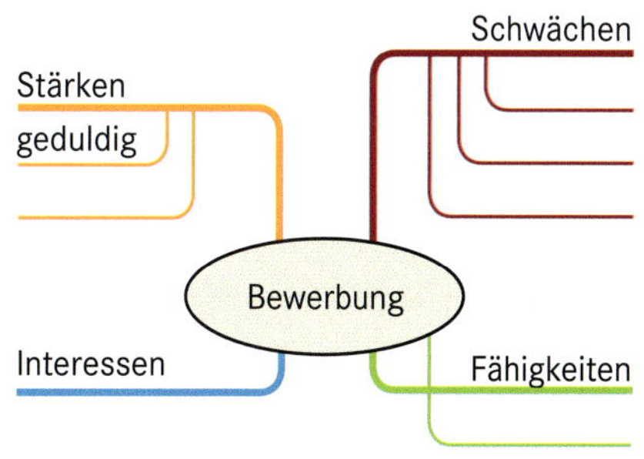

Methodenlexikon

Inhalte zusammenfassen

Inhalte kann man auf unterschiedliche Weise zusammenfassen: **Inhaltsangabe, Exzerpieren, Visualisieren (Informationen gliedern und strukturieren)**

Inhaltsangabe

Eine Inhaltsangabe kann zu Sachtexten und zu literarischen Texten geschrieben werden.

1. **Inhaltsangabe zu einem Sachtext**: Sachtexte werden zusammengefasst, um die darin enthaltenen Informationen jederzeit abrufen zu können.
- *Einleitung*: Angaben zu Autor/in, Titel, Quelle, Erscheinungsdatum und Thema des Textes
- *Hauptteil*: die wichtigsten Aussagen des Autors sachlich wiedergeben
- *Schluss*: z. B. die Meinung des Autors (wenn enthalten) zusammenfassen
- *Sprachliche Form*: im Präsens schreiben, Aussagen des Autors in indirekter Rede wiedergeben

2. **Inhaltsangabe zu einem literarischen Text**: Das Geschehen wird sachlich und knapp zusammengefasst.
- *Einleitung*: Angaben zu Autor/in, Titel, Textsorte und zum Thema des Textes
- *Hauptteil*: Wiedergabe wesentlicher Informationen zum Verlauf eines Geschehens/einer Handlung: Ort und Zeit, Figuren, was geschieht warum
- *Schluss*: enthält Deutungen und Beurteilungen, die auf das Thema des Textes Bezug nehmen
- *Sprachliche Form*: im Präsens schreiben, die wörtliche Rede (Zitate aus dem Text) steht im Konjunktiv (indirekte Rede)

Kommunikationsmodelle anwenden

Erfolgreiche Verständigung erfordert, die kommunikativen Absichten eines Senders (Sprechers) in einer Mitteilung oder einer Gesprächssituation zu entschlüsseln, um angemessen reagieren zu können. Dazu kann man unterschiedliche Modelle anwenden:

Nach *Karl Bühler* sind in jeder Mitteilung **Darstellung** (sich sachlich auseinandersetzen), **Ausdruck** (eine Befindlichkeit ausdrücken) und **Appell** (eine Aufforderung ausdrücken) enthalten, wobei es darauf ankommt, herauszufinden, auf welcher Ebene je nach Absicht des Senders das Hauptgewicht liegt.

Nach *Schulz von Thun* sind in jeder Mitteilung eine **Sachebene** (sachliche Information) und eine **Appellebene** (Aufforderung) enthalten. Darüber hinaus enthält eine Mitteilung noch eine **Selbstoffenbarungsebene** (Selbstauskunft) und eine **Beziehungsebene** (verdeutlicht, wie Sender und Empfänger zueinander stehen). Es sind nach diesem Modell also vier Ebenen einer Mitteilung zu entschlüsseln, um herauszufinden, was die Absicht des Senders (Sprechers) ist. Das bedeutet für unser Beispiel S. 15, 16: Lisa zu Edgar: *„Du interessierst dich ja nur noch für Fußball und nicht mehr für mich!“*

Sachebene *(Information): Dein Interesse gilt sehr stark deinem Hobby, du hast weniger Zeit für mich als früher.*

Selbstoffenbarungsebene *(Selbstauskunft): Ich fühle mich vernachlässigt.*

Beziehungsebene: Unser Verhältnis zueinander soll intensiver sein, war schon besser.

Appellebene: *Du sollst ein Spiel absagen, ein Training auslassen, mehr Zeit mit mir verbringen!*

Methodenlexikon

Kugellager

Ziel dieser Methode ist es, dass man sich zu einem Thema gegenüber vielen Gesprächspartnern äußert.

Dauer: 15–20 Minuten **Teilnehmer**: die ganze Klasse **Material**: nicht erforderlich

Verlauf:

1. Die Teilnehmer bilden einen Innen- und Außenkreis. Sie sitzen/stehen einem Partner gegenüber.
2. Die Teilnehmer im Innenkreis äußern sich zu einem vorher festgelegten Thema.
3. Die Gesprächspartner im Außenkreis hören zu.
4. Auf Kommando rücken alle Teilnehmer im Innenkreis eine Position weiter. Neue Gesprächspaare werden gebildet.
5. Jetzt sprechen die Teilnehmer im Außenkreis über das Thema und die Partner im Innenkreis hören aktiv zu.
6. Der Innenkreis rückt erneut eine Position auf und äußert sich etc. Die Ideen werden anschließend im Plenum ausgetauscht.

Abwandlungen:

1. Damit die Teilnehmer nicht immer genau einschätzen können, auf welchen Partner sie treffen, sollte das Weiterrücken mal um eine, mal um mehrere Positionen vorgenommen werden. Auch muss nicht unbedingt der Innenkreis mit den Äußerungen anfangen.
2. Die Teilnehmer im Außen- und Innenkreis tauschen sich über ein bestimmtes Thema aus, indem sie die Rollen als Sprecher und Zuhörer wechseln. Dann erst geht die Rotation weiter.

Lernhilfen

Die folgenden Hilfen können das Lernen erleichtern:

1. Spickzettel: Die Technik hat nichts mit „Spicken“ zu tun. Es geht darum, den Lernstoff zusammenzufassen. Dabei hilft es, wenn man sich vorstellt, dass man einen Spickzettel schreibt. Man kann die Informationen, Formeln und Regeln auf Karteikarten schreiben. So lassen sie sich leichter lernen.

2. Checkliste: Sammlung von Fragen zu einem Thema, deren Antworten in der Regel angekreuzt werden. Dafür eignen sich geschlossene Fragen. Soweit es möglich ist, decken diese Fragen das Thema ganz ab. Die Auswertung der Antwortliste macht deutlich, ob dieses Thema gut bearbeitet wurde und wo noch Handlungsbedarf besteht.

3. Lernkarte: Karte, auf der festgehalten wird, was man noch nicht so gut kann („rote“ Liste) bzw. was man schon gut kann („grüne“ Liste).

Lernkarte (» Lernhilfen)

Lernplakat gestalten

Wichtige Ergebnisse einer Arbeitsphase werden in strukturierter Form, z. B. auf Plakatpapier, zusammengefasst. Ziele können z. B. sein: die für alle sichtbare Bereitstellung der Ergebnisse als Grundlage für weitere Arbeitsschritte, z. B. das Veröffentlichen von Merkmalen eines gelungenen Kurzvortrags, die individuelle oder Gruppen-Vorbereitung auf eine Klassenarbeit/Prüfung, das Vorstellen/Präsentieren von Ergebnissen einer Gruppenarbeit.

Methodenlexikon

Lesetechniken

Verschiedene Arten, einen Text zu lesen

Lesetechnik	Zweck der Lesetechnik	Wie wird sie angewendet?	Was erhalten Sie?
Punktuelles Lesen	Sie suchen nach einem bestimmten Inhalt im Text, zum Beispiel bei einer Handyanleitung nach der Weckfunktion.	• Sie überprüfen die Überschriften. • Sie lesen nur die Abschnitte gründlich, die Sie brauchen.	Detailinformation
Diagonales Lesen	Sie wollen sich einen Überblick verschaffen oder die groben Zusammenhänge eines Textes erkennen, zum Beispiel lesen Sie in der Handyanleitung nach, welche Funktionen das Handy insgesamt hat.	• Sie überfliegen den Text und orientieren sich an hervorgehobenen Textstellen (zum Beispiel durch Fettdruck) und an den Überschriften.	Schneller, grober Überblick
Fortlaufendes Lesen	Sie wollen sich umfassend informieren, zum Beispiel über einen Handyvertrag.	• Sie lesen einen Text von Anfang bis Ende. • Sie markieren wichtige Stellen. • Sie machen sich Notizen.	alle Informationen des Textes
Intensives Lesen	Sie wollen den Text kritisch beurteilen können, zum Beispiel als Grundlage für eine Textanalyse.	• Sie gehen hier vor wie beim fortlaufenden Lesen, konzentrieren sich aber auf die Lösung einer vorgegebenen Aufgabe, zum Beispiel sprachliche Mittel herausfinden	Vorbereitung auf eine kritische Auseinandersetzung mit dem Text

5-Schritt-Lesetechnik

Schritt 1 Überfliegen	Sehen Sie zunächst, worum es im Text geht. Orientieren Sie sich an den Überschriften und – falls vorhanden – an der Gliederung oder dem Inhaltsverzeichnis. Vielleicht sind für Sie nur bestimmte Abschnitte oder Kapitel interessant.	Überblick verschaffen aus der Vogelperspektive
Schritt 2 Kernaussagen	Formulieren Sie das Thema und die Kernaussagen des Textes. Schreiben Sie die wesentlichen Aussagen auf.	Was ...
Schritt 3 Gründliches Lesen	Lesen Sie gründlich. Markieren Sie wichtige Stellen im Text. Machen Sie kurze Pausen, wenn die Konzentration nachlässt. Wenn Sie einen Begriff nicht verstehen, schlagen Sie im Wörterbuch nach. Sind Sätze schwer zu verstehen, dann lesen Sie sie noch ein zweites oder drittes Mal.	Nur sparsam markieren, wichtige Fremd- und Fachwörter nachschlagen
Schritt 4 Schreiben	Gliedern Sie den Text in Abschnitte und finden Sie für jeden Abschnitt eine Zwischenüberschrift oder einen kurzen, zusammenfassenden Satz. Fassen Sie komplizierte Sätze, die Ihnen für das Verständnis des Textes wichtig erscheinen, in eigene Worte. Aus einem schwer verständlichen Satz können so durchaus mehrere einfache Sätze werden. Notieren Sie auch Schlüsselwörter.	Den Text gliedern, in eigenen Worten formulieren und Notizen lesbar schreiben
Schritt 5 Wiederholen	Versuchen Sie jetzt, anhand Ihrer Notizen den Inhalt des Textes wiederzugeben. Ergänzen Sie eventuell Fehlendes.	Laut probieren

Die **Lesekarte** 📖 finden Sie auf der Buchklappe.

Methodenlexikon

Mindmap (» Informationen gliedern und strukturieren)

Mitschrift / Notizen machen

Übersichtliche Mitschriften im Unterricht können eine zusätzliche Ergänzung zum Lernen sein.

Passives Zuhören (» Zuhörtechniken)

Pecha Kucha

Pecha Kucha ist eine Präsentationsmethode, bei der digitale Präsentationsfolien ohne Text, nur mit Bildern gestaltet werden. Es werden 20 Folien erstellt, die jeweils nach 20 Sekunden automatisch wechseln. Auf jeder Folie ist nur ein Bild zu sehen (kein Text, Grafiken etc.). Der Redner wird mithilfe der jeweiligen Folien zu klaren Aussagen gezwungen, denn nach genau 6 Minuten und 40 Sekunden muss die Präsentation beendet sein.

Portfolio

Arbeitsmappe, in der man all das zusammenträgt und geordnet aufbewahrt, das beschreibt, was und wie man etwas lernt. Damit kann man z. B. die Entwicklung seiner Leistungen dokumentieren. Es ist auch hilfreich, um sich mit den Lerninhalten auseinanderzusetzen und über das eigene Lernverhalten sowie Lerntechniken nachzudenken. Darauf aufbauend kann eine geeignete Lernstrategie entwickelt werden.

Präsentationsmedien

Präsentieren kann man mit vielen Medien, u. a. mit:

1. Flipchart:
Vorteile: einfach zu handhaben und zu transportieren
Nachteile: Flipchartblock ist teuer/nicht geeignet für große Räume (auf hinteren Plätzen nicht zu sehen)
Tipps: dicken Filzer verwenden, Druckbuchstaben

2. Laptop mit Beamer:
Vorteile: transportierbar, Abspielen von DVDs/Musik, eigene Aufnahmen können gezeigt werden, schnelle und professionelle Gestaltung von Grafiken, Abbildungen etc., Einsatz von Präsentationsprogrammen möglich
Nachteile: Gute Software- und Hardwarekenntnisse sind erforderlich, häufig gerät der Präsentierende in den Hintergrund, Reizüberflutung durch zu große Bilderflut, Medienmonotonie
Tipps: andere Medien einbauen, z. B. Flipchart, maximal 15 Minuten, ausreichende Redepausen einbauen

3. Metaplanwand und Karten:
Vorteile: flexibler Einsatz der Metaplankarten (verschieben und neu anordnen), Übersicht wird gewährleistet durch unterschiedliche Formate/Formen/Farben der Karten, Clustern (Haufenbildung nach Sinnzusammenhängen) und die Bildung von Oberbegriffen, Teilnehmer füllen die Karten aus und werden dadurch aktiv beteiligt
Nachteile: Moderationsregeln müssen beherrscht werden, der Umgang mit Karten und Wand erfordert Routine
Tipps: nur ein Aspekt pro Karte, nur Stichworte, höchstens drei Zeilen pro Karte, Druckbuchstaben, gut formulierte Kartenfragen führen zum Ziel

Methodenlexikon

4. Overheadprojektor und Folien:

Vorteile: transportierbar und verschiebbar, Folien können vorbereitet werden

Nachteile: weiße Projektionsfläche muss vorhanden sein, Sonnenlicht kann blenden, Schrift auf Folie ist zu klein oder zu dünn, zu viele Folien/zu schneller Folienwechsel, Folien häufig überladen

Tipps: nicht mit der Wand sprechen oder im Licht stehen, nicht hinter dem OHP verschanzen, bei längeren Pausen abschalten, Folien durchnummerieren, Zeigehilfen verwenden, Blickkontakt zum Publikum suchen

5. Wandtafel:

Vorteile: einfach zu handhaben, große Schreibfläche, durch Abwischen Veränderungen jederzeit möglich

Nachteile: Sprechen und Schreiben gleichzeitig schwierig, Tafelbilder können nicht gesichert werden.

Quellenangaben (» Zitieren)

Rollenspiel / Szenisch Darstellen

Ziel dieses Spiels ist es, vorhandene Verhaltensweisen zu überprüfen oder neue Verhaltensweisen zu erlernen. Man schlüpft in eine vorgegebene Rolle und probiert darin verschiedene Verhaltensweisen durch. Man „durchlebt" bestimmte Situationen und bekommt ein Feedback. Dadurch gewinnt man Sicherheit.

Dauer: bis zu 1 Stunde

Teilnehmer: Die ganze Klasse bereitet das Spiel in Gruppen vor. Beim Spiel werden die Mitspieler von den anderen Klassenmitgliedern beobachtet.

Variante 1: beim spontanen Spiel so schnell wie möglich anfangen

Variante 2: Die Beobachter werden in Gruppen mit unter schiedlichen Aufträgen aufgeteilt, z. B. beobachtet eine Gruppe intensiv Mimik und Gestik.

Material: Requisiten, damit das Spiel echt wirkt

Verlauf:

Vorbereitung

1. Das Thema wird festgelegt, die Rollen werden vorgestellt.
2. Jede Rolle wird von einem Spieler besetzt, der sich auf sein Spiel vorbereitet.
3. Die anderen Klassenmitglieder erhalten Beobachtungsaufträge, die zuvor auch gemeinsam erarbeitet werden können.

Spiel

4. Das Rollenspiel wird durchgeführt. Hierbei ist wichtig, dass die Spieler ihre Rolle annehmen und sich mit ihr identifizieren.

Auswertung

5. Den Spielern wird gedankt und sie werden aus ihren Rollen entlassen.
6. Die Spieler werden gefragt, wie sie sich in ihrer Rolle gefühlt haben und ob sie selbst zu ihrer Rolle etwas sagen möchten.
7. Die Klasse teilt ihre Beobachtungsergebnisse mit. Es werden die Feedback-Regeln eingehalten.

Beispiele für Beobachtungskriterien:

- Haben sich die Spieler in ihren Rollen zurechtgefunden?
- Inwiefern entsprachen die Dialoge der Situation?
- In welchem Tonfall wurde gesprochen?
- Welche Körpersprache benutzten die Rollenspieler?
- Welche Lösungen wurden genannt?
- Wurde eine brauchbare Entscheidung getroffen?

Methodenlexikon

Schreibplan

Schreibpläne lassen sich für jede Form des schriftlichen Ausdrucks entwickeln. Sie helfen dabei, alles Wichtige zu bedenken, und bilden damit den „roten Faden“ für die Schreibphase. Dabei kann man stets in fünf Schritten vorgehen:

Schritt 1: Aufgabenstellung gründlich durchdenken
Schritt 2: Informationen und Material sammeln
Schritt 3: Gliederung erstellen
Schritt 4: Absätze planen
Schritt 5: Sprache und Stil bedenken

Sinngemäßes Zitieren (indirekte Rede) (» Zitieren)

Situationsbezogen sprechen

Erfolgreiche Kommunikation hängt entscheidend davon ab, wie man sich auf eine Zielgruppe, eine Gesprächssituation und einen Gesprächsort einstellt. Folgendes ist zu beachten:

1. **Situation berücksichtigen**: Halte ich einen Vortrag, diskutiere ich in der Klasse oder zu Hause, befinde ich mich in einem Vorstellungsgespräch oder stelle ich mich auf einer Party vor? Zu beachten sind jeweils Sprachebene und Körpersprache.
2. **Zielgruppe berücksichtigen**: Vor/Mit welchen Personen spreche ich (Alter, Geschlecht, soziale Stellung)? Das hat Auswirkungen, z. B. auf den „Ohröffner“ und das Schwierigkeitsniveau.
3. **Verständlich sprechen**:

- Einfach sprechen: Wortwahl und Satzbau müssen problemlos nachvollziehbar sein.
- Kurz und bündig sprechen: die Sache auf den Punkt bringen
- Strukturiert sprechen: Der rote Faden muss nachvollziehbar sein.
- Lebendig sprechen: interessante und abwechslungsreiche Beispiele verwenden

Spickzettel (» Lernhilfen)

Standbild

Mit dieser Methode lassen sich die Beziehungen zwischen Figuren visualisieren. Das Standbild stellt in „eingefrorener Form“ Gefühle und Beziehungen von Personen zueinander dar.

1. Eine Gruppe von Schülern wird gebildet, ein Regisseur wird benannt.
2. Der Regisseur erstellt aus den Körpern seiner Mitschüler ein Standbild. Dabei wird nicht gesprochen, der Regisseur bringt die Mitschüler in die Position, die er möchte.
3. Den Mitschülern darf dabei nicht ins Gesicht gefasst werden.
4. Die Mitschüler nehmen die zugewiesene Haltung ein.
5. Wenn das Bild fertig ist, erstarren alle Beteiligten für 30 Sekunden.
6. Die beobachtende Klasse hat nun die Gelegenheit, das Bild auf sich wirken zu lassen. Es kann jetzt auch ein Foto gemacht werden. Bei Fotos sind natürlich die Persönlichkeitsrechte der fotografierten Person zu beachten.

Methodenlexikon

Stichwortzettel

Auf dem Stichwortzettel werden einzelne wichtige Begriffe oder kleine Wortgruppen zu einem Thema, Vortrag, Artikel notiert.

Telefonregeln

Vor allem bei geschäftlichen Telefongesprächen sollte man bestimmte Regeln einhalten:

Vor dem Gespräch:

- Telefongespräche immer vorbereiten (Zweck, Fragen)
- Kalender und Unterlagen griffbereit haben
- Notizblock und Stift bereithalten
- Name des Ansprechpartners erfragen und notieren

Während des Gesprächs:

- Nicht essen, rauchen oder Kaugummi kauen
- Radio, Fernsehen oder weitere Geräuschkulissen abstellen
- Sich auf das Gespräch konzentrieren
- Mit vollständigem Namen melden (z. B. „Guten Tag, mein Name ist Florian Sunder ...“)
- Freundlich sein
- Angemessene Sprache
- Den Gesprächspartner mit Namen ansprechen
- Keine Sprachmarotten wie „Ähm“
- Aktiv zuhören
- Daten und Termine wiederholen

Nach dem Gespräch:

- Wichtige Daten und Termine notieren
- Informationen eventuell weiterleiten

Think-Pair-Share

Think-Pair-Share (denken, teilen, austauschen) ermöglicht auf einfache Weise kooperatives Lernen.

Phase 1: Think – Jeder arbeitet für sich allein und setzt sich mit der Aufgabenstellung auseinander, entwickelt Lösungswege etc.

Phase 2: Pair – Die Ergebnisse werden in Partner- oder Gruppenarbeit besprochen und vertieft.

Phase 3: Share – Die Ergebnisse aus Phase 2 werden im Plenum vorgestellt und im Austausch mit anderen Gruppen weiter vertieft.

Verschiedene Arten, einen Text zu lesen (» Lesetechniken)

Methodenlexikon

Visualisierung

Textinhalte können mit Hilfe grafischer Elemente dargestellt und zusammengefasst werden.
Zum Beispiel kann man technische Beschreibungen oft besser durch eine Skizze/Grafiken als durch einen Text zusammenfassen. Diese Technik nennt man „Visualisieren“. Visualisierungen eignen sich besonders gut für Vorträge oder Präsentationen.

Beispiele:
- Die Umsatzzahlen des letzten Quartals werden mit in einem Balkendiagramm dargestellt.
- In einem Kreisdiagramm wird die Altersstruktur der Kunden eines Betriebs dargestellt.
- Die Aufbauanleitung oder Funktionsweise eines technischen Geräts (Kopierer, Scanner etc.) wird mit Bildern illustriert.
- Der Luftstrom in einer Turbine wird bildlich dargestellt und der zeitliche Verlauf kann in einem Film betrachtet werden.
- Ein geplantes neues Gebäude kann mit Hilfe einer Visualisierung gezeigt werden.
- Bei der Renovierung oder Gebäudegestaltung werden häufig auch Visualisierungsprogramme eingesetzt. Auf Basis eines Fotos können verschiedene Änderungswünsche (neue Türen, farbige Fenster etc.) gleich „umgesetzt“ betrachtet werden.
- Der Wetterbericht im Fernsehen ist ein Beispiel für die wissenschaftliche Visualisierung.

Wandtafel (» Präsentationsmedien)

Wörtliches Zitieren (direkte Rede) (» Zitieren)

Zeiteinteilung

Eine gute Zeitplanung ist wichtig, diese Methoden können helfen:

1. ABC-Aufgaben: Diese Methode hilft, Aufgaben unterschiedlich zu gewichten und sich bewusst zu machen, was sehr oder weniger dringend erledigt werden muss.

2. ALPEN-Methode: Diese Methode hilft, die für eine Aufgabe zur Verfügung stehende Zeit realistisch zu planen (z. B. einen Lernnachmittag). Dabei geht man so vor: Alle Aufgaben, Aktivitäten und Termine zusammenstellen; Länge der Tätigkeiten (Zeitbedarf) schätzen; Pufferzeiten für Unvorhergesehenes reservieren; Entscheidungen über Prioritäten und Kürzungen treffen; Nachkontrolle – Unerledigtes auf einen späteren Zeitpunkt übertragen.

Zerlegetechnik

Vorbereitung zum Lesen eines Fachtextes zur Vorentlastung. In Wörtern, die aus zwei Nomen zusammengesetzt sind (Kompositum), wird meist das letzte Wort durch das erste Wort genauer bestimmt.

Ablauf:
1. Zerlegen des zusammengesetzten Wortes (Kompositum) in Einzelwörter,
2. Artikel ergänzen,
3. Bedeutung der Einzelwörter notieren,
4. Bedeutung des Kompositums notieren.

Beispiel: Gefährdungsbeurteilung
die Gefährdung – die Beurteilung → die Beurteilung der Gefährdung

Methodenlexikon

Zitieren

Verwendet man (z. B. im Referat, im Aufsatz) Zitate, müssen diese als solche kenntlich gemacht werden:

1. Direktes (wörtliches) Zitieren:

- Anfang und Ende des Zitats werden durch Anführungsstriche deutlich gemacht.
- Wird eine Textpassage nicht vollständig zitiert, werden die Auslassungen mit rechteckigen Klammern und drei Punkten gekennzeichnet: [...].
- Übernimmt man ein Zitat, z. B. in das eigene Referat, können die Fallendungen (z. B. -es, -en, -er, -em) verändert werden. Beispiel:

Original: *„Im Laufe dieses Jahres wird sich nichts an der Einstellung der Experten ändern."*
Als Zitat: *Der Autor meint, in diesem „Jahr wird sich nichts an der Einstellung der Experten ändern".*

2. Sinngemäßes Zitieren (indirekte Rede):

- Längere Textpassagen werden oft in indirekter Rede wiedergegeben.
- Der Sinn darf nicht entstellt werden.
- Sinngemäße Zitate müssen ebenfalls kenntlich gemacht werden, z. B. durch eine Einleitung des Zitats (*Der Autor meint, dass ...*).

3. Quellenangaben:

- Sie erscheinen im Text oder als Fuß- oder Endnoten.
- Sie enthalten den Nachnamen und den Vornamen des Autors/Herausgebers, Titel, Auflage, Verlagsort, Verlag, Erscheinungsjahr, Seitenangabe.
  Beispiel: Berthold, Siegwart: Reden lernen, 1. Aufl., Frankfurt am Main: Cornelsen Scriptor Verlag 1993, S. 15.
- Beim sinngemäßen Zitieren erscheint vor der Literaturangabe die Abkürzung „vgl." für die Aufforderung „Vergleiche!".

4. Zitieren aus dem Internet:

Es gelten die gleichen Zitierregeln wie bei Dokumenten aus Printmedien. Bei Quellenangaben ist zu beachten:

- Die URL (Webadresse) vollständig anführen; es genügt nicht, nur die Domain (z. B.: *www.bbs-sander.de*) anzugeben.
- Das Downloaddatum mit Uhrzeit angeben
- Beispiel für einen Quellennachweis: *http://www. bbs-sander.de/Kommunikation/Telefonieren.html, [12.08.06, 15:45 Uhr]*

Zuhörtechniken

Zuhören ist ein Vorgang, bei dem man unterschiedliche Ziele verfolgt. Dabei kann man zwischen zwei Arten unterscheiden:

1. Aktives Zuhören:
Der Zuhörer verfolgt das Gesagte seines Gegenübers und gibt verbales und körpersprachliches Feedback (z. B. durch Nicken).

2. Passives Zuhören: Es gibt zwei Möglichkeiten:
Aufnehmendes Zuhören: Der Zuhörer nimmt das Gesagte seines Gegenübers kommentarlos auf, z. B. bei einem Diktat.
Umschreibendes Zuhören: Das Gehörte wird noch einmal mit eigenen Worten wiedergegeben, z. B. bei der Wiedergabe des Lehrervortrags.

Kapitel 24

Operatoren kennen – Arbeitsanweisungen verstehen

Operatoren sind Arbeitsanweisungen. Sie sind wesentlicher Bestandteil jeder Aufgabenstellung, denn sie benennen die Handlungsschritte (in Form von Verben), die zur Lösung von Aufgaben notwendig sind. Die Anforderungen einer Aufgabe, die durch die Formulierung der Arbeitsanweisungen deutlich werden, verlangen verschiedene Fähigkeiten und Vorkenntnisse. Sie müssen sich bei jeder Aufgabenstellung fragen: Welche Fertigkeiten werden verlangt? Welche Tätigkeiten auf welchem Anforderungsniveau werden erwartet? Welche Vorkenntnisse brauche ich? Wenn Sie z. B. einen Text mit Ihren eigenen Worten wiedergeben sollen, dann können Sie sich auf den Inhalt der Textvorlage beschränken. Sollen Sie einen Text analysieren/untersuchen, dann betrachten Sie z. B. Aspekte von Inhalt, Aufbau und Sprache. Zu Ihren Ergebnissen formulieren Sie dann eigene Aussagen. Wenn von Ihnen eine Textinterpretation verlangt wird, dann benötigen Sie Vorkenntnisse, um zu begründeten Aussagen gelangen zu können.

Anforderungsbereich I

Dieser Bereich umfasst das Wiedergeben, Beschreiben und Darstellen von Sachverhalten. Die von Ihnen erwarteten Tätigkeiten beziehen sich auf ein gegebenes Material oder Sachverhalte in einem abgegrenzten Lernzusammenhang.

Verb	Anforderung (erwartete Tätigkeit)
nennen, aufschreiben, herausschreiben, notieren	Sie tragen die wesentlichen Informationen (Kernaussagen) eines Textes oder eines Sachverhaltes zusammen (Sie zählen sie auf), ohne dass Sie diese kommentieren.
beschreiben	Sie stellen Situationen, Texte, Grafiken etc. sachlich genau dar, ohne sie schon zu bewerten.
wiedergeben, zusammenfassen	Sie formulieren den Inhalt eines Textes mit eigenen Worten. Sie verknappen Inhalte, Aussagen, Zusammenhänge auf das Wesentliche und geben dies strukturiert in wenigen Sätzen wieder.
darstellen, vorstellen	Sie formulieren Ergebnisse, z. B. einer Informationsrecherche, Befragung, Diskussion, Gruppenarbeit, zusammenfassend oder unter einer bestimmten Fragestellung.

Anforderungsbereich II

Dieser Bereich umfasst das selbstständige Anwenden/Übertragen von Kenntnissen/Fertigkeiten auf neue Materialien. Von Ihnen werden z. B. das Auswählen, Bearbeiten, Ordnen, Vergleichen, Analysieren, Erklären von Sachverhalten/Zusammenhängen erwartet. Diese Fertigkeiten übertragen Sie selbstständig auf neue Fragestellungen, unbekannte Texte, Situationen.

Operatoren kennen – Arbeitsanweisungen verstehen

Verb	Anforderung (erwartete Tätigkeit)
erschließen	Unter Berücksichtigung von vorgegebenen Gesichtspunkten erarbeiten Sie sich den Sinngehalt oder die Problemstellung eines Textes oder Textteils.
deuten	Sie entschlüsseln und beschreiben sprachliche Bilder/Textteile/Texte in ihrer übertragenen Bedeutung.
charakterisieren	Sie erfassen die wesentlichen Merkmale, Eigenschaften, Erscheinungsformen von Personen, Sachverhalten, Vorgängen, Zuständen und beschreiben diese.
auswerten	Sie führen die wichtigsten Ergebnisse (z. B. aus Berichten) zu einer Gesamtaussage zusammen.
erklären	Sie stellen Sachverhalte, Aussagen, Hintergründe, Einsichten auf Grundlage von bereits vorhandenen Kenntnissen dar.
erläutern	Eine Erläuterung gleicht der Erklärung. Sie formulieren jedoch anschaulicher durch das Hinzufügen von Beispielen und zusätzlichen Informationen.
vergleichen	Sie stellen Texte, Textaussagen, Problemstellungen etc. nach vorgegebenen Gesichtspunkten gegenüber und beschreiben Unterschiede/Übereinstimmungen.
ordnen, zuordnen	Sie fügen Formulierungen, Aussagen, Texte aufgrund übereinstimmender Merkmale und gegebenenfalls nach einer Rangfolge zusammen.
einordnen	Sie stellen Sachverhalte, Aussagen, Problemstellungen in einen Zusammenhang.
untersuchen, analysieren	Sie erfassen den Inhalt und die Form von Texten nach vorgegebenen oder selbst gewählten Gesichtspunkten, deuten diese und arbeiten den Wechselbezug von Inhalt und Form heraus.

Anforderungsbereich III

Dieser Bereich umfasst das Beurteilen, Bewerten sowie Problemlösungen. Sie setzen sich selbstständig mit einem Thema/einer Problemstellung/einem literarischen Text auseinander, diskutieren verschiedene Positionen, bewerten, nehmen begründet Stellung, schlagen selbstständig Lösungswege vor, reflektieren Ihr Vorgehen/das anderer kritisch.

Verb	Anforderung (erwartete Tätigkeit)
beurteilen	Sie formulieren selbstständig eine sachliche/vorurteilsfreie Position, z. B. zu einem Sachverhalt.
bewerten	Sachverhalte/Problemstellungen werden von Ihnen beurteilt und durch Ihre persönliche Sicht ergänzt.
begründen	Sie stellen einen Zusammenhang zwischen Ursachen/Folgen/Wirkungen her. Sie untermauern eine Aussage/Meinung/Position/These durch Sach- und Fachkenntnisse.
sich auseinandersetzen mit	Sie befassen sich mit einer Behauptung/Problemstellung, bedenken Aspekte des Problems, Ursachen, Folgen. Sie bauen darauf eine schlüssige Argumentation auf.
erörtern	Sie diskutieren eine Aussage, These (Behauptung), Problemstellung von verschiedenen Seiten. Dabei wird durch eine Abfolge von Für- und Wider- bzw. Sowohl-als-auch-Argumenten die Stichhaltigkeit der Argumentation beurteilt, bewertet und zu einer eigenen Stellungnahme geführt.
Stellung nehmen	Sie beurteilen/bewerten eine Problemstellung/Behauptung und positionieren sich mit Argumenten.
interpretieren	Auf der Basis einer umfassenden Analyse und Bewertung eines Textes deuten Sie Sinnzusammenhänge und erläutern die Gesamtaussage eines Textes in einer begründeten Stellungnahme. Je nach Aufgabenstellung können Sie sich dabei auf den Text beschränken oder Informationen zum Autor und/oder zum geschichtlichen Hintergrund einbeziehen.
entwerfen	Sie legen auf der Grundlage einer Arbeitsvorgabe wesentliche Punkte und Arbeitsschritte fest.
erstellen/gestalten/verfassen	Sie fertigen unter Beachtung von Vorgaben (z. B. Textsorte, Wechsel der Perspektive, Hinweis auf Adressaten) einen Text (z. B. Leserbrief, Vortrag, Werbeanzeige) oder eine Arbeitsvorlage an.
gestaltend interpretieren	Grundlage und Orientierung kann auch eine Textvorlage sein, dann wird erwartet, dass Sie die Besonderheiten der Vorlage erfassen und in Ihrer Textproduktion berücksichtigen.

Textsortenverzeichnis

Textsortenverzeichnis

Textquellenverzeichnis

Becker, Lisa: *Unsichere Jugend, S. 76 f.* Aus: Frankfurter Allgemeine Zeitung online, http://www.faz.net/aktuell/wirtschaft/wirtschaftspolitik/viele-junge-menschen-wollen-beim-staat-arbeiten-14410072.html [01.12.2016].

Borchert, Wolfgang: *Dann gibt es nur eins!* (gekürzt), *S. 134 f.* Aus: Das Gesamtwerk. Hamburg: Rowohlt Verlag 1956, S. 347 ff.

Brook, Leslie: *Wie Arbeit und Privatleben verschmelzen - Unter Frollegen* (gekürzt), *S. 33.* Aus: RP Online, http://www.rp-online.de/panorama/deutschland/unter-frollegen-wie-arbeit-und-privatleben-verschmelzen-aid-1.6122806 [01.12.2016].

Büchner, Georg: *Der Hessische Landbote. Erste Botschaft* (Auszug), *S. 132 f.* Aus: Büchners Werke in einem Band. Hg. v. den nationalen Forschungs- und Gedenkstätten der klassischen deutschen Literatur, Berlin/Weimar: Aufbau Verlag 1977, S. 3 f.

Busch, Wilhelm: *Der Einsame, S. 184.* Aus: Historisch-kritische Gesamtausgabe in vier Bänden. Band 4, Wiesbaden/Berlin: Vollmer 1960, S. 324 f.

Czycholl, Harald: *Freizeitunfälle können den Job gefährden. Achtung bei Freizeitunfällen: Wann die Kündigung droht, S. 29.* Aus: Deutsche Handwerks-Zeitung online, http://www.deutsche-handwerks-zeitung.de/achtung-bei-freizeitunfaellen-wann-die-kuendigung-droht/150/3096/335181 [01.12.2016].

Derry, Martin: *Maria in der Hängematte* (gekürzt), *S. 124.* Aus: DER SPIEGEL Nr. 29/2016, S. 128–130.

Eisenreich, Georg: *Schülerfeedback stärkt den Lehrer, S. 80.* Aus: Spiegel online, http://www.spiegel.de/lebenundlernen/schule/umstrittenes-feedback-sollen-schueler-ihre-lehrer-bewerten-a-1099204.html [01.12.2016].

Erhardt, Heinz: *Der Kabeljau, S. 182.* Aus: Das große Heinz Erhardt Buch. Oldenburg: Lappan Verlag 1999.

Fontane, Theodor: *Herr Ribbeck auf Ribbeck im Havelland, S. 186.* Aus: Sämtliche Romane. Erzählungen. Gedichte. Nachgelassenes, Hg. v. W. Keitel und H. Nürnberger, Band 22, Frankfurt/M.: Wallstein 1979, S. 255 f.; *Guter Rat, S. 168.* Aus: Gedichte von Theodor Fontane. Berlin: Karl Reimarus Verlag 1851.

Fritz, Walter Helmut: *Augenblicke, S. 82 f.* Aus: W. H. F., Umwege. Prosa, Stuttgart: Deutsche Verlagsanstalt 1964, S. 47 ff.

Garschagen, Teresa/Lindner, Jenny: *Welche Migrationsbewegungen haben Deutschland geprägt?* (gekürzt), *S. 206.* Aus: Mediendienst Integration online, https://mediendienst-integration.de/artikel/fluechtlinge-asyl-migrations-bewegungen-geschichte-einwanderung-auswanderung-deutschland-aussiedler-gastarbeiter.html [01.12.2016].

Gille, Martina/Pluto, Dr. Diane/van Santen, Dr. Eric: *Neues Engagement durch Facebook, Blogs und Co?* (gekürzt), *S. 204.* Aus: ZIVIZ Praxis. Zivilgesellschaft und Junge Engagierte. Zivilgesellschaft konkret Nr. 6/2015, Online-Ausgabe, https://www.bertelsmann-stiftung.de/fileadmin/files/user_upload/Zivilgesellschaft_KONKRET_NR6.pdf [01.12.2016], S. 12.

Hamann, Susanne: *Straining - das perfide Mobbing* (gekürzt), *S. 75 f.* Aus: RP online, http://www.rp-online.de/leben/beruf/karriere/mobbing-am-arbeitsplatz-wenn-mitarbeiter-ausgelaugt-werden-aid-1.6017296 [01.12.2016].

Herrndorf, Wolfgang: *Tschick* (Auszug), *S. 172 f.* Reinbeck: rororo 2012.

Heusler, Stefan: *Der Fall, S. 160.* Aus: Die Erklärung. Ausgezeichnete Kurzgeschichten, Hg. v. Peter Härtling u. a., Stuttgart: Quell Verlag 1988, S. 102.

Jandl, Ernst: *schtzngrmm, S. 189.* Aus: Poetische Werke. Laut und Luise. Verstreute Gedichte 2, München: Luchterhand 1997, S. 47; *ottos mops, S. 189.* Aus: Poetische Werke. Der künstliche Baum. Flöda und der Schwan, München: Luchterhand 1997, S. 60.

Kästner, Erich: *Im Auto über Land, S. 167.* Aus: Doktor Erich Kästners lyrische Hausapotheke, Zürich: Atrium Verlag 2000.

Klüpfel, Volker/Kobr, Michael: *Seegrund* (Auszug), *S. 163 f.* München: Piper 2008.

Knop, Karin/Hefner, Dorothée/Schmitt, Stefanie/Vorderer, Peter: *Nutzung und Bedeutung des Handys für Kinder und Jugendliche* (gekürzt), *S. 196 f.* Aus: K. K. et al.: Mediatisierung mobil. Handy- und Internetnutzung von Kindern und Jugendlichen, in: Schriftenreihe Medienforschung der Landesanstalt für Medien Nordrhein-Westfalen (LfM), Band 77, Leipzig: Vistas 2015, S. 5 f.; *Erlebte Risiken der Kinder und Jugendlichen (Grafik), S. 197.* Aus: ebd., S. 6.

Krüger, Angela: *Ganz Ohr - wie sich Lärm auf unser Gehör auswirken kann* (gekürzt), *S. 216.* Aus: Arbeit und Gesundheit 2/2015, Online-Ausgabe, http://www.arbeit-und-gesundheit.de/2/2413/2 [01.12.2016].

Krüss, James: *Das Feuer, S. 188.* Aus: J. K., Der wohltemperierte Leierkasten. Gütersloh: S. Mohn Verlag 1961.

Lemper Pychlau, Marion: *Du oder Sie* (gekürzt), *S. 34 f.* Aus: http://www.huffingtonpost.de/marion-lemper-pychlau/du-oder-sie_b_10854662.html [01.12.2016].

Martin, Peer: *Sommer unter schwarzen Flügeln* (Auszug), *S. 208.* Hamburg: Oetinger Verlag 2015, S. 7 ff.

Mester, Gerhard: *„Deutsch bedeutet ...“* (Karikatur), *S. 210.* © Gerhard Mester.

Morgenstern, Christian: *Der Werwolf, S. 184.* Aus: C. M., Gesammelte Werke. Köln: Anaconda-Verlag 2014.

Schiller, Friedrich: *Kabale und Liebe* (Auszug), *S. 170 f.* Aus: F. S., Sämtliche Werke in zehn Bänden. Band 2, Berliner Ausgabe, hg. v. Hans-Günther Thalheim u. a., Berlin/Weimar: Aufbau Verlag 1981, S. 709 ff.; *Der Handschuh, S. 185.* Aus: F. S., Gedichte. Hg. v. Georg Kurscheidt, Frankfurt/M.: Deutscher Klassiker Verlag 1992, S. 83 ff.

Schlink, Bernhard: *Der Vorleser* (Auszug), *S. 136 f.* Zürich: Diogenes 1995, S. 52 ff.

Schmidt, Max: *Kein Überwachungsalgorithmus, S. 80 f.* Aus: Spiegel online, http://www.spiegel.de/lebenundlernen/schule/bayern-referendare-sollen-sich-feedback-von-schuelern-holen-a-1099140.html [01.12.2016].

Skármeta, Antonio: *Mit brennender Geduld* (Auszug), *S. 84.* München: Piper 1987, S. 22 ff.

Sobek, Stefanie: *„Hier habe ich eine Zukunft“* (gekürzt), *S. 211.* Aus: http://www.idowa.de/inhalt.aktuelles-top-thema-vertrieben-von-daheim-vier-junge-fluechtlinge-erzaehlen-ihre-geschichte.1cf0a4fe-d357-43cc-ae97-002041b2f26b.html [01.12.2016].

Tepe, Jana: *Wir haben die Vollzeitstellen abgeschafft* (gekürzt), *S. 70 f.* Aus: Zeit online, http://www.zeit.de/karriere/beruf/2016-08/teilzeit-unternehmen-flexible-arbeitszeit-vollzeit-abgeschafft/ [01.12.2016].

Terfurth, Ann-Kathrin: *„Ich verwandle meine Botschaften in Geschichten“* (gekürzt), *S. 121.* Aus: Zeit online, http://www.zeit.de/karriere/2016-08/unternehmenskommunikation-trends-kommunikation-branche-tipps/ [01.12.2016].

Waalkes, Otto: *Die mündliche Führerscheinprüfung, S. 183.* Aus: O. W., Das Buch des Friesen. München: Ullstein Verlag 2002.

Unbekannte und ungenannte Verfasser

Alkopops - eine Gefahr für Jugendliche? (Originalbeitrag), *S. 253.*

Alle unter einem Dach (Grafik), *S. 131,* YouGov/dpa-infografik (Globus).

Allgemeines Gleichbehandlungsgesetz (AGG), S. 77. Aus: https://www.gesetze-im-internet.de/agg/__2.html [01.12.2016].

Arbeitspausen: Wann, wie lange und wie oft?, S. 31. Aus: Focus online, http://www.

Textquellenverzeichnis

focus.de/finanzen/karriere/arbeitsrecht/arbeit-arbeitspausen-wann-wie-lange-und-wie-oft_id_5846796.html [01.12.2016].

Ausbildungsmesse „Einstieg Beruf“ (Originalbeitrag), *S. 122.*

Auszug aus dem Protokoll einer durchgeführten Gefährdungsbeurteilung (Originalbeitrag), *S. 106.*

Auszug aus der Firmenzeitung (Originalbeitrag), *S. 98.*

Bewerbungsgespräche (Originalbeiträge), *S. 114, 115.*

Briefvordruck Form B nach DIN 676 (Originalbeitrag), *S. 90.*

Counter Speech (gekürzt), *S. 205.* Aus: https://no-hate-speech.de/de/wissen/was-ist-counter-speech/ [01.12.2016].

Darf der Chef meinen Urlaubsantrag einfach ablehnen?, S. 36 f. Aus: Süddeutsche Zeitung online, http://www.sueddeutsche.de/karriere/arbeitsrecht-darf-der-chef-meinen-urlaubsantrag-einfach-ablehnen-1.3027094 [01.12.2016].

Das Aus für die „Erlebnispädagogische Berg-Woche“ (Originalbeitrag), *S. 150.*

Das Privacy-Paradox (gekürzt), S. 202. Aus: „Ethik macht klick“. Werte-Navi fürs digitale Leben, Arbeitsmaterialien für Schule und Jugendarbeit 1, Hg. v. d. LMK Rheinland-Pfalz (klicksafe), vollständig überarbeitete Auflage März 2016, 2. überarbeitete Auflage Mai 2015, S. 18.

Der Begriff „Medienkompetenz“ wurde in den 1970er-Jahren ... (gekürzt), S. 203. Aus: http://www.medienkompetenzportal-nrw.de/grundlagen/begriffsbestimmung.html [01.12.2016].

Deutsche wünschen sich Großfamilie (gekürzt), *S. 130.* Aus: Zeit online, http://www.zeit.de/gesellschaft/familie/2016-07/familie-leben-grossfamilie-wunsch [01.12.2016].

DGB-Umfrage Jeder dritte Arbeitnehmer lässt Urlabstage verfallen, S. 36. Aus: Süddeutsche Zeitung online, http://www.sueddeutsche.de/karriere/dgb-umfrage-jeder-dritte-arbeitnehmer-laesst-urlaubstage-verfallen-1.3067473 [01.12.2016].

Die Deutschen und ihr Smartphone (Grafik), *S. 196.* Stiftung für Zukunftsfragen/dpa-infografik (Globus).

Die häufigsten Gründe für Rückenschmerzen (gekürzt), *S. 102.* Aus: https://niedersachsen.aok.de/inhalt/rueckenschmerzen-4/ [01.12.2016].

Die Tätigkeit im Überblick: Chemielaboranten (Originalbeitrag), *S. 244.*

„Du, Chef ...?“ Wann ist Duzen im Job okay? (gekürzt), *S. 34.* Aus: Hamburger Morgenpost online, http://www.mopo.de/ratgeber/familie/-du--chef------wann-ist-duzen-im-job-okay---24188548 [01.12.2016].

E-Mails (Originalbeiträge), *S. 44, 230.*

Erasmus für Azubis: Während der Lehre ins Ausland gehen, S. 221. Aus: Süddeutsche Zeitung online, http://www.sueddeutsche.de/news/karriere/arbeit-erasmus-fuer-azubis-waehrend-der-lehre-ins-ausland-gehen-dpa.urn-newsml-dpa-com-20090101-160701-99-529375 [01.12.2016].

Erwartungen an den Beruf: Sicherheit an erster Stelle – Karriere zweitrangig (gekürzt), *S. 128.* Aus: Shell-Jugendstudie 2015. Online-Zusammenfassung, http://www.shell.de/ueber-uns/die-shell-jugendstudie/multimediale-inhalte/_jcr_content/par/expandablelist_643445253/expandablesection_1535413918.stream/1456210063290/ace911f9c64611b0778463195dcc5daaa03 [01.12.2016].

Evaluationsbericht zur Durchführung der Gefährdungsbeurteilung (Originalbeitrag), *S. 105.*

Faszination Sozialer Netzwerke (gekürzt), *S. 200.* Aus: Knowhow für junge User. Mehr Sicherheit im Umgang mit dem World Wide Web, Materialien für den Unterricht, Hg. v. d. LKM Rheinland-Pfalz (klicksafe), 1. vollständig überarbeitete Auflage März 2016, Erstauflage Mai 2008, S. 103.

Fernsehen schlägt Internet – aber wie lange noch? (Grafik), *S. 175.* ARD/ZDF-Langzeitstudie Massenkommunikation/Statista.

Flexible Arbeitszeiten (Originalbeitrag), *S. 74.*

Flexible Arbeitszeiten: Das sind die Nachteile (gekürzt), *S. 71.* Aus: Deutsche Handwerks-Zeitung online, http://www.deutsche-handwerks-zeitung.de/flexible-arbeitszeiten-nicht-immer-praktisch/150/3096/333602 [01.12.2016].

Formular Schadenmeldung (Originalbeitrag), *S. 49.*

fundieren (Wörterbuchauszug), S. 227. Aus: Wahrig. Die deutsche Rechtschreibung, Neuausgabe 2006, Gütersloh/München: Wissen Media Verlag GmbH 2006, S. 417.

Große Mehrheit für bundesweites Anerkennungssystem für Kompetenzen (gekürzt), *S. 219.* Aus: Bundesinstitut für Berufsbildung online, https://www.bibb.de/de/pressemitteilung_40532.php [01.12.2016].

Hasskommentare im Internet – Ein Netzwerk gegen Trolle (gekürzt), *S. 205.* Aus: Tageszeitung online, http://www.taz.de/!5318044/ [01.12.2016].

Höre ich noch gut?, S. 217. Aus: Arbeit und Gesundheit next. Die Infoseiten für junge Leute, 3/2007. Hg. v. Hauptverband der gewerblichen Berufsgenossenschaften.

Jeden Morgen muss Thomas früh aufstehen ... (Originalbeitrag), *S. 215.*

Jobanzeige: Sportartikelverkäufer(in) (Originalbeitrag), *S. 140.*

Kabale und Liebe (Schiller) – Zusammenfassung (Originalbeitrag), *S. 190.*

Klappentext: Seegrund (Klüpfel/Kobr), S. 162. München: Piper 2008.

Klappentext: Sommer unter schwarzen Flügeln (Martin), S. 209. Hamburg: Oetinger Verlag 2015.

Konfliktlösungsstrategien (gekürzt), *S. 111.* Aus: http://www.ausbildernetz.de/plus/waehrend/gruppen/loesungen/strategien.rsys, Hg. v. Forschungsinstitut Betriebliche Bildung [01.12.2016].

Korrekturzeichen nach DIN 16511, S. 157. Aus: Wahrig. Die deutsche Rechtschreibung, Neuausgabe 2006, Gütersloh/München: Wissen Media Verlag GmbH 2006, S. 19–21.

Lesekarte, Buchklappe. Nach R. Drommler u. a, in: Kölner Beiträge zur Sprachdidaktik, (Hg.) M. Becker-Mrotzek / E. Kusch, B. Wehnert, Reihe A, Heft 2 / 2006, Locoförderung in der Berufsbildung, S. 48.

machen smartphones süchtig? (Originalbeitrag), *S. 232.*

Mehr als 800 Millionen (gekürzt), *S. 201.* Aus: „Ethik macht klick“. Werte-Navi fürs digitale Leben. Arbeitsmaterialien für Schule und Jugendarbeit. Hg. v. d. LKM Rheinland-Pfalz (klicksafe), 1. vollständig überarbeitete Auflage März 2016, 2. überarbeitete Auflage Mai 2015, S. 25.

Meinungen zum Thema „Angemessene Kleidung im Büro“ (Originalbeitrag), *S. 60.*

Online-Communities (Grafik), *S. 201.* Aus: JIM 2015. Jugend, Information, (Multi-) Media. Basisstudie zum Medienumgang 12- bis 19-Jähriger in Deutschland, hg. v. Medienpädagogischer Forschungsverbund Südwest (mpfs), Stuttgart 2015, S. 38.

Planungsübersicht des DBFH-Werbefilms der BSAOE (gekürzt), *S. 180,* Berufliche Schulen Altötting und one4two.

Pragmatische Generation (Grafik), *S. 129.* Aus: Shell-Jugendstudie 2015, http://www.shell.de/Jugendstudie. [01.12.2016].

QM-Handbuch der ANG AG (Originalbeitrag), *S. 156.*

Risiko am Arbeitsplatz (Grafik), *S. 103,* DGUV/dpa Picture-Alliance.

Schritte zur Gefährdungsbeurteilung, (gekürzt), S. 104. Aus: Bundesanstalt für Arbeitsschutz und Arbeitsmedizin online, https://www.baua.de/DE/Themen/Arbeitsgestaltung-im-Betrieb/Gefaehrdungsbeurteilung/Grundlagenwissen/Sieben-Schritte-zur-Gefaehrdungsbeurteilung/Sieben-Schritte-zur-

Textquellenverzeichnis / Bildquellenverzeichnis

Gefaehrdungsbeurteilung_dossier.html [30.05.2017].

Soziale Netzwerke: Facebook, Twitter und Co, S. 202. Aus: https://www.test.de/thema/soziale-netzwerke/ [01.12.2016].

Stefans Welt (gekürzt), *S. 216*, Modifiziert nach „Ein cooler Typ". In: „gut zu hören!". Download-Materialien für Unterricht und Ausbildung der Aktion „Jugend will sich erleben", Arbeitsblätter, http://www.jwsl.de/aktion2005/pdf/arbeitsblaetter.pdf, S. 23 [01.12.2016].

Storyboard (Planungsversion) des DBFH-Werbefilms der BSAOE (gekürzt), *S. 179*, Berufliche Schulen Altötting und one4two.

Tipps zur Körpersprache (Originalbeitrag), *S. 65.*

Umfrage zu Hilfstrategien bei Rückenschmerzen in Deutschland nach Geschlecht im Jahr 2016 (Häufigkeitsverteilung) (Grafik), *S. 102.* © Statista, 2016.

Unfälle auf der Baustelle (Originalbeitrag), *S. 103.*

Vereinbarung zur ausschließlich dienstlichen Nutzung vom Unternehmen überlassener Mobiltelefone/Smartphones (gekürzt), *S. 125.* Aus: Personalpraxis und Recht. Zeitschrift für Personalverantwortliche, Nr. 04/12, S. 82, Online-Ausgabe, http://www.agv-minden.de/pdfanzeige.php?id=258&pdfno=8 [01.12.2016].

Was ist Erlebnispädagogik? Oder was ist es nicht?, S. 151. Aus: Informationsbroschüre Erlebnispädagogik mit Qualität. Hg. v. Bundesverband Individual- und Erlebnispädagogik e. V., 2. Aufl., Dortmund 2015, S. 6.

Was spricht eigentlich gegen Handys? (Originalbeitrag), *S. 244.*

Weiterbildungen für Mitarbeiter (Grafik), *S. 152.* Bitkom/dpa-infografik (Globus).

Wie Filme die Entwicklung von Jugendlichen fördern (gekürzt), *S. 174.* Aus: WeltN24 online, http://www.welt.de/gesundheit/psychologie/article125671027/Wie-Filme-die-Entwicklung-von-Jugendlichen-foerdern.html [01.12.2016].

Wo Arbeitnehmer mitbestimmen (Grafik), *S. 126.* IAB-Betriebspanel (2015)/dpa-infografik (Globus).

Wo Schulabgänger Defizite haben (Grafik), *S. 127.* IHK/ dpa-infografik (Globus).

Wohnungsanzeigen (Originalbeitrag), *S. 23.*

Bildquellenverzeichnis

Titelseite Shutterstock/hightowernrw;
S. 9 Fotolia/pathdoc;
S. 10 o. li. F1 online digitale Bildagentur/Mike Kemp;
o. Mi. Shutterstock/DeymosHR;
u. Mi. Fotolia/flairimages;
u. re. Fotolia/JackF;
S. 11 o. li. Fotolia/goodluz;
o. re. Fotolia/Picture-Factory;
u. li. Fotolia/imtmphoto;
u. re. Fotolia/Rawpixel.com;
S. 12 Shutterstock/Iakov Filimonov;
S. 14 Colourbox/Olivier Le Moal;
S. 15 u. S. 16 Fotolia/lozochka;
S. 17 Fotolia/CandyBox Images;
S. 19 Fotolia/JackF;
S. 22 Fotolia/Jeanette Dietl;
S. 24 Fotolia/denisismagilov;
S. 27 Fotolia/svort;
S. 28 Fotolia/sarapon;
S. 39 Fotolia/goodluz;
S. 47 picture-alliance/dpa/Bernd Settnik;
S. 48 Superbild - Your Photo Today/Bernd Ducke;
S. 51 Fotolia/SdelMo;
S. 53 Fotolia/photoniko;
S. 54 o. re. Colourbox/Sergey Nivens;
Mi. li. Shutterstock/Martin Novak;
S. 55 o. li. Colourbox/Lieferant #5999;
o. re. Clip Dealer/JuNi Art;
S. 58 o. li. Shutterstock/AVAVA;
o. re. Shutterstock/Kinga;
u. li. Fotolia/Robert Kneschke;
u. re. Fotolia/georgerudy;
S. 62 Fotolia/contrastwerkstatt;
S. 65 o. li. Shutterstock/ProStockStudio;
o. Mi. Colourbox/Pressmaster;
o. re. Fotolia/denisismagilov;
u. li. Shutterstock/tsyhun;
u. re. Shutterstock/Rawpixel.com;
S. 69 Colourbox/Texelart;
S. 73 © Münchner Stadtbibliothek;
S. 82 Shutterstock/Phil McDonald;
S. 87 Shutterstock/Jacob Lund;
S. 97 Fotolia/contrastwerkstatt;
S. 99 Symbole 1–4, 7 Shutterstock/Ecelop;
Symbol 5 Fotolia/mindscanner;
Symbol 6Shutterstock/Arcady;
S. 101 Cornelsen/Angelika Kramer;
S. 107 Shutterstock/racorn;
S. 109 Fotolia/Antonioguillem;
S. 116 Fotolia/DDRockstar;
S. 120 o. li. Fotolia/denisismagilov;
o. Mi. Fotolia/mast3r;
o. re. Shutterstock/Dmytro Spivak;
u. li. Shutterstock/tsyhun;
u. re. Shutterstock/Rawpixel.com;
S. 123 Fotolia/hofred;
S. 136 Diogenes Verlag;
S. 139 Fotolia/contrastwerkstatt;
S. 143 Fotolia/Farina3000;
S. 146 Shutterstock/baranq;
S. 149 Fotolia/lassedesignen;
S. 150 Fotolia/ARochau;
S. 156 Shutterstock/Tashatuvango;
S. 159 Fotolia/nito;
S. 162 o. Mi. Fotolia/lev dolgachov;
u. re. Piper Verlag;
S. 172 Fotolia/shwoleg;
S. 175 u. li. Shutterstock/Air Images;
u. re. Fotolia/Ralf Hahn;
S. 179 o. re. Shutterstock/Alexander Raths;
alle anderen © one4two;
S. 186 Fotolia/Friedberg;
S. 187 Colourbox/Arman Zhenikeyev;
S. 190 o. li. Süddeutsche Zeitung Photo/Aris;
o. Mi. picture-alliance/dpa/;
S. 192 o. li. Fotolia/Sergey Nivens;
o. Mi. Colourbox/Lieferant #220;
o. re. Colourbox/ssuaphoto;
u. li. Colourbox/Lieferant #220;
u. Mi. Clip Dealer/Andrey Armyagov;
u. re. Fotolia/stokkete;
S. 194 AKG Images/Erich Lessing;
S. 198 © Google;
S. 206 Glow Images/Charles Joseph Staniland;
S. 207 bpk images/Paul Habelmann/Dietmar Katz;
S. 210 © Gerhard Mester;
S. 213 Shutterstock/Doremi;
S. 223 Shutterstock/Designer things;
S. 224 o. li. Colorbox/Lieferant #1252;
o. re. Fotolia/AA+W;
Mi. Fotolia/nikodash;
S. 242 Fotolia/blende11.photo;
S. 243 Shutterstock/Africa Studio;
S. 245 Fotolia/Lucky Dragon;
S. 247 Shutterstock/Designer things;
S. 251 Mi. li. Colourbox/Pressmaster;
o. Mi. Fotolia/lovinghorses;
Mi. re. Fotolia/rdnzl;
u. li. Shutterstock/MARCELODLT;
u. Mi. Shutterstock/Dmitry Kalinovsky;
u. re. Shutterstock/Taraskin;
S. 255 Shutterstock/ProStockStudio;
S. 257 Clip Dealer/ © www.foto-meurer.de;
S. 265 Shutterstock/EQRoy;
S. 279 Fotolia/andrea87pn

Sachwortverzeichnis

Sachwortverzeichnis

Sachwortverzeichnis